Die Schweiz anderswo / La Suisse ailleurs

Schweizerisches Jahrbuch für Wirtschafts- und Sozialgeschichte
Annuaire suisse d'histoire économique et sociale

Band 29, 29. Jahrgang / Volume n° 29, 29ᵉ année

Schweizerische Gesellschaft für Wirtschafts- und Sozialgeschichte (Hg.)
Société suisse d'histoire économique et sociale (éd.)

Brigitte Studer, Caroline Arni, Walter Leimgruber
Jon Mathieu, Laurent Tissot (Hg./dir.)

Die Schweiz anderswo

AuslandschweizerInnen – SchweizerInnen im Ausland

La Suisse ailleurs

Les Suisses de l'étranger – Les Suisses à l'étranger

Informationen zum Verlagsprogramm:
www.chronos-verlag.ch

Bildnachweis / Source de l'illustration:
Le 12 novembre 1899, la société suisse de Baradero, en Argentine, inaugure en grande pompe la Maison suisse, qui lui servira de siège. L'affiche qui annonce l'événement témoigne à la fois de l'attachement au vieux pays par l'illustration, et de la volonté d'intégration au pays d'accueil par le texte en espagnol.
Dictionnaire encyclopédique des Alpes, vol. 2, Pascal Krober und Dominique Vulliamy (dir.), Grenoble 2006, S. 308

© 2015 Chronos Verlag, Zürich
ISBN 978-3-0340-1259-1
ISSN 1664-6460

Inhaltsverzeichnis
Table des matières

Brigitte Studer
Einleitung 7
Introduction 17

Leo Schelbert
«Die Schweiz anderswo». Aspekte eines Grundverständnisses 27

Paul-André Rosental
Historiographical Challenges of Emigration Policy 39

Benjamin Hitz
«Kein anndre nattion dann schwytzer»? Zum Begriff der Nation
im Solddienst des 16. Jahrhunderts 53

Stefania Bianchi
La «patria» altrove. Quartieri, confraternite e corporazioni
per salvaguardare l'identità (Ticino e città d'Italia, secoli XVI–XVIII) 67

Marco Schnyder
La Suisse faite par l'étranger. Les migrants suisses et la défense
de leurs intérêts dans les Etats savoyards et dans la République
de Venise (XVIIe–XVIIIe siècles) 83

Daniela Luigia Caglioti, Marco Rovinello, Roberto Zaugg
Ein einzig Volk? Schweizer Migranten in Neapel (18.–20. Jahrhundert) 103

Philippe Hebeisen
Gendarme suisse, une carrière civile ou militaire? L'apport
des Suisses de l'étranger dans l'interprétation de la «militarité»
de la fonction policière (fin XIXe–début XXe siècle) 127

Mathieu Humbert
L'expansionnisme suisse en Afrique subsaharienne au cours
du XIXe siècle. Un aperçu   145

Dagmar Konrad
Schweizer Missionskinder des 19. Jahrhunderts   163

Bettina Boss
Nationalsymbole der Schweizer Gemeinschaft in Sydney von 1870 bis heute 187

Stéphanie Leu
Protéger les Suisses à l'étranger ou les intérêts fédéraux?
Une réponse bilatérale au quotidien de la pratique
(années 1880–années 1930)   203

Georg Kreis
«Eine Brücke zu fernen Brüdern». Das Wirken der Auslandschweizer
Organisation (ASO) (1919–1939)   221

Franziska Ruchti
Die Auslandschweizerorganisationen und die Sozialversicherungsbeziehungen der Schweiz mit den skandinavischen Staaten
in den 1960er-Jahren   243

Raphaëlle Ruppen Coutaz
«Die Heimat ruft über das Meer». Une première forme
de diplomatie culturelle par les ondes (1932–1943)   261

Nelly Valsangiacomo
La télévision suisse et ses émigrants. «Riuniti per Natale» (1963–1974) 283

Monika Götzö, Katrin Sontag
Ansätze für eine kulturanthropologische Untersuchung
hochqualifizierter Migrantinnen und Migranten.
Eine Bestandsaufnahme.   303

Autorinnen und Autoren / Auteures et auteurs   315

Brigitte Studer

Einleitung

Gegenwärtig leben über 732'000 Schweizer Bürgerinnen und Bürger im Ausland, mehr als jede zehnte Person mit Schweizer Pass – ein Anteil, der 1939 in etwa gleich hoch war.[1] Rund zwei Drittel leben in Europa. Auswanderung – diejenige Mobilitätsform, die uns hier interessiert – ist historisch sozusagen der Normalfall. Sie ist jedoch alltäglich und ausseralltäglich zugleich, fordert sie doch die Gesellschaften heraus und erfordert von der Politik mehr oder weniger strenge Regulative. Obschon Emigration als soziales Phänomen also alt ist, begannen sich die Bundesbehörden erst im 20. Jahrhundert um den Kontakt mit den «Auslandschweizern» und «Auslandschweizerinnen» zu bemühen. Bis dahin begnügten sich die Behörden oder in früheren Jahrhunderten die Eliten und herrschenden Geschlechter, die Städte, Regionen und Orte damit, die Wanderungsbewegungen ihrer Bürger und Einwohner zu steuern. Lehnten die meisten Kantone im 17. und 18. Jahrhundert Auswanderung unter dem Merkantilismus ab, galt sie im 19. Jahrhundert als willkommenes Ventil, um unerwünschte Menschen, Arme, «Heimatlose», (Klein-)Kriminelle et cetera, loszuwerden.[2] In den 1880er-Jahren, in der Zeit des Bundesstaats, konnte sich die liberale Schweizer Regierung dann zu einem Bundesgesetz durchringen, das den Geschäftsbetrieb der profitgierigen Auswanderungsagenturen einer Kontrolle unterwarf und sie dafür verantwort-

---

1 Statistisch erfasst als Auslandschweizer und -schweizerinnen sind nur diejenigen Personen, die bei einer schweizerischen Auslandvertretung immatrikuliert sind. Meldepflicht besteht jedoch erst bei einer beabsichtigen Wohnsitznahme im Ausland von mehr als zwölf Monaten. Es gibt keinerlei verlässliche Hinweise, wie hoch die Dunkelziffer ist. Vgl. Silvia Schönenberger, Denise Efionayi-Mäder, Die Fünfte Schweiz. Auswanderung und Auslandschweizergemeinschaft (SFM-Studien 56), Neuenburg 2010, http://www2.unine.ch/repository/default/content/sites/sfm/files/shared/SFM_56_101006.pdf (Version vom 8. 7. 2014).
2 Zur Abschiebung von Kriminellen bemerkt Rudolf Arnold Natsch in seiner frühen geschichtswissenschaftlichen Dissertation, dass dies «von schweizerischer Seite immer abgestritten wurde». Der Verfasser bringt aber mindestens einen Gegenbeleg. Vgl. Arnold Natsch, Die Haltung eidgenössischer und kantonaler Behörden in der Auswanderungsfrage 1803–1874, Zürich 1966, S. 81.

lich machte, dass die Migranten und Migrantinnen bis an ihren Bestimmungsort befördert wurden. Mit der Jahrhundertwende und ihren profunden sozioökonomischen Transformationen sowie vor allem mit dem Wandel der internationalen Beziehungen nach dem Ausbruch des Ersten Weltkriegs wurde die liberale Migrationspolitik des 19. Jahrhunderts infrage gestellt. Die Nationalisierung erstreckte sich nun auch auf die emigrierten Schweizer und Schweizerinnen, für welche die Bezeichnung «Auslandschweizer» aufkam. Unter der Ägide der Neuen Helvetischen Gesellschaft (NHG) entstand 1916 das Auslandschweizer-Werk, das ein Jahr später in Auslandschweizer Organisation (ASO) umbenannt und 1919 mit einem vom Bund subventionierten Sekretariat ergänzt wurde. Ab 1922 begann der Bund die Schweizer Schulen im Ausland zu subventionieren, von denen es um 1900 allein in den USA rund 700 gegeben haben soll. Sie waren meist im Umfeld von grossen Unternehmen oder Handelskammern gebildet worden.[3] Gegenwärtig sind es noch 17 Schulen weltweit, die von der Eidgenossenschaft finanzielle Unterstützung erhalten. Nach dem Zweiten Weltkrieg wurden die Beziehungen weiter gestärkt. 1947 wurde der Auslandschweizertag eingeführt, der alljährlich Vertreter der Auslandschweizer Organisationen und Vereine mit Bundesbehörden zusammenführte. Bei der Einführung der Alters- und Hinterbliebenenversicherung 1948 wurde den Auslandschweizern ein freiwilliger Beitritt ermöglicht (der allerdings seit 2000 wieder eingeschränkt ist), 1976 wurden ihnen die politischen Rechte zugestanden.

Diese knappen Hinweise zur Schweizer Auswanderungspolitik machen auf die Historizität der Bezeichnung der Kategorien mobiler Personen aufmerksam. Obschon räumliche Mobilität für Menschen seit jeher eine Überlebensnotwendigkeit, eine Möglichkeit für ein vermeintlich besseres Leben oder auch für die Exploration der Welt darstellte, sind die verwendeten Begriffe für die davon Betroffenen sowohl für die Zeitgenossen wie für die Wissenschaft vielfältig. So haben sich im Deutschen und Französischen (anders als im Englischen) die Begriffe «Migration» und «Migranten»/«Migrantinnen» zur Benennung derjenigen Menschen, die sich in einem anderen Land niederlassen als in demjenigen, in dem sie geboren sind, erst seit einigen Jahrzehnten etabliert. Sowohl die Forschung als auch die staatliche Verwaltung sprach bis dahin von «Einwanderern» respektive «Ausländern» und von «Auswanderern». Der semantische Wandel reflektiert die sozialwissenschaftliche Kritik am «methodologischen Nationalismus» und seitens der Behörden die Berücksichtigung der Tatsache, dass in Zeiten eines erneuten Globalisierungsschubs

---

3 Zur Geschichte der Auslandschweizer siehe: Gérald Arlettaz, «Les Suisses de l'étranger» et l'identité nationale, in: Studien und Quellen 12 (1986), S. 5–33; Gérald Arlettaz (Hg.), Die Auslandschweizer im 20. Jahrhundert / Les Suisses de l'étranger au XXe siècle (Studien und Quellen 28), Bern 2002; Arnold Lätt, Das Auslandschweizerwerk der Neuen Helvetischen Gesellschaft, Glarus 1935.

die nationalen Grenzen poröser geworden sind. Aufgehoben sind diese Grenzen dabei aber keineswegs. Begriffe sind tückisch. Wie Hervé Le Bras kritisch für Frankreich bemerkt, wo im offiziellen Sprachgebrauch 1982 der Begriff *immigrés* anstelle von *étrangers* etabliert wurde, kann ein Ausländer sich einbürgern lassen und ist dann ein Inländer, während ein «Immigrant» immer derjenige bleiben wird, der in einem anderen Land geboren worden ist.[4] Begriffe sind nie neutral, sondern abhängig von ihrem Verwendungskontext. «Einwanderung» ist a priori ein neutraler Begriff im Vergleich zu «Überfremdung», doch im Zusammenhang mit dem Begriff «Masse» wirkt er ebenso bedrohlich und stigmatisierend.
Auch ohne politische Instrumentalisierungen grenzen Begriffe ein und aus, und sie sind Vehikel soziokultureller Konstrukte. Wer als «Auswanderer» oder als «Emigrantin» gezählt wird, ist von der zeitgenössischen Kategorienbildung abhängig und diese wiederum von der Wahrnehmung davon, was als «Auswanderung» gilt. 1903 hielt Naum Reichesberg in seinem Beitrag zum *Handwörterbuch der Schweizerischen Volkswirtschaft* fest, dass unter «Auswanderung allein die überseeische Auswanderung zu verstehen» sei.[5] Und noch 1949 musste Sylvia Lehmann in ihrer wirtschaftswissenschaftlichen Dissertation zur schweizerischen Auswanderungspolitik konstatieren, dass die schweizerische Auswanderungsstatistik nur die überseeischen Wanderungen erfasste.[6] Die Behörden folgten damit einem juristischen Auswanderungsbegriff. Gemäss der schweizerischen Gesetzgebung von 1880 waren alle jene als Auswanderer zu betrachten, die von einer schweizerischen Auswanderungsagentur als solche nach einem überseeischen Bestimmungsort befördert wurden. Schweizer und Schweizerinnen, die sich etwa in Frankreich ansiedelten, wurden damit nicht erfasst.[7] Dass es sich bei solchen Definitionen nicht nur um juristische, sondern auch um politische Kategorien handelt, zeigt auch das Beispiel Grossbritanniens. Der Begriff *emigration* bezog sich nur auf fremde Länder, nicht auf die eigenen Kolonien. Gemäss der anfänglichen Konzeption der NHG galten nicht alle Schweizer, die im Ausland lebten als «Auslandschweizer». Denn mit dem Begriff waren Pflichten verbunden, wie die Organisation 1917 schrieb: «[…] wer von Ihnen [den Auslandschweizern] aus nur rein materiellen Interessen Verständnis von der Heimat fordert […], der verdient den Namen Auslandschweizer nicht.»[8] Hier wirkten also zuerst einmal moralische Kategorien.

---

4 Hervé Le Bras, L'Invention de l'immigré, La Tour d'Aigues 2012, S. 114.
5 Handwörterbuch der Schweizerischen Volkswirtschaft, Sozialpolitik und Verwaltung, hg. von N. Reichesberg, Bd. I, Bern 1903, S. 381. Dieser Eingrenzung folgte im Grossen und Ganzen auch die Forschung, siehe etwa die sozialwissenschaftliche vorwiegend statistische Dissertation von Hermann Vogel, L'Emigration suisse hors d'Europe dans l'entre-deux-guerres (1919 à 1939), Zürich 1947.
6 Sylvia Lehmann, Grundzüge der schweizerischen Auswanderungspolitik, Bern 1949.
7 Ebd., S. 11.
8 NHG Monatsbulletin, Juni 1917, S. 9, zit. nach Gérald Arlettaz, La Nouvelle Société Helvétique

Dass Auswanderung konzeptuell je nach Zeit und Kontext unterschiedlich interpretiert und definiert wird, ist nicht nur auf die Bedeutung und den «Wert» zurückzuführen, die den Weggehenden zugeschrieben werden. Zu berücksichtigen sind auch die Pluralität und die Komplexität der damit verbundenen Mobilitätsformen und die historisch heterogene Sozialstruktur der Emigrierenden. Nicht nur die Ursachen und die Motive der Auswanderung sind vielfältig. Es kann Armut sein, Arbeitslosigkeit, Abenteuerlust, die Angst vor sozialer Deklassierung und die Hoffnung auf eine bessere berufliche Zukunft; es können aber auch Katastrophen, Kriege, Verfolgungen oder sozioökonomische Transformationen der eigenen Lebenswelt sein. Es handelt sich jedoch nie, wie Gérald Arlettaz angemerkt hat, um rein individuelle Entscheide. Zu berücksichtigen sind stets soziale Faktoren.[9] Zudem hat sich die soziale Zusammensetzung der Auswanderer beziehungsweise Migranten über die Zeit hinweg gewandelt.[10] Heutzutage ist neben die Kategorie der Aus-/Einwanderer auf Lebenszeit diejenige der hochqualifizierten Expats getreten, welchen sich Monika Götzö und Katrin Sonntag am Schluss dieses Bands aus kulturanthropologischer Perspektive annähern.

Gewandelt haben sich auch die Ansätze der Auswanderungsgeschichte respektive Migrationsgeschichte. Die historische Forschung der 1970er- und 80er-Jahre konzentrierte sich auf die definitive Auswanderung und ging theoretisch vor allem von *push/pull*-Faktoren aus. Dabei entstanden zahlreiche, wertvolle Arbeiten zu den Schweizer Kolonien in den USA, Australien und einzelnen lateinamerikanischen Ländern.[11] Doch noch 1992 konstatierte Carsten Goehrke, dass sich nur etwa ein Viertel der Arbeiten mit der Wanderung in europäische Länder befasste, der Rest mit Destinationen in Übersee.[12] Nach einigen Jahren der Eklipse hat dieses Forschungsgebiet unter der Perspektive einer transnationalen Verflechtungsgeschichte seit Kurzem eine neue Dynamik entwickelt, wobei nicht zuletzt die innereuro-

et les Suisses à l'étranger (1914–1924). Aspects de la construction d'un nationalisme de type ethnique, in: Studien und Quellen 28 (2002), S. 37–64, hier 42 f.
9 Arlettaz (wie Anm. 3), S. 8 f.
10 Für den Verlauf der nationalen Auswanderungskurve und die strukturellen Merkmale der Auswanderer nach Übersee siehe Heiner Ritzmann-Blickenstorfer, Alternative Neue Welt. Die Ursachen der schweizerischen Überseeauswanderung im 19. und frühen 20. Jahrhundert, Zürich 1997.
11 Aus Platzgründen verzichten wir hier auf detaillierte bibliografische Angaben. Siehe dazu: Gérald Arlettaz, L'émigration suisse outre-mer de 1815 à 1920, in: Studien und Quellen 1 (1975), S. 31–95; Leo Schelbert, Einführung in die schweizerische Auswanderungsgeschichte der Neuzeit (Schweizerische Zeitschrift für Geschichte, Beiheft 16), Zürich 1976; Klaus Anderegg et al., Zu Stand und Aufgaben schweizerischer Wanderungsforschung, in: Schweizerische Zeitschrift für Geschichte 37 (1987), S. 303–332; Beatrix Mesmer (Hg.), Der Weg in die Fremde / Le chemin de l'expatriation (Itinera 11), Basel 1992. Aus geschlechtergeschichtlicher Perspektive: Béatrice Ziegler, Die Rolle der Frauen im schweizerischen Auswanderungsprozess, in: Schweizerische Zeitschrift für Geschichte 3 (1984), S. 363–369.
12 Carsten Goehrke, Die Erforschung der Auswanderung aus der Schweiz: Schwerpunkte – Methoden – Desiderata, in: Mesmer (wie Anm. 11), S. 5–16.

päische Migration vermehrt betrachtet wird. Es gilt nun die Themen Emigration und Immigration unter der Gesamtperspektive von Wanderungsbewegungen in jeweils spezifischen soziopolitischen Räumen zu betrachten. Dabei richtet sich der Blick zum einen auf das Handeln der Akteurinnen und Akteure in multilokalen Lebenswelten.[13] Gefragt wird nach den durch die Mobilität geforderten Taktiken der kognitiven Mehrfachorientierung, der Umgehung administrativer Hürden und der Aneignung nicht selten widersprüchlicher kultureller Normen, ebenso nach den Strategien der Partizipation an globalen Welthandelsstrukturen.[14] Zum anderen wird für die Neuzeit aus der Perspektive der Emigration der Begriff von *citizenship* neu beleuchtet, wie dies Nancy Green und François Weil 2006 in ihrem innovativen Sammelband getan haben.[15] Denn nicht nur in Fragen der Immigration wenden Staaten und Gesellschaften Inklusions- und Exklusionspolitiken an. Es beginnt schon bei den Fragen, ob überhaupt ein Recht auf Auswanderung besteht und unter welchen Bedingungen. Wird das Weggehen der eigenen Staatsbürgerinnen und Staatsbürger von den Behörden begünstigt? Ist es gesellschaftlich erwünscht? Gibt es dafür sogar Zwangsmechanismen? Wie wird es staatlicherseits reguliert? Weiter lässt sich fragen, welche Rolle Auswanderung im Prozess der Nationalisierung spielte, inwiefern wirtschaftliche Interessen etwa im Zugang zu internationalen Märkten damit verbunden wurden und in welchem Verhältnis Immigration und Emigration standen. Angesichts dieser konzeptuellen Erneuerungen schien es der Schweizerischen Gesellschaft für Wirtschafts- und Sozialgeschichte in Zusammenarbeit mit der Schweizerischen Gesellschaft für Volkskunde und den Diplomatischen Dokumenten der Schweiz an der Zeit, das Thema unter der Perspektive einer transnationalen Verflechtungsgeschichte anlässlich ihrer Jahrestagung 2012 aufzugreifen.

Den Anfang der hier publizierten Beiträge machen zwei historiografische Beiträge. Der erste stammt von Leo Schelbert, dem Doyen der Schweizer Auswanderungsforschung. In seiner weiten Tour d'Horizon situiert er die Migration von Schweizerinnen und Schweizern in einer Perspektive der *longue durée* und in einem globalen Kontext. Er plädiert für ein erweitertes Migrationskonzept, das sich nicht auf Siedlungsforschung beschränke, sondern auch die komplexen Bande zwischen dem Herkunftsland und dem Zielland untersucht. Der zweite Beitrag stammt von Paul-André Rosental, der durch seine Arbeiten zur Geschichte der Bevölkerungs-,

---

13 Cédric Duchêne-Lacroix, Pascal Maeder (Hg.), Hier und dort: Ressourcen und Verwundbarkeiten in multilokalen Lebenswelten / Ici et là: Ressources et vulnérabilités dans la vie multilocale (Itinera 34), Basel 2013.
14 Vgl. dazu Christof Dejung, Die Fäden des globalen Marktes. Eine Sozial- und Kulturgeschichte des Welthandels am Beispiel der Handelsfirma Volkart 1851–1999, Köln 2012.
15 Nancy L. Green, François Weil (Hg.), Citoyenneté et émigration. Les politiques du départ, Paris 2006 [= Citizenship and Those Who Leave. The Politics of Emigration and Expatriation, Urbana (IL) 2007].

Migrations- und Sozialpolitik bekannt ist. Er skizziert hier methodologische Wege, um im Bereich der Emigrationspolitik sozial- und politikgeschichtliche Ansätze zu verbinden. Obschon unter Migrationsgeschichte sowohl die Einwanderung als auch die Auswanderung subsumiert werde, bestehe keine Symmetrie zwischen den beiden. Die Emigration der Staatsbürger wird in der Regel nicht nur viel weniger systematisch von ihrem Herkunftsstaat erfasst, sie wirft auch ein krasses Licht auf die Hierarchien, welche die Politik unter ihren Bürgern herstellt.

Die weiteren Beiträge lassen sich unter vier Perspektiven fassen. Die erste richtet sich auf die Identitätskonstruktion und die Nationsbildung, eine Problematik, welche sich allerdings – auch wenn dies paradox erscheinen mag – schon vor dem Zeitalter des Nationalstaats stellt. Im 16. Jahrhundert bestand zwar noch kein gefestigter Nationsbegriff. Die Identitätszuschreibung «Schweizer» war für vielfältige Nutzungen offen, wie Benjamin Hitz anhand des Solddienstes darlegt. Doch gerade durch den Bezug auf das und die Konflikte mit dem Ausland entstand die Identität des «Schweizers», wie Marco Schnyder für das 17. und 18. Jahrhundert anhand der Auswanderung nach Savoyen und Venedig zeigt. Ebendiese *jeux d'identité* zwischen «Eigen» und «Fremd» stehen hinter dem Konstrukt des «Auslandschweizers» zur Zeit des Ersten Weltkriegs. Die Nationalisierung der Schweizer im Ausland, welche durch die von Georg Kreis behandelte Auslandschweizerorganisation vorangetrieben wurde, geschah zeitgleich mit dem Aufkommen der Angst vor «Überfremdung». Im Zeitalter des Nationalismus repräsentierten die Auswanderer übrigens nicht nur in der Schweiz plötzlich einen patriotischen «Wert» für ihr Heimatland. Signifikanterweise sah das deutsche Staatsangehörigkeitsrecht von 1913 vor, dass die deutsche Staatsangehörigkeit durch den Aufenthalt im Ausland nicht mehr automatisch nach zehn Jahren verloren ging, sondern sogar auf die Nachkommen übertragen werden konnte. Die Schweiz, deren Staatsbürgerschaft schon im 19. Jahrhundert einen Unverlierbarkeitsstatus besass (der freilich für Ehefrauen nicht galt und im Lauf des 20. Jahrhunderts auch für Männer relativiert wurde), baute mit der Zeit engere Kontakte mit «ihren» Ausgewanderten auf. Ein Beispiel zeigt Nelly Valsangiacomo mit der Sendung *Riuniti per Natale* des Tessiner Fernsehens in den 1960er- und 70er-Jahren. Die gegenseitige Spiegelung der «Daheim-Gebliebenen» und der Ausgewanderten diente zwar dazu, sich der eigenen Identität zu versichern und diese zu stärken, sie erzwang aber auch die Revision der konstruierten (stereotypischen) Repräsentationen. Die symbolischen Konstruktionen der «Swissness» und die Transformationen der nationalen Identität und Zugehörigkeit über Zeit und Raum hinweg beschäftigen Bettina Boss in ihrem Beitrag zur Selbstorganisation der Schweizer Kolonien in Australien.

Die zweite Perspektive bezieht sich auf transnationale Verflechtungen und Netzwerke, seien sie nun kultureller, sozialer oder wirtschaftlicher Art. Die fern von «zuhause» neu akquirierten habituellen Muster, so zeigt Stefania Bianchi anhand der zwischen dem 16. und dem 18. Jahrhundert nach Norditalien, insbesondere Genua, ausgewanderten Tessiner, wurden in die «Heimat» zurücktransportiert. Einen ähnlichen Prozess, wie Wissen auf den Schweizer Kontext zurückwirkt, dokumentiert Philipp Hebeisen. Er bezieht sich auf eine wenig bekannte Episode der Kolonialgeschichte: 1882–1883 wurden Schweizer für die «Garde européenne» im Dienst der britischen Kolonialmacht in Ägypten angeworben. Ihre Erfahrungen mit Polizeifunktionen flossen schliesslich, so seine These, in die Schweizer Definitionen und Ausdifferenzierungen der Polizeiarbeit ein. Transkulturelle Kontexte bergen jedoch meist komplexe, schwierige und nur selten herrschaftsfreie Beziehungen zu den Einheimischen in Afrika, China oder Indien, wie die von Dagmar Konrad untersuchten Basler Missionare belegen. Ihre Abwertung der indigenen Kulturen manifestiert sich in der Tatsache, dass sie ihre Kinder, sobald sie ins schulpflichtige Alter kamen, nach Europa zurückschickten. Daraus ergeben sich gewisse Parallelen zu *third culture kids*. Am Schluss erwiesen sich diese Kinder nämlich als keiner der beiden Kulturen wirklich zugehörig. Die analytische Kontrastierung von ethnisch-nationalen Kategorien sollte aber nicht die unter den Ausgewanderten existierenden sozialen Differenzen verdecken. Wenn die Erfahrung der «Fremde» auch in vielerlei Hinsicht zur Stärkung des «Schweizertums» unter den Migranten beitrug, so erweisen sich die Schweizerkolonien keineswegs als sozial homogen. Wie dicht die Vernetzungen mit den lokalen Akteuren waren, so zeigen Daniela Cagliotti, Marco Rovinello und Roberto Zaugg, hing eng mit den jeweils verfügbaren sozialen, kulturellen und wirtschaftlichen Ressourcen der zwischen dem 18. und 20. Jahrhundert nach Neapel ausgewanderten Schweizerinnen und Schweizern zusammen, und jene wiederum mit der Klassenzugehörigkeit.

Eine dritte Perspektive bezieht sich auf die behördliche Steuerung der Migration und die damit intendierte und teilweise realisierte Bevölkerungspolitik. Wie erwähnt, regelten im 19. Jahrhundert einzelne Kantone ihre Pauperismusprobleme durch die Zwangsemigration von Armen und anderen sozial Unerwünschten. Allen voran ging der Kanton Freiburg, der 1819 eine erste Auswanderung einer Gruppe von «Heimatlosen» nach Brasilien organisierte. Bis in die 1860er-Jahre hatten sich jedoch liberalere Steuerungsformen durchgesetzt, wie die seit den 1820er-Jahren von der Schweizerischen Gemeinnützigen Gesellschaft und vom Schweizerischen Grütliverein initiierten Hilfeleistungen an Auswanderungswillige und an in Not geratene Ausgewanderte. Im 20. Jahrhundert, als sich die Eidgenossenschaft zur Intervention in diesem Bereich durchgerungen hatte, dominierte die komplementäre Arbeitsteilung zwischen Privaten und Staat. Nicht konfliktfrei zwar, doch unter dem Druck der ASO entstand mit den «Auslandschweizern» eine neue Kategorie Staatsbürger mit wachsenden sozialpolitischen und politischen Rechten. Staatlicher Eigennutz war dieser Entwicklung nicht fremd. Als der Bund 1936 Kredite zur Unterstützung der Auswanderung in europäische Länder freigab, stand hinter dem «nationalen Interesse an der Fünften Schweiz»[16] der Wunsch nach einer Entlastung des Arbeitsmarkts in der Wirtschaftskrise. Wie der Beitrag von Raphaelle Ruppen-Coutaz darlegt, findet sich eine ähnliche Zielsetzung bei der Einrichtung eines internationalen Schweizer Radios in den 1930er-Jahren. Dessen Informationen zur Erwerbslage in der Schweiz sollten die Zahl der Rückwanderungen möglichst begrenzen. In erster Linie ging es aber darum, mit den Nachbarländern in der «Bewirtschaftung» der kulturell-emotionalen Beziehungen zu den weggezogenen Staatsbürgerinnen und Staatsbürgern gleichzuziehen und damit das kulturell-politische Gewicht der Schweiz zu stärken.

Damit sind wir bei der vierten Perspektive, bei den Fragen der internationalen Regelungen, welche die transnationale Mobilität der Bevölkerung nach sich ziehen. In der Tat manifestieren sich die von Paul-André Rosental betonten Grenzen der staatlichen Souveränität in der Migrationspolitik besonders deutlich. Ein Staat kann über seine weggezogene Bevölkerung nicht direkt bestimmen, müsste er doch dabei in das Herrschaftsgebiet eines anderen Staats eingreifen. Zudem erweist sich seine eigene Politik gegenüber den im eigenen Land etablierten Immigrantinnen und Immigranten als begrenzt, ist doch fast immer mit der Reziprozität der Massnahmen zu rechnen. Nicht erst in der Neuzeit konfrontieren die Ausgewanderten die Politik und die Verwaltung mit zahlreichen praktischen Problemen, Sachfragen, die mit dem anderen Staat verhandelt und behandelt werden müssen. Sind es in der Frühen Neuzeit die Kantone, die mit europäischen Herrscherhäusern diesbezüglich Verträge abschliessen, wie Marco Schnyder erwähnt, stellt sich im 20. Jahrhundert die Frage, auf welcher Ebene der internationalen Beziehungen Lösungen ausgehandelt werden sollen. Einer der wichtigsten Konfliktpunkte bezüglich Migranten im 20. Jahrhundert betraf die soziale Sicherheit, insbesondere nach 1945, als die meisten europäischen Staaten über voll ausgebaute Wohlfahrtssysteme zu verfügen begannen. Gerade im Fall von Schweden, den Franziska Ruchti aufrollt, ergaben sich Schwierigkeiten, da die Systeme nicht kompatibel waren und etwa rückwandernde Schweizer Bürgerinnen und Bürger ihre schwedischen Altersrenten nicht in die Schweiz mitnehmen durften. Bis es in den 1970er- und 80er-Jahren zu einer Lösung kam, mischten sich viele Akteure in die «Migrationsaussenpolitik» ein. Neben den nationalstaatlichen spielten nicht zuletzt zivilgesellschaftliche und multilaterale Organisationen eine wichtige Rolle. Der Schutz der «Auslandschweizer», das zeigt auch Stéphanie Leu, ist zwar zuallererst eine Frage der bilateralen Rechtsgrundlagen. Die Lage der Migranten ist aber auch abhängig von den allgemeinen politischen Entwicklungen wie der Überhandnahme des nationalen Protektionismus im ausgehenden 19. Jahrhundert. Diese Entwicklung brachte im Fall der nach Frankreich ausgewanderten

---

16 Hans Liniger, Die schweizerische Auswanderung in Vergangenheit und Zukunft. Berichte aus fünf Erdteilen, Bd. I, Luzern o. J. [1947], S. 13.

Schweizer und der in die Schweiz eingewanderten Franzosen die beiden Regierungen dazu, vor einem Abkommen zurückzuschrecken, das die Ausländer den Inländern gleichgestellt hätte. Stattdessen griffen sie zu administrativ-politischen Praktiken, die auf einer fallweisen Behandlung der Fragen beruhten. Wie der Beitrag damit zeigt, wird der «Schweizer anderswo» so zu einer wandelbaren Kategorie der staatlichen Politik – eine Schlussfolgerung, die sich auf die anderen Beiträge übertragen lässt.

Leo Schelbert plädiert in seinem Beitrag für eine intensivere historisch-wissenschaftliche Auseinandersetzung mit der Bedeutung der Migrationsbewegungen für die Schweiz. Die heutige Schweiz ist ein Produkt nicht nur der Binnenwanderung, sondern in wohl noch bedeutenderem Mass der Ein- und der Auswanderung. Dieser historischen Tatsache sollte, so sein – und auch unser – Fazit, nicht nur in der historischen Migrationsforschung, sondern auch in der Geschichte der Schweiz vermehrt Rechnung getragen werden. Das Feld ist breit und viele Themen sind noch kaum bearbeitet. Es ist an der Zeit, der internationalen und transnationalen Verflechtung der Schweiz in Vergangenheit und Gegenwart institutionell mehr Mittel zu gewähren. Ein erster Schritt wurde Ende 2013 mit der Bewilligung des NCCR *on the move: The Migration-Mobility Nexus* durch den Schweizerischen Bundesrat und den Nationalfonds getan. Wünschbar bleibt aber weiterhin die vertiefte Bearbeitung der *historischen* Dimension der menschlichen Mobilität sowohl aus einer globalen (wie es kürzlich eine programmatische Nummer der *Schweizerischen Zeitschrift für Geschichte* angeregt hat)[17] als auch einer europäischen Perspektive.

---

17 Schweizerische Zeitschrift für Geschichte 64/2 (2014): Jenseits der Exzentrik. Aussereuropäische Geschichte der Schweiz.

Brigitte Studer

Introduction

Plus de 732'000 citoyennes et citoyens suisses vivent actuellement à l'étranger, soit plus d'une personne sur dix titulaires du passeport suisse – proportion à peu près équivalente à celle prévalant en 1939.[1] Les deux tiers environ vivent en Europe. L'émigration – la forme de mobilité qui nous intéresse ici – est pour ainsi dire historiquement normale. Elle est donc tout à la fois ordinaire et extraordinaire, mais représente pourtant un défi pour les sociétés et requiert des autorités politiques des régulations plus ou moins strictes. Bien que l'émigration soit un phénomène social ancien, ce n'est qu'au XXe siècle que les autorités fédérales commencent à s'efforcer d'établir le contact avec les «Suisses et Suissesses de l'étranger». Jusque-là les autorités ou, au cours des siècles antérieurs, les élites et les familles régnantes, les villes, les régions et les localités se contentaient de gérer les mouvements migratoires de leurs citoyens et habitants. Si la plupart des cantons refusent l'émigration aux XVIIe et XVIIIe siècles à l'ère du mercantilisme, elle fait office de soupape bienvenue au XIXe siècle pour se débarrasser des individus indésirables tels que pauvres, *Heimatlos*, (petits) criminels, et cetera.[2] Dans les années 1880, avec l'État fédéral, le gouvernement libéral suisse se décide finalement à dicter une loi imposant le contrôle de l'activité des agences d'émigration cupides et, à cet effet, leur assigne également la responsabilité d'assurer l'acheminement des migrants et des migrantes jusqu'à

---

1 La statistique ne recense comme Suisses et Suissesses de l'étranger que les personnes enregistrées auprès d'une représentation suisse à l'étranger. L'obligation de se déclarer n'est cependant requise que pour une domiciliation prévue de plus de douze mois. Il n'existe pas de données fiables sur le nombre de cas non recensés. Cf. Silvia Schönenberger, Denise Efionayi-Mäder, Die Fünfte Schweiz, Auswanderung und Auslandschweizergemeinschaft (SFM-Studien 56), Neuchâtel 2010, http://www2.unine.ch/repository/default/content/sites/sfm/files/shared/SFM_56_101006.pdf (version du 8. 7. 2014]).
2 Sur l'éloignement des criminels, Rudolf Arnold Natsch remarque dans une des premières thèses d'histoire sur le thème que cela «a toujours été contesté de la part de la Suisse». L'auteur cite cependant au moins un cas à l'appui du contraire. Cf. Arnold Natsch, Die Haltung eidgenössischer und kantonaler Behörden in der Auswanderungsfrage 1803–1874, Zurich 1966, p. 81.

leur lieu de destination. Avec les profondes transformations économiques et sociales du tournant du siècle, et surtout la modification des relations internationales après le déclenchement de la Première Guerre mondiale, la politique migratoire libérale du XIXe siècle est remise en question. La nationalisation s'étend désormais aussi aux Suisses et aux Suissesses émigrés, pour lesquels apparaît la dénomination de «Suisses de l'étranger». L'Œuvre des Suisses de l'étranger voit le jour en 1916 sous l'égide de la Nouvelle Société Helvétique. Un an plus tard, elle adopte le nom d'Organisation des Suisses de l'étranger (OSE) et, dès 1919, un Secrétariat des Suisses de l'étranger soutenu par la Confédération vient la renforcer. A partir de 1922, la Confédération commence à subventionner les écoles suisses à l'étranger, dont quelque 700 sont dénombrées vers 1900 aux seuls Etats-Unis d'Amérique. Elles avaient été fondées le plus souvent dans l'environnement de grandes entreprises ou de chambres de commerce.[3] Actuellement, 17 écoles bénéficient encore du soutien financier de la Confédération dans le monde. Après la Seconde Guerre mondiale, les relations se renforcent encore. La Journée des Suisses de l'étranger, instaurée en 1947, réunit depuis lors chaque année des représentants des organisations et des associations de Suisses de l'étranger avec les autorités fédérales. Lors de l'introduction de l'Assurance vieillesse et survivants, en 1948, les Suisses de l'étranger ont eu la possibilité d'y adhérer sur une base volontaire (toutefois de nouveau restreinte depuis 2000) et se sont vu accorder les droits politiques en 1976.

Ces quelques informations succinctes sur la politique suisse d'émigration renvoient à l'historicité de la désignation des catégories de personnes mobiles. Bien que la mobilité spatiale ait été de tout temps pour les individus une question de survie, une possibilité d'existence présumée meilleure ou encore d'exploration du monde, les termes consacrés pour qualifier les intéressés sont très variés, tant pour leurs contemporains que pour les spécialistes. Ainsi, en allemand et en français (à la différence de l'anglais), les termes de «migration» et «migrants»/«migrantes» désignant les individus qui partent vivre dans un autre pays que celui dans lequel ils sont nés ne se sont implantés que depuis quelques décennies. La recherche, tout comme l'administration publique, parlait jusque-là d'«immigrés», ou d'«étrangers» et d'«émigrants». Ce changement sémantique reflète la critique du «nationalisme méthodologique» développée par les sciences sociales et, de la part des autorités, la reconnaissance de la plus grande porosité des frontières nationales dans les périodes d'expansion de la mondialisation. Pour autant, ces frontières ne sont en aucun cas abolies. Les mots sont pleins de pièges. Comme le relève d'un point de vue critique Hervé Le Bras pour la France, le terme «immigrés» supplante en 1982 celui d'«étrangers»

---

3   Sur l'histoire des Suisses de l'étranger, voir: Gérald Arlettaz, «Les Suisses de l'étranger» et l'identité nationale, in: Etudes et Sources 12 (1986), 5–33; Gérald Arlettaz (éd.), Die Auslandschweizer im 20. Jahrhundert / Les Suisses de l'étranger au XXe siècle (Etudes et Sources 28), Berne 2002; Arnold Lätt, Das Auslandschweizerwerk der Neuen Helvetischen Gesellschaft, Glarus 1935.

dans le vocabulaire officiel. Or, un étranger peut se faire naturaliser et devient alors un national, tandis qu'un «immigrant» reste toujours celui qui est né dans un autre pays.[4] Les dénominations ne sont donc jamais neutres, mais tributaires du contexte d'utilisation. A priori, «immigration» est un terme neutre en comparaison d'«emprise étrangère» mais, accolé à «masse», il paraît tout aussi menaçant et stigmatisant.

Même sans instrumentalisations politiques, les dénominations tracent une ligne de démarcation entre le dedans et le dehors et sont des vecteurs de constructions socioculturelles. L'attribution de l'étiquette «émigrant» ou «émigrante» est subordonnée à la constitution des catégories contemporaines et celle-ci, à son tour, à la perception de ce qu'est une «émigration». Dans sa contribution au *Handwörterbuch der Schweizerischen Volkswirtschaft*, le Dr Naum Reichesberg constatait en 1903 que, par «émigration, il ne faut comprendre que la seule émigration outre-mer».[5] En 1949 encore, Sylvia Lehmann relevait dans sa thèse de sciences économiques que la statistique suisse d'émigration ne répertoriait que les migrations outre-mer.[6] De la sorte, les autorités se référaient à une définition juridique de la notion d'émigration. Selon la législation suisse de 1880, étaient considérés comme émigrants tous ceux qui avaient été acheminés à ce titre vers une destination d'outre-mer par une agence suisse. Les Suisses et les Suissesses qui s'établissaient par exemple en France n'étaient donc pas recensés.[7] L'exemple de la Grande-Bretagne démontre également qu'avec de telles définitions, il ne s'agit pas seulement de catégories juridiques mais aussi politiques. Elle n'usait du terme *emigration* que par rapport aux pays étrangers et excluait ses propres colonies. Selon la conception initiale de la NSH, les Suisses vivant à l'étranger n'étaient pas tous considérés comme des «Suisses de l'étranger». Cette dénomination, en effet, impliquait aussi des devoirs, comme l'écrivait l'organisation en 1917: «[…] wer von Ihnen [den Auslandschweizern] aus nur rein materiellen Interessen Verständnis von der Heimat fordert […], der verdient den Namen Auslandschweizer nicht.»[8] Les obligations morales primaient avant tout.

Que le concept d'émigration ait été différemment interprété et défini suivant l'époque et le contexte n'est pas seulement imputable à l'importance et à la «valeur» de ceux qui quittent le pays. Il faut aussi considérer la pluralité et la complexité de leurs formes de mobilité et la structure sociale historiquement hétérogène des émigrants.

---

4 Hervé Le Bras, L'Invention de l'immigré, La Tour d'Aigues 2012, p. 114.
5 Handwörterbuch der Schweizerischen Volkswirtschaft, Sozialpolitik und Verwaltung, éd. par N. Reichesberg, vol. I, Berne 1903, p. 381. La recherche suit dans l'ensemble cette définition restrictive, voir par exemple la thèse ès sciences sociales, largement statistique de Hermann Vogel, L'Emigration suisse hors d'Europe dans l'entre-deux-guerres (1919 à 1939), Zurich 1947.
6 Sylvia Lehmann, Grundzüge der schweizerischen Auswanderungspolitik, Berne 1949.
7 Ibid., p. 11.
8 NSH, Bulletin mensuel, juin 1917, p. 9, cité d'après Gérald Arlettaz, La Nouvelle Société Helvétique et les Suisses à l'étranger (1914–1924). Aspects de la construction d'un nationalisme de type ethnique, in: Etudes et Sources 28 (2002), p. 37–64, ici 42 s.

Les causes et les motifs d'émigration sont divers. La pauvreté, le chômage, la soif d'aventure, la peur du déclassement social et l'espoir d'un avenir professionnel meilleur peuvent avoir suscité la décision d'émigrer, mais aussi les catastrophes, les guerres, les persécutions ou les changements socioéconomiques de son propre cadre de vie. Comme l'a toutefois noté Gérald Arlettaz, il ne s'agit jamais de décisions purement individuelles. Les facteurs sociaux sont toujours à prendre en considération.[9] La composition sociale des émigrants/migrants a par ailleurs changé au fil du temps.[10] En plus de la catégorie des émigrants/immigrants à vie est apparue de nos jours celle des «expats» hautement qualifiés, que Monika Götzo et Katrin Sonntag abordent à la fin de cet ouvrage sous un angle anthropologique et social.

Les approches historiques de l'émigration (ou de la migration) ont elles aussi changé. Dans les années 1970 et 1980, la recherche en histoire s'est concentrée sur l'émigration définitive et s'appuyait théoriquement principalement sur des facteurs *push/pull*. Dans ce domaine, de nombreux travaux de valeur ont été réalisés sur les colonies suisses aux Etats-Unis, en Australie et dans quelques pays d'Amérique du Sud.[11] En 1992 encore, Carsten Goehrke constatait cependant que seul le quart de ces travaux portait sur la migration dans des pays européens, et tous les autres sur des destinations d'outre-mer.[12] Après quelques années d'éclipse, ce champ de recherche développe depuis peu une nouvelle dynamique dans la perspective d'une histoire croisée des relations transnationales, où la migration intra-européenne est de plus en plus prise en considération. Il s'agit désormais d'envisager les thèmes de l'émigration et de l'immigration sous l'angle de l'ensemble des déplacements migratoires dans chaque aire sociopolitique spécifique. D'une part, l'attention se concentre sur l'action des actrices et des acteurs dans des cadres de vie multilocaux.[13] L'interrogation porte sur les tactiques requises par la mobilité: une orientation cognitive multiple, le contournement des obstacles administratifs et l'appropriation de normes culturelles souvent

---

9 Arlettaz (cf. note 3), p. 8 s.
10 Pour la courbe de l'émigration suisse et les caractéristiques structurelles des émigrants outre-mer, voir Heiner Ritzmann-Blickenstorfer, Alternative Neue Welt. Die Ursachen der schweizerischen Überseeauswanderung im 19. und frühen 20. Jahrhundert, Zurich 1997.
11 Par manque de place, nous renonçons ici à une bibliographie détaillée. Voir à ce propos: Gérald Arlettaz, L'émigration suisse outre-mer de 1815 à 1920, in: Etudes et Sources 1 (1975), 31–95; Leo Schelbert, Einführung in die schweizerische Auswanderungsgeschichte der Neuzeit (Revue suisse d'histoire, supplément 16) Zurich 1976; Klaus Anderegg et al., Zu Stand und Aufgaben schweizerischer Wanderungsforschung, in: Revue suisse d'histoire 37 (1987), p. 303–332; Beatrix Mesmer (dir.), Der Weg in die Fremde / Le chemin de l'expatriation (Itinera 11), Bâle 1992. Dans une perspective d'histoire des genres: Béatrice Ziegler, Die Rolle der Frauen im schweizerischen Auswanderungsprozess, in: Revue suisse d'histoire 3 (1984), p. 363–369.
12 Carsten Goehrke, Die Erforschung der Auswanderung aus der Schweiz: Schwerpunkte – Methoden – Desiderata, in: Mesmer (voir note 11), p. 5–16.
13 Cédric Duchêne-Lacroix, Pascal Maeder (dir.), Hier und dort: Ressourcen und Verwundbarkeiten in multilokalen Lebenswelten / Ici et là: Ressources et vulnérabilités dans la vie multilocale (Itinera 34) Bâle 2013.

opposées aux siennes, mais aussi sur les stratégies de participation aux structures globales du commerce mondial.[14] D'autre part, la notion de *citizenship* est repensée pour l'époque actuelle sous l'angle de l'émigration, ce que Nancy Green et François Weil ont développé en 2006 dans un ouvrage novateur.[15] En effet, les Etats et les sociétés n'ont pas appliqué des politiques d'inclusion et d'exclusion aux seules questions relatives à l'immigration. Pour commencer, existait-il ou non un droit d'émigrer et si oui à quelles conditions? Les autorités politiques favorisent-elles le départ de leurs citoyennes et de leurs citoyens? Ce départ est-il socialement souhaitable? A-t-on même mis en œuvre dans ce but des mécanismes de contrainte? Comment l'Etat le régule-t-il? Il convient ensuite de se demander quel rôle l'émigration a joué dans le processus de la nationalisation, dans quelle mesure des intérêts économiques y étaient peut-être liés pour accéder aux marchés internationaux et quel était le rapport entre l'immigration et l'émigration. Compte tenu de ces innovations conceptuelles, la Société suisse d'histoire économique et sociale a jugé, lors de son congrès annuel de 2012, qu'il était temps de reprendre ce thème sous l'angle d'une histoire croisée des relations transnationales, en collaboration avec la Société suisse des traditions populaires et les Documents diplomatiques suisses.

Deux contributions historiographiques ouvrent ce volume. La première est due à Leo Schelbert, doyen de la recherche suisse sur l'émigration. Dans un large tour d'horizon, il inscrit la migration de Suissesses et de Suisses dans la longue durée et un contexte global. Il plaide pour une conception de la migration plus large, qui ne se résume pas à l'étude des lieux d'installation, mais analyse aussi les liens complexes entre les pays d'origine et de destination. La seconde contribution est signée de Paul-André Rosental, réputé pour ses travaux sur l'histoire des politiques démographique, migratoire et sociale. Il trace ici des pistes méthodologiques pour relier des approches d'histoire sociale et d'histoire politique dans le domaine de la politique d'émigration. Bien que l'histoire de la migration condense immigration et émigration, il souligne qu'il n'y a pas de symétrie entre les deux. En règle générale, l'émigration des citoyens est non seulement répertoriée beaucoup moins systématiquement par l'Etat d'origine, mais elle jette de surcroît une lumière crue sur les hiérarchies qu'établit la politique entre les ressortissants du pays.

Les autres articles peuvent être réunis sous quatre approches distinctes. La première s'attache à la problématique de la construction de l'identité et de la constitution de la nation, laquelle – bien que cela puisse sembler paradoxal – est pourtant déjà énoncée avant l'ère de l'Etat-nation. Au XVIe siècle, aucune notion bien étayée

---

14 Cf. Christof Dejung, Die Fäden des globalen Marktes. Eine Sozial- und Kulturgeschichte des Welthandels am Beispiel der Handelsfirma Volkart 1851–1999, Cologne 2012.

15 Nancy L. Green, François Weil (dir.), Citoyenneté et émigration. Les politiques du départ, Paris 2006 [= Citizenship and Those Who Leave. The Politics of Emigration and Expatriation, Urbana (IL) 2007].

de la nation n'est encore formulée. L'attribution de l'identité de «Suisse» se prête alors aux utilisations les plus variées, comme le démontre Benjamin Hitz à propos du mercenariat. Pourtant, c'est précisément à travers l'engagement et les conflits avec l'étranger que l'identité «suisse» apparaît en tant que telle, comme le montre Marco Schnyder pour les XVIIe et XVIIIe siècles en se fondant sur l'émigration en Savoie et à Venise. Ce sont précisément ces «jeux d'identité» entre «du pays» et «étranger» que recèle la construction du «Suisse de l'étranger» durant la Première Guerre mondiale. La nationalisation des Suisses à l'étranger, favorisée par l'Organisation des Suisses de l'étranger dont parle Georg Kreis, intervient en même temps qu'apparaît le spectre de l'*Überfremdung,* la «surpopulation étrangère». A l'époque du nationalisme, les émigrants, et pas seulement en Suisse d'ailleurs, sont subitement investis d'une «valeur» patriotique pour leur pays d'origine. De manière significative, la loi allemande de 1913 sur la citoyenneté arrête que celle-ci n'est plus automatiquement perdue après dix ans de séjour à l'étranger, et peut même être transmise aux descendants. La Suisse, dont la citoyenneté nationale jouit au XIXe siècle déjà du statut d'inaliénabilité (invalide cependant pour les femmes mariées et aussi relativisée pour les hommes durant le XXe siècle), a développé avec le temps des contacts étroits avec «ses» émigrés. L'émission *Riuniti per Natale* de la télévision tessinoise, dans les années 1960 et 1970, étudiée par Nelly Valsangiacomo, en est l'illustration. L'effet de miroir réciproque entre ceux qui étaient «restés à la maison» et ceux qui avaient émigré servait effectivement à conforter et à renforcer les identités de chacun, mais contraignait aussi à réviser les représentations (stéréotypées) fabriquées. Les constructions symboliques de la *Swissness* et les transformations de l'identité nationale et de l'appartenance par delà le temps et l'espace sont aussi abordées par Bettina Boss dans son article sur l'auto-organisation des colonies suisses en Australie.

La deuxième approche est centrée sur les relations et les réseaux transnationaux tant culturels que sociaux ou économiques. En s'appuyant sur l'exemple des Tessinois émigrés entre les XVIe et XVIIIe siècles en Italie du Nord, notamment à Gènes, Stefania Bianchi indique que les modèles et les habitudes fraîchement acquis loin de la «terre natale» étaient également importés au «pays» à leur retour. Philipp Hebeisen décrit un processus similaire à propos de l'influence que des savoirs gagnés à l'étranger exercent à leur tour sur le contexte suisse. Il se réfère à un épisode peu connu de l'histoire coloniale datant de 1882–1883, quand des Suisses sont enrôlés dans la Garde européenne au service de la puissance britannique en Egypte. Selon sa thèse, les expériences qu'ils y ont acquises en matière de force publique ont finalement été intégrées aux définitions et aux diversifications suisses des missions de police. Les contextes transculturels impliquent cependant la plupart du temps des relations complexes, difficiles et rarement équitables avec les habitants d'Afrique, de Chine ou d'Inde, comme en atteste l'exemple de missionnaires de Bâle étudié par Dagmar

Konrad. Leur dépréciation des cultures indigènes s'exprime dans la tradition consistant à envoyer leurs enfants en Europe dès qu'ils atteignent l'âge scolaire. Certains parallèles peuvent être établis avec les *third culture kids*. En fin de compte, il s'est effectivement avéré que ces enfants n'appartenaient véritablement à aucune des deux cultures. L'analyse des contrastes entre les catégories ethnico-nationales ne doit cependant pas occulter les différences sociales qui existent entre les émigrants. Bien que l'expérience d'«étranger» ait contribué à maints égards au renforcement de la «suissitude» auprès des migrants, les colonies suisses, à l'inverse, ne se révèlent pas du tout homogènes socialement. Daniela Cagliotti, Marco Rovinello et Roberto Zaugg montrent en effet que la densité des interconnexions avec les acteurs locaux est étroitement liée aux ressources sociales, culturelles et économiques dont disposaient les Suissesses et les Suisses émigrés à Naples entre le XVIIIe et le XXe siècle, lesquelles étaient à leur tour tributaires de leur appartenance de classe respective.

La troisième approche examine le contrôle étatique de la migration et, par conséquent la politique démographique visée et partiellement réalisée. Comme mentionné plus haut, certains cantons, au XIXe siècle, règlent leurs problèmes de paupérisme par l'émigration forcée des miséreux et autres indésirables sociaux. A commencer par le canton de Fribourg, qui organise en 1819 la première émigration d'un groupe de *Heimatlos* au Brésil. Jusque dans les années 1860, des formes de contrôle plus libérales se sont pourtant imposées, à l'instar des aides aux candidats à l'émigration volontaire et aux émigrés nécessiteux attribuées dès les années 1820 par la Société suisse d'utilité publique et la Société suisse du Grütli. Au XXe siècle, lorsque la Confédération se décide à son tour à intervenir dans ce domaine, la division du travail complémentaire entre les institutions privées et l'Etat est la règle. Non sans conflit, il est vrai, mais une nouvelle catégorie de citoyens apparaît pourtant sous la pression de l'OSE, les «Suisses de l'étranger», progressivement dotés de droits sociaux et politiques croissants. L'intérêt de l'Etat n'est pas étranger à cette évolution. Lorsqu'en 1936, la Confédération alloue des crédits pour soutenir l'émigration vers des pays européens, cet «intérêt national pour la cinquième Suisse»[16] dissimule la volonté d'atténuer les effets de la crise économique sur le marché du travail. Comme l'explique Raphaelle Ruppen-Coutaz dans son article, la création d'une radio suisse internationale, dans les années 1930, poursuit le même objectif. Les informations sur la situation de l'emploi en Suisse diffusées par cette station devaient autant que possible limiter le nombre des retours au pays. En premier lieu, il s'agissait cependant d'égaler les pays voisins dans la «gestion» des relations culturelles et émotionnelles avec les citoyennes et les citoyens qui avaient quitté le pays, tout en renforçant ainsi le poids culturel et politique de la Suisse.

---

16 Hans Liniger, Die schweizerische Auswanderung in Vergangenheit und Zukunft. Berichte aus fünf Erdteilen, vol. I, Lucerne s. d. [1947], p. 13.

Nous parvenons ainsi à la quatrième approche, focalisée sur la question des réglementations internationales qui déterminent la mobilité transnationale de la population. De fait, les restrictions à la souveraineté de l'Etat que souligne Paul-André Rosental sont particulièrement évidentes dans la politique migratoire. Sous peine de violer la souveraineté d'un autre Etat, un pays ne peut pas agir directement sur la destinée de sa population émigrée. Sa propre politique envers les immigrées et les immigrés établis sur son territoire s'avérant par ailleurs tout aussi restreinte puisqu'il doit presque toujours tabler sur la réciprocité des mesures. De nos jours encore, les émigrés confrontent la politique comme l'administration à de nombreux problèmes pratiques et questions fondamentales qui doivent être négociés et traités avec l'autre Etat. Si, comme le mentionne Marco Schnyder, les cantons concluaient des contrats en la matière avec les dynasties européennes au début des Temps modernes, au XXe siècle, la question se pose du niveau approprié pour négocier des solutions dans le cadre des relations internationales. L'une des principales causes de conflit à propos des migrants au XXe siècle est la sécurité sociale, surtout depuis que la plupart des Etats européens, dès 1945, ont commencé à disposer de systèmes de protection sociale parfaitement développés. Particulièrement dans le cas de la Suède, qu'examine Franziska Ruchti, des difficultés ont surgi quand des citoyennes et des citoyens suisses de retour au pays n'ont pas été autorisés à percevoir leurs rentes de vieillesse suédoises en raison de l'incompatibilité des systèmes. Jusqu'à ce qu'une solution soit trouvée dans les années 1970 et 1980, de nombreux acteurs se sont mêlés de la «politique extérieure de la migration». Aux côtés des organisations étatiques nationales, diverses organisations de la société civile ainsi que des organisations multilatérales ont aussi joué un rôle important. La protection des «Suisses de l'étranger», comme le montre également Stéphanie Leu, est certes avant tout une affaire de bases légales bilatérales. La situation des migrants est cependant aussi tributaire des développements politiques généraux, notamment l'expansion du protectionnisme national à la fin du XIXe siècle. Cette évolution, s'agissant des Suisses émigrés en France et des Français immigrés en Suisse, a incité les deux gouvernements à renoncer à un accord qui prévoyait d'assimiler les étrangers aux nationaux dans les deux cas. Au lieu de quoi, ils ont recouru à des pratiques administrativo-politiques reposant sur un traitement des questions au cas par cas. Comme le souligne l'article, le «Suisse d'ailleurs» devient ainsi une catégorie à géométrie variable des politiques publiques – conclusion qui pourrait être valable pour les autres contributions de cet ouvrage.

Leo Schelbert préconise un débat historique et scientifique plus nourri sur la signification pour la Suisse des mouvements migratoires. La Suisse actuelle est non seulement le produit de la migration intérieure mais aussi, dans une mesure encore plus significative, de l'immigration et de l'émigration. Selon sa conclusion – qui est aussi la nôtre – ce fait devrait être davantage pris en compte dans la recherche historique sur la migration, mais aussi dans l'histoire de la Suisse. Dans ce large champ, de nombreux thèmes sont encore à peine effleurés. Il est temps d'assurer institutionnellement davantage de moyens à l'imbrication internationale et transnationale de la Suisse, dans le passé et aujourd'hui. Un premier pas dans ce sens a été franchi à la mi-décembre 2013 lorsque le Conseil fédéral et le Fonds national suisse ont annoncé le lancement du Pôle de recherche national (PRN) *on the move: The Migration-Mobility Nexus.* Il est cependant souhaitable d'approfondir la recherche sur la dimension *historique* de la mobilité humaine – dans une perspective aussi bien globale (entamée par un récent numéro de la *Revue suisse d'histoire*)[17] qu'européenne.

(Traduction: Diane Gilliard)

---

17 Revue suisse d'histoire 64/2 (2014): Au-delà de l'excentricité. L'histoire extra-européenne de la Suisse.

Leo Schelbert

«Die Schweiz anderswo»

Aspekte eines Grundverständnisses

"Switzerland Elsewhere". Some Interpretative Aspects

The keynote address attempts to interpret "Switzerland Elsewhere". It first deals with its meaning from the perspective of the Swiss abroad and stresses that it is neither a phantom nor special case but a complex reality. Next the diverse meaning of Switzerland for Swiss individuals and groups abroad is sketched. Since they live in the double context of the world of origin and destination, their identification with Switzerland may range from minimal to intense. Third, the varied historical contexts of *Switzerland Elsewhere* that enmeshed the nation in global events good and bad are touched upon. Finally, the future of the study of the topic is addressed, postulating an integrated understanding of Switzerland as shaped by internal, out- and in- migrations to be promoted by a university institute and a comprehensive multi-volume lexicon.

Dieses Jahrbuch der Schweizerischen Gesellschaft für Wirtschaft- und Sozialgeschichte zur Tagung *Die Schweiz anderswo* beschäftigt sich mit Themen, deren Vielfalt in örtlicher und zeitlicher Streuung die vielfachen Dimensionen berührt, die das Thema aufwirft. Es geht um Söldner und Adlige der früheren Neuzeit, um die Schweizer Präsenz im italienischen Neapel, im australischen Sydney und im argentinischen Buenos Aires, um Missionarsfamilien in Übersee, um die Schweizer Präsenz in Ost- und Zentralafrika und um die mögliche militärische Bedeutung der sogenannten schweizerischen Polizeifunktionen an der Wende des 19. zum 20. Jahrhundert, im Weiteren um das Verhältnis von Schweizerinnen und Schweizern zur Heimat. Ferner werden Aspekte der Konstruktion des sogenannten Auslandschweizertums untersucht. Das «Tagsüber im Ausland» wird avisiert, das heisst, die Erfahrung der sogenannten Grenzgänger zwischen 1890 und 1914; dann auch die Erfahrung des «Lebens und Arbeitens an verschiedenen Orten» im Dienst eines Unternehmens und, last but not least, die Eigenart von Auswanderervereinigungen sowie die Schweiz in ihren offiziellen Bemühungen, den Kontakt mit ihren Auswandern aufrechtzuerhalten, etwa mit der Fernsehsendung *Riuniti per Natale* zwischen 1963 und 1974.

Diese reiche Themenwahl hat drei willkommene Kennzeichen. Erstens geht es nicht nur um die Erforschung von Wanderungsaspekten früherer Zeiten, sondern auch um jene des 20. Jahrhunderts; zweitens zeigt das Themenspektrum eine globale, statt nur auf Nordamerika ausgerichtete Sichtweise; und drittens handelt es sich um ein Verständnis der «Schweiz anderswo», das nicht auf die Siedlungswanderung eingeschränkt ist, sondern auch urbane, militärische und unternehmerische Themen ins Auge fasst.

Vier Aspekte sollen im Folgenden kurz berührt werden: Erstens: Was meint «Schweiz» im Hinblick auf «die Schweiz anderswo»? Zweitens: Was bedeutet «die Schweiz anderswo»? Drittens: Welche historischen Kontexte prägen die «Schweiz anderswo»? Und viertens: Was sind weitere mögliche Aufgaben in der Erforschung der «Schweiz anderswo»?

Erstens: Was ist mit «Schweiz» gemeint? Es bleibt kontrovers. Ist es eine Einbildung, eine imaginäre Konstruktion? In dem von Corina Caduff und Reto Sorg edierten Buch *Nationale Literaturen – ein Fantom?* erklärt Monika Schmitz-Emans kurzerhand: «Nationalliteraturen waren stets kollektive Fiktionen, welche die Existenz einer andern kollektiven Fiktion namens ‹Nation› suggerieren.»[1] Wir erinnern uns vielleicht auch an die Kontroverse, die der Leitsatz «La Suisse n'existe pas» des Schweizer Pavillons an der Weltausstellung in Lissabon im Jahr 1998 hervorrief.

Dagegen betonen andere, die Schweiz sei einzigartig, ein *Sonderfall*, was beispielsweise Paul Widmer im Titel seines Buchs festhält wie auch in einem Essay in der *Neuen Zürcher Zeitung* vom 26. September 2011. «Bisher war die Schweiz – sie ist es weitgehend heute noch – ein Begriff», betont er. Sie verkörpere «ein einzigartiges Gedankengut, eine Alternative zu andern Staatswesen» und konstituiere sich als «Sonderfall».[2]

Aus der Sicht der «Schweiz anderswo» sind beide Ansichten – «Schweiz ein Fantom», «Schweiz ein Sonderfall» – nur Teilwahrheiten. «Schweiz» ist für Schweizerinnen und Schweizer im Ausland weder nur Phantom noch ein Sonderfall, der sie von allen anderen Nationen abhebt, sondern sie ist *wie jede Nation* ein «Eigenfall». Die Bundesverfassung ist beispielsweise für die Schweiz ein immer wieder aufzuarbeitendes Arbeitsinstrument, geschätzt, aber nicht verehrt. In den Vereinigten Staaten

---

[1] Monika Schmitz-Emans, Ob es die Schweiz gibt?, in: Corina Caduff, Reto Sorg (Hg.), Nationale Literaturen heute – ein Fantom? Die Imagination und Tradition des Schweizerischen als Problem, München 2004, S. 237–355, hier 238.

[2] Paul Widmer, Die Schweiz als Sonderfall. Grundlagen, Geschichte, Gestaltung, 2. Aufl., Zürich 2008; Ders., Eigenverantwortung und Augenmass, in: Neue Zürcher Zeitung Online, 26. 9. 2011, S. 1.

ist die Verfassung eine Ikone, eine Art heilige Schrift des Staatswesens, das fast unveränderliche Grunddokument einer nationalen Religion. Je nach Ausrichtung werden die einen diese, die andern jene Konstruktion der nationalen Verfassung bevorzugen, wobei beide Auffassungen in verschiedenen Abwandlungen auch in anderen Nationen zu finden sind.

«Schweiz» besteht für Schweizerinnen und Schweizer ausserhalb der Landesgrenzen in vielem. Sie ist die manchmal weit zurückreichende Verwandtschaft, mit der man sich genealogisch und oft durch lebendige Kontakte verbunden weiss. «Schweiz» bedeutet auch die erlebte heimatliche Landschaft im Wandel der Tages- und Jahreszeiten, sie ist das eigen geartete Heimatdorf, das vertraute Stadtquartier, der Stadtkreis; sie ist das Tal, wie es beispielsweise Peter Michael-Caflisch in einer ausführlichen *Geschichte der Schamser Auswanderung nach Amerika und Australien*[3] aufzeigt. «Schweiz» ist der Kanton mit dem eigenem Dialekt, eigenen geschichtlichen Momenten (wie etwa der Nidwaldner Freiheitskampf des Jahres 1798); sie symbolisiert in Trachten und ortsgebundenem Brauchtum Aspekte der Eigenheit, die auch im Auswanderungsland gefeiert werden. «Schweiz» bedeutet nach der Auffassung des amerikanischen Historikers Jonathan Steinberg «die Mischung geographischer Faktoren, die Entwicklung schweizerischer Mikroökonomien, die überdauernde in der Gemeinde wurzelnde Regierungsform, die frühe Kommerzialisierung von Fleisch und Milchprodukten, die physische Kraft der Bergleute, der städtische Reichtum, die Neutralität, das besondere religiöse Mosaik, die Anwendung von Formen direkter Demokratie, Föderalismus, Gemeindeautonomie, Vielsprachigkeit und schriftlich nicht fixierte Verhaltensnormen, die zu Konkordanz und magischen Formeln, Konfliktverhütung und Toleranz führen».[4] Darf man vielleicht sogar einen schweizerischen Nationalcharakter postulieren, geprägt von ausgeprägtem Ordnungssinn, der ins Kleinliche abgleiten mag; ein Streben nach Präzision, Qualität und Pünktlichkeit; eine gewisse Nüchternheit, die dem Enthusiastischen und Gefühlsstarken eher abhold ist?

Man braucht aber die Schweiz dadurch nicht als «Sonderfall» zu verstehen, sondern kann sie als einen geschichtlich gewordenen «Eigenfall» (und vielleicht auch Glücksfall) bezeichnen, wie es für jede Nation gelten mag. Ist beispielsweise Schweden nicht ebenso ein Eigenfall, mit einer eigenen Schönheit der Umwelt, mit einem umfassenden Sozialsystem, mit einer in die Demokratie eingebauten Monarchie, mit einer gelebten Neutralität und, in diesem der Schweiz ähnlich, mit einer aussenpolitischen Dienstleistung durch die «guten Dienste»? Ebendies erfahren auswandernde Schweizerinnen und Schweizer gleich wie Auswanderer aus anderen Nationen in

---

3 Peter Michael-Caflisch, Hier hört man keine Glocken. Geschichte der Schamser Auswanderung nach Amerika und Australien, Baden 2008.
4 Jonathan Steinberg, Why Switzerland?, 2. Aufl., Cambridge 1996, S. 248.

eindrücklicher Weise: Im Gastland ist vieles anders. Diese Andersheit gibt der Heimat Profil. Die einen erleben die Eigenheiten der Gastnation als geschätzten Eigenfall, andere bevorzugen die heimatlichen Formen, wobei das Spektrum der Antworten in der Eigenart und besonderen Erfahrungswelt der Einzelnen oder Gruppen gründet. Für Landsleute ausserhalb der Landesgrenzen ist die «Schweiz» also erfahrene, wenn auch auf verschiedene Weise gewertete und erlebte vielfältige Realität, die, wie alles uns Umgebende, in steter Verwandlung ist, aber in der Struktur und im Kern eine gewisse Dauerhaftigkeit zeigt.

Neben der Frage, was die «Schweiz» ist, ist zweitens zu fragen: Was ist die «Schweiz anderswo»? Auch sie hat eine vielfältige Bedeutung, welche die hier behandelten Themen dokumentieren. Auf der persönlichen Erfahrungsebene heisst «Schweiz anderswo» ein Zwischen-zwei-Welten-Stehen, zwischen der heimatlichen und der des Gastlands. Bei der Durchsicht von Selbstzeugnissen, wie etwa von Briefen oder autobiografischen Berichten, erkennt man vier oft ineinanderfliessende und im Lauf der Zeit sich ändernde Grundpositionen. Die einen loben und geniessen die neue Umwelt, nehmen schnell die neuen Gewohnheiten an und werden kaum an eine Rückkehr denken. Andere dagegen fühlen sich fremd im neuen Land und suchen Wege, die möglichst schnell wieder in die Heimat führen. Wieder andere versuchen, die heimatliche Welt soweit wie möglich an Ort aufzubauen und zu bewahren, andere streben nach einer neuen Synthese, in welcher Merkmale der heimatlichen wie der neuen Umgebung, wenn auch in verschiedener Weise, vermischt werden. Bezeichnungen wie beispielsweise *«Brasilien-Schweizerin»* oder «Schweizer-*Brasilianer*» mögen die letzten zwei unterschiedlichen Antworten sprachlich andeuten. In «der Schweiz anderswo» wird dadurch die Wirklichkeit Schweiz in stetem Dialog mit der Präsenz des Gastlands, beispielsweise Japans oder Argentiniens, gemessen.

In diesen Zusammenhang gehört wohl auch das oft bezeugte Heimweh, das nach *Zedler's Universal-Lexicon* von 1735 vor allem unter Schweizern zu beobachten sei.[5] Es handle sich um eine seltsame und gefährliche Krankheit, «welche Schweizer in der Fremde erleiden müssen», heisst es, und die Krankheit sei schon 1688 vom Arzt Johannes Hofer in seiner in Basel veröffentlichten *Dissertatio medica de nostalgia oder Heimwehe* behandelt worden.[6] Aus manchen Hinweisen in den Quellen seien zwei erwähnt. Edward Osenbrüggen notiert in seinem in Berlin 1874 verlegten Buch *Die Schweizer Daheim und in der Ferne,* eine Schweizer Zeitung habe gemeldet, dass Pater Heini von Luzern, ein Missionar in San Francisco, im Alter von nur 25 Jahren am 21. Juni 1872 an Heimweh gestorben sei.[7] Im Buch *Westwärts* von

---

5 Heim-Sucht, in: Zedler's Universal-Lexicon, Bd. 12, Halle, Leipzig 1735, Spalte 1190–1192.
6 Basel 1688. Hier nach der englischen Übersetzung: Johannes Hofer, Medical Dissertation on Nostalgia, Translated by Carolyn Kiser Anspach, in: Bulletin of the Institute of the History of Medicine 2 (1934), S. 376–391.
7 Eduard Osenbrüggen, Die Schweizer Daheim und in der Fremde, Berlin 1874, S. 203.

Susann Bosshard-Kälin, das den Lebenslauf von 15 Amerika-Schweizerinnen aufgrund von Interviews skizziert, erklärt die Bauersfrau Louise Bürgler-Bruhin, bis heute Landbesitzerin im amerikanischen Staat Washington: «Ich hatte unendlich viel Heimweh. Es gab immer wieder Zeiten, in denen ich ganz tief runtersackte. Einmal wollte ich vom Arzt wissen, ob es Pillen gegen Heimweh gebe. [...] Meinem Neffen Pirmin strickte ich auf dem Heuboden einen Pullover, der am Schluss mit meinen Tränen gewaschen war.»[8] Nach 44 Jahren kehrte Frau Bürgler-Bruhin mit ihrem schwer kranken Mann in ihr Schweizer Heimatdorf zurück, wo dieser bald starb, sie hingegen weiterhin lebt.

Es gibt also, oft mit etwas Herablassung gesagt, «Heimweh-Schweizerinnen und -Schweizer». Der Ausdruck verweist auf einen bestimmten Auswanderertyp, der sich von der heimatlichen Welt innerlich nur schwer trennen kann, in vielfältiger Form bezeugt ist und sich von jenen Landsleuten abhebt, die sich mit dem Gastland voll identifizieren.

Neben der Prägung durch die Persönlichkeit der Auswanderer ist «die Schweiz anderswo» auch durch Gruppen gekennzeichnet. So haben beispielsweise Brigitte und Eugen Bachmann-Geiser im Buch *Amische* in Wort und Bild die Sprache, Kleidung, Arbeitsweise wie auch das Familienleben und die religiöse Ausrichtung der amischen Gemeinschaft im Umkreis von Berne, Indiana, als tief in bernisch-schweizerischer Tradition verwurzelt aufgezeigt.[9] Nicht allzu weit davon ist St. Meinrad, Indiana, eine Gründung Einsiedelns. Die Klosterkirche hat ähnlich wie das Gotteshaus in Einsiedeln die Schwarze Madonna als Wahrzeichen. Die dort 1870 gegründete «Swiss American Benedictine Congregation», der St. Meinrad als Erzabtei vorsteht, ist nach dem Schweizer föderativen Muster geformt, das wie der Bund den Kantonen den einzelnen Klöstern weitgehende Autonomie gewährleistet.[10] Auch in Schweizer Auswandererorganisationen wird das demokratische Muster direkter Demokratie weitgehend verwirklicht. So ahmte beispielsweise 1865 der Nordamerikanische Grütli-Bund, der 1915 gegen 6000 Mitglieder zählte und die Solidarität der Mitglieder besonders in krankheitsbedingten Krisen förderte, organisatorisch mit einem alle zwei Jahre wechselnden Vorort und lokaler Autonomie das Schweizer Modell nach.[11] Ein reiches Bild der «Schweiz anderswo» entsteht auch in den drei Bänden von

---

8 Susann Bosshard-Kälin, Westwärts. Begegnungen mit Amerika-Schweizerinnen, 2. Aufl., Bern 2010, S. 241.
9 Brigitte und Eugen Bachmann-Geiser, Amische. Die Lebensweise der Amischen in Berne, Indiana, Bern 1988.
10 Siehe Albert Kleber, History of St. Meinrad Archabbey 1854–1954, St. Meinrad, Indiana 1954, S. 212; New Catholic Encyclopedia, Bd. 2, New York 1967, S. 301–302. Im Jahr 1965 zählte die Vereinigung ca. 1000 Mitglieder und bestand aus elf Abteien und fünf Prioraten.
11 Siehe dazu: The Swiss Grütli-Bund in America 1865–1915, Maine 2011, S. 6 [Neudruck des Jubiläumsbuchs Nord-Amerikanischer Schweizer-Bund, 1865–1915, Union Hill (NJ) 1915, Einleitung und Index sind neu].

Stefan Sigerist, die einzigartige Daten zur wenig bekannten Präsenz der Schweiz im Nahen wie im Fernen Osten vorlegen. Im Band *Schweizer in Asien. Präsenz der Schweiz bis 1914* werden Schweizer, die in Konstantinopel, im Iran und in Indien, China, Japan, Indonesien und anderen Gebieten tätig waren, vorgestellt. Der Band *Schweizer in Ägypten, Triest und Bulgarien* skizziert die Tätigkeiten von 44 Familien aus den Kantonen Graubünden, Glarus, Luzern, Genf und Neuenburg. Eine dritte Studie bespricht die Schweizer am Bosporus, in der Türkei und in Persien, wo neben dem Geschäft mit Uhren und Textilien auch das Eisenbahn-, Finanz- und Versicherungswesen bedeutsam wurden.[12] Die Schweizer Präsenz in Russland ist in den zehn Bänden der Studiengruppe der Universität Zürich unter der Leitung von Carsten Goehrke vielseitig erforscht und dargestellt worden.[13] Einen kaum bekannten Aspekt erforscht das Buch *Schwarze Geschäfte. Die Beteiligung von Schweizern an Sklaverei und Sklavenhandel im 18. und 19. Jahrhundert* von Thomas David, Bouda Etemad und Janick Marina Schaufelbuehl.[14] Neuere Studien, wie etwa der von Mona Spisak und Hansruedi Stalder herausgegebene Sammelband über Ingenieure und Techniker in arabisch-islamischen Ländern, in China und Indien,[15] Christa Landerts kritische Ausgabe des kalifornischen Teils der Erinnerungen Heinrich Lienhards,[16] Andrea Francs Darstellung des Kakaohandels der Basler Handelsgesellschaft mit der Kolonie Goldküste (1893–1960),[17] Vincenz Oertles 13 Lebensbilder von Schweizer Legionären der 1950er-Jahre in Algerien[18] oder Roger Mottinis *Tell in Japan,*[19] zeigen – unter zahlreichen anderen Studien – wie thematisch weitgespannt «die Schweiz anderswo» wissenschaftlich erforscht und dargestellt wird, sodass jetzt eine datenreiche, globale Gesamtschau möglich wird.

Welches sind, drittens, Kontexte, in welche die «Schweiz anderswo» verflochten

---

12 Stefan Sigerist, Schweizer in Asien. Präsenz der Schweiz bis 1914, Schaffhausen 2001; Ders., Schweizer im Orient, Schaffhausen 2004; Ders., Schweizer in Ägypten, Triest und Bulgarien, Schaffhausen 2007.

13 Carsten Goehrke et al., Schweizer im Zarenreich. Zur Geschichte der Auswanderung nach Russland, Zürich 1985; weitere Studien behandeln Themen wie industrielle Unternehmen, Käser, Ärzte, Lehrkräfte und Theologen; siehe auch Leo Schelbert, Swiss Migration to Imperial Russia. A Review Essay, in: Nick Ceh, Leo Schelbert (Hg.), Essays in Russian and East-European History, Boulder (CO) 1995, S. 181–195, eine Besprechung der ersten fünf Bände.

14 Thomas David et al., Schwarze Geschäfte. Die Beteiligung von Schweizern an Sklaverei und Sklavenhandel im 18. und 19. Jahrhundert, Zürich 2005.

15 Mona Spisak, Hansruedi Stalder (Hg.), In der Fremde. Ingenieure und Techniker auf interkultureller Entdeckungsreise in arabisch-islamischen Ländern, in China und in Indien, Bern 2007.

16 Heinrich Lienhard, «Wenn Du absolut nach Amerika willst, so gehe in Gottesnamen!» Erinnerungen an den California Trail, John A. Sutter und den Goldrausch, 2. Aufl., Zürich 2011.

17 Andrea Franc, Wie die Schweiz zur Schokolade kam. Der Kakaohandel der Basler Handelsgesellschaft mit der Kolonie Goldküste (1893–1960), Basel 2008.

18 Vincenz Oertle, Endstation Algerien. Schweizer Fremdenlegionäre, 2. Aufl., Appenzell 2010.

19 Roger Mottini, Tell in Tōkiō. Schweizerisch-Japanische Begegnungen von den Anfängen bis 1914, München 2009.

ist? Die Forschung sollte wohl der Umklammerung eurozentrischer und vor allem in der amerikanischen Geschichtsschreibung gegebenen radikal nationalistischen Form entrinnen, welche die Vereinigten Staaten als *das* Einwanderungsland auch in neuesten Veröffentlichungen anpreist und die Erforschung der schweizerischen Auswanderung gelegentlich mitprägt.

Das nationalistische amerikanische Interpretationsmodell hat diese Grundzüge: Die praktisch leere nördliche westliche Hemisphäre wurde von England aus als europäischer Zufluchtsort besiedelt und schrittweise in der Form von Kolonien aufgebaut. Diese formten sich nach 1776 als eine Modellnation aus, die mithilfe von Millionen von Freiheit, Besitz und Wohlstand suchenden Europäern einen ganzen Kontinent zu einer Grossnation aufbauten, die im 20. Jahrhundert zur Weltmacht aufstieg. Die einheimische indianische Welt erscheint in diesem Denkstil – wenn überhaupt – am Rand als gelegentliches Hindernis in Form sich widersetzender spärlicher, wilder, primitiver und kulturloser Stämme, die durch Verträge ihr Land abgaben, wobei die Deportation von versklavten afrikanischen Menschen schon im frühen 19. Jahrhundert eingestellt und das Sklavereisystem durch einen Bürgerkrieg 1865 überwunden wurde. Einwanderer waren in dieser Interpretation «Flüchtlinge» – vor religiöser Verfolgung, vor klimatisch bedingter Hungersnot und vor heimatlicher Wirtschaftskrise. Die Vereinigten Staaten waren das «gelobte Land», das allen politische und religiöse Freiheit, erschwingliches Land und gute Lebensbedingungen anbot.

Dieser auch in Schweizer wissenschaftlichen Publikationen und Zeitungsartikeln gelegentlich verbreiteten Interpretation, welche Auswanderer schlichtweg als Krisenflüchtlinge in ein Land der Freiheit und unbegrenzten Möglichkeiten versteht, sei ein Gegenmodell gegenübergestellt. Laut dieser Lesart wurde die östliche Hemisphäre im zweiten Jahrtausend christlicher Zeitrechnung von dem von China dominierten Handelssystem Afroeurasiens geprägt, welches über Indien bis an die ostafrikanische Küste reichte. Silber, Gold und andere geplünderte Schätze, welche Spanien und Portugal aufgrund ihrer Eroberungen in der westlichen Hemisphäre nach Europa brachten, ermöglichten es, dass die iberischen Nationen, dann auch Staaten wie England, die Niederlande und Frankreich sich in das Handelssystem Afroeurasiens durch Garnisonen und Handelszentren schrittweise einfügen konnten, bis sie im 19. Jahrhundert für etwa 100 Jahre die Oberherrschaft gewannen.[20] In der Rivalität um die sogenannte koloniale Vorherrschaft wurden Kriege vor allem zwischen Frankreich und England in Europa wie in den beanspruchten Fremdgebieten geführt und die anfängliche iberische Vorherrschaft im abendländischen Kontext teilweise abgelöst. Zudem war die westliche Hemisphäre, nicht anders als die anderen Regionen der Welt,

---

20 Diese Interpretation folgt Gunder Frank, Re-Orient: Global Economy in the Asian Age, Berkeley (CA) 1998, eine konzise Zusammenfassung S. 352–357.

kein leeres Land, sondern um 1500 nach Schätzungen von etwa 100 Millionen Menschen bevölkert, der nördliche Teil von 5–7 Millionen, nach einer hohen Schätzung sogar von 12–15 Millionen, und in über 100 Völkerschaften aufgeteilt.[21] In der amerikanischen Volkszählung von 1890 hingegen wurden noch um die 250'000 «Indianer» gezählt,[22] wobei sich die Weltbevölkerung seit 1600 verdreifacht hatte. Es handelt sich also in der nördlichen westlichen Hemisphäre nicht nur um einen eindrucksvollen Aufbau zweier neu-europäischer Nationen –Kanadas und der Vereinigten Staaten –, sondern auch um eine 300-jährige, schrittweise Eroberung, welche die einheimische, über Jahrtausende blühende Welt zertrümmerte, Landstrich um Landstrich entsiedelte und mit Weissen neu bevölkerte; diese trieben den Aufbau einer neu-europäischen Nation voran, wobei Asiaten und Afrikaner bis 1965 gesetzlich ausgeschlossen und Afroamerikaner vom nationalen Leben zwangsweise abgesondert blieben.

Die europäische Auswanderung, darunter die schweizerische, war seit 1500 in drei mögliche, oft ineinander übergehende Kontexte eingebunden. Einerseits war sie das, was man als *Tauschwanderung* bezeichnen kann: Menschen aus der einen Nation zogen als Soldaten, Missionare, Unternehmer, Berufsleute oder Siedler in ein anderes Staatswesen. Dort nutzten sie militärische, geschäftliche, gelegentlich auch siedlerische Möglichkeiten unter der Dominanz der lokalen oder nationalen «Gast»-Gesellschaft aus und gingen nach deren Gesetzen und Erfordernissen ihren Beschäftigungen nach, wobei oft die Auswanderer eines Landes mit Einwanderern von anderswo «ausgetauscht» wurden. So entsprachen nach Wilhelm Bickel beispielsweise den 410'000 Schweizer Auswanderern zwischen 1850 und 1920 etwa 409'000 in der Schweiz geborene Fremde.[23]

Diesem Kontext der Tauschwanderung steht der Kontext der *Dominanzwanderung* gegenüber, das heisst der Auswanderung, die sich nach 1500 im Kontext europäischer Eroberung und ausformender Oberherrschaft in fremden Erdteilen ereignete und drei Grundformen zeigt. Die Expansion beispielsweise Spaniens in der westlichen Hemisphäre und auf den Philippinen, Englands in Indien oder Südafrika oder Frankreichs in Indochina zielte in den eroberten Gebieten auf die Errichtung von *Ausbeutungsimperien*. Die einheimischen Bewohner wurden als Soldaten und Arbeitskräfte unter der Herrschaft der Fremden gemustert, die Schätze des Landes ausgeführt und der einheimische Markt durch die Einfuhr billiger europäischer Produkte, die teuer abgesetzt wurden, teilweise zerstört, wodurch ein Land verarmte. In der nördlichen westlichen Hemisphäre bemühte sich dagegen Frankreich ein *Handels-*

---

21 Siehe William Denevan (Hg.), Native Population of the Americas 1492, Madison (WI) 1992, Tab. auf S. 3, 291.
22 US Census Bureau, Statistical Abstract of the United States, 1912, Washington (D. C.) 1912, Tab. 7, S. 27.
23 Wilhelm Bickel, Bevölkerungsgeschichte und Bevölkerungspolitik der Schweiz seit dem Ausgang des Mittelalters, Zürich 1947, S. 159 f., 297 f.

imperium zu errichten. Es reichte vom nördlichen Quebec am St.-Lawrence-Fluss und von Montreal dem nach Süden fliessenden Mississippi entlang von St. Louis bis nach New Orleans und sollte schrittweise die Eroberung der von England errichteten Kolonien vom Norden und Westen her ermöglichen.

Neben den Ausbeutungsimperien und den Handelsimperien steht das *Entsiedlungs-Neubesiedlungsimperium* Englands in der nördlichen westlichen Hemisphäre, in Australien und Neuseeland. Die Eroberung eines Gebiets nach dem anderen, die weitgehende Vernichtung der einheimischen Welt und die Vertreibung der Restbevölkerungen, die in unwirtliche Reservate gezwungen wurden, rechtfertigten sich auf zweifacher ideologischer Grundlage. Einerseits wurden die einheimischen Völker zu umnachteten Heiden erklärt, die den göttlichen Befehl, sich die Erde untertan zu machen, sündhaft nicht befolgt hatten.[24] Andererseits waren sie Wilde, eher auf der Stufe der Tiere als der Menschen, wie es etwa George Washington 1783 in einem programmatischen Dokument festhält. Sie seien gleich Wölfen, erklärte er, «both being beasts of prey, tho' they differ in shape», Raubtiere beide, obwohl in Gestalt verschieden.[25] Zugleich wurden um die 10 Millionen afrikanische Menschen als Zwangsarbeiterinnen und -arbeiter in die westliche Hemisphäre eingeschleust.

In diesem Kontext sind Schweizer Einwanderer in die Vereinigten Staaten wie diejenigen aus anderen Nationen bis um 1900 Teil einer Eroberungsarmee, kriegerisch engagiert, erpicht auf Landnahme und als Missionare und Lehrer willige Diener der Vernichtung der einheimischen Kulturen, besonders nachdem der Kongress 1866 nach langer Debatte entschieden hatte, statt die sich widersetzenden Völker durch Krieg aus dem Weg zu schaffen, was zu teuer zu stehen käme, diese womöglich in westliche Menschen umzuformen.[26] Im Geschichtsunterricht wird der gewaltige Aufbau einer neu-europäischen Nation verständlicherweise gefeiert, die Kehrseite weitreichender demografischer und kultureller Zerstörung jedoch ignoriert oder nur am Rand berührt und damit die Einwanderung zum Teil kontextual ihrer geschichtlichen Bedeutung beraubt.

Viertens: Was sind weitere mögliche Horizonte, welche das Thema «die Schweiz anderswo» nahelegt?

Als Erstes zeigt das Studium einzelner Lebenswege, dass es nicht einfach um Auswanderung von hier nach dort geht, sondern oft weitergewandert wird. Dazu

---

24 Eine frühe Sicht bietet John Winthrop, die führende Gestalt der Neu-England-Kolonie noch bevor seiner Abreise im Jahr 1629 in: General Considerations for the Plantation of New England, in: Winthrop Papers, Bd. 2, Boston 1931, S. 106–121.

25 George Washington, To James Duane [Chairman of the Committee of Congress to confer with the Commander in Chief], September 7, 1783, in: John C. Fitzpatrick (Hg.), The Writings of George Washington from the Original Manuscript Sources 1745–1799, Bd. 27, Washington 1938, S. 140.

26 Siehe David Sim, The Peace Policy of Ulysses S. Grant, in: American Nineteenth Century 9/3 (2008), S. 241–268. Das Motto hiess: «It is easier to ration the Indians than to conquer them.» (Es ist einfacher, den Indianern Rationen zu geben als sie kriegerisch zu überwältigen.)

drei Beispiele. Im 18. Jahrhundert suchte Jean Pierre Purry in Südafrika oder in Ceylon, dem heutigen Sri Lanka, eine Schweizersiedlung aufzubauen, gründete aber nach Absagen von den Niederlanden und Frankreich im Jahr 1732 unter englischem Patronat die Siedlung Purrysburg in Südkarolina, von der heute nur noch eine kleine Tafel berichtet.[27] – Die Familie Guillermin-Dupertuis wanderte von Panez-sur-Ollon im Kanton Waadt im Jahr 1889 nach Kansas aus, wo sie einen Bauernhof pachtete und zweimal den Wohnort wechselte. Als die Regierung der Vereinigten Staaten das nach der Vertreibung aus dem Osten im Jahr 1838 den indianischen Menschen zugewiesene Land weisser Besiedlung «öffnete», zogen die Dupertuis nach drei Jahren von Kansas mit Ross und Wagen etwa 320 km südwärts nach Oklahoma, eine Fahrt, die achteinhalb Tage beanspruchte. Nach sieben Jahren brach die Familie erneut auf, diesmal nach dem über 3200 km entfernten Adna im Staat Washington.[28] – Das Leben des Geografen Maurice Perret (1911–1996) aus La Chaux-de-Fonds zeigt die folgenden Wanderungswege: Er besuchte nach der Primarschule die Swiss School in London, studierte Geografie an der Universität Neuenburg, zog dann zu seinem Bruder nach Rio de Janeiro, wo er verschiedene Lehrerstellen innehatte, kehrte dann in die Schweiz zurück, erhielt ein Stipendium, um an der Universität von Kalifornien in Berkeley den Master in Geografie zu machen. Da er, obwohl nicht US-Bürger, ein Aufgebot der amerikanischen Armee erhielt – eine Verweigerung hätte ihn für immer der Möglichkeit eines US-Visums beraubt –, wich er an eine extraterritoriale Stelle am Schweizer Konsulat in San Francisco aus. Dann arbeitete er als Delegierter des Internationalen Komitees vom Roten Kreuz in Palästina, danach in einem Reisebüro in Rom. Nach weiteren Studien für ein Doktorat in Geografie an der Universität Lausanne bewarb er sich vergeblich um eine Professur in der Schweiz, bekam eine Position im neu entstandenen afrikanischen Staat Guinea angeboten, nahm dann aber eine Assistenzprofessur an der Universität von Wisconsin in Stevens Point an, wo er von 1965 bis 1981 lehrte.[29]

Es geht also von «hier» in der Schweiz nach «anderswo» oft nicht geradlinig an ein endgültiges Ziel, sondern der Weg mag über manche Orte führen. Schon 1960 betonte Frank Thistlethwaite am internationalen Historikerkongress in Stockholm, dass man eher von «Beschäftigungsökumenen», von Wanderungen statt nur von Auswanderung von einer Nation in eine andere reden sollte.[30] So war beispielsweise der Handel mit

---

27 Siehe dazu: Sigerist, Schweizer in Asien (wie Anm. 12), S. 174–176; Leo Schelbert, Hedwig Rappolt (Hg.). Alles ist ganz anders hier. Schweizer Auswandererberichte des 18. und 19. Jahrhunderts aus dem Gebiet der heutigen Vereinigten Staaten, Zürich 2009, S. 50–74.
28 Siehe Jeremy Dupertuis Bangs, Swiss Sisters Separated. Pioneer Life in Kansas, Oklahoma, and Washington 1889–1914, Maine 2003.
29 Maurice Perret, My Life, in: Swiss American Historical Society Newsletter 20/3 (1984), S. 4–26. Die ganze Nummer ist Maurice Perret gewidmet.
30 Frank Thistlethwaite, Migration from Overseas in the Nineteenth and Twentieth Centuries,

Uhren und Textilien für die schweizerische Auswanderung grundlegend und prägte
«die Schweiz anderswo» von Persien bis nach Japan und in den Amerikas.

Dies legt nahe, eine globale schweizerische Wanderungs- oder Migrationsgeschichte ins Auge zu fassen und diese unter drei Titeln zu erforschen: unter «Schweiz hier» Schweiz-interne Wanderungen, zum Beispiel von einem Bünder Dorf in die Chemieindustrie nach Basel; unter «Schweiz anderswo» die Schweiz, die von La Chaux-de-Fonds nach Istanbul oder von Glarus nach Wisconsin verlegt worden ist; unter «Schweiz *von* anderswo» – und das wäre ein neues Postulat – die Präsenz von Ausländern in verschiedenen Berufs- und Arbeitskreisen in der Schweiz, von denen die einen zwar heimkehren oder heimkehren müssen, andere aber Teil der «Schweiz hier» werden. Diese Wanderungsbewegungen würden nicht nur in ihrer personalen und kontextuellen Eigenart, sondern auch in ihrer Verflochtenheit dargestellt. Aus dieser Sichtweise ginge es also nicht nur um Auswanderungsgeschichte, sondern um Wanderungs- und um Migrationsgeschichte als integraler Teil der «Schweiz», die als ein «Hier», als ein «Anderswo» und als ein «Von-Anderswo» in der demografischen, wirtschaftlichen, sozialen, politischen und kulturellen Vielfalt verstanden würde. Sie erhielte dadurch als eine stets aufzuarbeitende Geschichte eines 27. Kantons Bedeutung.

Konkret würden sich zwei Unterfangen anbieten. Erstens würde neben dem *Historischen Lexikon der Schweiz* (HLS), dem Nachfolger des unersetzlichen *Historisch-biographischen Lexikons der Schweiz* (HBLS), ein *Historisches Migrationslexikon der Schweiz* (HMLS) geschaffen, das als grundlegende Einführung in die bis jetzt vorliegenden Forschungsergebnisse die schweizerische Wanderungsgeschichte in ihrer Verflechtung als interne Wanderung, als Auswanderung, Einwanderung und Rückwanderung darstellen würde. Dabei ginge es weder um Lob noch Tadel, noch um besondere Leistung im Gastland, sondern um eine umfassende Darstellung der schweizerischen Eingebundenheit in alle Aspekte der westlichen Expansion und in die geschichtlichen Ereignisse einer Gastnation. Zweitens scheint die Zeit gekommen, an einer Schweizer Universität ein Institut der Migrationsgeschichte – allenfalls als kooperative Institution von Universitäten – aufzubauen, das in Kursen und Forschungsprojekten das Wanderungsgeschehen als die «Schweiz hier», «die Schweiz anderswo» und «die Schweiz von anderswo» in deren Eigenheit wie in deren Verflochtenheit erforschen würde. Das Institut würde nicht nur wissenschaftliche Arbeiten ermöglichen und veröffentlichen, sondern auch Volkshochschulen, Gymnasien, Mittelschulen, Primarschulen und Museen mit Material beliefern, wie es beispielsweise im Zusammenhang mit dem Buch von Manuel Menrath zu den afrikanischen Spahis im luzernischen Triengen geschah. Das in diesem

---

in: Comité International des Sciences Historiques, XIe Congrès International des Sciences Historiques (Hg.), Rapports, Bd. V, Stockholm 1960, S. 32–60.

wissenschaftlichen Buch skizzierte Geschehen wurde als Ausstellung weiten Kreisen und als Lehrmittel Lehrern sowie einer grossen Schülerzahl zugänglich gemacht.[31] Ähnliches leistet das *Musée des Suisses dans le Monde* in Genf unter der Führung von Anselm Zurfluh durch seine Ausstellungen und Programme sowie durch die Buchreihe zur «Schweiz anderswo». Das neueste Buch *Inter Gentes* von Benedikt von Tscharner ist beispielsweise eine für den allgemeinen Leser geschaffene Darstellung von teilweise kaum bekannten Männern und Frauen, die im diplomatischen Dienst die Schweiz im Ausland vertraten oder vertreten und die «Schweiz anderswo» oft mit grossem Einsatz förderten und fördern.[32] Solche Arbeit der Wissensverbreitung für alle Bildungs- und Altersstufen, unterstützt von einem institutionell verankerten universitären Forschungsbemühen, würde Schweizerinnen und Schweizern mit der durch Wanderungen globalen Verflochtenheit der Heimat umfassend bekannt machen, das Verständnis für die Schweiz «von anderswo» erweitern und die mentale Solidarität mit anderen Völkern und Staaten gezielt fördern.

---

31 Manuel Menrath, Exotische Soldaten und ehrbare Töchter: Triengen 1940 – Afrikanische Spahis in der Schweiz, Zürich 2010; Karin Fuchs et al., Fremde Bilder. Koloniale Spuren in der Schweiz. Eine Unterrichtshilfe für Lehrpersonen, Luzern, 2011.
32 Benedikt von Tscharner, Inter Gentes. Statesmen, Diplomats, Political Thinkers, Genf 2012.

Paul-André Rosental

Historiographical Challenges of Emigration Policy

Abstract

The article highlights the asymmetry between the study of immigration and the study of emigration, and focuses on the general historiographical questions raised by the latter: the internal contradictions of state action; the relationship between social history and the history of international relations; the issue of statistical objectification since the definition of emigration is predicated on people's intentions and the difficult task of political categorisation, which is further complicated when colonial empires are involved. At the same time, this essay underlines the historicity of emigration policies: the establishment of a hierarchy of desirability among nationals; the effects of the emergence of salaried employment and social issues; constructing the homeland through the lens of emigration as well as the increasing role of bilateral agreements and international conventions on migration in the 20th century.

The past 20 years have seen, very broadly speaking, two approaches to migration issues. The first consists of work on communities of immigrants, most often in their place of residence, and sometimes in their workplace or sector of activity. This socio-historical perspective seeks to assess the various forms of integration (social, economic, cultural, political) in the host country, and the interplay between integration and the more or less close ties maintained with the country of origin.

The second approach focuses on migration policies. It is, in this area of research, an avatar of the "return of institutions" – first and foremost the state – in historical analysis. This return has marked all the social sciences since the 1980s. To some extent, interest in the political history of migration has grown alongside, and because of, the rise of xenophobic movements in many industrial countries and the increasingly prominent political debates on the right of asylum and on undocumented migrants. This area of research has, moreover, focused on the issue of citizenship and nationality.

On the basis of this broad observation, I will discuss a number of ways to connect these two avenues of research and thus bridge social history and political history in an original way. I aim to contribute to the field by transcending the boundaries of research specialities; I believe this transcendence taps into the richness of contemporary historiography. My analysis will address interior migrations and foreign migrations upfront in order to overcome a common bias in the historical literature.[1] In the context of this volume, I will more specifically examine the role or potential role in this exercise of the study of *emigration*, which, as I will begin by showing, has raised specific difficulties.

Is Emigration Symmetrical to Immigration?

The emigrant's perspective is not self-evident. In the landscape I have outlined, given the concerns about citizenship, mobility has most often been considered from the perspective of the host country. Besides the political interest in this perspective, the way in which archives are created and preserved has reinforced this inclination. Except for countries that have detailed and well-maintained population records indicating the destinations of would-be emigrants, it is easier to grasp an immigrant community than to follow an emigration flow in all its diversity and dispersal. At best, even if the relations that emigrants abroad might maintain with the consular offices of their country of origin are seriously considered, archives can only document a fraction of the emigrant population: precisely those who feel connected to their native community.

In many respects the European-American collection of works edited in 2006 by Nancy Green and François Weil, *Citoyenneté et émigration. Les politiques du départ* [Citizenship and Those Who Leave. The Politics of Emigration and Expatriation], was an important milestone in the development of thinking on the issue.[2] Through a series of coherent contributions it drew attention to the fact that, by default, the notion of migration has most often in history referred to immigration, with emigration, by comparison, only representing a complementary perspective. This is a typical

---

1 For an exception, see Klaus Bade, Massenwanderung und Arbeitsmarkt im deutschen Nordosten von 1880 bis zum ersten Weltkrieg. Überseeische Auswanderung, interne Abwanderung und kontinentale Zuwanderung [Mass Migration and the Labour Market in Northeast Germany from 1880 to the First World War. Overseas Emigration, Internal Migration, and Continental Immigration], in: Archiv für Sozialgeschichte 20 (1980), p. 265–323.
2 Nancy Green, François Weil (ed.), Citoyenneté et émigration. Les politiques du départ, Paris 2006 [Citizenship and Those Who Leave. The Politics of Emigration and Expatriation, Urbana (IL) 2007].

case, often noted in social theory, of a dichotomy that is symmetrical in theory but unbalanced in practice.

Serious consideration of emigration raises two questions that should be distinguished analytically:
- the history of emigration per se, that is, approached from the perspective of the country of origin;
- the history of migration overall, maintaining and articulating two perspectives at the same time – immigration and emigration.

It might seem obvious that these two perspectives are not identical, but their cognitive consequences must be carefully considered. A typical example is rural exodus, as experienced by Europe in the 19th century, and by developing countries in the 20th and 21st centuries. Its perception is completely asymmetrical when considered from the perspective of a point of departure versus a point of arrival. I can provide an example from a study of mobility in Northern France, which was one of the few French regions affected by this phenomenon during the Industrial Revolution.[3] When observed at the entry to Lille, Roubaix and Tourcoing, there is an overwhelming sense of irrepressible attraction to the cities: it appears that rural emigrants can only be studied from this perspective, as if they had been reduced to scrap attracted by a magnet. But limiting oneself to this image – unquestionable in itself – comes at a huge cognitive cost. It completely obscures the phenomena that occur at the starting point, which plays an active role in this process. Did village migrants blaze new paths towards the cities, or did more of them follow old routes? Above all, what happened in the villages during urbanisation? The conclusion of the analysis is surprising, as it shows that one part of the surrounding region (the rural French Flanders) tapped into every possible resource, spurring internal mobility, as opposed to the sluggishness implied by the rural exodus model. This brings us back to the question I raised about the nuance between emigration and migration: it is a heuristic oversimplification to study a population that left to settle abroad without taking into consideration what simultaneously occurred in its country or region of origin.

A deeper look, at the microscopic level of individuals and family groups or emigrant villagers, underscores the perception gap between the immigration approach and emigration approach. The former often highlights the prevalence of interpersonal networks that shape emigrant "colonies" in a big city or foreign country. However, when family networks are considered in their entirety and observed not at the arrival point, but rather by locating all the members of a lineage, the interpretation

---

3   Claire Lemercier, Paul-André Rosental, Les migrations dans le Nord de la France au XIXe siècle [Migrations in Northern France in the 19th Century], 2008, http://halshs.archives-ouvertes.fr/halshs-00319448/fr/.

completely changes: the study of several thousands of lineages in 19th century France disproves the idea that migration is conducive to concentrating migrants. Of course, this type of convergence occurs – and historiography focuses on such instances – but all things being equal, when all individuals are taken into account, it appears that mobility does not bring the members of kinship groups closer together.[4] The vision that emerges is rather that of constantly evolving territorial family configurations. This phenomenon challenges one of the assumptions of the literature on migration: a "starting point" is not always a given at the microscopic level of analysis. If one considers the integration of individuals into their respective peer groups, the sense of belonging to a stable and well-defined space is not equally evident for a farmer who temporarily migrates, for a merchant who is part of a transnational family network, for a frontier-dweller, or for a highly skilled glassworker who might rotate between a series of factories scattered throughout Europe and beyond. This diversity has a markedly political dimension: it distinguishes between migrants who can contemplate or hope to return to their point of departure and those who cannot – Polish Jews in the interwar period, for example, or some religious minorities in Scandinavia back in the 19th century.[5] Again, the distinction is not a given, nor is the distinction always completely clear between migrants who can look back and the rest. A case in point, during the economic crisis in the 1930s, were the difficulties experienced by central European emigrants who were forced to return to their country and seek assistance from their township of origin.[6]

Generally speaking, the study of emigration thus systematically raises the question of desirability, as does the study of immigration.[7] However, the former raises the question in a more revealing way because it shows how states establish hierarchies among their own nationals. Indeed, it is safe to say that migration policy always goes hand in hand with a state's segmentation and hierarchical organisation of mobility flows according to criteria specific to each context. For example, at the beginning of the 20th century Italy was particularly proactive about its migrants and distinguished between those who had succeeded abroad and needed to be encouraged to return to

---

4 Noël Bonneuil, Arnaud Bringé, Paul-André Rosental, Familial Components of First Migrations after Marriage in Nineteenth Century France, in: Social History 33/1 (2008), p. 36–59.
5 John G. Rice, Robert C. Ostergren, The Decision to Migrate. A Study in Diffusion, in: Geografiska Annaler 60/1 (1978), p. 1–15.
6 Paul-André Rosental, Migrations, souveraineté, droits sociaux. Protéger et expulser les étrangers en Europe du XIXe siècle à nos jours [Migrations, Sovereignty, Social Rights. Protecting and Expelling Foreigners in Europe from the 19th Century to Today], in: Annales. Histoire Sciences Sociales 66/2 (2011), p. 335–373.
7 Philippe Rygiel (ed.), Le bon grain et l'ivraie. L'Etat-Nation et les populations immigrées, fin XIXe, début XXe siècle [The Wheat and the Chaff. The Nation-State and Immigrant Populations at the End of the 19th/Beginning of the 20th century], Paris 2004.

the country – a classic Ancien Régime approach – and the vulnerable needing protection, such as orphans and widows.[8] But emigration was an opportunity for reverse selection against criminals, the sick, and political activists. Like Poland with its Jews or Ireland with its Protestants, in the interwar period many European countries used emigration to get rid of their ethnic or religious minorities, encouraging them to leave, and doing little (if anything at all) to defend them in conflicts abroad.

Because migrants have varying degrees of attachment to their country of origin – and sometimes very loose attachment, if not repulsion – the category of "emigration" cannot be used without raising questions. It is essentially an administrative category that was further elevated by its statistical measurements, but it falls short of conveying the complexity of people's sense of belonging. This point strikes me as a particularly important one today, in a world that only defends mobility to better project an obsolete portrayal of the past as a still world based on monolithic rootedness.

From this perspective the title of the present volume is much more open and escapes this trap. By referring to "Switzerland elsewhere", it immediately underscores the key issue, which is the designation of emigrants who went abroad under widely varying conditions: with or without the prospect of returning or maintaining ties, and with legal statuses that could differ both in the country of arrival and in relation to the country of origin. Indeed, for a country of emigration, the designation of nationals who have gone abroad entails a choice – and often a problem – of a highly political nature. Italians, Germans and Poles used different terms to refer to overseas emigration, which was considered to be permanent and worrisome, and to emigration to Europe. In 1893 China created the rubric "Chinese temporarily living abroad" and "Overseas Chinese"[9] to downplay consistently distinct movements.

The difficulty in conceptualising the problem is mainly political. In 19th century China emigrants were criminals: given this initial conception, the term "Overseas Chinese" was actually a form of liberalisation. For a long time in Europe, emigration was viewed through a more or less explicitly mercantilist lens: in mid-19th century France, for example, *embauchage* (which today would more likely be called job poaching by foreigners) was a criminal offence.[10] Emigration was seen as a reprehensible loss of

---

8 Caroline Douki, The "Return Politics" of a Sending Country. The Italian Case, 1880s–1914, in: Nancy L. Green, Roger Waldinger (ed.), A Century of Transnationalism. Immigrants and their Homeland Connections, Urbana (IL), Chicago (forthcoming).

9 Eric Guerassimoff, Des coolies aux Chinois d'outre-mer. La question des migrations dans les relations sino-américaines (années 1850–1890) [From Coolies to Overseas Chinese. The issue of Migration in Sino-American Relations], in: Annales. Histoire Sciences sociales 61/1 (2006), p. 63–98.

10 "Embauchage" is defined here as the act of "pulling away directors, shop assistants or workers from manufacturing establishments located in France by committing them, through promises or gifts, to move their work to a foreign country […]". When this misdeed is committed *"with the goal of injuring French industry,* it becomes a crime that is punishable under the Criminal Code"; the guilty party is subject to imprisonment from six months to two years. Cf. entry "Embauchage", in: Maurice

economic and military substance, except when it involved classes of pariahs, who, on the contrary, were forced on the colonies.

Another political challenge to defining emigration is linked to colonisation. Indeed, the way emigration was conceived differed widely depending on whether or not a country was imperial. In Victorian England some sought to reserve the term "emigration" for departures to a foreign country and only refer to "overseas settlement" within the Empire.[11] Another criteria was population density, or more specifically – to avoid overly simplistic explanations – the feeling of being over- or under-populated.

Returning to the mercantilist criteria that were a crucial element for a long time, the status of emigration only changed with the rise of "social issues". The emergence of "unemployment" and "unemployed" as social categories at the end of the 19th century[12] was a key stage in the history of emigration because it led states to break with the dogma of population conservation. For a while, emigration became a "solution" to public policy problems: a national solution, as was the case for the Netherlands in the first quarter of the 20th century,[13] or a transnational one, as exemplified by the International Labour Organisation's project to transfer the unemployed Europeans in Latin America in the 1930s.[14] This view led states to transpose to the regulation of societies a solution that was ever more frequently being applied to conflicts, in particular the series of Balkan wars that began in the last decades of the 19th century: massive population exchanges, of which the paradigmatic form – both a culmination and a lesson for the future – was carried out under the Greco-Turkish agreement of 1923.[15]

This new function attributed to emigration further complicated and sustained affected states' interest in it. An effort to reconcile promoting emigration's social and economic value while denouncing the enslavement of nationals who went abroad, turned emigration into a major political issue in Italy at the beginning of the 20th century, as well as in Sweden at the same time. The result was increased

---

Block (ed.), Dictionnaire de l'Administration française [French Administration Dictionary], Paris 1856, p. 744.

11 David Feldman, M. Page Baldwin, L'émigration et l'Etat britannique, 1818–1925 [Emigration and the British State, ca. 1818–1925], in: Green/Weil (see note 2), p. 159–179.
12 Christian Topalov, Naissance du chômeur [Birth of the Unemployed], 1880–1910, Paris 1994.
13 Corrie van Eijl, Leo Lucassen, Les Pays-Bas au-delà de leurs frontières, 1850–1940 [Holland Beyond the Borders: Emigration and the Dutch State 1850–1940], in: Green/Weil (see note 2), p. 181–199, here 184.
14 Paul-André Rosental, Géopolitique et Etat-Providence. Le Bureau International du Travail et la politique mondiale des migrations dans l'entre-deux-guerres [Geopolitics and the Welfare State. The International Labour Organisation and Global Migration Policy in the Interwar Period], in: Annales. Histoire, Sciences sociales 61/1 (2006), p. 99–134.
15 Renée Hirschon (ed.), Crossing the Aegean. An Appraisal of the 1923 Compulsory Population Exchange between Greece and Turkey, New York 2003.

interest in statistical recording, an enormously difficult task: like immigration, the registration of individuals as "emigrants" is based on intention – roughly, intending to settle abroad on a long-term basis. Leaving aside the most complex cases (cross-border migrants, for example), there is no guarantee that this intention will be interpreted in the same way in the country of emigration and that of immigration. Hence the consistency issues of measures that are taken. Just determining whether migrants have actually left is not straightforward either administratively or politically. In Italy at the beginning of 20th century, except for a minority of nationals who declared they had permanently settled abroad, emigrants continued to be included in the peninsula's official population, and were notably registered as part of the … "stable population".[16]

All in all, the three intertwined types of difficulties – social, political, cognitive – raised by the definition of emigration lead to the state as a vantage point of observation. The state is not considered in an omnipotent, Promethean sense here – as some historians have tended to think, probably because they are caught up in the administrative origin of sources and the structuring of political discourse – but as a forum that brings to light the multiple interests and perspectives at work in civil society.

The State Tested by Emigration

Contrary to a widespread view that migration is an attribute par excellence of state determination, migration policy – here, immigration and emigration become symmetrical – is divisive within national administrations. Attempts at centralisation have been made, but they are generally short-lived, as attested in France recently with the quick disappearance of the (strongly controversial) Ministry of Immigration and National Identity, which was created in 2007 and eliminated in 2010 during the same Sarkozy presidency. One of the most long-lasting efforts was the Italian General Commission for Emigration, which reported directly to the President of the Council of Ministers and operated from 1901 to 1927; it was an example for many countries of emigration, as well as countries of immigration like France.

Comparative analysis shows that migration policy most often emerges from a combination of ministries with diverging interests within the state; the combination is different every time, but always very complex. In the 1920s the United Kingdom granted management of migration policy to an Aliens and Nationality Committee. The committee brought together the Home Office (equivalent to the Ministry of the Interior, which was dominant here) and a host of others, including representatives

---

16 Caroline Douki, L'Etat libéral italien face à l'émigration de masse (1860–1914) [The Liberal Italian State and Mass Emigration, 1860–1914], in: Green/Weil (see note 2), p. 95–117, here 100.

from the Ministry of Labour, the Admiralty, the Colonial Office, Foreign Affairs, the Board of Trade (Ministry of Commerce), the War Office and the India Office. In addition, delegates from the Local Government Board (Ministry of relations between the central government and local communities) were included, as were delegates from the Customs and Excise department, which reports to Treasury.[17]

If emigration policy appears to be a prime example of the conflicts of interest within the state apparatus here, it is because an even greater diversity of private interests affected by migration was in fact represented by these administrations before the state. First among them were the powerful shipping companies, which were involved both as transporters of migrants and as employers of foreign crews. In the United Kingdom, like in Italy, Germany and the United States, shipping companies – in the same way as big labour-intensive industries like mining and steelmaking, or as financial companies involved in transferring funds from emigrants to their families (remittances) – brought their influence to bear on the administration and often even on migration legislation.

"To manage is to compromise", as a 19th century French administrative saying goes: this is where social history comes into play; not just that of individuals (who also play a role, since individual migrants' cases can set precedence,[18] or make headlines), but rather a broad social history of defining and representing collective interests. Far from portraying a unilateral desire for power or control, the study of migration policy, and emigration in particular, calls for a complex model of state action and effectiveness – a model that takes into account multiple actors who operate both in competition and in concert with one another. The historian Victor Pereira provided a fine example of this in Salazar's Portugal by showing how the head of state in theory acceded to landowner requests that emigration be prohibited to prevent agricultural wages from rising, but in practice tolerated it, fearing social pressures.[19] Mutatis mutandis, similar situations unfolded elsewhere, such as in the Junkers' reaction to agricultural emigration from Germany in the 1880s.[20]

---

17 Caroline Douki, David Feldman, Paul-André Rosental, Pour une histoire relationnelle du ministère du Travail en France, en Italie et au Royaume-Uni dans l'entre-deux-guerres. Le transnational, le bilatéral et l'interministériel en matière de politique migratoire [A Relational History of the Ministry of Labour in France, Italy, and the United Kingdom in the Interwar Period. The Transnational, Bilateral, and Interdepartmental Dynamics of Migration Policy], in: Alain Chatriot, Odile Join-Lambert, Vincent Viet (ed.), Les politiques du Travail (1906–2006). Acteurs, institutions, réseaux [Labour Policies (1906–2006). Actors, Institutions, Networks], Rennes 2006, p. 143–159.
18 Andreas Fahrmeir, Citizens and Aliens. Foreigners and the Law in Britain and the German States, 1789–1870, New York 2000.
19 Victor Pereira, La Dictature de Salazar face à l'émigration. L'Etat portugais et ses migrants en France (1957–1974) [The Salazar Dictatorship and Emigration. The Portuguese State and its Migrants in France (1957–1974)], Paris 2012.
20 Donna R. Gabaccia, Dirk Hoerder, Adam Walaszek, Emigration et construction nationale en

Another important consideration related to Portuguese migrants regards their status: they were technically illegal in relation to both their home country and their country of arrival, France. However, this flow of workers from Catholic Europe was in fact welcomed by the gendarmerie with open arms in the 1970s, despite legislation prohibiting any national selection of immigrants.[21] In the two preceding decades, illegal Italian emigrants had left with the address of the French gendarmerie that would receive them in their hands.[22]

These apparent contradictions show how migration policy, due to its complexity, affects the organisation of the state itself by involving all of its sovereign parts (interior, justice with naturalisations, and also defence) while unleashing their contradictions. To deal with this, the state needs to find the right mix of actions. In terms of emigration, the goal is to find the right connection (or the right distance) with expatriates: financial ties through remittances, but also ties to military mobilisation if needed; civic ties, with the issue of expatriate voting; and finally, commercial ties, with lobbying for the dissemination of products from the country of origin.

Even the protection of nationals, which seems to go without saying, is affected by this search for the right balance. When Czechoslovakia negotiated a bilateral treaty with France in 1920, it had to perform a balancing act between overprotecting its migrants, thereby encouraging its skilled workers to leave en masse, and securing a less favourable status, which it believed would push them to seek naturalisation. The country feared that by diminishing its emigrants' prospects of returning, the latter choice would deter them from sending remittances to their relatives back home.[23]

Not only is the level of protection difficult to set and in need of constant adjustment, but it is also not entirely in the hands of emigration countries. The aforementioned diplomatic principle of reciprocity means these countries are partly dependent on decisions made by third countries, even in an area as sovereign as nationality law. The prime example, from the most important emigration country at the time, is no doubt an Italian law passed in 1912. The important changes it introduced – allowing both transalpine emigrants and their descendants to keep their nationality – did not exclusively result from internal political dynamics, but also to a large part were a response to external developments. Italy was particularly disturbed by the

Europe [Emigration and Nation Building during the Mass Migrations from Europe], in: Green/Weil (see note 2), p. 67–94, here 72.
21 Patrick Weil, Racisme et discrimination dans la politique française de l'immigration, 1938–1945/1974–1995 [Racism and Discrimination in French Immigration Policy, 1938–1945/1974–1995], in: Vingtième Siècle 3 (1995), p. 77–102.
22 Cf. Sandro Rinauro, Il cammino della speranza. L'emigrazione clandestina degli Italiani nel secondo dopoguerra [The Path of Hope. Illegal Italian Emigration after World War II], Turin 2009.
23 Rosental (see note 6).

"accelerated" naturalisation policies that certain Latin American countries were implementing at the time.[24] Its move was not unprecedented: the 1909 reform of Chinese nationality law was a response to the Netherlands' extension of jus soli to its Asian colonies.[25] And Germany followed in the footsteps of these two countries in 1913.

From the genesis through implementation, it is striking how much the Italian law, notable for its consequences – an estimated 60 million people around the world could claim Italian nationality today under its extensive conception of blood rights – resulted less from a consensus that gradually emerged on a major national identity issue, and more from a contextual and fragile balancing act in a sensitive area; yet it remained in place throughout the 20th century. Placing the history of nationality and citizenship policy in a transnational framework thus profoundly shifts its terms. This history is not only about an abstract desire for power, or the creation of a national community's culture, it is also, and perhaps primarily, about an instrumental and contextual relationship based on a "search for the right distance". The staying power of the Italian law of 1912 can be attributed to the fact that the Italian State was able to use it in different contexts over time.

In the complex area of exploring how long connections are maintained with expatriates – a question that is equally applicable to the Chinese, the Germans, the Swiss and many others – I would once again caution against an approach to emigration policy that does not establish a basis for comparison with internal migrations. Indeed, it would be difficult to understand the specificity of a national link without first studying how, throughout modern Europe, parishes and municipalities treated emigrants who had become destitute, and worked with the emigrants, and amongst themselves, to secure assistance.[26] Also worth examining is how such a link allowed the emigrants, and sometimes their descendants, to maintain local citizenship. In rural areas, for example, this would have granted them collective property rights, such as the sharing of firewood and access to common goods. From a comparative perspective, it is important to take into account the political management of the local citizenship of emigrant villagers and city-dwellers before attempting to describe the advantages and obligations associated with the nationality. Consideration of this dynamic is especially important in the case of

---

24   Douki (see note 8).
25   Carine Pina-Guerassimoff, Eric Guerassimoff, Les "Chinois d'outre-mer" des années 1890 aux années 1990 [The "Overseas Chinese": The State and Emigration from the 1890s through the 1990s], in: Green/Weil (see note 2), p. 137–156, here 142 f.
26   Keith Snell, Parish and Belonging. Community, Identity and Welfare in England and Wales, 1700–1950, Cambridge 2006; James Stephen Taylor, The Impact of Pauper Settlement 1691–1834, in: Past and Present 73 (1976), p. 42–74; Anne Winter, Thijs Lambrecht, Migration, Poor Relief and Local Autonomy. Settlement Policies in England and the Southern Low Countries in the Eighteenth Century, in: Past and Present 218/1 (2013), p. 91–126.

Switzerland, where intertwining ties to local, cantonal and federal citizenship is both a case study of great intrinsic interest and a textbook case for thinking comparatively about the rights of emigrants.

The Homeland Constructed Through the Lens of Emigration

In this last section, I will examine the feedback loop between emigration and the countries of origin and of arrival. Historiography has widely highlighted the role that emigrant populations abroad have in many cases played in building a representation of national identity in the form of an imagined community.[27] Besides the research that has focused on the cultural aspect of the issue, that is, fostering a sense of belonging to the homeland through a whole set of representations, there have been some attempts to objectivize the perspective of migrants, and in particular to more precisely date when identification with a nation spreads, as this varies depending on the country of origin. Walker Connor's "When is a Nation?" article is a good example of this political anthropological approach. It analyses the origins that European migrants reported when they landed on the American continent: city, region or nation?[28]

More recently, Marco Rovinello explored the slippage between the notion of "nation", understood as a modern-era category used to classify populations, and that of "Nation", which is supposed to define the general sense of belonging to a homeland.[29] His pioneering study "strategically" focuses on a population – the French who settled in Naples between 1793 and 1860 – that was directly affected by the reformulation of the notion of citizenship after the 1789 Revolution. While showing the persistence, in the middle of the 19th century, of the historic notion of nation, the author captures its transformations by tracing the various ways in which the emigrant elite, consisting of merchants, became a part of the local economic fabric and used its links to France. The work is exemplary in its demonstration of the respective roles of emigrants and the country of origin, through its consular offices, in the construction of the Nation and of its limits.

Historiography has also looked at how emigrants fit into the political life of their country of origin, be it through their participation in elections or their financial support of parties or ideological movements – sometimes morphing into a form of remote nationalism, as was the case of the Irish in the United States, for example. Rather than

---

27 Manuela Martin (ed.), Migrazioni. Comunità e nazione [Migration. Community and Nation] (Memoria e Ricerca 8), Milan 1996.
28 Walker Connor, When is a Nation?, in: Ethnic and Racial Studies 13/1 (1990), p. 92–103.
29 Marco Rovinello, Cittadini senza nazione. Migranti francesi a Napoli (1793–1860) [Citizens without a Nation. French Migrants in Naples (1793–1860)], Florence 2009.

go over these well-known phenomena that contemporary historiography extends to the links between migration policy and defence policy,[30] I would like to underscore how they demonstrate the necessity of simultaneously considering the two asymmetrical and complementary perspectives of the country of origin and the country of arrival. For example, the concern expressed by French experts and public authorities in the 1930s about the rapid assimilation of Italian immigrants cannot be understood without reference to the fascist policy of maintaining control over emigrants.[31]

This is the point with which I would like to conclude by emphasising the role that emigration might play in the construction of rights, in particular social rights, both in the country of arrival and the country of origin. I will focus on migrants aiming to enter the labour market. They form a particular subset of migration flows that has grown over time, and especially in today's world. Foreign workers were initially excluded from the national social protection systems that were implemented from the end of the 19th century; they were included only after a diplomatic solution was found to overcome the asymmetry of flows that most often connect countries of immigration and countries of emigration. A 1904 Franco-Italian treaty served as a template here. It applied, to the regulation of human mobility, bargaining processes that are generally used in trade agreements to ensure reciprocity among parties. Italian emigrants in France were granted the right to protection, and in exchange Rome committed to developing domestic labour protection legislation. Thus, Italian businesses would indirectly be subject to costs that were deemed comparable to those levied on their cisalpine competitors.

From a historical perspective the treaty of 1904 paved the way for a series of bilateral agreements and international conventions, which the International Labour Organisation sponsored from 1919. This bilateral and transnational regulation affected the direction of labour flows[32] and, of course, the protection of migrant workers. But it also more generally affected the organisation of labour markets in the countries involved. In France for example, by formalising the skill level of migrants in demand, and by guaranteeing a salary level that unions in the host country would not be able

---

30 As Brigitte Studer demonstrates for interwar Switzerland. Cf. Brigitte Studer, "Ausländerfrage" zwischen militärischem Sicherheitsdenken und rechtsstaatlichen Garantien zu Beginn des Zweiten Weltkriegs [The "Question of Foreigners" Between Military Security and Constitutional Principles at the Beginning of the Second World War], in: Etudes et Sources 29 (2003), p. 161–187.

31 As mentioned in Rosental (see note 14), p. 127, the French geographer Georges Mauco sought to alert his contemporaries to the instructions included in Italian passports: "[…] be sure to educate your children in an Italian school if possible. No Italian should renounce the privilege and consciousness of being Italian. He should make a point of buying Italian, using his native language, raising his children to be patriotic and teaching them the Italian language, history and geography."

32 Christoph Rass, Institutionalisierungsprozesse auf einem internationalen Arbeitsmarkt. Bilaterale Wanderungsverträge in Europa zwischen 1919 und 1974 [Institutionalising an International Labour Market. Bilateral Migration Agreements in Europe between 1919 and 1974], Paderborn 2010.

to denounce as dumping, it contributed to the emergence of new forms of wage regulation: the work contract, the minimum wage and the correspondence between certified skills and income.[33]

As the cause of emigrants was studied by social observers, and (unequally) defended by consulates, it helped raise awareness that "social issues" needed to be seriously considered: in 1900, this occurred on the issue of protecting Italian migrant children as well as in the case of Chinese coolies, whom Chinese consuls "discovered were suffering in connection with anti-Chinese measures" adopted by the United States.[34]

Provided they are supported by proactive states or advocacy groups active in their country of origin, immigrants can play a role in improving social protection: this was common in the fight against occupational diseases, both in South Africa, which employed skilled British workers at the beginning of the 20th century, and in Belgium in the 1960s, with its Italian miners.[35]

To depict a process that historiography has long neglected does not imply subscribing to a linear vision of continuous progress in labour law through migration agreements. Indeed, everything depends on the attitude of emigration countries. Some, such as Morocco in the 1970s in relation to France, or states of the Indian subcontinent in relation to Gulf states nowadays, seek to export surplus labour by deliberately choosing *not* to support the demands of their nationals in their countries of settlement.

From a historiographical perspective, the study of international regulations on migration helps bring together two areas that have largely ignored one another: the history of international relations on the one hand, and social history on the other.[36] Stéphanie Leu has recently proposed using the term "bilateral state" to refer to the management (or rather co-management) by France and Switzerland of the populations they exchanged between the mid-19th century and the Second World War. The idea here is that multiple flows, varying with the migrants' social level, professional sector and status (salaried or self-employed), and regions of origin and arrival – with a separate regime for border zones – are captured by framework agreements of sorts that remain in place for decades, but that allow for day-to-day adjustments in light of the political or economic context and the type of migrants involved.[37]

---

33 Rosental (see note 6).
34 Guerassimoff/Guerassimoff (see note 25), p. 140.
35 Eric Geerkens, Quand la silicose n'était pas une maladie professionnelle. Genèse de la réparation des pathologies respiratoires des mineurs en Belgique (1927–1940) [When Silicosis was not an Occupational Disease. Genesis of Compensation for Miners with Respiratory Diseases in Belgium (1927–1940)], in: Revue d'histoire moderne et contemporaine 56/1 (2009), p. 127–141.
36 Madeleine Herren, Internationale Sozialpolitik vor dem Ersten Weltkrieg. Die Anfänge europäischer Kooperation aus der Sicht Frankreichs [International Sociai Policy Before the First World War. For France, the Beginning of European Cooperation], Berlin 1993, p. 140–145.
37 Stéphanie Leu, Les petits et les grands arrangements. L'Etat bilatéral: une réponse au défi quotidien de l'échange de populations: une histoire diplomatique de la migration et du droit des migrants entre France et Suisse; organisation, acteurs et enjeux (inter)nationaux, milieu du XIXe siècle–1939

Such approaches delve deeply into the history of the state and of nation building, while steering clear of an excessively evolutionary vision. In previous work I showed that the right of nationals to return to their country of origin was not a given, and had resulted from the first major transnational agreements on the treatment of destitute migrants that the German Confederation implemented in the mid-19th century.[38] Meanwhile, Stéphanie Leu has shown how the status of Jews in the Swiss Confederation was redefined in the 19th century under pressure from France. Political problems linked to emigration are often conducive to visible manifestations of national sovereignty, but depending on the situation, they may also reveal how states ascribe different degrees of desirability to their own populations, and contribute to establishing basic citizenship rights.

[The Little and the Large Arrangements. The Bilateral State: A Response to the Daily Challenges of the Exchange of Population: A Diplomatic History of Migration and the Rights of Migrants between France and Switzerland; (Inter)national Organisations, Actors and Issues, Mid-19th century–1939], PhD thesis, Berne 2012.

38 Rosental (see note 6).

Benjamin Hitz

«Kein anndre nattion dann schwytzer»?

Zum Begriff der Nation im Solddienst des 16. Jahrhunderts

"No other nation than Swiss"? The concept of "nation" in 16th century mercenary service

The article analyses how participants of the Swiss mercenary service from the canton of Lucerne (mainly captains and members of the authorities) used the notion of "nation" and how their use differs from the erudite discourse on the nation of the Swiss. While the latter struggles to find a unity in a complex political structure that excludes part of the population from the freedom acquired according to legend, the mercenary captain's use of the term was extraordinarily vague. The few references to the (geographical) extent of the nation are limited to Lucerne or the Catholic part of the confederation. The only similarity is the connection between federal history and the term nation. Thus, it seems that the external perception of Swiss mercenaries as belonging to a nation was more important. Employers, used to the idea of nations as parts of an army, sought Swiss mercenaries because of their skills, linked to their national affiliation. Not all mercenaries were actually Swiss, but a specific example from 1590 shows how mercenaries from southern Germany were assimilated by a ruse. Another example confirms how mercenaries themselves cared little what nation they or their military unit belonged to.

«Das wir inn unnser gsellschafft kein anndre nattion dann schwytzer fueren sollenn.»[1] Diese Bedingung findet sich an zweiter Stelle in einem Dokument, das die Resultate der Verhandlungen um einen Aufbruch von (katholischen) eidgenössischen Söldnern für Frankreich im Jahr 1570 zusammenfasst. Vor dem Hintergrund des konfessionellen Konflikts, der im 16. Jahrhundert die Eidgenossenschaft wiederholt zu zer-

---

1 Staatsarchiv Luzern (StALU), Akt A1 F1 Sch. 38.

reissen droht und gerade in Auseinandersetzungen um den Solddienst immer wieder aufbricht, erstaunt diese selbstverständliche Verwendung des Begriffs «Nation» für ein komplexes Bündnisverhältnis mit wenig innerem Zusammenhalt. In diesem Text möchte ich auf der Grundlage der neueren Erkenntnisse über den Nationsdiskurs in der frühneuzeitlichen Eidgenossenschaft untersuchen, wie der Begriff in einem Stand der Eidgenossenschaft, nämlich Luzern, verwendet wird, welche Wahrnehmungsmuster damit verbunden sind und in welchem Zusammenhang der Nationsbegriff mit der effektiven Zusammensetzung von Söldnertruppen steht. Die Verwendung des Begriffs «Nation» wird hier also nicht im Kontext eines auf die Nation bezogenen Diskurses diskutiert, sondern es wird dessen konkreter Alltagsgebrauch durch eidgenössische Eliten und Verwaltungsangestellte untersucht.

Nationsdiskurse im 16. Jahrhundert

Das «Denken in Nationen»[2] geht dem modernen Nationalstaat zeitlich um einiges voraus. Es kann schon im Spätmittelalter nachgewiesen werden. Ursprünglich hat es keine politische Dimension, sondern der Begriff der *natio* bezeichnet «Gemeinschaften gemeinsamer Abstammung».[3] Zwei wichtige Vorläufer bei der Anwendung und Entwicklung von Nationsbegriffen sind die spätmittelalterlichen Universitäten und die Konzilien, besonders das von Konstanz 1414–1418. Bei diesem schaffen die Konzilsväter zur Überwindung des Schismas aus pragmatischen Gründen vier Nationen, welche nachträglich «theologisch angereichert» werden.[4] Diese Nationen sind allerdings sehr weit gefasst, der deutschen Nation gehören ganz Nord- und Osteuropa an. Ein «Bewusstsein gemeinschaftlicher Existenz» existiert allerdings unabhängig der *nationes,* und so wird im Verlauf des Konzils immer stärker zwischen «den Konzilsnationen und den Nationen im Sinne von politischen Handlungszusammenhängen und Gemeinschaftsbildungen» unterschieden.[5] Auf diese Weise trägt das Konzil zur Entstehung eines «nationalen Selbstbewusstseins» der Eliten bei, wobei festzuhalten bleibt, dass die «nie geklärte Ambivalenz verschiedener Nationenkonzepte überwiegt: ‹Nation› zu definieren, überforderte die Zeitgenossen».[6] Im Gegensatz zu den in der Zahl auf

---

2 Claudius Sieber-Lehmann, Spätmittelalterlicher Nationalismus. Die Burgunderkriege am Oberrhein und in der Eidgenossenschaft, Göttingen 1995, S. 11.
3 Otto Dann, «Nationsbildung im neuzeitlichen Europa», in: Almut Bues, Rex Rexheuser (Hg.), Mittelalterliche nationes – neuzeitliche Nationen. Probleme der Nationenbildung in Europa, Wiesbaden 1995, S. 27–41, hier 29.
4 Hans-Joachim Schmidt, Kirche, Staat, Nation. Raumgliederung der Kirche im mittelalterlichen Europa, Weimar 1999, S. 470.
5 Ebd., S. 473.
6 Ebd., S. 475, 483, 534.

vier reduzierten Konzilsnationen sind die Nationen an den Universitäten stärker unterteilt. Ein Motiv zur Bildung der Nationen ist die Erfahrung der «Rechtlosigkeit der Scholaren in der Fremde».[7] Sie beruhen auf landsmannschaftlicher Herkunft beziehungsweise auf deren Zuschreibung.[8]

Die Frage der Definition und der Abgrenzung von Nationen hat also schon eine längere Tradition, als in der Eidgenossenschaft des 16. Jahrhunderts ein regelrechter Aufschwung der Reflexion über die eigene Nation stattfindet. Die neuere Forschung, die sich mit dem Nationsgedanken der frühen Neuzeit auseinandergesetzt hat, definiert diesen als Ideologie und Diskurs. Während der Ideologiebegriff den Akzent auf «konstante Leitmotive» und deren «variable soziopolitische Verwendung» legt, betont der Diskurs «die Dynamik der fortwährenden Konstruktion, Dekonstruktion und Neukombination des Nationalen».[9] Nationale Ideologie und nationaler Diskurs konstruieren eine «imagined community»,[10] eine vorgestellte Gemeinschaft, die auf bestimmten gemeinsamen Eigenschaften beruht und sich horizontal gegen andere Gemeinschaften abgrenzt.[11] Dieser Konstruktionsprozess bringt «ein System vieldeutiger Begriffe, Symbole, Metaphern und historischer Mythen»[12] hervor und macht der Gemeinschaft ein «Angebot der emotionalen Zugehörigkeit», das aber von der betreffenden Gruppe nicht zwingend wahrgenommen wird.[13]

Auch die Eidgenossenschaft wird ab dem späten 15. Jahrhundert als Nation angesprochen, wobei sich allerdings die Begriffe Eidgenosse und Schweizer vorerst nicht decken, denn Letzteres gilt bis nach 1500 als Beleidigung.[14] Auf welchen Traditionen, Mythen und Symbolen kann das Narrativ der Eidgenossenschaft als Nation basieren? Der wichtigste Bezugspunkt,[15] nämlich die eidgenössische Geschichte[16] mit ihrer Befreiungstradition, hat durchaus eine religiöse Kompo-

---

7 Hans Grünberger, Herfried Münkler, Die Anfänge «nationaler» Identitätsbildung an den Universitäten des Mittelalters. Zur Geschichte der nationes an den Universitäten Bologna, Paris und Prag 1150–1409, in: Hans Grünberger, Kathrin Mayer, Herfried Münkler (Hg.), Nationenbildung. Die Nationalisierung Europas im Diskurs humanistischer Intellektueller, Berlin 1998, S. 29–73, hier 35.
8 Ebd., S. 30.
9 Kaspar Hirschi, Wettkampf der Nationen. Konstruktionen einer deutschen Ehrgemeinschaft an der Wende vom Mittelalter zur Neuzeit, Göttingen 2005, S. 55.
10 Angelehnt an Benedict Anderson: Thomas Lau, «Stiefbrüder». Nation und Konfession in der Schweiz und in Europa (1656–1712), Köln 2008, S. 20; Sieber-Lehmann (wie Anm. 2), S. 14.
11 Zur horizontalen Abgrenzung: Hirschi (wie Anm. 9), S. 62 f.
12 Lau (wie Anm. 10), S. 24.
13 Ebd., S. 20.
14 Sieber-Lehmann (wie Anm. 2), S. 204. Zum Vorwurf der Sodomie mit Kühen (Kuhschweizer) Claudius Sieber-Lehmann, Thomas Wilhelmi (Hg.), In Helvetios – wider die Kuhschweizer. Fremd- und Feindbilder von den Schweizern in antieidgenössischen Texten, Bern 1998, S. 7 ff. et passim.
15 Gemäss Thomas Maissen, Ein «helvetisch Alpenvolck». Die Formulierung eines gesamteidgenössischen Selbstverständnisses in der Schweizer Historiographie des 16. Jahrhunderts, in: Prace Historyczne 113 (1994), S. 69–86, hier 76.
16 Die Überzeugung, «eine gemeinsame Geschichte zu haben», sei als integratives Element an erster

nente.¹⁷ Es handelt sich um die Wahrnehmung der Kriegserfolge als Gottesurteil. Schlachterfolge gelten als Beweise für Gottes Wohlwollen gegenüber der Eidgenossenschaft und bilden somit wichtige Aspekte ihrer Existenzberechtigung.¹⁸ Weitere Grundlagen sind die eidgenössischen Institutionen, insbesondere die Tagsatzungen, deren effektive Befugnisse allerdings eine geringere Rolle spielen als die Tatsache, dass sie die Stände in verschiedener Konstellation zusammenführen.¹⁹ Ausserdem sind Bezüge auf die Helvetier von grosser Bedeutung, wobei eine Kontinuität von den von Cäsar beschriebenen Helvetiern bis zu den Eidgenossen des 16. Jahrhunderts hergestellt wird.²⁰ Schliesslich ist die geografische Eingrenzung zu erwähnen. Die Eidgenossenschaft wird als durch den Alpenraum geprägt und definiert wahrgenommen.²¹ Alle diese Grundlagen haben ihre Tücken und Unklarheiten.²² In Bezug auf die Abstammung von den Helvetiern zum Beispiel erweist sich die vage geografische Beschreibung Cäsars als Vorteil, weil diese mit der Eidgenossenschaft des 16. Jahrhunderts zur Deckung gebracht werden kann. Ebenfalls im Zeichen der Mehrdeutigkeit steht die Teilhabe der zugewandten Orte und der Untertanengebiete an der Befreiungstradition und den gemeineidgenössischen Institutionen. Abgesehen davon, dass das Narrativ der Befreiungskriege weitgehend fiktiv ist – eine solche Umdeutung der Vergangenheit ist übrigens im Nationsdiskurs weit verbreitet: «Geschichte samt ihrem tradierten Sinn kann weitgehend erfunden sein»²³ –, ermöglicht es keine einheitliche Teilhabe. Die im Verlauf der eidgenössischen Geschichte erworbenen Gebiete kommen nicht in den Genuss der angeblich erworbenen Freiheit. Untertanengebiete einzelner oder

Stelle zu nennen. Vgl. Joachim Ehlers, «Was sind und wie bilden sich nationes im mittelalterlichen Europa (10.–15. Jahrhundert)? Begriff und allgemeine Konturen», in: Bues/Rexheuser (wie Anm. 3), S. 7–26, hier 14. Die Überlieferung konnte dabei «dem jeweiligen Zeitbewusstsein angepasst werden».

17 Vgl. Caspar Hirschi, Das humanistische Nationskonstrukt vor dem Hintergrund modernistischer Nationalismustheorien, in: Historisches Jahrbuch 122 (2002), S. 355–396, hier 392, zur Verflechtung von Religion und Nation, meist im Sinne eines Wettstreits zwischen den Nationen zum Beweis ihrer Frömmigkeit.

18 Vgl. dazu: Sieber-Lehmann (wie Anm. 2), S. 217; Guy P. Marchal, Die «Alten Eidgenossen» im Wandel der Zeiten. Das Bild der frühen Eidgenossen im Traditionsbewusstsein und in der Identitätsvorstellung der Schweizer vom 15. bis ins 20. Jahrhundert, in: Hansjakob Achermann, Josef Brülisauer, Peter Hoppe (Hg.), Innerschweiz und frühe Eidgenossenschaft. Jubiläumsschrift 700 Jahre Eidgenossenschaft, Olten 1990, Bd. 2, S. 307–403, hier 317. Allgemein zur Vorstellung der göttlichen Auserwähltheit: Maissen (wie Anm. 15), S. 77; zum Mythos des Volkes Israel: Hirschi (wie Anm. 9), S. 473.

19 Vgl. Michael Jucker, Gesandte, Schreiber, Akten. Politische Kommunikation auf eidgenössischen Tagsatzungen im Spätmittelalter, Zürich 2004, S. 17 zur Vorstellung einer Tagsatzung im Singular, die zu hinterfragen ist, sowie S. 57 zu verschiedenen Formen von Treffen.

20 Maissen (wie Anm. 15), S. 75 f.

21 Ebd., S. 80.

22 Vgl. dazu Lau (wie Anm. 10), S. 30.

23 Ehlers (wie Anm. 16), S. 14.

mehrerer Orte (die gemeinen Herrschaften) können sich politisch kaum zugehörig fühlen. Im Weiteren ist der unterschiedliche Status der zugewandten und der vollwertigen Orte zu erwähnen. Die Eidgenossenschaft ist ein komplexes Konstrukt mit verschiedenen, rechtlich ungleichen Bevölkerungsgruppen.[24] Würde die Nation nur an der effektiven Teilhabe an Freiheitstradition und Politik gemessen, sähe sie anders aus, als wenn auf geografische Kriterien zurückgegriffen wird, welche die politische Zugehörigkeit in den Hintergrund stellen.[25] Zudem ist die Schwäche der gemeineidgenössischen Institutionen geradezu bezeichnend für die Eidgenossenschaft. Mangelnde politische Einigung kann sich als hemmend für die Entwicklung eines Nationsdiskurses erweisen, wie der Vergleich zwischen Frankreich und dem deutschen Reich zeigt.[26] Es ist deshalb kaum erstaunlich, dass die geografischen Räume und Gruppen für die nationale Zuordnung je nach Autor wechseln.[27] An solchen Unklarheiten und Widersprüchen erkennen wir die Schwierigkeiten der «Deutung der Realität für die Realität», wie sie die Nationsideologie darstellt – und dabei bildet die Eidgenossenschaft keine Ausnahme.[28]

Das grösste Problem für den Nationsdiskurs stellt aber, wie schon angedeutet, die Glaubensspaltung dar, denn die damit verbundenen innereidgenössischen Kriege und Konflikte drohen die Eidgenossenschaft zu zerreissen. Hierbei spielen der Solddienst und die mit ihm eng zusammenhängenden Bündnisse mit ausländischen Potentaten eine grosse Rolle, verlaufen doch die Trennlinien bei Bündnissen und Solddiensteinsätzen sehr oft entlang konfessioneller Linien. Zu erwähnen ist hier die Gefahr, dass sich Eidgenossen auf Schlachtfeldern in beiden Lagern wiederfinden können. Für die Stimmen des Nationsdiskurses ist die Glaubensspaltung zugleich ein Problem (es bilden sich konfessionelle Subdiskurse)[29] wie auch ein Ansporn, die konfessionelle Spaltung dank der gemeinsamen Geschichte und Herkunft zu überwinden, weil man trotz allem im gleichen Boot sitzt.[30] Gerade wegen dieser Bemühungen um die Herstellung einer Einheit, wo in wichtigen Belangen keine besteht, ist sich die neuere Forschung einig, dass der Nationsdiskurs sich vor allem an eine Bildungselite wendet und fast ausschliesslich dort rezipiert wird.[31]

24 Vgl. den Beitrag von Marco Schnyder in diesem Band.
25 Maissen (wie Anm. 15), S. 78.
26 Ehlers (wie Anm. 16), S. 8 f.
27 Sieber-Lehmann (wie Anm. 2), S. 248 ff. Zur Frage der Zugehörigkeit auch Maissen (wie Anm. 15), S. 73, 78.
28 Lau (wie Anm. 10), S. 20.
29 Hirschi (wie Anm. 9), S. 429.
30 Maissen (wie Anm. 15), S. 86: Lau (wie Anm. 10), S. 48.
31 Maissen (wie Anm. 15), S. 70; Lau (wie Anm. 10), S. 49; Hirschi (wie Anm. 9), S. 44. Vergleiche auch Hirschi (wie Anm. 17), S. 394: Das «Mobilisierungspotential» des humanistischen Nationalismus war «äusserst gering».

Der Begriff «Nation» im Luzerner Quellenkorpus

In diesem Beitrag werden nicht klassische Untersuchungsgegenstände des Nationsdiskurses analysiert.[32] Es geht nicht darum, den Nationsbegriff als bewusste Konstruktion zu erfassen, sondern seine Anwendung im Alltag zu untersuchen. Es ist zwar der Alltag einer elitären Schicht – nämlich der Luzerner Hauptleute, Patrizier und Kanzlisten –, diese ist aber nicht mit den Trägern des Nationsdiskurses zu verwechseln, sondern höchstens als deren Rezipientin zu verstehen. Was die Nation umfasst und ausmacht, muss in diesem Kontext nicht erläutert werden, weil – wie wir sehen werden – die Verwendung des Begriffs von aussen an die Akteure herangetragen wird. Diese verspüren auch kein Bedürfnis, die oben aufgezeigten widersprüchlichen Auslegungen des Begriffs zu überwinden.

Um die Anwendung des Nationsbegriffs im Alltag des Solddienstes zu untersuchen, habe ich das Luzerner Quellenkorpus, das ich im Rahmen meiner Dissertation über den Luzerner Solddienst im 16. Jahrhundert zusammengetragen habe, nach den Begriffen «Nation» und «Schweizer» durchsucht. In Analogie zu Thomas Maissens Untersuchung über den Begriff «Republik» nehme ich implizit an, dass Autoren, die den Begriff «Nation» verwenden, «ein Phänomen verbalisieren, das ihnen selbst benennenswert erscheint».[33] Einfach gesagt: Ich gehe davon aus, dass Autoren, die von Nation sprechen, ein «nationales Selbstverständnis» haben. Nun verwenden die Schreiber der von mir untersuchten Quellen (das heisst Kanzleimitarbeiter und Stadtschreiber, die sicher zur Bildungselite gezählt werden können) den Begriff sehr häufig, vor allem in diplomatischen Korrespondenzen zwischen der Obrigkeit und den Dienstherren oder zwischen den eidgenössischen Orten. Auch in den Briefen, die zwischen der Obrigkeit und den Hauptleuten im Solddienst zirkulieren, kommt das Wort «Nation» öfter vor. Dabei wird es mit einer Selbstverständlichkeit eingesetzt, die zu den oben genannten Schwierigkeiten in einem krassen Gegensatz steht. Eidgenössische Söldner sind im obrigkeitlichen Solddienstdiskurs von «unsrer nation».[34] Diese einfache und offenbar unmissverständliche Formulierung ist die weitaus häufigste Verwendung des Begriffs. Eine entsprechend häufige Verwendung des Begriffs «Schweizer» habe ich hingegen nicht gefunden, die im Titel genannte Aussage, der König wolle «kein anndre nation dann schwytzer», steht allein da, auch was die Verbindung der Begriffe «Schweizer» und «Nation» angeht.[35] Auch andere Angehörige der Armeen werden

---

32 Vgl. Ehlers (wie Anm. 16), S. 17: Zu untersuchen sind «synthesebildende Faktoren»: Historiografie, Literatur, Kunstwerke, heilige Repräsentanten, Erinnerungsorte.
33 Thomas Maissen, Die Geburt der Republik. Staatsverständnis und Repräsentation in der frühneuzeitlichen Eidgenossenschaft, Göttingen 2006, S. 33.
34 StALU, Akt A1 F1 Sch. 31, Beschluss des Luzerner Rats von 1589.
35 1570, StALU, Akt A1 F1 Sch. 38. Ganz anders ist dies in den französischen Quellen, wo der

in Bezug auf ihre nationale Zugehörigkeit beschrieben, wenn etwa beklagt wird, dass sich in der Schweizergarde in Rom «allerley gsinds [...] von mancherley nation» eingenistet habe,[36] oder wenn stolz festgehalten wird, dass den Eidgenossen vor allen anderen Nationen der Vorzug gegeben wird.[37] Wieweit die reformierten Orte, die zum Teil in direkter Opposition zu den Kriegszügen stehen, aus welchen diese Quellen stammen, mit dem Begriff der Nation mitgemeint sind, wird offen gelassen. Diese selbstverständliche Verwendung ohne Problematisierung weist darauf hin, dass das Konzept der Nation, in welcher Definition auch immer, den Luzerner Schreibern bekannt und geläufig ist und somit der Begriff trotz fehlender Trennschärfe verwendet werden kann.

Die Nation als Ehrgemeinschaft wird gerade im Solddienst – wo die Kriegerehre auf dem Spiel steht – häufig fassbar. Als die Luzerner Söldner um 1595 meutern, verstösst das gegen «eyd und eer, ouch des vatterlands und der eydtnossischen nation loblich allt harkommen reputation und wolhargebrachten namen».[38] 1575 schreiben die (ausschliesslich aus den katholischen Orten stammenden) Hauptleute aus Frankreich nach Hause, man habe «der gantzen nation, nit wenig, lob und eer» verschafft.[39] Die Söldner haben sich gut zu verhalten, gemäss «unser nation, und unser frommen vorelltern loblichem alltem bruch».[40] Diese Beispiele sind unter den wenigen, die nebst der blossen Verwendung des Begriffs «Nation» als Etikette für die Söldner etwas Kontext zur Bedeutung des Begriffs liefern. Zweimal wird dabei das alte Herkommen, das heisst die kriegerische Tradition, in Bezug zur Nation gesetzt. Es handelt sich also um Verweise auf die Befreiungstradition als Grundlage der eidgenössischen Nation. Allerdings ist der Bezug gerade im letztgenannten Beispiel nicht direkt, sondern wird durch eine begriffliche Doppelung (Tradition der Nation und der Vorfahren) hergestellt. Die Verbindung von Nationsbegriff und Befreiungsgeschichte sind die einzigen Hinweise darauf, dass den Autoren der untersuchten Quellen der frühneuzeitliche Nationsdiskurs geläufig ist.

   Begriff «hommes de guere a pied suisses» (oder ähnlich, hier in BNF, Fr. 4558, fol. 59) häufig vorkommt. Die Kombination von «nation» und «suisse» hingegen habe ich auch nur einmal gefunden (BNF, Fr. 16942, fol. 411).
36 StALU, Akt 13/1060, Instruktion von Renwart Cysat junior, der 1600 nach Rom gesandt wird, um Ordnung zu schaffen.
37 In Schreiben der Hauptleute aus dem Dienstland: 1563, StALU, Akt A1 F1 Sch. 37; 1615, StALU, Akt 13/539.
38 So die Sicht von Schultheiss und Rat von Luzern. Vgl. StALU, Akt 13/1482. – Zur Nationsehre als Disziplinierungsmittel siehe auch Cornel Zwierlein, Intention und Funktion, Machiavellismus und «Konfessionalisierung». Einige Überlegungen zum militärischen Eingreifen Papst Pius' V. in die französischen Religionskriege 1569, in: Michael Kaiser, Stefan Kroll (Hg.), Militär und Religiosität in der Frühen Neuzeit, Münster 2004, S. 145–166, hier 160.
39 StALU, Akt A1 F1 Sch. 38.
40 Aus dem Konzept eines Schreibens der Luzerner Obrigkeit an ihre Hauptleute. Vgl. StALU, TA 49, 44 r ff.

Dass im Kontext des Solddienstes der Begriff «Nation» anscheinend problemlos und unreflektiert verwendet wird, hängt auch damit zusammen, dass in den Armeen Europas bestimmte Nationen oft so etwas wie Truppenteile bezeichnen.[41] Dabei werden Truppen oft nach Nationen räumlich getrennt,[42] auch die eidgenössischen Söldnerregimenter bleiben ja meist zusammen. Das heisst nun nicht, dass eine so bezeichnete militärische Einheit ausschliesslich aus Angehörigen dieser Nation (soweit man dies überhaupt bestimmen kann) zusammengesetzt sein muss. Es scheint vielmehr so, dass die Nation des Anführers die Nationalität der Truppe bestimmt.[43] Da gewisse Nationen mehr Prestige haben und deshalb besser bezahlt werden, spricht aus der Sicht des Söldners einiges dafür, die Nationszugehörigkeit zumindest nicht zu verneinen: Weshalb nicht Schweizer sein, wenn man damit mehr verdient?[44] Die Eigenschaft, eidgenössisch zu sein, dient als «Markenzeichen».[45] Und die Dienstherren wollen ebenfalls gewisse Nationen, weil das Prestige der Nation zum Beispiel in der besonderen Tapferkeit besteht. Die begriffliche Gleichstellung von Nation und Truppenteil schwingt in gewissen Quellen mit,[46] ein eindeutiges Beispiel habe ich aber nicht gefunden. Mit der Verwendung des Begriffs «Nation» im militärischen Kontext nehmen die Luzerner Schreiber auf diese Ethnisierung der Armeen Bezug. Diese ist allerdings eher das Resultat eines Zuschreibungsprozesses als der effektiven ethnischen Zusammensetzung.

Bis hier habe ich nur Beispiele genannt, die in Bezug auf den Umfang der eidgenössischen Nation schweigen. Anders ist es, wenn katholische Hauptleute im

---

41 Gemäss Lau (wie Anm. 10), S. 176, gilt dies für die eidgenössischen Truppen mindestens seit dem Beginn des 17. Jahrhunderts. – Jacques Michel, Avignon et ses Suisses, Avignon 1993, S. 53, zeigt am Begriff «Suisse», der allgemein für Gardist steht, wie Nationsbezeichnungen zu militärischen Begriffen werden. Das kann bis zur Übereinstimmung von Nationsbezeichnung und Truppengattung gehen (man denke etwa an die Stradioten, die kroatische leichte Kavallerie). Schweizer sind bekannt als Infanteristen. Siehe dazu Hans Conrad Peyer, Schweizer in fremden Diensten – Ein Überblick. Festvortrag anlässlich der 12. Jahrestagung der Schweizerischen Gesellschaft für militärhistorische Studienreisen vom 11. April 1992 in Solothurn-St. Niklaus, Schloss Waldegg, in: Schweizer Soldat und MFD 67/6 (1992), S. 4–8, hier 4: Nach den Siegen in den Burgunderkriegen wurde die «Infanterie nach Schweizer Art» bis gegen die Mitte des 16. Jahrhunderts zur «Königin der Schlachtfelder».
42 Peter Burschel, Söldner im Nordwestdeutschland des 16. und 17. Jahrhunderts, Göttingen 1994, S. 161 f. Dies vor allem aus Angst vor «national» geprägten Konflikten. Diese Befürchtung drückt auch ein Schreiben von 1591 aus Solothurn aus, dass vor der Aufnahme von Landsknechten in die eidgenössischen Kompanien warnt. Die «vermischung viller nationen» führe zu Fehlern und Rumoren. Vgl. StALU, Akt A1 F1 Sch. 31.
43 Stephan Selzer, Deutsche Söldner im Italien des Trecento, Tübingen 2001, S. 64.
44 Siehe dazu Beispiele aus dem Spätmittelalter bei Kelly DeVries, Medieval Mercenaries. Methodology, Definitions, and Problems, in: John France (Hg.), Mercenaries and Paid Men. The Mercenary Identity in the Middle Ages, Leiden 2008, S. 43–60, hier 56.
45 Sieber-Lehmann (wie Anm. 2), S. 344.
46 Zum Beispiel, wenn die Hauptleute 1568 aus Frankreich schreiben, der König habe «aller frombden nationen kriegsvolck» entlassen. Vgl. StALU, Akt A1 F1 Sch. 37.

Schreiben an einen französischen Adligen von unserer «nation den catholischen eidtgnossen» sprechen.[47] Hier wird die Nation genauer definiert und sie umfasst plötzlich nur noch einen Teil der Eidgenossenschaft, nämlich den katholischen. Die Akteure des eidgenössischen Nationsdiskurses gehen nicht so weit, und selbst die katholischen Propagandisten schrecken davor zurück, die katholische Eidgenossenschaft als unabhängige Nation zu definieren, sind diesem Schritt aber – gegen Ende des 17. Jahrhunderts – «doch sehr nahe gerückt».[48] Handelt es sich hier um eine bewusste Formulierung eines katholischen Nationalbewusstseins oder eher um einen Ausrutscher? Die insgesamt recht unbeschwerte Verwendung des Begriffs, die auf genauere begriffliche Klarheit verzichtet, lässt mich zu Letzterem tendieren. Die Luzerner Kanzlei schreibt in einem Beschluss über einen Aufbruch für Savoyen 1594 gar von «drü fendlin kriegsvolck unserer Nation».[49] Diese drei Kompanien werden von Luzerner Hauptleuten geführt, der Begriff «Nation» bezieht sich also gewissermassen nur auf Luzern.

«Nationale Zugehörigkeit» der Söldner im mayenneschen Zug

Nach diesen Feststellungen rücke ich die Frage ins Zentrum, wer denn die als Schweizer wahrgenommenen Söldner wirklich sind. In Luzern liegen fünf Rödel von den insgesamt sieben Luzerner Kompanien, welche für die katholische Liga 1589/90 in Frankreich Dienst leisten. Der Feldzug verdankt den Namen «mayennescher Zug» (in den Quellen zu «dumainscher» Zug verballhornt) dem Herzog von Mayenne, dem Anführer der katholischen Liga.[50] Dass dieser Einsatz, der gegen das Bündnis mit der französischen Krone verstösst, mit einer Kapitulation in der Schlacht von Ivry und einer Rückkehr ohne Gepäck und Sold endet, führt zu jahrelangen Streitigkeiten.[51] Im Rahmen der Bemühungen, die unzufriedenen Rückkehrer zu beruhigen, werden im Herbst 1590 die Hauptleute aufgefordert, eine Liste der beteiligten Söldner abzugeben.[52] Diese enthalten (leider sehr uneinheit-

---

47 StALU, Akt A1 F1 Sch. 31, Schreiben an den Herzog von Guise wegen Soldrückständen, 1588.
48 Lau (wie Anm. 10), S. 142. – Hirschi (wie Anm. 17), S. 386, erwähnt hingegen eine stärkere Konfessionalisierung des deutschen Nationsdiskurses während des Schmalkaldischen Kriegs 1546–1547, wo vor allem argumentiert wurde, dass allein die eigene Konfession die (ganze) deutsche Nation vertrete.
49 StALU, Akt A1 F1 Sch. 136.
50 Charles de Lorraine, Duc de Mayenne (1554–1611), stammte aus der Familie der Guisen und führte ab 1588 die Armee der Liga an. Die Verballhornung könnte auch von der Herkunft Charles' aus der Grafschaft Maine herrühren.
51 Vgl. Anton Philipp von Segesser, Ludwig Pfyffer und seine Zeit. Ein Stück französischer und Schweizer Geschichte im 16. Jahrhundert, Bern 1880–1882, Bd. 4, S. 53 ff.
52 StALU, Urk 253/4162; StALU, Urk 253/4163; StALU, Urk 253/4164; StALU, Urk 253/4165; StALU, Urk 253/4166.

liche) Angaben zu deren geografischer Herkunft. Obwohl die Kompanien unter dem Kommando von Luzerner Hauptleuten stehen und als offizielle Kompanien des Orts Luzern gelten, leisten in diesen bei Weitem nicht nur Luzerner Dienst. Luzerner aus der Stadt und der Landschaft machen rund die Hälfte der Söldner aus. (Und selbst diese können ihren Wohnsitz erst seit Kürzerem in Luzern haben, wie die Stadtluzerner Almosenliste von 1590 zeigt, die viele arme Söldnerfrauen aufzählt.[53] Deren Männer, also die Söldner, stammen zu fast einem Drittel ursprünglich nicht aus Luzern.) Woher die andere Hälfte, also die nicht in Luzern Wohnhaften, stammt, ist nur teilweise eruierbar.[54] Ein Teil kommt aus den gemeinen Herrschaften, vor allem den angrenzenden freien Ämtern. Vereinzelt sind Leute aus anderen Ständen anzutreffen, zum Beispiel aus Zürich. Allfällige konfessionelle Konflikte sind hier nicht zu erkennen. Diese aus der Eidgenossenschaft im engeren Sinn rekrutierten Söldner machen etwa die Hälfte aus. Interessant sind indes zwei Gruppen, welche die meisten Rödel separat auflisten. Es handelt sich um «von Delspurg»[55] und in Rottweil geworbene Söldner. Delsberg steht für das Fürstbistum Basel, das als zugewandter Ort seit 1579 mit den katholischen Orten verbündet ist. Rottweil, das nicht im Gebiet der heutigen Schweiz liegt, ist im 16. Jahrhundert ebenfalls ein zugewandter, katholisch dominierter Ort.

Bei den über 100 Söldnern aus dem Fürstbistum Basel ist wenig sicher, woher sie tatsächlich stammen. Bei vielen fehlt eine weitere Ortsangabe, andere stammen gemäss der Angabe tatsächlich aus dem Gebiet, etwa das knappe Dutzend, für das Puntrut als Ort verzeichnet ist. «Heini Burett aus Burgund» ist aber kaum ein Eidgenosse,[56] ebensowenig wie die drei Söldner aus Blumberg (Florimont in Frankreich), das allerdings nur wenige Kilometer von der Grenze entfernt liegt.[57] Auch bei den Rottweilern liegen zum Teil Ortsangaben vor. Und hier bestätigt sich der Verdacht, dass Süddeutsche in grosser Zahl darunter sind. Ein paar Beispiele von Distanzen sollen dies untermalen: Söldner aus Ingolstadt sind 220 km, solche aus Reutlingen 60 km, aus Scherzingen 70 km, aus Heitersheim 80 km, aus Krummbach 130 km, aus Welendingen 5 km, aus Weil am Rhein (bei Basel) 95 km von Rottweil entfernt wohnhaft gewesen. Es kann nicht ausgeschlossen werden, dass die angegebenen Orte – wie im Fall der Luzerner Armenliste – die

---

53 StALU, Cod. 5145. Zur Almosenliste siehe: Stefan Jäggi, Das Luzerner Armenwesen in der frühen Neuzeit, in: Hans-Jörg Gilomen (Hg.), Von der Barmherzigkeit zur Sozialversicherung. Umbrüche und Kontinuitäten vom Spätmittelalter bis zum 20. Jahrhundert, Zürich 2002, S. 105–115; Stefan Jäggi, Arm sein in Luzern. Untersuchungen und Quellen zum Luzerner Armen- und Fürsorgewesen 1590–1593, Basel 2012.
54 Gewisse Rödel führen nur die Söldner auf, die aus Luzern und den umliegenden gemeinen Herrschaften stammen.
55 StALU, Urk 253/4163.
56 StALU, Urk 253/4166.
57 StALU, Urk 253/4165.

Herkunft vor der Migration nach Rottweil meinen, dass also Hintersassen aus Rottweil angeworben werden. Wahrscheinlicher aber ist, dass sich Söldner nach Rottweil begeben, weil sie wissen, dass sie dort als «Eidgenossen» angeworben werden können. Die Quellen schweigen sich allerdings darüber aus, wo die Werbung tatsächlich stattfindet.

Vor dem Hintergrund des Nationsdiskurses ist es nicht erstaunlich, dass die Söldner, die aus einem grösseren geografischen Raum stammen, unter einem zugewandten Ort erfasst werden. Die zugewandten Orte können ebenfalls als der Nation zugehörig betrachtet werden, ungeachtet ihres Status, der keine vollwertige Beteiligung an der eidgenössischen Politik erlaubt. Aus praktischen Motiven kann der Zusammenzug allerdings auch geschehen sein, weil die jeweilige Obrigkeit die Werbung unterstützt hat und über das weitere Vorgehen informiert wird.[58] Das mag in diesem Fall vor der Frage der Nationalität überwogen haben, handelt es sich doch um Söldnerlisten, die der Dienstherr nicht zu sehen bekam. Die Bedürfnisse der Söldnerwerbung decken sich übrigens besser mit einem weit gespannten Nationsbegriff, der das Rekrutierungsgebiet gross werden lässt. Rottweil allerdings, das geografisch eindeutig nicht zum eidgenössischen Territorium gehört, zeigt auch die Grenzen des Nationsbegriffs. Es ist ein gutes Beispiel für dessen Mehrdeutigkeit in Abhängigkeit von den benutzten Kriterien. Aus konfessionellen und politischen Gründen ist es in diesem Fall für die Luzerner offenbar von Vorteil, Rottweil zur Eidgenossenschaft zu zählen, um die Truppe möglichst «eidgenössisch» erscheinen zu lassen, auch wenn offensichtlich viele Nichteidgenossen dabei sind.

Nun ist es keine Neuigkeit, dass in eidgenössischen Soldtruppen zu allen Zeiten Leute dienen, die nicht aus der Eidgenossenschaft (wie immer man diese nun definieren will) stammen. Bekannt ist dies vor allem für das 18. Jahrhundert,[59] aber es gibt auch Beispiele aus früheren Jahrhunderten.[60] Im 16. Jahrhundert ist es die Garde in Rom, die immer wieder mit dem Vorwurf konfrontiert wird.[61] Aber auch bei Feldzügen

---

58 Zum Beispiel StALU, Akt A1 F1 Sch. 21, Vorlage eines Schreibens an den Bischof von Basel vom 26. 10. 1590.

59 Allgemein zum Phänomen, das er «Nationalitätenschwindel» nennt, Hermann Suter, Innerschweizerisches Militär-Unternehmertum im 18. Jahrhundert, Zürich 1971, S. 28, 42 ff. Zahlenmaterial zur Zusammensetzung zweier Schwyzer Regimenter (Reding) in den Jahren 1757–1759 ebd., S. 129: Nur 27% der Söldner stammten aus der Innerschweiz, 32% aus der restlichen Eidgenossenschaft (insbesondere aus den gemeinen Herrschaften), 41% sind keine Eidgenossen. Suter vermutet zudem, dass einige als Eidgenossen aufgeführte Söldner aus dem süddeutschen Raum stammten oder erst kürzlich in die Eidgenossenschaft gezogen waren. – Die Berner Regimenter des 18. Jahrhunderts hat Willy Pfister, Aargauer in fremden Kriegsdiensten, Aarau 1980–1984, Bd. 1, S. 52 ff., untersucht: In Frankreich sind zwischen 40% und 46% Ausländer, in Sardinien zwischen 21% und 42%.

60 Zum 15. Jahrhundert etwa Sieber-Lehmann (wie Anm. 2), S. 344. – Zu den Luzerner Truppen in den Burgunderkriegen, wo auf 157 Krieger noch 33 Luzerner kommen, siehe Walter Schaufelberger, Der alte Schweizer und sein Krieg. Studien zur Kriegsführung, vornehmlich im 15. Jahrhundert, Zürich 1966 (1. Aufl. 1952), S. 77.

61 Ein Beispiel von 1560 in StALU, Akt 13/860. – 1600 zum Vorwurf, der Gardehauptmann habe

kommt es vor, so etwa beim Aufbruch nach Frankreich für die Liga von 1591.[62] Im 18. Jahrhundert ist dies sogar legal, denn die Verträge sehen vor, dass ein Drittel der Söldner nicht eidgenössisch sein muss.[63] Diese Zweidrittelklausel wird jedoch oft verletzt.[64]

Eine Söldnerkarriere

Die bisher untersuchten Quellen zur Verwendung des Begriffs «Nation» und zur Zusammensetzung der Söldnertruppen sind von der Lebenswelt der eidgenössischen Söldner ziemlich weit entfernt. Es ist deshalb bezeichnend, dass in den Aussagen von Söldnern der Begriff «Nation» nicht vorkommt. An der Söldnerkarriere von Jost Thürler möchte ich abschliessend aufzeigen, dass die nationale Zugehörigkeit für den Verdienst suchenden Söldner keine grosse Bedeutung hat. Seine Geschichte hat er selbst erzählt, es ist davon ein Befragungsprotokoll erhalten.[65]
Von Rom her kommend, wo er in der Garde gedient hat, will sich Thürler im Piemont den katholisch-eidgenössischen Truppen anschliessen. Mit Hauptmann Lussy aus Unterwalden wird er in Bezug auf die Soldhöhe nicht einig, dann aber mit Hauptmann Meier aus Freiburg. Einige Monate später lässt er sich von einem Berner überreden, nach Grenoble zu ziehen.[66] Nach zwei Tagesreisen endet auch dieses Unterfangen, und er dient nun den Hugenotten in einer Festung, die kurze Zeit später von den eidgenössischen Truppen erobert wird. Er schliesst sich diesen an, bevor er erneut einen Hauptmann sucht und mit dem Luzerner Obersten Hieronymus von Hertenstein in die Niederlande zieht. Meist hält sich Thürler in katholisch geführten Truppen auf. Dass er mit einem Berner zieht, wird ihm in der Befragung nicht vorgeworfen, obwohl er damit zum konfessionellen Gegner wechselt. Die hugenottischen Truppen sind aber der Erzfeind, und seinen Dienst dort versucht er damit zu rechtfertigen, dass er als Gefangener dazu gezwungen worden sei. Dass dies häufig geschieht, ist unumstritten,[67] es ist aber auch ein gutes und kaum zu widerlegendes Argument für

---

Landsknechte, Italiener und sogar einen Türken aufgenommen: Instruktion von Renwart Cysat junior (wie Anm. 36).
62 Siehe Schreiben aus Solothurn (wie Anm. 42).
63 Suter (wie Anm. 59), S. 27 f.; Walter Bührer, Der Zürcher Solddienst des 18. Jahrhunderts. Sozial- und wirtschaftsgeschichtliche Aspekte, Bern 1977, S. 18.
64 Vgl. die Zahlen in Anm. 59.
65 StALU, Cod. 4480, 125 v.
66 Oberst Lussys Aussage lässt diesen Schritt aus und behauptet, Thürler habe direkt Dienst in der Festung gesucht. Vgl. StALU, Akt 13/1468.
67 Bernhard R. Kroener, Soldat oder Soldateska? Programmatischer Aufriss einer Sozialgeschichte militärischer Unterschichten in der ersten Hälfte des 17. Jahrhunderts, in: Ders., Kriegerische Gewalt und militärische Präsenz in der Neuzeit. Ausgewählte Schriften, Paderborn 2008, S. 125–151, hier 146 f.; Bernhard R. Kroener, Der Soldat als Ware. Kriegsgefangenenschick-

genau den Dienst, den er nicht im Kreis seiner Nation leistet. Dass er so argumentiert, entspricht aber nicht der Logik des Söldners, der den höchsten Sold nimmt, den er erhalten kann, sondern derjenigen der ihn befragenden Obrigkeit, die ihn mangels Gegenbeweisen auch freispricht.[68]

Nationsbegriff und Solddienst: (bewusste?) Unschärfe

Die Untersuchung hat gezeigt, dass die Hauptleute und die Obrigkeit den Begriff «Nation» ziemlich unreflektiert verwenden, meist ohne weitere Angaben zur Reichweite des Begriffs. Wo solche erfolgen, sind sie widersprüchlich, denn sie beziehen sich mal auf den Kanton Luzern, mal auf die katholischen Orte (wobei unklar bleibt, ob hier zugewandte Orte und Untertanengebiete mit gemeint sind). Die definitorischen Schwierigkeiten, die schon das Konstanzer Konzil beschäftigt haben, sind auch im 16. Jahrhundert ungelöst. Einen Definitionsversuch unternehmen die Akteure des Solddienstes aber gar nicht. Es wird eben keine Nation konstruiert, sondern eine nationale Zugehörigkeit – welcher Form auch immer – als gegeben vorausgesetzt. Die Verwendung des Begriffs «Nation» unterscheidet sich deshalb vom gelehrten Nationsdiskurs des 16. Jahrhunderts, der sich – wenn auch unscharf – auf das gesamte Gebiet der Eidgenossenschaft bezieht und dies auch begründen will. Ähnlichkeiten gibt es bloss dort, wo man sich auf die eidgenössische Befreiungstradition und die Schlachtenerfolge bezieht. Der eidgenössische Nationsdiskurs hat so nur einen beschränkten Einfluss auf die Verwendung des Begriffs «Nation» und vermag diese nicht zu erklären. Wichtiger scheint mir, dass die eidgenössischen Söldner in den Dienstländern anscheinend problemlos als Angehörige einer Schweizer Nation verstanden werden. Mit dieser Wahrnehmung verbunden ist auch eine Zuschreibung kriegerischer Tüchtigkeit: Schweizer Söldner tragen ihre Nationalität als Markenzeichen. Die Akteure in der Eidgenossenschaft mit ihren zentrifugalen Kräften und den schwachen gemeinsamen Institutionen hingegen haben kaum Anlass, den Nationsbegriff in der Innensicht zu betonen. Wenn eidgenössische Akteure ihn trotzdem oft verwenden, dann übernehmen sie die Aussenwahrnehmung[69] und bleiben in Bezug auf die Bedeutung des Begriffs vage, nehmen die Unschärfe vielleicht bewusst in Kauf. Dass die Söldner selbst – zum Beispiel in Befragungen – den Begriff nicht

---

sale im 16. und 17. Jahrhundert, in: Heinz Duchhardt, Patrice Veit (Hg.), Krieg und Frieden im Übergang vom Mittelalter zur Neuzeit. Theorie – Praxis – Bilder, Mainz 2000, S. 271–295, hier 283; Daniel Hohrath, «In Cartellen wird der Werth eines Gefangenen bestimmet». Kriegsgefangenschaft als Teil der Kriegspraxis des Ancien Régime, in: Rüdiger Overmans (Hg.), In der Hand des Feindes. Kriegsgefangenschaft von der Antike bis zum Zweiten Weltkrieg, Köln 1999, S. 141–170.
68 StALU, RP 45, 175 r. Er erhält einzig ein Trink- und Spielverbot.
69 Allgemein zur übernommenen Aussenwahrnehmung als Nation: Lau (wie Anm. 10), S. 46.

verwenden, liegt daran, dass sich ihre Aussagen nie an Vertreter des Dienstherrn richten, und deckt sich mit der oben gemachten Aussage, dass der Nationsdiskurs einer Bildungselite vorbehalten ist. Die national geprägte Aussenwahrnehmung – und hier gleichen die Söldner den Studierenden der Universitäten des Spätmittelalters – führt dazu, dass Söldner und Hauptleute erst in der Fremde zu Angehörigen *einer* Nation werden.

Stefania Bianchi

La «patria» altrove

Quartieri, confraternite e corporazioni per salvaguardare l'identità (Ticino e città d'Italia, secoli XVI–XVIII)

The "home" elsewhere. Neighbourhoods, confraternities and corporations in view of safeguarding identity (Ticino and Italian cities, 16th to 18th centuries)

This article explores the ways emigrants from Canton Ticino, in the early modern period, organised and established their living conditions abroad, safeguarding their identity in a foreign environment. The principal place under investigation is Genoa. Here and in other Italian cities, the emigrants consolidated their presence in neighbourhoods, often with a church as a place of reference. Other bonding and identity-providing factors were memberships to confraternities or art-guilds. However, the emigrants were also open to their new environment acquiring new customs and aspiring integration as well as the privilege of citizenship. To obtain it they needed to guarantee moral and material integrity and professional merits, which often led to investments in real estate or even to marrying into middle-class families. On the other hand, the integration should not exclude the emigrants from remaining loyal to their home country, which they often returned to, provided with new habits and the experience of another way of life.

Fra i molti aspetti che la recente produzione storiografica ha messo in luce nell'interpretazione dei fenomeni migratori originati della vivace mobilità delle popolazioni preindustriali,[1] un fattore caratterizzante le comunità di migranti, che per le terre dell'odierno Canton Ticino costituivano una forte componente socioeconomica della regione, è la singolare capacità di ritagliarsi, all'interno di un tessuto urbano, un proprio spazio che è fisico, professionale e insieme culturale.[2]

---

1   Giovanni Levi, Appunti sulle migrazioni, in: Bollettino di demografia storica 19 (1994), p. 35–39.
2   Il tema ha dato vita ad un'esuberante produzione bibliografica di cui ci limitiamo ad indicare alcune pubblicazioni che hanno contribuito a contestualizzare le considerazioni riferite alla migrazione in area prealpina, consapevoli che questa scelta non ha pretese di esaustività. Per

L'attenzione della ricerca però è stata convogliata soprattutto sul significato economico di queste presenze, sull'apporto ai diversi mercati del lavoro e sulle ciclicità dei trend demografici. Sono invece meno conosciute, perlomeno per l'età moderna, le strategie comunitarie messe in atto nella «costruzione geografica» dell'identità nelle citta d'accoglienza.[3]

I luoghi degli stranieri sono il riferimento imprescindibile per garantire la filiera migratoria riconducibile anche all'appartenenza a compagnie praticanti attività di sostegno reciproco, così come a confraternite, occasioni di incontri cittadini che consentono di conoscere e farsi conoscere,[4] e naturalmente alle arti, prodromi delle future società di mutuo soccorso.[5]

Nel contempo sono la casa e il quartiere a costituire la riproduzione di un'enclave però capace di aprirsi al paese ospitante,[6] da cui si traggono nuove abitudini che riguardano il modo di abbigliarsi, il gusto per cibi e bevande inusuali, il privilegio di avere della servitù in casa, tutti aspetti che ovviamente sono maggiormente individuabili nelle categorie che hanno raggiunto il successo professionale.[7] Le nuove

---

l'area ticinese si vedano: Lucio Gambi (a cura di), Col bastone e la bisaccia per le strade d'Europa. Migrazioni stagionali di mestiere nell'arco alpino nei secoli XVI–XVIII, Bellinzona 1991; Raffaello Ceschi et al., Migranti (Archivio Storico Ticinese 111), Bellinzona 1992; Raffaello Ceschi, Artigiani migranti della Svizzera italiana (secoli XVI–XVIII), in: Itinera 14 (1993), p. 21–31; Chiara Orelli, I migranti nelle città d'Italia, in: Id. (a cura di), Storia della Svizzera italiana, Bellinzona 2000, p. 257–288; in ambito più generale: Gabriella Rossetti (a cura di), Dentro la città. Stranieri e realtà urbana nell'Europa dei secoli XII–XVI, Napoli 1989; Simonetta Cavaciocchi (a cura di), Le migrazioni in Europa secc. XIII–XVIII, Firenze 1994; Donatella Calabi, Paola Lanaro (a cura di), La città italiana e i luoghi degli stranieri XIV–XVIII secolo, Bari 1998; Luca Mocarelli (a cura di), Tra identità e integrazione. La Lombardia nella macroregione alpina dello sviluppo economico europeo (secoli XVII–XX), Milano 2002.

3   Fra i casi peculiari studiati si farà riferimento a Raffaello Ceschi, Bleniesi Milanesi. Note sull'emigrazione di mestieri dalla Svizzera italiana, in: Gambi (vedi nota 2); Chiara Orelli, Facchini «ticinesi» nelle dogane di Livorno, Firenze e Genova. Alla conquista di un monopolio, in: Laura Damiani Cabrini (a cura di), Seicento ritrovato. Presenze pittoriche «italiane» nella Lombardia svizzera tra Cinquecento e Seicento, Milano 1996, p. 25–53; Tommaso Manfredi, Lombardi e Ticinesi a Roma tra i secoli XVI e XVII. Dinamiche insediative e attività edilizia, in: Augusto Rossari, Aurora Scotti (a cura di), Aspetti dell'abitare e del costruire a Roma e in Lombardia tra XV e XIX secolo, Milano 2005, p. 23–37; Airis Masiero, La formazione degli architetti ticinesi a Torino, in: Letizia Tedeschi (a cura di), La formazione degli architetti ticinesi nelle Accademie di Belle Arti italiane fra il XVIII ed il XX secolo. Una prima indagine, di prossima pubblicazione.

4   Laurence Fontaine, Histoire du colportage en Europe (XVe–XIXe siècle), Parigi 1993, p. 40.

5   Paola Massa, Angelo Moioli, Dalla corporazione al mutuo soccorso. Organizzazione e tutela del lavoro tra XVI e XX secolo, Milano 2004; Alberto Guenzi, Paola Massa, Angelo Moioli, Corporazioni e gruppi professionali nell'Italia moderna, Milano 2007; esempi specifici: Giovanni Monticolo (a cura di), I Capitolari delle Arti Veneziane sottoposte alla giustizia vecchia dalle origini al MCCCXXX, Roma 1896–1914; Simona Cerutti, Mestieri e privilegi. Nascita delle corporazioni a Torino secoli XVII–XVIII, Torino 1992; Edoardo Grendi, Confraternite e mestieri nella Genova settecentesca, in: Miscellanea di storia ligure 4 (1996), p. 239–265,

6   Jean-François Chauvard, Scale di osservazione e inserimento degli stranieri nello spazio veneziano tra XVII e XVIII secolo, in: Calabi/Lanaro (vedi nota 2), p. 85–107.

7   Laurence Fontaine, Confiance et communauté. La réussite des réseaux de migrants dans l'Europe

abitudini, che chi emigra porta con sé al paese natio, diventano a loro volta elementi di identificazione degli stessi, cosicché troviamo «toscani»[8] o «tedeschi» nelle valli della Svizzera italiana, così come «veneziane» e «genovesi», vere o presunte, nei borghi lacuali.[9]

Quartiere e corporazione sono le due realtà complementari della presenza nelle città, anche se non sono necessariamente speculari, perché il quartiere ancor più dell'iscrizione all'arte è il luogo dove ci si ritrova fra compaesani, a volte da intendersi proprio come provenienti dallo stesso comune, mentre l'immatricolazione di mestiere riguarda la professione esercitata e quindi «l'appartenenza» è più allargata, così come accade per le compagnie e le confraternite, la cui composizione è trasversale dal momento che gli accoliti possono provenire dalla stessa area geografica ma praticare professioni diverse.[10] Tuttavia, a seconda della forza contrattuale raggiunta all'interno dell'economia urbana, specialmente nel settore del mercato edilizio, l'identità viene affermata. A Torino, nella composizione del consiglio della Compagnia di Sant'Anna, troviamo, nel Sei-Settecento, Luganesi e Milanesi, di fatto quasi tutti della Valsolda situata sul ramo settentrionale del lago Ceresio non lontano dal borgo di Lugano. Pur provenienti da realtà socioeconomiche e geograficamente condivise, all'interno della Compagnia Luganesi e Milanesi sono perfettamente distinti, così come a Genova gli iscritti all'arte dei muratori sono rispettivamente Svizzeri, ovvero uomini provenienti dai baliaggi italiani, o Spagnoli, in realtà lombardi originari della Valle d'Intelvi (Como),[11]

    moderne, in: Schweizerische Zeitschrift für Geschichte 49 (1999), p. 4–15; Raul Merzario, Adamocrazia, Bologna 2000, p. 39–40; Stefania Bianchi, Nostalgia del gusto e gusto della memoria, in: Storia delle Alpi 13 (2008), p. 43–60; Stefania Bianchi, I Cantieri dei Cantoni. Relazioni, opere, vicissitudini di una famiglia della Svizzera italiana in Liguria (XVI–XVIII), Genova 2013, p. 68 s.

  8 Ad esempio Giuseppe Fontana di Muggio, scrivendo al suocero a Genova, a proposito di altri compaesani da poco rientrati, annota «Li toscani quasi tutti sono gionti per tempo per godere di quel gradevole anno di armonivole diletto [...] l'olive alle quali ogniuno è diventato panagilista». Archivio di Stato del Cantone Ticino (ASTI), Cantoni-Fontana, 1/3, 18. 12. 1774. – Anche in tempi più recenti chi tornava conservava per i compaesani la nuova identità: «austraglieri» in Valtellina, «africani» biellesi. Cf. Patrizia Audenino, Quale ritorno? Tempi, significati e forme del ritorno nelle Alpi italiane dall'Otto al Novecento, in: Storia delle Alpi 14 (2009), p. 57–71, qui 66.

  9 Stefania Bianchi, Donne che seguono i mariti, in: Percorsi di ricerca 4 (2012), p. 15–21.

 10 E quanto constatato per la Compagnia di San Carlo dei Lombardi di Firenze. Cf. Orelli (vedi nota 2), p. 285.

 11 Rispettivamente: Maria Vittoria Cattaneo, Nadia Ostorero, L'Archivio della Compagnia di Sant'Anna dei Luganesi a Torino. Una fonte documentaria per cantieri e maestranze fra architettura e decorazione nel Piemonte sabaudo, Torino 2006; Armando Di Raimondo, Maestri muratori lombardi, Genova 1974. – La denominazione Spagnoli va accreditata alla dominazione in Lombardia e tale rimane per buona parte del XVIII secolo, anche dopo la guerra di successione spagnola. Solo verso la fine del secolo cominciano a prevalere registrazioni simili a quelle sabaude, ad esempio nelle frequenze all'Accademia Ligustica di Belle Arti dove figurano, anche se a volte in modo improprio, Luganesi e Milanesi. Cf. Archivio dell'Accademia Ligustica di Belle Arti, Genova: filze 188, 190, 453.

mentre a Roma, secondo lo statuto dei muratori del 1602, dei 28 aspiranti alla carica di console dell'arte ben 18 dovevano appartenere alla nazione lombarda.[12] Effettivamente a Torino le famiglie straniere che dominano i cantieri sabaudi provengono quasi esclusivamente dalle quattro pievi che compongono il baliaggio luganese, in particolare dalle località poste sulle sponde del lago e dai villaggi del Malcantone, i cui mastri altrimenti esercitano l'arte nelle terre che si affacciano sul Baltico. Diversamente gli svizzeri-genovesi provengono per la maggior parte dal Mendrisiotto, il distretto più meridionale dell'odierno Canton Ticino, di preferenza dall'antica pieve di Balerna.[13]

Le fonti privilegiate per valutare la concreta presenza dei migranti sono gli atti di governo cittadini compilati a vario titolo: iscrizioni all'arte, elenchi specifici di diversa natura, catastici, stati delle anime e registri di popolazione; quelle per cercare di capire le ragioni e i sentimenti che muovono il loro passi sono le carte (scambi epistolari, atti notarili, eccetera) di famiglie che hanno strutturato, attraverso una mirata strategia dell'assenza, un equilibrio fra casa e cantieri e il plurilocalismo dell'abitare. Le lettere in particolare parlano di committenti e di lavori, ma pure di fatti quotidiani che riguardano sia il vivere in una realtà molto diversa, sia ciò che accadeva in patria: si parla della salute, di nascite, di morti e di malanni, della gestione dei beni acquistati con molte fatiche, del tempo, di eventi politici o di calamità che possono decidere i loro destini anche in termini di integrazione o di scelta di ritornare.[14]

Partendo da questi presupposti e dagli esempi citati, il contributo intende proporre una riflessione sulla necessità da parte degli abitanti dei baliaggi della Svizzera italiana e dopo il 1798 dei Ticinesi, di distinguersi ma, nel contempo, di aspirare anche all'integrazione.

---

12 Manfredi (vedi nota 3), p. 29, 36.
13 Secondo l'iscrizione all'arte della fine del Cinquecento, fra gli Svizzeri cominciano a prevalere le presenze di mastri della valle di Muggio. Cf. Archivio di Stato di Genova (ASGe), Notai antichi, G. Romairone, 6379 bis. – L'elenco completo è pubblicato in: Anna Decri, La presenza degli Antelami nei documenti genovesi, in: Stefano Della Torre, Tiziano Mannoni, Valeria Pracchi (a cura di), Magistri d'Europa. Eventi, relazioni, strutture della migrazione di artisti e costruttori dai laghi lombardi, Como 1998, p. 407–432, qui 423.
14 Si danno di seguito tre esempi specifici. Nel 1656 i mastri della valle di Muggio abbandonano Genova perché è infestata dalla peste. Cf. ASTI, Cantoni-Fontana, 14. 23. 6. 1663. – Tommaso Giandeini, che a Milano ha fatto fortuna e lavora presso l'Ospedale Maggiore in qualità di cantinaio, «malcontento d'aver dovuto partire il 19 febbraio in conseguenza del generale decreto di espulsione dei ticinesi» è pronto a farsi austriaco. Cf. Archivio privato Stefano Defanti. Sobrio, Lettera di Tommaso Giandeini all'Imperiale Regia Delegazione Provinciale di Milano, 1. 6. 1853. – Pietro Pazzi, deceduto a Londra nel 1914, in seguito alle disillusioni politiche si distanzia dalla patria persino da morto, preferendo al cattolico Kensal Green, dove c'erano già le prime tombe degli aderenti all'Unione Ticinese, il cimitero di Higtgate. Cf. Peter Barber, Pietro Pazzi, ristoratore ticinese, militante radicale e cittadino del Regno Unito, in: Archivio Storico Ticinese 152 (2013), p. 222–242, qui 239–241.

Patria, lingua e «nazione»

Un dato di fatto che sembra essere senza tempo e senza luoghi, è che la patria è la lingua, o meglio che la lingua richiama una patria, riconduce a un'idea di nazione per lo meno nell'accezione che ancora perdura nell'Ottocento, tanto è vero che in diverse città italiane compagnie, corporazioni, cappelle o ospedali dei Lombardi, sono istituzioni di riferimento tanto per milanesi e comaschi, quanto per i migranti della Svizzera italiana.[15]

Questo porterebbe a spiegare perché ad esempio a Milano, gli «stranieri», nell'ambito dell'arte dei maestri da muro, sono i cosiddetti Cappelletti, ovvero i Biellesi, quindi Piemontesi il cui dialetto è ben diverso da quello lombardo pure parlato nelle contrade cisalpine.[16]

Analogamente in San Pietroburgo, agli inizi del XIX secolo, la stessa parlata ne fa degli italiani che compongono una vera e propria colonia con tanto di negozi e ritrovi, ma soprattutto con una parrocchia cattolica intitolata a Santa Caterina;[17] un quartiere latino dove si potevano trovare la pasta fatta in casa, la rivendita di vino e il macellaio che sa preparare buoni salami.

Più la meta è lontana sia materialmente, sia culturalmente, più il bisogno di identità è forte ma con connotazioni più generiche, in particolare per i migranti che nel corso dell'Ottocento partono per i nuovi mondi, per raggiungere l'America latina e l'Australia. Anche per loro l'identità di riferimento è la colonia come spiega esplicitamente Tommaso Giandeini di Sobrio, piccolo villaggio in altitudine della val Leventina, scrivendo da New York ad un amico rimasto in patria.[18]

Ben diverso, in età moderna, il concetto di nazione, patria e appartenenza: a Venezia gli Svizzeri sono accomunati ai Tedeschi, probabilmente perché l'identificazione è tratta dall'idioma di chi governa,[19] mentre la provenienza è la chiave di lettura per

---

15 A proposito delle maestranze il termine «natione» è usato correntemente, ma quando si tratta di accordi «bilaterali» la formula qualificante è sudditi dei Signori Elvetici o «vassalli di Svizzeri». In merito al tema rimandiamo al noto saggio di Federico Chabod, L'idea di nazione (a cura di Armando Saitta, Ernesto Sestan), Bari 1993.

16 Archivio storico comunale di Milano (ASCMi), Materie, 675; Luca Mocarelli, Braccia al servizio dell'economia: i facchini nella Milano del Settecento, in: Iginia Lopane, Ezio Ritrovato (a cura di), Tra vecchi e nuovi equilibri. Domanda e offerta di servizi in Italia in età moderna e contemporanea, Bari 2007, p. 633–645.

17 Mario Redaelli, Pia Todorovic, Montagnola San Pietroburgo. Un epistolario della Collina d'Oro, 1845–1854, Montagnola 1998, p. 197.

18 Archivio privato Stefano Defanti (Sobrio), 12. 12. 1881. A proposito di un omicidio il Giandeini commenta «caso barbaro che fa ribrezzo e disonora tutta la Colonia Italiana».

19 Questo è ciò che si desume dalla voce «Svizzeri» presso l'Archivio di Stato della Serenissima che ha quale rimando di catalogazione «Tedeschi». Cf. Archivio di Stato di Venezia, Giudici di petizion. – Va comunque ricordato che la presenza più importante ed identificata di abitanti provenienti dell'odierna confederazione nella città lagunare, perlomeno all'inizio del Seicento, è quella grigionese. Cf. Martin Bundi, Frühe Beziehungen zwischen Graubünden und Venedig

situare i luoghi degli stranieri, ovvero dei maestri da muro che lavorano a Genova, a Roma o a Torino, fra Cinque e Settecento. A Torino, inoltre, da quanto emerge dalle registrazioni degli stranieri residenti, ci sono tre «grandezze» per indicare la popolazione elvetica: il generico svizzero e i più specifici bernese e luganese. A questi ultimi due sono riconducibili due professioni specifiche, rispettivamente il militare e il mastro da muro, e due confessioni, tanto è vero che gli stranieri provenienti dall'odierno sottoceneri, preferiscono dichiararsi luganesi piuttosto che svizzeri, per togliere ogni dubbio sulla loro fedeltà alla chiesa cattolica. E su di un'altra fedeltà il governo sabaudo può contare: la loro presenza continua sui cantieri perché non ci sono guerre a richiamarli in patria.[20]

A Milano, invece, la peculiarità dell'appartenere ad un certo luogo di partenza è proprio dei facchini, in gran quantità «svizzeri», e presenti secondo particolari privilegi, in «sostre e tomboni», rispettivamente i luoghi di servizio nelle piazze della città e ai porti del naviglio, dove il monopolio dei traffici è gestito a volte dagli uomini di un solo villaggio di partenza che si sono aggiudicati il diritto di servire i mercanti presso una porta o un dazio della città.[21] Altrimenti i luoghi di lavoro sono condivisi da un'intera comunità, come risulta per gli abitanti della valle di Blenio che hanno il monopolio dei traffici al Broletto nel cuore della città, un monopolio pure guadagnato attraverso la fedeltà alla capitale lombarda in tempi di calamità,[22] perché fedeltà e rettitudine morale sono ovunque stimate e pretese dalle autorità quando viene richiesta la cittadinanza. Anche per i facchini il rapporto con la città è fatto di lavoro e di preghiera, e si focalizza nelle parrocchie di residenza desunte dai legati testamentari che evidenziano delle preferenze devozionali per Sant'Aquilino, per San Calimero e per San Sigismondo.[23]

Le situazioni ricordate presentano differenze o analogie che sono imputabili a ragioni professionali, in particolare al grado di specializzazione di mestiere, potente forza contrattuale fondamentale per farsi accettare.[24]

(15./16. Jahrhundert). Mit Anhang: Texteditionen, Auszüge und Regesten 1307–1603, Coira 1988. – Per altre comunità si veda, oltre al citato saggio di Chauvard (vedi nota 6), Roberto Zago, Presenze straniere a Venezia tra il XVI e il XVIII secolo, di prossima pubblicazione.

20 Cattaneo/Ostorero (vedi nota 11), p. 69.
21 E' il caso dei facchini della terra di Anzonico, paese della Leventina, che comperano all'asta questo privilegio. Cf. Archivio del patriziato di Anzonico, n° 141, 1651–1663, Memoriale dell'attribuzione delle sostre.
22 I bleniesi si sono messi a disposizione quali monatti, in: Ceschi (vedi nota 3), p. 49–72. Inoltre ASCMi, Commercio, parte antica, 175, 6. 8. 1768.
23 Archivio parrocchiale di Sobrio, Registro dei defunti (1692–1830). Provenienza e residenza tali anche per i facchini valtellinesi, concentrati nella parrocchia di Santa Tecla, e per quelli originari di Orasso stabilitisi di preferenza nelle parrocchie di Santa Maria della Porta e di San Paolo in Compito. Cf. Stefano D'Amico, Le contrade e la città. Sistema produttivo e spazio urbano a Milano fra Cinque e Seicento, Milano 1994, p. 36.
24 Fondamentalmente la forza economica del gruppo risiede nel grado di competenza, come consta-

Per spiegare alcune possibili interpretazioni dei fattori che favoriscono o che condizionano le dinamiche dell'integrazione nella patria d'accoglienza, ora si prenderanno in esame il rapporto delle maestranze operanti nell'edilizia con la capitale sabauda e in modo più approfondito con la capitale ligure, con qualche considerazione comparativa relativa ad altre città d'Italia. Come si vedrà, a Genova la presenza di quartiere e l'organizzazione nell'ambito della corporazione è simile a quanto si constata per Torino, dove gioca un ruolo fondamentale la Compagnia di Sant'Anna dei luganesi, o per Roma, dove la nazione «milanese» si concentrava nel Tridente, scelta consolidata nel 1610 con la ricostruzione della chiesa di San Carlo e Ambrogio, i santi per eccellenza della diocesi milanese.[25]

In Torino, secondo il Censimento delle bocche del 1705, gli iscritti alla Compagnia abitano prevalentemente nelle isole facenti capo alla parrocchia di San Cristoforo dove per altro risiedono due capomastri, Cristoforo Tognasco e Pietro Sardi,[26] proprietari di grandi case che alloggiano ben 16 nuclei familiari quella del Tognasco e 12 quella dove vive anche la famiglia Sardi; altrimenti risiedono nelle parrocchie di Sant'Eusebio (in una casa sono in 13 tutti di Lugano e tutti muratori), di San Tommaso, di Sant'Elena, in casa Castelli dove alloggiano molti luganesi anche poveri, di San Gabriele dove si trovano solo le maestranze edili di Breganzona e Gentilino, due piccoli villaggi collinari prossimi a Lugano, un esempio di peculiarità legata all'attinenza che si ritrova puntualmente anche a Genova.[27]

Chiese d'elezione e quindi ben precisi quartieri, che a Torino sono isole o cantoni, a Roma rioni, a Venezia come a Genova sestieri, rispettivamente grovigli di calli e campielli, creuse e caröggi.

Stranieri in città: il caso genovese

Fin dal XII secolo Genova è la città privilegiata dai maestri antelami, rinomati lapicidi e costruttori, che consolidano la loro presenza nei cantieri soprattutto nel corso del Cinquecento, dopo la riforma del governo che vede trionfare l'ammiraglio Andrea Doria e la prosperosa alleanza della Repubblica con l'imperatore Carlo V d'Asburgo. La stabilità politica, l'apertura culturale inaugurata dallo stesso Doria e da altri

tato per le maestranze edili, altrimenti nella capacità contrattuale d'adeguarsi. Cf. gli esempi dei facchini a Livorno e a Genova in Orelli (vedi nota 3), p. 25–27, 42.
25 Manfredi (vedi nota 3), p. 27.
26 Sono due famiglie professionalmente affermate. Il figlio del Tagnasco nel 1691 è fra i sovrastanti la fabbrica della Venaria Reale. Cf. Masiero (vedi nota 3). – I Sardi sono proprietari della casa che comprende due camere della Compagnia di Sant'Anna. Cf. Cattaneo/Ostorero (vedi nota 11), p. 71.
27 I dati sono stati desunti dalla minuziosa trascrizione di Masiero (vedi nota 3), e comparati con gli altrettanto minuziosi elenchi allegati in Cattaneo/Ostorero (vedi nota 11).

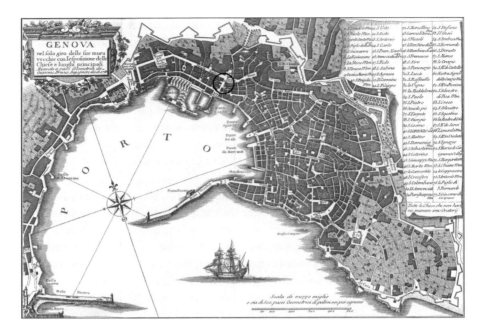

Fig. 1: *Il quartiere dei Lombardi (Svizzeri e Spagnoli) alla fine del Cinquecento. (Giacomo Brusco, Genova nel solo giro delle sue mura vecchie con l'esposizione delle Chiese e luoghi principali, acquaforte, 1766–1786.)*

prestigiosi casati che frequentano la corte romana e, soprattutto, i profittevoli affari conclusi con la corona spagnola, danno la stura al rinnovamento edilizio di alcuni quartieri cittadini[28] e all'urbanizzazione oltre le antiche mura medievali, a cominciare proprio dalla residenza del Doge, il Palazzo del Principe a Fassolo.[29]
I molti cantieri richiamano braccia e ingegni: maestri da muro e maestri d'ascia, piccapietre, bancalari, gli specialisti della pietra e del legno, scultori e carpentieri, tutte professioni in cui gli uomini di «natione» svizzera e quelli di «natione» lombarda, gli Spagnoli della valle d'Intelvi, eccellono.[30]
Così distinti nelle iscrizioni all'arte e nelle sedute annuali della stessa, si ritrovano in Santa Sabina che è la parrocchia dove si sono insediati e dove dai primi anni del Seicento hanno una propria cappella[31] e sono prossimi ad un'altra importante chiesa,

---

28 Ennio Poleggi, Strada Nuova. Una lottizzazione del Cinquecento a Genova, Genova 1972.
29 Laura Stagno, Palazzo del Principe. Villa di Andrea Doria, Genova 2005.
30 Luigi Alfonso, Tomaso Orsolino e altri artisti di «Natione Lombarda» a Genova e in Liguria dal sec. XIV al XIX, Genova 1985.
31 Precedentemente il luogo di culto di riferimento era San Giovanni di Pré, altare dei Quattro Santi incoronati, i protettori delle arti degli antelami.

Fig. 2: Gli *Svizzeri e la città*, secondo la «Nota de Muratori forestieri data li 8 maggio 1690». *(Giacomo Brusco, Genova nel solo giro delle sue mura vecchie con l'esposizione delle Chiese e luoghi principali, acquaforte, 1766–1786.)*

Santa Maria Assunta in Vastato, che diviene il luogo di sepoltura di chi ha fatto fortuna e quindi non tornerà più in patria.[32]

Tutto è focalizzato in uno spazio contenuto: l'abitare, il pregare, l'appartenere allo stesso contesto professionale.[33] Allo stesso modo la lavorazione dei marmi e l'organizzazione del suo commercio, si concentravano Sottoripa, fra Ponte Calvi e Ponte Spinola, dove i lombardi con le loro botteghe esercitavano una sorta di monopolio che agli inizi del Seicento esaspera la concorrenza genovese. Un secolo più tardi, le famiglie sia del baliaggio di Mendrisio, sia della limitrofa valle comasca, sono insediate in modo diffuso ma particolareggiato; in Santa Sabina continuano ad abitare solo i maestri intelvesi, gli Orsolino, i Lurago e i Carloni, mentre gli svizzeri sono

---

32 Ad esempio lo scultore di origini luganesi, Daniele Casella, nel testamento, prima di definire i legati per ospedali e poveri di Genova e legati per i parenti in patria, dispone che il suo corpo sia collocato in un sepolcro marmoreo nella chiesa dell'Assunta. Cf. ASGe, notai antichi, Romairone 3974. Genova, 23. 5. 1591.

33 Secondo Ennio Poleggi, Città e magistri antelami: Una storia sequestrata, in: Della Torre/Mannoni/Pracchi (vedi nota 13), p. 389–406, p. 399: «[…] la precoce immigrazione edile sembra affezionarsi all'area urbana di ponente, […] accanto ai ponti portuali dove si scaricavano calce, mattoni e marmi.»

distribuiti in distinte parrocchie secondo un criterio che corrisponde all'organizzazione delle compagnie e al loro paese d'origine.[34]
Nel 1690, i muratori partiti dalla terre meridionali della Svizzera italiana conservano nella scelta del coröggio o della piazza, luogo di dimora, la logica della provenienza e delle alleanze di cantiere. Così la maggior parte dei migranti da Cabbio, è al coröggio del Mulino, o, altrimenti, con quelli di Bruzella al caröggio della Pace, mentre i mastri provenienti da Muggio, località che dista da Cabbio solo un paio di chilometri, hanno casa nei pressi di San Filippo Neri o nel tratto compreso tra San Vincenzo e la porta dell'Arco; i mastri di Mendrisio e del limitrofo comune di Castel San Pietro sono invece tutti al Pozzetto di Valdichiara, i Caronesi Adami e Aprile al coroggetto di San Siro e in quello della Piuma.[35]
Naturalmente, col trascorrere del tempo, cambiano sia alcune presenze sia i luoghi di residenza,[36] che purtroppo conosciamo eccezionalmente per questa specifica realtà professionale, pur sapendo che Genova è frequentata per lo stesso periodo storico, da mercanti, militari e gesuiti.[37] Alle assemblee dell'arte le iscrizioni mutano perché nel circuito migratorio e nel network edilizio entrano nuove generazioni di mastri e, nel contempo, perché chi si è specializzato nella decorazione a stucco ne è escluso, per cui alcune famiglie, pur lavorando costantemente a Genova, secondo la partecipazione alle riunioni della corporazione, non figurano più in città;[38] mutano anche i luoghi, dal momento che i più fortunati o meglio i più intraprendenti investono nel settore immobiliare con l'obiettivo di avere una casa propria a più piani dove vivere e incamerare gli affitti versati anche da compaesani.
Comunque sia questa fonte privilegiata di fine Seicento mette in evidenza come la presenza degli Svizzeri e degli Spagnoli sia diffusa a maglie larghe. Come spiegare quest'evoluzione che è il controcanto dell'iniziale arrocco.
Si fanno strada alcune possibili ipotesi interpretative che si inanellano l'una nell'altra. La prima, perlomeno in ordine cronologico, è che la scelta della meta possa essere stata determinata dalla facilità di accesso alla cittadinanza, il che spiegherebbe perché fin dagli albori del fenomeno migratorio dalla regione dei laghi, Genova sia per

---

34 Sull'importanza dell'origine geografica per la costruzione dell'identità si veda Angiolina Arru, Franco Ramella (a cura di), L'Italia delle migrazioni interne. Donne, uomini, mobilità in età moderna e contemporanea, Roma 2003, p. XVI.
35 Archivio Storico Comunale di Genova, Padri del Comune, Nota de Muratori forestieri data all'Eccellentissimo Magistrato di Genova, 8. 5. 1690.
36 Sul tema si veda: Ennio Poleggi, La topografia degli stranieri nella Genova di antico regime, in: Calabi/Lanaro (vedi nota 2), p. 108–120; Poleggi (vedi nota 33), p. 389–406.
37 Dopo l'isolato caso della Cabella Possessionum che di fatto è un catasto quattrocentesco, a Genova il catasto viene impiantato solo nel 1876.
38 Stefania Bianchi, Partir per Genova. Il contributo di alcune maestranze della Valle di Muggio al settecentesco rinnovamento edilizio della città. L'esempio dei Cantoni: una prima indagine, in: Jean-François Chauvard, Luca Mocarelli (a cura di), L'Economie de la construction dans l'Italie moderne, Roma 2008, p. 287–299, p. 289.

elezione la meta, dal momento che la rivale ed altrettanto ricca Venezia risultava ben più restia nel concedere tale privilegio. A Venezia, perlomeno nel tardo Medioevo, occorreva una residenza pluridecennale, mentre per gli stranieri trasferitisi a Genova bastavano pochi anni.[39]

Secondo fattore è il mercato edilizio trainante che favorisce l'ascesa sociale di alcune famiglie di mastri attivi nei cinquecenteschi cantieri simbolo del «secolo dei Genovesi». La sola realizzazione da parte di Bernardo Cantoni da Cabbio di Strada Nuova, la superba via dai nobili palazzi immortalati da Pier Paolo Rubens, aveva richiesto l'impiego di centinaia di maestri antelami e più di 2000 operai,[40] così come nella prima metà del Seicento la costruzione delle Mura nuove e del Molo nuovo. Sono opere civili e militari realizzate sotto la direzione di figure di spicco provenienti dalla regione dei laghi lombardi, architetti ed ingegneri, spesso anche imprenditori, che affidano i lavori preferibilmente a squadre di compatrioti.[41] Le personalità emergenti ottengono cariche di prestigio, importanti lavori pubblici, calamitano altri migranti e mediano i rapporti nei cantieri. Se a Genova sono Bernardo Cantoni da Cabbio e poi Bartolomeo Bianco da Coldrerio, architetti di Camera, a Venezia è Pietro Solari da Carona detto Lombardo, nel 1499 Proto (ingegnere) del palazzo Ducale, a diventare con i figli «il punto di partenza della presenza, durata non meno di quattro secoli, dei Ticinesi a Venezia».[42]

Le loro fortune professionali vanno a tramutarsi in investimenti immobiliari; chi può si compera una casa per capitalizzare i guadagni, per fuggire l'alloggio d'osteria o l' affitto presso terzi, obiettivo che prescinde dalla professione esercitata e che sottintende assenze prolungate.[43] Ciò è possibile laddove il mercato immobiliare ha degli spiragli in termini di offerta e se vi è la disponibilità finanziaria da parte di chi acquista, per cui una correlazione fra quartieri poveri e presenza di stranieri non sembra sistematicamente sostenibile. Inoltre l'acquisto di una dimora è il segno

---

39 Reinhold Christopher Mueller, Immigrazione e cittadinanza nella Venezia medievale, Roma 2010, p. 18 s. Anche Marco Schnyder, Territori, risorse e migrazioni. Il ceto dirigente svizzero in un contesto di frontiera e di mobilità (secoli XVII–XVIII), in: Percorsi di ricerca 3 (2011), p. 65–74, qui 69, per l'arte della lana, un presupposto per avere dei diritti l'aver vissuto in città almeno dodici anni consecutivi. A favorire la scelta della meta erano pure i privilegi concessi alle maestranze specializzate, come emerge dalle concessioni sabaude. Cf. Cattaneo/Ostorero (vedi nota 11), p. 36.
40 Ennio Poleggi, Paolo Cevini, Genova, Bari 1982, p. 96. Nel 1558 erano impiegati 379 maestri con 126 apprendisti e 2049 operai, che a differenza dei maestri erano manovalanza indigena.
41 Questa prassi si ritrova anche nei settecenteschi cantieri della committenza nobiliare. Se il capo d'opera è della valle d'Intelvi, salvo eccezioni, i suoi maestri da muro sono della stessa regione; lo stesso avviene se è invece della valle di Muggio. Cf. Bianchi (vedi nota 38), p. 290.
42 Carlo Palumbo-Fossati (a cura di), Presenza ticinese a Venezia, Lugano 1977, p. 3.
43 Comperano i professionisti della pietra, ma anche osti e venditori di frutta, perché gli immobili sono la forma più frequente di investimento di chi emerge. Altro segno di integrazione sono gli acquisti di titoli. Cf. Orelli (vedi nota 2), p. 257, 270.

tangibile di radicamento, un sintomo dell'intenzione di entrare a far parte della comunità cittadina.[44]

Comunque ciò non esclude altri investimenti in patria. Il successo professionale induce al radicamento o perlomeno al plurilocalismo, ma si manifesta soprattutto in termini comparativi al paese natio. Chi ha fatto fortuna possiede la casa più bella, l'altare di famiglia nella chiesa parrocchiale o un proprio oratorio, a volte una lapide che ricorda questo successo,[45] e investe in terre, masserie, mulini.

I risparmi, inoltre, tornano al paese in molti modi: arredi, vestiti, reliquie, ma tornano anche attraverso prestiti anticipati, rimesse in denaro che servono per l'educazione dei figli, per il salario dei domestici, per le spese di viaggio di parenti o colleghi attesi in cantiere.

All'estero la solidarietà fra le mestranze, fatta di legami parentali, di contratti d'apprendistato e di contratti d'appalto, trova una sua identificazione anche nell'abitare insieme.[46]

La casa condivisa: la «riproduzione della patria» in città

La residenza urbana di una personalità emergente[47] come ricordato a proposito delle famiglie Tognasco e Sardi per Torino, può diventare la microriproduzione del villaggio natio, perché vi alloggiano il proprietario e più di un compaesano in affitto, in particolare i single che si aggiungono alla già capillare rete migratoria. E' una strategia documentata per Genova, anche per Roma o per Cremona, dove ad esempio nel 1709 i mastri Campionesi, celibi, vivono tutti nello stesso stabile, secondo quanto dichiarato da Bernardino Bianchi e da Carpoforo Rigoli: «[...] la maggior parte di quelli di Campione vanno in detta città a lavorare di muratore e non ha moglie»; «all'estate andiamo a Cremona a lavorare di muratore, siamo tutti insieme in una casa».[48] Lo stare insieme è indice della necessità di avere

---

44 Chauvard (vedi nota 6), p. 94.
45 Dionigi Albera, Cultura della mobilità e mobilità della cultura: Riflessioni antropologiche sull'emigrazione biellese, in: Maria Rosaria Ostuni (a cura di), Studi sull'emigrazione. Un'analisi comparata, Milano 1991, p. 367–376, p. 373.
46 Prendendo sempre quale esempio la situazione genovese, il citato documento del 1690 dimostra che suoceri e generi vivevano perlomeno nello stesso caröggio, mentre fra i conti di famiglia dei Cantoni ci sono anche i fitti dei muratori che alloggiano con il capocantiere. Per i garzoni, invece, la convivenza col maestro è la regola perché stabilita dal contratto d'apprendistato.
47 Fra i casi simbolici la residenza adiacente il vicolo della Purità che prende il nome di «isola del cavalier Fontana» perché è il centro degli interessi romani della famiglia di Domenico Fontana e in un primo tempo del nipote Carlo Maderno. Cf. Manfredi (vedi nota 3), p. 30.
48 Archivio di Stato di Milano, Fondo di Religione, 914. Secondo Manfredi (vedi nota 3), p. 27, la coabitazione di più famiglie, quando la casa era sufficientemente spaziosa, non era tanto una necessità economica ma un modus operandi.

delle certezze, perlomeno la certezza dell'alloggio quando il lavoro è stagionale, ancora più sentito se la meta è in terra di «infedeli», come scrive Giovanni Vittori alla madre da Algeri per rassicurarla: «[…] io mi ritrovo contento di essere in questa città. Qui c'è messe e dottrina come se si fosse in Italia.»[49] Anche per Venezia disponiamo di un esempio qualificante il rapporto fra terra d'origine e patria d'adozione. I figli e i nipoti di Pietro Francesco Guidini di Barbengo, località prossima a Lugano, hanno quasi tutti dimora stabile nella città lagunare e solo saltuariamente fanno ritorno a casa, contando sul fatto che fra i nipoti c'è Gaudenzio che si ritira a Garaverio, piccola frazione di Barbengo, per mantenere il «fuoco acceso» ed occuparsi per tutti delle case e delle proprietà.[50] Per alcuni il sestiere di residenza è quello di San Polo e l'abitazione in prossimità dei Frari, per altri il limitrofo sestiere di Dorsoduro, dove hanno comperato una bella casa presso San Barnaba, aperta a parenti e ad amici,[51] non lontana da quelle di altri compatrioti.

La casa condivisa è luogo di ritrovo, punto di riferimento per chi transita portando notizie e lettere, rifugio per compaesani in fuga da altre città, occasione d'incontri di carattere professionale, e può aprirsi anche alle maestranze locali, secondo quanto traspare dalle relazioni sociali di Pietro Cantoni, capo d'opera in Genova sul finire del Diciassettesimo secolo, ricavate da una testimonianza processuale del cugino Taddeo: «[…] io dico che mi ricordo benissimo che dell'anno 1693, come che abitavo con detto Pietro, un giorno di detto anno 1693, non ricordandomi il preciso, una sera che stimo fosse del mese di luglio, io andai in casa del detto Pietro Cantone, ove mi ricordo che vi erano Giovanni Battista Fontana, Giovanni Maria Moretti, Antonio Bulla, Giacomo Viano, Lorenzo Magnetta, Andrea Priano», una sorta di riunione fra maestranze lombarde e maestranze autoctone.[52]

La casa è anche la «nicchia» della sposa, sia che si tratti di una compagna che ha seguito il marito, sia che si tratti di un matrimonio derivato da una scelta eso-

---

49 Archivio Storico della Città di Lugano (ASL), fondo Guidini, XI, lettera dell'ottobre 1842.
50 Questa strategia per cui fra i figli uno si assume il dovere di mantenere il casato è regola diffusa. Cfr. Luigi Lorenzetti, Raul Merzario, Il fuoco acceso. Famiglie e migrazioni alpine nell'Italia d'età moderna, Roma 2005, p. 31–54.
51 Le lettere consegnano anche qualche tratto di quotidianità di quartiere, il caffè che frequentano ai Frari, dove qualcuno riceve la posta, le botteghe di Campo San Polo da dove partono le merci spedite a casa. I luoghi di residenza trovano conferma nelle iscrizioni all'Accademia che, con nome, cognome e altri dati anagrafici, comprendono l'indirizzo. Cf. Archivio storico dell'Accademia di Belle Arti di Venezia, Matricola Generale degli alunni dal 1817/18 al 1852/53.
52 ASGe, notai antichi, F. Recagno, 10426. – Altro segno che qualifica il grado di integrazione è la capacità di esercitare funzioni di intermediario e di diversificare le attività associandosi a imprenditori locali. Si vedano: Orelli (vedi nota 2), p. 262; Monica Ronchini, Mercanti e capimastri lombardi a Rovereto nel Settecento. La famiglia Recchi, in: Mocarelli (vedi nota 2), p. 251–275, qui 262.

gamica, ossia l'accasarsi con una moglie della patria d'accoglienza, altra via per accedere al successo professionale se la donna è figlia o vedova di un collega già affermato.[53] Già per i contemporanei l'accasarsi con una donna incontrata all'estero, soprattutto se l'estero è in luoghi culturalmente molto diversi, è sintomo di non ritorno secondo quanto ipotizza Francesco Antonio Giorgioli scrivendo da Coburgo a Alfonso Oldelli «anno inteso de Paesani che sono venuti di queste parti come il signor Nicolao Carcano si è maritato a Branswick, legame tale che chi non à del tutto niente in patria più non ci ritornano, massime chi si lega con le tedesche, come tutti l'altri simili seguiti ne mostrano l'esempio».[54]

Inoltre sposarsi con una donna del luogo può essere un altro mezzo per accelerare l'accesso alla cittadinanza, che ha per obiettivo l'integrazione definitiva nella società ospitante, che si avverte nella scelta dello sposo per le proprie figlie, o comunque una maggiore autonomia rispetto al proprio clan.

Infine l'esercitare un'attività nel campo dell'edilizia, quando ormai la presenza nel mercato del lavoro è consolidata e duratura, non implica necessariamente una stretta relazione tra casa e lavoro, dal momento che i cantieri cambiano, mentre per chi si muove nell'ambito di commerci e servizi il luogo in cui si vive tende a coincidere con il fondaco[55] o con la piazza dove si vendono le proprie prestazioni. E' il caso delle famiglie di Sobrio a Milano: casa, postazione e chiesa d'elezione sono le diverse facce di uno stesso poliedro, come dimostrano stati d'anime, dati catastali e testamenti posti a confronto.

E così come a Milano è l'altare di Sant'Aquilino, perché santo protettore del mestiere praticato, il luogo di culto e di identificazione, a Genova sono la cappella in Santa Sabina o la compagnia della bussola della propria chiesa, i riferimenti materiali e simbolici di un'appartenenza comune in patria e all'estero.

La patria e «l'altrove identità»: una riflessione di sintesi

I legami che si instaurano portano ad acquisire una seconda appartenenza che può diventare il veicolo per diramare le proprie attività professionali e imprenditoriali;[56] la città d'accoglienza diventa una sorta di ponte fra terra natia e nuove mete, come avviene per alcuni discendenti della famiglia Cantoni di Cabbio che nel corso del

---

53 Ceschi (vedi nota 2), p. 29 s. e relativa bibliografia.
54 Giuseppe Martinola, Lettere dai paesi trasalpini degli artisti di Meride e dei villaggi vicini (XVII–XIX), Bellinzona 1963, p. 63 (Coburgo, 18. 11. 1691).
55 Chauvard (vedi nota 6), p. 89.
56 Anche se apparentemente distante, utile per una comparazione lo studio di Francesca Trivellato, Juif de Livourne, Italiens de Lisbonne, Indous de Goa. Réseaux marchands et échanges interculturels à l'époque moderne, in: Annales 3 (2003), p. 581–603.

Seicento vanno a lavorare per il principe Grimaldi, a Monaco, dove sono considerati ormai dei genovesi.

Analogamente a Cagliari l'Arciconfraternita dei genovesi,[57] alla fine del Settecento, conta fra i suoi iscritti Gaetano Pollini, mercante di granaglie che grazie alla sua abilità otterrà anche il titolo di conte, e Primo Lezzani, discendente di un'antica famiglia patrizia. Entrambi sono di Mendrisio capoluogo dell'omonimo baliaggio, due esempi di «trasmissione di identità» generata da una precedente integrazione.

Entrambi, comunque, continueranno ad essere prima di tutto cittadini elvetici, perché concettualmente si può restare svizzeri a Genova piuttosto che a Torino o a Roma, mentre nella propria terra si afferma la nuova parallela identità acquisita, dove si porta l'altrui e l'altrove, una sposa straniera vestita da cittadina, un quadro d'autore per l'altare della chiesa, arredi di ogni genere per abbellire la casa, quella casa che vuole ricordare al viandante il successo professionale e insieme conservare la memoria della patria di migrante.[58]

Volontà di integrazione e desiderio di tornare accomunano gli intenti di molti che hanno pianificato di partire. In questa progettualità, che spesso è frutto di condivise scelte familiari, l'assenza dalla patria assume significati diversi e dipende da contingenze di diversa natura: la professione esercitata, lo stato civile, la religione praticata, la lontananza della meta, il grado di responsabilità assunto nella famiglia, le condizioni poste dalla patria d'adozione e quelle interagenti fra i governi.

Nel gioco di forza dei fattori di attrazione e di spinta anche gli elementi motivanti le partenze sono la chiave per capire le scelte: il trend economico favorevole, il grado di accoglienza e l'esercizio di privilegi di corporazione, il contesto socioculturale che esercita una forte influenza anche sui matrimoni e sulla relazione fra i coniugi, perché in età moderna i casi di mogli che seguono i mariti in paesi transalpini sono abbastanza eccezionali e documentati solo per compagne di personalità d'eccellenza. Diversamente nelle città d'Italia il condividere la lingua, la religione e altre cose della quotidianità, inducono numerose spose a raggiungere i mariti. Poi nascono i figli che in città hanno molte più opportunità di costruirsi un avvenire, una carriera, sia nell'ambito dell'attività del padre, iscrivendosi nelle accademie di belle arti, sia nell'accesso alle facoltà di consolidata tradizione, opportunità che portano ad un rinnovato benessere e quindi al radicamento.

Perché, come per le ragioni che inducono a partire e le cause che determinano la ciclicità delle assenze, anche la scelta di non tornare implica una serie di circostanze che si intrecciano e si determinano vicendevolmente: il successo professionale, l'accesso al mercato immobiliare e i relativi investimenti, la presenza della sposa,

---

57 Catalogo dei Confratelli che sono ascritti alla Chiesa de' Nazionali Genovesi ed Confraternita dei Santi Giorgio e Catterina Martiri in Cagliari, 24. 11. 1798.
58 Stefania Bianchi, La casa Cantoni di Cabbio, Mendrisio 2003; Raffaello Ceschi, «La città» nelle montagne, in: Storia delle Alpi 5 (2000), p. 189–199.

l'accesso alla cittadinanza. A sua volta l'ottenimento della cittadinanza, che ha quale premessa il possedere risorse e doti morali, e che una sposa cittadina può favorire,[59] è la garanzia per accedere a cariche pubbliche e per l'esercizio della professione senza discriminazione.[60] Riuscita sociale e integrazione vanno di pari passo, perché facilitano il rapporto d'autonomia rispetto alle proprie «radici», ma non per questo le annullano, come dimostrano le riflessioni degli scambi epistolari, utilizzati per questo contributo, che ben sintetizzano le molte sfaccettature del sofferto rapporto identitario.[61]

---

59 Non è sempre una regola come dimosta la situazione dei facchini alla Dogana di Livorno che non possono avere la moglie appresso e neppure possono sposare una donna del luogo. Cf. Orelli (vedi nota 2), p. 272.
60 Si vedano: Giancarlo Angelozzi, Cesarina Casanova, Diventare cittadini. La cittadinanza ex privilegio a Bologna (secoli 16.–18.), Bologna 2000; Luca Molà, Reinhold C. Muller, Esser straniero a Venezia nel tardo Medioevo: accoglienza e rifiuto nei privilegi di cittadinanza e nelle sentenze criminali, in: Cavaciocchi (vedi nota 2), p. 839–849.
61 Ci riferiamo in particolare alle lettere della famiglia Cantoni di Cabbio, per buona parte pubblicate in Stefania Bianchi, I Cantieri dei Cantoni. Relazioni opere, vicissitudini di una famiglia della Svizzera italiana in Liguria (secoli XVI–XVIII), Genova 2013.

Marco Schnyder

La Suisse faite par l'étranger

Les migrants suisses et la défense de leurs intérêts dans les Etats savoyards et dans la République de Venise (XVIIe–XVIIIe siècles)

Switzerland built from abroad. Swiss migrants and the defense of their interests in the Savoyard states and in the Republic of Venice (17th–18th centuries)

In the Savoyard states and in the Republic of Venice, throughout the early modern period, there were many Swiss colonies. Migrants, namely merchants and artisans, were often hampered in their professional activities. This article focuses on contemporary procedures to solve such conflicts. The analysis shows on the one hand – unsurprisingly – the importance of corporate and family networks, on the other hand the role played by the sovereign cantons, because separated alliances conferred specific privileges on Swiss people abroad. Such alliances which reflected internal divisions in the Helvetic Body, at times became important resources in the case of conflict and a means of pressure for Swiss migrants. The supplications the latter addressed to the relevant authorities based their claim on a common belonging to the Helvetic Body. In this regard, one could say that Switzerland was built from abroad.

Prémisse

Le 13 janvier 1703, les VII cantons catholiques de Lucerne, Schwytz, Unterwald (Obwald et Nidwald), Zoug, Fribourg et Soleure écrivent au marquis de Saint-Thomas, ministre du duc de Savoie – en annexant une missive destinée spécifiquement au souverain – afin d'exposer leurs préoccupations concernant les architectes et les maîtres maçons luganais, les marchands sujets de «nostra Natione», la Garde suisse et, enfin, les étudiants qui fréquentent l'Université turinoise.[1] Quel est l'intérêt de

---

1 Archivio di Stato di Torino (ASTo), Corte, Materie politiche, Negoziazioni co' Svizzeri e Vallesani – mazzo 7, n° 15.

ce document apparemment anodin? La lettre mentionne quatre catégories de migrants entre lesquelles, sauf entre militaires et étudiants, il n'y a pas forcément de liens directs, sinon l'appartenance helvétique commune, tous étant originaires des cantons souverains (soldats et étudiants), des pays alliés (soldats et marchands) ou des bailliages sujets (architectes et maîtres maçons, mais également marchands). Et tous ces migrants font appel aux cantons afin qu'ils interviennent auprès de la cour savoyarde.

La lecture de ce document ouvre deux pistes de recherche fort intéressantes: sur la condition d'étranger et la mobilité d'une part, sur les relations entre les entités étatiques formant le Corps helvétique de l'autre. Dans cette contribution, nous allons nous focaliser sur le volet externe de la recherche en analysant les pratiques de résolution des conflits mises en œuvre par les migrants suisses.[2] A qui s'adressent-ils en cas de conflits et pourquoi? Comment ces migrants perçoivent-ils et gèrent-ils leurs identités? Quelle est la nature et quel est le contenu de ces appartenances? Les cas d'études choisis sont ceux des villes de Turin et de Venise, avec en l'occurrence leurs territoires sujets respectifs, et cela dans la longue durée, en considérant le XVIIe et le XVIIIe siècle. Dans les Etats savoyards, comme dans la République de Venise, on relève en effet, tout au long de l'époque moderne, une importante présence de migrants originaires des territoires suisses. Cette analyse nous permettra enfin de proposer des hypothèses de travail concernant le volet interne de la recherche, à savoir la nature des relations entre les membres du Corps helvétique. Nous prendrons la liberté de citer des exemples parfois très éloignés dans le temps, non seulement à cause de la documentation encore partielle qu'il a été possible d'analyser jusqu'à présent, mais aussi et surtout parce que nous estimons y relever des dynamiques similaires, sans pour autant oublier les différences entre les cas turinois et vénitien, ainsi que les évolutions au fil du temps. Une dimension diachronique que nous mettons en compte et que nous tâcherons d'éclairer, notamment dans la troisième partie.

Le questionnement qui anime cette contribution se situe au croisement de différents champs d'études particulièrement féconds. Depuis quelques années, nombreux sont les historiens qui se sont penchés de façon novatrice sur la thématique de l'étranger, de la mobilité et, de manière générale, sur la dimension transnationale des pratiques sociales à l'époque moderne. Dans cette vaste historiographie, nous nous limitons à relever les études de Simona Cerutti, Roberto Zaugg et Paul-André Rosental. La première, à partir du cas turinois, souligne comment, dans la société d'Ancien Régime, la condition d'étranger n'est pas avant tout une question d'origine, mais

---

2 Les réflexions présentées dans cet article s'insèrent dans un projet de recherche plus vaste sur les migrants suisses dans les villes de Turin, Venise et Lyon à l'époque moderne. Un projet mené dans le cadre d'une bourse d'études Advanced Postdoc.Mobility du Fonds national suisse de la recherche scientifique (2013–2015).

plutôt une affaire de liens sociaux et de capacité d'enracinement local.[3] Roberto Zaugg,[4] en examinant le cas des négociants étrangers à Naples au XVIIIe siècle, montre l'extrême ductilité des identités qui présentent une dimension souvent utilitariste, étant revendiquées ou dissimulées par les acteurs sociaux, selon le contexte d'action et les interlocuteurs. Paul-André Rosental enfin, tout en traitant de contextes et de périodes différents – de la France à l'époque contemporaine en particulier – propose d'étudier les mouvements migratoires du point de vue des pays d'origine, et cela surtout en analysant les institutions, dans une sorte d'histoire politique des populations.[5]

Quant au deuxième volet de la recherche – les relations entre les membres du Corps helvétique et, de manière générale, l'histoire de cette entité étatique polycentrique à l'époque moderne – on relève également un renouveau et un enrichissement des perspectives d'étude. Dans le cadre d'un indéniable regain d'intérêt pour l'histoire de la Suisse dans son ensemble,[6] on peut citer d'importants travaux concernant l'Ancienne Confédération, comme les monographies de Thomas Maissen sur l'évolution de la conception et de la représentation de l'Etat (2006) et de Thomas Lau sur le confessionnalisme (2009), ou encore les réflexions d'André Holenstein, notamment sur le rôle de la gestion des bailliages communs dans la permanence et la cohésion de cette entité étatique particulièrement fragmentée.[7]

Au croisement de ces études, on citera enfin les invitations à réfléchir à l'histoire du Corps helvétique dans une approche plus complexifiée et excentrée. Et cela en partant du constat que non seulement il est possible de mieux comprendre cette histoire en

---

3 Simona Cerutti, Etrangers. Etude d'une condition d'incertitude dans une société d'Ancien Régime, Montrouge 2012.

4 Roberto Zaugg, Stranieri di antico regime. Mercanti, giudici e consoli nella Napoli del Settecento, Rome 2011.

5 Paul-André Rosental, L'histoire politique des populations, voie de recomposition de l'histoire sociale? Conférence prononcée au colloque «Die Schweiz anderswo. La Suisse ailleurs. AuslandschweizerInnen – SchweizerInnen im Ausland. Les Suisses de l'étranger – Les Suisses à l'étranger», Université de Berne, 8. 6. 2012.

6 Il suffit de penser aux récents travaux de synthèse sur l'histoire de la Suisse de François Walter (Histoire de la Suisse, 5 tomes, Neuchâtel 2009–2010), Thomas Maissen (Geschichte der Schweiz, Baden 2010), Volker Reinhardt (Die Geschichte der Schweiz. Von den Anfängen bis heute, Munich 2006/2011) et à l'ouvrage collectif dirigé par Georg Kreis (Geschichte der Schweiz, Bâle 2013), ainsi qu'à l'essai de Dominique Dirlewanger (Tell me. La Suisse racontée autrement, Lausanne 2010).

7 Thomas Maissen, Die Geburt der Republic. Staatsverständnis und Repräsentation in der frühneuzeitlichen Eidgenossenschaft, Gœttingue 2006; Thomas Lau, «Stiefbrüder». Nation und Konfession in der Schweiz und in Europa (1656–1712), Cologne 2008; André Holenstein, Die Herrschaft der Eidgenossen. Aspekte eidgenössischer Regierung und Verwaltung in den Landvogteien und Gemeinen Herrschaften, in: Lukas Gschwend, Pascale Sutter (éd.), Zwischen Konflikt und Integration. Herrschaftsverhältnisse in Landvogteien und Gemeinen Herrschaften (15.–18. Jh.) / Entre conflit et intégration. Les rapports de pouvoir dans les bailliages et les bailliages communs (XVe–XVIIIe siècles) (Itinera 33), Bâle 2012, p. 9–30.

adoptant une perspective d'étude externe,[8] mais aussi que la permanence même de cet ensemble étatique est largement due, de manière paradoxale au premier abord, aux relations et aux multiples dépendances avec l'étranger,[9] ainsi qu'aux conflits internes.[10]

Logiques et paradoxes des suppliques

Marchands luganais à Venise

Dans la ville de Venise, comme dans la Terre ferme, la présence suisse est importante: artisans de l'industrie du bâtiment, marchands et une foule de migrants active dans plusieurs métiers, originaire surtout des bailliages italiens et des Trois Ligues grisonnes. Au début du XVIIe siècle, les marchands luganais de l'«arte» de la laine se trouvent impliqués dans un litige avec leurs homologues de Venise. Après de nombreuses sentences pour et contre les deux parties, ces marchands se plaignent d'une dernière sentence «contra noi poveri di Lugano, che è cossa contra l'anticho et inveterato solito, de tanti et tanti anni».[11] Jusqu'à ce moment les marchands déjà inscrits dans la «Camera del Purgo» – organe de contrôle de l'art de la laine – pouvaient sans problème inscrire comme marchands leurs fils, frères, neveux, ainsi que ceux qui, tout en n'appartenant pas auxdites catégories, résidaient en ville depuis au moins douze ans sans interruption, en y exerçant l'«arte» de la laine. Les marchands luganais de la Lagune supplient les autorités du bailliage de Lugano d'écrire à Venise

---

8   En 1994, Hans Ulrich Jost publiait un article intitulé symptomatiquement «Pour une histoire européenne de la Suisse», dans lequel il soutenait l'impossibilité de faire une histoire de la Suisse sans faire une histoire européenne de la Suisse. Cf. Hans Ulrich Jost, Pour une histoire européenne de la Suisse, in: traverse 3 (1994), p. 19–39. Dans cette perspective, voir aussi André Holenstein, Mitten in Europa. Verflechtung und Abgrenzung in der Schweizer Geschichte, Baden 2014.

9   Jean-François Bergier souligne comment la dépendance économique de l'étranger constitue paradoxalement un facteur de cohésion parce que les membres du Corps helvétique sont poussés à s'unir davantage pour éviter «de tomber dans la mouvance des nations voisines». Cf. Jean-François Bergier, Europe et les Suisses. Impertinences d'un historien, Carouge 1992, p. 87.

10 François Walter reprend la thèse, à son avis justifiée, d'une désunion interne au Corps helvétique ayant été un des facteurs qui en auraient permis la survie. Cf. François Walter, Histoire de la Suisse, t. 1: L'invention d'une Confédération (XVe–XVIe siècles), Neuchâtel 2009, p. 128. – Christian Windler – dans ses recherches sur les pratiques diplomatiques – propose de renouveler les études sur les relations étrangères des cantons suisses. Cf. Christian Windler, Les pratiques de l'entretien à l'épreuve des différences de culture politique et confessionnelle. Une mission milanaise auprès des cantons suisses en 1565, in: Stefano Andretta et al. (éd.), Paroles de négociateurs. L'entretien dans la pratique diplomatique de la fin du Moyen Age à la fin du XIXe siècle, Rome 2010, p. 71–90. – Pour une histoire du Corps helvétique dans une perspective européenne, voir aussi Jean-François Chanet, Christian Windler (dir.), Les ressources des faibles. Neutralité, sauvegarde, accommodements en temps de guerre (XVIe–XVIIIe siècles), Rennes 2009.

11 Archivio di Stato di Venezia (ASVe), Senato, dispacci Grisoni – filza 9.

pour demander le respect des anciennes pratiques («antiqua consuetudo»).[12] L'affaire est abordée lors d'une séance du Conseil de la Communauté de Lugano, le 22 octobre 1615.[13] Et c'est justement par le biais des autorités du bailliage de Lugano que les marchands adressent leur supplique à Zurich et à Berne.[14] Le 17 août 1616, à leur tour, les autorités des deux cantons écrivent à Venise pour soutenir la requête des sujets luganais,[15] en demandant en même temps que leur missive soit accompagnée par une lettre de Giovanni Battista Padavino, résident vénitien à Zurich, qui affirme de son côté de ne pas avoir pu «ricusar di compiacerli».[16] On perd ensuite les traces du contentieux, mais ce qui nous intéresse est moins le résultat final que les modalités de résolution du conflit, les interlocuteurs mobilisés, ainsi que les identités et les appartenances invoquées.

Négociants saint-gallois et thurgoviens dans les Etats savoyards

Dans un tout autre contexte, celui de Turin, on retrouve des cas semblables à ceux relevés pour Venise. En 1603, les cantons catholiques, à l'exception de Soleure, écrivent au duc pour défendre «li nostri Confederati Cittadini e mercanti della Città di San Gallo, habitanti nella Città di Torino».[17] L'année suivante, les V cantons catholiques de la Suisse centrale adressent à la cour de Turin une supplique en faveur du noble Ludovico Gallo, sujet de Thurgovie («nobile, nostro caro et fedele suddito del Contado di Turgovia») et de ses associés.[18] Gallo, version italianisée de Hanhart,[19] est actif comme marchand dans les Etats savoyards et il a famille et maison à Turin. Les autorités des cantons demandent que ces marchands puissent exercer tranquillement leurs activités et que, avec leurs fermiers et leurs serviteurs, ils soient traités en tant que marchands suisses, en jouissant de tous les privilèges, grâces et exemptions.[20] En 1609, les cantons de Zurich, Lucerne, Uri, Schwytz,

---

12 Archivio storico comunale di Lugano, Atti del Consiglio di Comunità 1604–1631, p. 131.
13 Ibid., p. 131. Dans les actes du Conseil de la Communauté de Lugano, on ne parle pas de douze ans de résidence permanente exigée, mais de 20, en faisant aussi référence au paiement d'impôts indirects.
14 ASVe, Senato, dispacci Grisoni – filza 9.
15 Les suppliants sont ainsi définis: «mercatores subditorum nostrorum in Iurisdictione et civitate Louwicensi». ASVe, Senato, dispacci Grisoni – filza 9.
16 Ibid.
17 ASTo, Corte, Lettere principi forestieri, Svizzera – mazzo 116, n° 4.
18 ASTo, Corte, Lettere principi forestieri, Svizzera – mazzo 115, n° 3. Les marchands suisses rencontrent des problèmes déjà depuis quelque temps, comme en témoignent les échanges épistolaires entre la cour savoyarde et les cantons suisses dans les dernières décennies du XVIe siècle.
19 Verena Rothenbühler, Hanhart (Diessenhofen), in: Dictionnaire d'histoire suisse (DHS), http://www.hls-dhs-dss.ch/textes/f/F22948.php (version du 9. 8. 2006).
20 «Essi con i suoi fattori et servitori esser trattati e tenuti nella medema guisa et maniera come altri mercanti svizzeri, potendo godere parimenti et esser partecipi di tutti li privilegÿ, gratie et

Unterwald, Zoug et Glaris écrivent au duc Charles Emmanuel au sujet d'une affaire concernant des négociants thurgoviens actifs dans les Etats de Savoie.[21] Dans cette missive sont cités le même Ludovico Gallo, ainsi que Gasparo Maÿer et leurs associés. L'intervention des cantons fait suite aux doléances présentées par ces marchands à travers Baldasaro Hoffman de Baden, lui aussi sujet desdits cantons, ainsi que leur associé et mandataire. A l'origine du contentieux, il y a l'emprisonnement de Lorenzo Gesellen, agent de ces marchands dans la ville de Turin, ainsi que la séquestration de documents concernant leurs activités. En 1615, c'est l'ensemble des cantons qui intervient en demandant que les requêtes des deux ambassadeurs envoyés pour assister les bourgeois et marchands de Saint-Gall soient prises en considération et que les biens confisqués leurs soient restitués.[22] Le 14 avril 1619, les autorités zurichoises, au nom des cantons de Zurich, Berne, Glaris, Bâle et Schaffhouse, écrivent au duc au sujet de l'«aimable composition suivie il y a trois ans [1616] par l'entremise de tous les Cantons des Ligues [...] en l'affaire des marchands et bourgeois de nos chers et bons alliez de la Ville de S. Gall traffiquants en Piedmont».[23] Le litige portait sur la gestion de la douane et impliquait d'importantes dynasties marchandes de la Suisse orientale comme les Schobinger et les Spindler. Malgré les interventions répétées des cantons, les ennuis pour les marchands saint-gallois sont loin d'être terminés. Une riche documentation, qui attend d'être étudiée en profondeur, témoigne d'un contentieux qui se prolonge dans le temps, entraînant entre autres la confiscation des biens de ces marchands.

Architectes et maîtres maçons luganais au Piémont

Nous faisons maintenant un saut chronologique considérable pour aborder une autre affaire très intéressante, cette fois-ci concernant les artisans de l'industrie du bâtiment. Le 2 décembre 1738, une patrouille en mission dans la province de Novare, tombe sur un groupe de maîtres d'œuvre luganais («maestri da muro luganesi»)[24] en route de leurs villages d'origine vers Turin et d'autres villes piémontaises. Un de ces artisans est armé d'un fusil, un autre de pistolets.[25] Les gardes jugent bon de les arrêter et de les emprisonner, en appliquant les ordres souverains du 9 mai

esentioni [...] sia in portare arme, pagar datÿ et altre cose [...].» ASTo, Corte, Lettere principi forestieri, Svizzera – mazzo 115, n° 3.
21 ASTo, Lettere principi forestieri – mazzo 115, doc. «Si molto spettabili nostri cari».
22 Parmi les familles impliquées sont cités les Schobinger, les Spindler et les Scherer. Cf. ASTo, Lettere principi forestieri, Svizzera – mazzo 116, n° 3.
23 ASTo, Lettere principi forestieri, Svizzera – mazzo 115, n° 3.
24 ASTo, Corte, Materie politiche, Negoziazioni co' Svizzeri e Vallesani – mazzo 9, doc. «Eccellenza. Nel giorno 2 del corrente decembre», 1738.
25 Ibid.

1734 qui interdisent le port de ce genre d'armes. Voyager armés dans un Etat étranger, faut-il y voir de la naïveté, de l'inconscience ou de l'imprudence? Tout au contraire. Ces artisans appartiennent à l'«Università degli architetti, mastri da muro et altri Luganesi»,[26] une association à la fois professionnelle et dévotionnelle réunissant les travailleurs de l'industrie du bâtiment originaires de la région du lac de Lugano actifs dans les Etats savoyards.[27] Cette association, aussi connue sous l'appellation de «Compagnia di S. Anna dei Luganesi», existe depuis le début des années 1620, voire peut-être même avant cette date.[28] La protection de la Maison de Savoie assure à cette compagnie de nombreux privilèges, plusieurs fois confirmés au cours du XVIIe siècle.[29]

L'arrestation provoque une ferme réaction de ladite université[30] qui adresse au souverain des suppliques en faveur de ses membres emprisonnés. Après plusieurs expertises, se fondant entre autres sur des précédents remontant à 1721–1722 et 1666, mais surtout sur les privilèges obtenus au fil des années, en 1739 le souverain savoyard finit par accorder le permis du port d'armes aux Luganais, en contredisant les conclusions des officiers chargés de rédiger des rapports sur l'affaire.[31] Mais, encore une fois, c'est moins l'issue du contentieux, que les modalités de résolution et le cadre général du conflit qui nous intéressent. En effet, cette affaire du port d'armes n'est qu'un épisode du long contentieux qui oppose à diverses reprises les Luganais aux officiers de la cour, surtout depuis la fin du XVIIe siècle, concernant les privilèges

---

26 ASTo, Corte, Materie politiche, Negoziazioni co' Svizzeri e Vallesani – mazzo 9, doc. «L'Università degli Architetti, e Mastri da Muro Luganesi», 1709/1714.
27 Pas tous les artisans de la région du lac de Lugano étaient réunis dans cette compagnie: certains étaient affiliés à celle de San Luca. Cf. Antonio Gili, La famiglia d'arte di «Nazione Luganese», a Torino e in Piemonte dal Seicento all'Ottocento, in: Vera Comoli Mandracci (a cura di), Luganensium artisarum universitas. L'archivio e i luoghi della Compagnia di Sant'Anna tra Lugano e Torino, Lugano 1992, p. 55. – Sur la «Compagnia di Sant'Anna», voir surtout: Comoli Mandracci (ibid.); Maria Vittoria Cattaneo, Nadia Ostorero, L'Archivio della Compagnia di Sant'Anna dei Luganesi in Torino. Una fonte documentaria per cantieri e maestranze fra architettura e decorazione nel Piemonte sabaudo, Torino 2006; Giorgio Mollisi (éd.), Svizzeri a Torino nella storia, nell'arte, nella cultura, nell'economia dal Quattrocento ad oggi, in: Arte & Storia 11/52 (2012).
28 Le premier témoignage de l'élection des procurateurs de la compagnie date de 1620 et à ce moment l'association semble déjà répondre aux conditions imposées dans les «Costituzioni» promulguées par Charles Emmanuel Ier l'année précédente, concernant l'organisation corporative dans le duché. En 1636 est entamée la construction de la chapelle de Sainte-Anne – dans l'église de San Francesco d'Assisi –, et la fête patronale est fixée au 26 juillet. Jusqu'en 1762, on parle également de «Compagnia di Sant'Anna dei Luganesi e dei Milanesi», en considérant les deux groupes ethniques qui la composent. Voir: Vera Comoli Mandracci, Un archivio storico per i cantieri d'avanguardia, in: Cattaneo/Ostorero (voir note 27), p. 11 s.; Nadia Ostorero, Il riconoscimento di un'identità socio-culturale (1620–1636), in: ibid., p. 31–38.
29 Cattaneo/Ostorero (voir note 27), p. 36.
30 A Turin, avec le terme «università», on indique les associations de métier institutionnalisées. Il ne faut donc pas confondre les universités professionnelles avec l'Université de Turin en tant que telle.
31 Cf. ASTo, Negoziazioni co' Svizzeri e Vallesani – mazzo 9, doc. «Il Conte Porro Podestà di Novara», 1739.

dont ce groupe de migrants bénéficie. Pour défendre leurs prérogatives, les Luganais agissent à deux niveaux: corporatif, en s'appuyant sur les privilèges obtenus par le biais de la compagnie de Sainte-Anne; national, en profitant des alliances entre les cantons catholiques et la Savoie. Une distinction qui pourrait paraître artificielle, mais qui figure pourtant dans un rapport officiel de 1739, où l'on parle de privilèges spécifiques – pour les droits octroyés progressivement par le souverain à la suite des demandes des Luganais – et de privilèges génériques, issus des traités d'alliance entre la Savoie et les cantons catholiques.[32]

Suppliques à géométrie variable

Où réside l'intérêt principal de ces différents cas mentionnés? Quels sont les éléments convergents ou divergents qui ressortent quant aux modalités de résolution des conflits? Une première remarque s'impose: les migrants, soient-ils des marchands ou des artisans, originaires d'un pays allié ou d'un bailliage, ne se gênent pas de faire valoir leurs droits, en l'occurrence avec beaucoup d'insistance. La remarque, qui s'imposait, n'est toutefois guère surprenante. Mais sur quelles bases juridiques fondent-ils leurs suppliques? Et qui sont les destinataires? Dans le cas des maîtres d'œuvre luganais, on relève l'importance des privilèges corporatifs obtenus au fil du temps; ce qui n'est pas exceptionnel dans une société où le marché du travail se structure entre autres selon des monopoles octroyés par le souverain à des groupes spécifiques, souvent composés par des étrangers. Dans les années 1620, à Turin et au Piémont, les architectes et les maîtres maçons luganais obtiennent des privilèges plusieurs fois confirmés jusqu'en 1683 et qui se superposent à ceux qui découlent de l'alliance entre les cantons catholiques et la Savoie de 1560. Dans d'autres villes, comme à Florence et à Livourne, des migrants originaires des bailliages italiens monopolisent la profession de porteur.[33] Ce marché du travail fondé sur les monopoles ainsi que l'insertion des migrants des bailliages italiens dans ce système sont bien connus. Moins relevé par les historiens, surtout en ce qui concerne les migrants des préfectures italiennes, est en revanche le rôle joué par les pays d'origine dans l'accès aux privilèges et dans la résolution des conflits.[34]

---

32 ASTo, Corte, Negoziazioni co' Svizzeri e Vallesani – mazzo 5, doc. «L'Università de' Luganesi abitanti», 1739.
33 Sur les porteurs et d'autres métiers, voir Chiara Orelli, La migrazione nelle città italiane, in: Raffaello Ceschi (éd.), Storia della Svizzera italiana. Dal Cinquecento al Settecento, Bellinzone 2000.
34 A vrai dire, concernant les Suisses en France, une étude avait été consacrée il y a bien longtemps aux privilèges commerciaux découlant des traités d'alliance: Ella Wild, Die eidgenössischen Handelsprivilegien in Frankreich, 1444–1635, Saint-Gall 1915. – Herbert Lüthy y fait également référence. L'historien bâlois reprend la thèse qui voulait que la Suisse ait payé les privilèges de ses négociants par le sang de ses mercenaires – en d'autres termes par les alliances et les

Le deuxième élément qui émerge clairement des exemples cités est en effet l'influence exercée par les cantons suisses comme intermédiaires dans les suppliques adressées aux souverains savoyard et vénitien. Les migrants s'appuient avant tout sur les cantons qui détiennent la souveraineté dans les territoires d'origine respectifs, comme on le voit dans le cas des marchands thurgoviens, pour lesquels se mobilisent les VII cantons ayant la juridiction sur cette terre, et, en partie, dans le cas des maîtres d'œuvre luganais au Piémont. Il y a ensuite les affinités confessionnelles qui peuvent jouer un rôle, comme dans le cas des marchands réformés de Saint-Gall en faveur desquels s'activent les cantons protestants de Zurich, Berne, Bâle et Schaffhouse, auxquels s'ajoute Glaris, canton mixte du point de vue religieux, ou encore des migrants des bailliages italiens qui sollicitent les cantons catholiques. Il y a toutefois un facteur qui se révèle plus important, comme dans le cas des marchands luganais à Venise – qui se tournent vers les cantons réformés de Zurich et de Berne –, des migrants luganais dans les Etats savoyards, qui s'adressent plus volontiers aux cantons catholiques qu'aux XII cantons souverains, ou encore des marchands thurgoviens en faveur desquels interviennent les V cantons catholiques de la Suisse centrale. Le facteur décisif, ce sont les alliances qui lient depuis 1560 les cantons catholiques à la Savoie, d'une part, et depuis 1615–1618 Zurich et Berne à Venise, de l'autre. Le traité d'alliance entre les cantons catholiques – avec Fribourg dès 1581 – et la Savoie, plusieurs fois renouvelé, assure aux sujets des deux Etats liberté de mouvement et une série de privilèges, comme on peut le lire dans le traité signé en 1577 avec Emanuel Philibert: «Les commodités, traficques et négotiations des marchands et subjects de nous les dites parties, leurs corps, biens et marchandises seront libres et saulves réciproquement [...]. Aussi nulle de nous les dites parties d'hui en advant ne fera à l'aultre ni à ses subjects et serviteurs aulcung emepeschement par nouveaux daces, imposts, péages ou gabelles [...], et si quelque nouveauté y avoit esté faicte, sera levée.»[35] Et ces privilèges sont constamment revendiqués.[36]

    capitulations avec les puissances étrangères – pour la démentir, en parlant de privilèges minces et en qualifiant cette interprétation de mythe et de légende. Cf. Herbert Lüthy, La banque protestante en France de la Révocation de l'Edit de Nantes à la Révolution, 2 vol., Paris 1959–1961, p. 56. – Plus récemment, Ulrich Pfister a parlé de la notion de «staatlicher Ressources» en lien avec la question de la protection des marchands au XVIIe siècle. Cf. Ulrich Pfister, Die Zürcher Fabriques. Protoindustrielles Wachstum vom 16. zum 18. Jahrhundert, Zurich 1992, p. 170–179.

35 Cité par Rosanna Roccia, qui reconnaît que les retombées réelles de ces privilèges – aussi bien pour les sujets savoyards dans le Corps helvétique que pour les sujets suisses dans les Etats savoyards – ne sont pas connues. Un des buts de la recherche, dont certains aspects sont présentés dans cet article, est justement d'en évaluer la portée. Cf. Rosanna Roccia, Testimonianze di una solidarietà di origine, in: Comoli Mandracci (voir note 27), p. 97.

36 Le traité d'alliance entre les cantons catholiques et la Savoie établit que «le sudditi sì dell'una, che dell'altra parte non siano gravati di alcuna novità, daciti, taglie, e gravezze di qual si voglia

Compte tenu de ces remarques, ce n'est pas un hasard si, à Turin, ce sont surtout les cantons catholiques qui interviennent, tandis qu'à Venise, les marchands luganais profitent de l'alliance que les deux cantons de Zurich et de Berne sont en train de négocier avec la République vénitienne à cette époque (le traité est signé en 1615 et ratifié en 1618).[37] Et les Luganais bénéficient aussi de la présence sur place d'un ambassadeur vénitien, envoyé pour mener à terme les négociations avec les deux cantons.

Les suppliques des migrants, tout comme la médiation des cantons, se font donc avec des logiques que l'on peut définir à géométrie variable. D'une part, les cantons interviennent selon leurs différentes compétences par rapport aux interlocuteurs, aussi bien en ce qui concerne les suppliants que les autorités étrangères; d'autre part, les migrants savent exploiter les alliances séparées stipulées au fil des siècles par les cantons, en revendiquant leur appartenance helvétique de façon différenciée, selon les besoins et les contextes. On relève également le pragmatisme de ces migrants qui ne se soucient guère des questions confessionnelles, même dans des contextes assez tendus de ce point de vue, comme, par exemple, au moment du déclenchement de la Guerre de Trente Ans. Finalement, le polycentrisme et les divisions internes du Corps helvétique, ainsi que les alliances séparées qui en sont le reflet à l'étranger, peuvent se transformer paradoxalement en précieuse ressource arbitrale et en instrument de médiation, voire de pression, pour les migrants, et cela tant pour les ressortissants des cantons souverains, que pour ceux des pays alliés et des bailliages sujets.

Jeux d'identités

Les exemples mentionnés ont montré la variabilité des destinataires des suppliques, selon le contexte d'action et les interlocuteurs auxquels les migrants sont confrontés. Cela présuppose aussi de la flexibilité en termes d'appartenance et d'identité.

    sorte», comme le rappellent les Luganais dans une supplique adressée en 1622 au duc Charles Emmanuel. Les suppliants se plaignent que ces privilèges et ces exemptions sont menacés par «la legge d'Ubena, fogaggio, ordini militari, & altri occorrenti d'impositioni, e carichi» que les officiers, les commissaires et les magistrats veulent leurs imposer. Cf. Staatsarchiv Luzern (StALU), Ennetbirgische Landvogteien – Lugano, A1 F1 SCH. 418 A, «Gewerbe: Architekten und Maurer 1622–1739», doc. «Privileggi», 1683. – Et le schéma de cette supplique va souvent se représenter dans les décennies suivantes, avec les Luganais qui exigent le respect de ces exemptions, tout en dénonçant les ennuis provoqués par les trop zélés officiers savoyards. Sur les privilèges des Luganais, voir entre autres Roccia (voir note 35), p. 109.

37 Martin Bundi, Venise, in: Dictionnaire historique de la Suisse, http://www.hls-dhs-dss.ch/textes/f/F6646.php (version du 29. 8. 2013).

Revendications

Comme nous l'avons souligné, en nous appuyant sur une solide historiographie, les migrants trouvent d'importantes ressources pour défendre leurs droits au sein des organisations corporatives de métier, dans les solidarités familiales ainsi que dans leurs multiples réseaux. Toutefois, les exemples cités montrent également l'importance des suppliques adressées aux cantons. Des demandes qui, bien évidemment, sont fondées sur une appartenance helvétique le plus souvent revendiquée avec force. Cette revendication s'avère certes très pragmatique puisqu'elle est liée à l'exercice de privilèges et non pas à des sentiments nationaux propres aux sociétés post-révolutionnaires contemporaines.

Entravés dans leurs activités durant les premières décennies du XVIIe siècle, les marchands thurgoviens à Turin et au Piémont demandent à être traités de la même façon que les marchands suisses, comme on le lit dans la lettre des V cantons catholiques en faveur de Ludovico Gallo et de ses associés (1604).[38] De même, les architectes et les maîtres maçons luganais actifs dans le duché de Savoie revendiquent constamment leur condition de sujets des louables cantons suisses. La fréquence des interventions des cantons catholiques, sur la base de l'alliance qui les lient au duc de Savoie, témoigne de la mobilisation continue de l'appartenance helvétique de la part des migrants. Dans les documents concernant les Luganais au Piémont, Antonio Gili relève surtout les dénominations «Nazione luganese» et «Compagnia di Sant'Anna», mais également «luganesi Statto de signori Zvizeri». L'historien tessinois y perçoit un double héritage: l'attachement à la patrie de la région du lac de Lugano, de langue et de culture italienne d'une part, l'appartenance à un corps politique suisse de l'autre.[39] Finalement, pour Gili, l'identification ethnico-politique prévaut sur celle ethnico-linguistique:[40] le très fort attachement à la patrie luganaise n'exclut pas la revendication de l'appartenance helvétique.

Un cas révélateur est justement celui de la «Compagnia di Sant'Anna», dont l'intérêt, dans le cadre de notre recherche, réside principalement dans le caractère mixte quant à l'origine de ses membres. En effet, deux groupes composent cette association: les artisans provenant du bailliage de Lugano, soumis aux XII cantons suisses, et les artisans du Valsolda et du Val d'Intelvi, sujets milanais. Tout en étant unis par des liens professionnels et familiaux séculaires, ces artisans finissent par se trouver en opposition quant à l'exercice des privilèges. La composante luganaise prétend en bénéficier grâce à son appartenance helvétique en

---

38 ASTo, Corte, Lettere principi forestieri, Svizzera – mazzo 115, n° 3.
39 Gili (voir note 27), p. 50.
40 Ibid., p. 53.

excluant de fait les associés milanais. La rupture se produit en 1762, quand les Milanais – une soixantaine contre plus de 150 Luganais – quittent la compagnie. Dans le nouveau règlement de l'université, rédigé le 9 mai, on établit que «primariamente che dôra in avanti, salvo una deliberatione universale della Nazione Luganese non si possi più aggregare a questa Università altre Nazioni, per aver sperimentato che questo ed altro non serve che per susitar e solevar discordie e gelosie fra Nazione e Nazione».[41]

Dissimulations

Dans de nombreux cas donc, l'appartenance helvétique est revendiquée avec force, non sans tensions. En effet, les épisodes de dissimulation et de discrimination ne sont pas rares.
Un cas très intéressant est, sans aucun doute, celui des Genevois. Dans un document de 1627, concernant l'université des maîtres d'œuvre luganais, on précise qu'il ne faut pas inclure parmi les citoyens suisses ceux de Genève.[42] Dans l'alliance entre les cantons catholiques et la Savoie, il est bien spécifié que les Genevois doivent être exclus en tant qu'usurpateurs de droits revenant au duc.[43] A Lyon, comme observe Herbert Lüthy dans son étude fondamentale sur la banque protestante en France,[44] les ressortissants de Genève ne font pas partie de la nation suisse, mais ils s'y associent volontiers.
Au Piémont, les Luganais ne manquent pas de dénoncer les abus de ceux qui, tout en n'étant pas sujets des Suisses, voudraient bénéficier des privilèges liés à cette appartenance nationale. En 1683, en répondant à une dénonciation de l'université des Luganais, le duc ordonne que personne ne puisse bénéficier des privilèges à l'exception des sujets des cantons catholiques.[45] En 1709, dans une lettre au duc Victor Amédée II, les architectes et les maîtres maçons luganais affirment entre autres avoir «presentito vi siano alcuni li quali se ben non suditi di Illustri Svizeri et in conseguenza non compresi in detti priviléggÿ intendono non di meno […] di gioire del beneficio»[46] et, dans un autre document, ils spécifient que «debbano gioire

---

41 Roccia (voir note 35), p. 112. Sur cette scission, voir aussi Cattaneo/Ostorero (voir note 27), p. 41 s.
42 ASTo, Corte, Materie politiche, Negoziazioni co' Svizzeri e Vallesani – mazzo 5, doc. «Città di Torino e Luganesi», 1627.
43 L'article XVII de l'alliance renouvelée en 1663 interdit de protéger des sujets d'Etats en conflit avec un des contractants. Cf. ASTo, Corte, Materie politiche, Negoziazioni co' Svizzeri e Vallesani – mazzo 9, doc. «Priviléggi», 1683.
44 Lüthy (voir note 34), p. 60.
45 Roccia (voir note 35), p. 110.
46 ASTo, Corte, Materie politiche, Negoziazioni co' Svizzeri e Vallesani – mazzo 9, doc. «L'Università delli Architetti, Mastri da Muro, et altri Luganesi», 1709/1714.

di detta esentione e privileggÿ solo i Luganesi, et altri sudditi de Illustri Cantoni della Republica elvetica, figliuoli e descendenti da loro, che praticano, et habitano in questi Stati».[47]

Venise nous offre un cas de réflexion particulièrement intéressant concernant ce que l'on pourrait définir comme des «jeux d'identités». A l'époque moderne, vers la ville de Venise, mais également vers la Terre ferme, convergent d'importants flux migratoires provenant de l'espace helvétique, notamment des Grisons et des bailliages italiens. Depuis 1603, une alliance, renouvelée en 1706, lie Venise aux Trois Ligues grisonnes, tandis que, depuis 1615–1618, une autre alliance unit la Sérénissime aux cantons de Zurich et de Berne.[48] Ces alliances sont avant tout politiques et militaires, mais, comme celles avec la Savoie, elles contiennent également des chapitres traitant de questions économiques. Ces alliances garantissent entre autres aux ressortissants grisons et à ceux des deux cantons la liberté de mouvement et d'exercice d'activités lucratives.

Au XVIIIe siècle, les relations entre les Grisons et Venise se détériorent. Les négociants et les artisans locaux supportent mal la concurrence des Grisons, ce qui amène les autorités vénitiennes à intervenir pour freiner leur monopole dans plusieurs métiers. Le mécontentement des habitants de Venise, ainsi que les mesures étatiques, sont des manifestations de la profonde crise de la République, désormais déchue au rang d'Etat provincial à la suite de l'émergence des puissances maritimes du nord de l'Europe et des trafics dans l'Atlantique. Cela dit, l'hostilité de Venise est à interpréter surtout comme réponse à la politique progressivement pro-milanaise, et donc austrophile, des Trois Ligues, qui culmine avec le troisième «Capitolato» de Milan en 1762.[49] La même année, les autorités vénitiennes ordonnent le recensement de tous les Grisons travaillant sur le sol de la Dominante et de la Terre ferme.[50] L'alliance entre Venise et les Ligues grisonnes, arrivée à expiration, n'est donc pas renouvelée. En 1766, plusieurs milliers de migrants grisons sont contraints de quitter le territoire de la République.[51] C'est

---

47   ASTo, Corte, Materie politiche, Negoziazioni co' Svizzeri e Vallesani – mazzo 9, doc. «Privileggi», 1683.
48   Sur l'émigration grisonne à Venise, voir Francesca Nussio, Una tradizione plurisecolare. L'emigrazione grigione a Venezia nell'epoca moderna, in: Giorgio Mollisi (éd.), Svizzeri a Venezia nella storia, nell'arte, nella cultura, nell'economia dalla metà del Quattrocento ad oggi (Arte & Storia 40), Lugano 2008, p. 274–281.
49   Martin Bundi, Grisons, chap. 3: La République des III Ligues (XIVe–XVIIIe siècles), in: DHS, http://www.hls-dhs-dss.ch/textes/f/F7391.php (version du 10. 3. 2010); cf. aussi Id., Le relazioni estere delle Tre Leghe, in: Fernando Iseppi (red.), Storia dei Grigioni, vol. II: L'età moderna, Bellinzone 2000, p. 203.
50   Nussio (voir note 48), p. 277.
51   Il est difficile de fournir des chiffres précis quant à la présence grisonne dans le territoire vénitien. F. Nussio propose une fourchette large, en la quantifiant entre les 3000 et les 7000 unités. Cf. Nussio (voir note 48), 277 s.

un véritable traumatisme pour tout un pays. La plupart de ces migrants sont alors obligés de délaisser ces déplacements de moyenne distance pour s'adonner à une migration de longue durée, vers le nord et l'est du continent surtout.

Cette expulsion ne semble pourtant pas mettre un terme définitif à la présence des Grisons sur le sol vénitien. La Sérénissime soupçonne en effet des cas de dissimulation: «[…] che sotto l'ombra, e nome di Svizzeri si occultino maliziosamente anche nella Dominante i decaduti Grigioni.»[52] Nombreux sont les émigrants qui, sans être ni Zurichois ni Bernois, profiteraient donc de l'alliance avec Zurich et Berne, encore en vigueur, pour demeurer et travailler dans le territoire vénitien. Et, à la suite des tensions avec les Grisons, Venise s'interroge même sur l'opportunité de renouveler l'alliance avec les deux cantons réformés. En 1767, on ordonne le recensement des Suisses présents et actifs dans le territoire vénitien.[53] Les résultats, quoique partiels dans la version consultable aux Archives d'Etat de Venise, confirment les soupçons de dissimulation manifestés par les autorités vénitiennes. Des quelque 600 Suisses dénombrés, seule une trentaine est originaire des deux cantons, la plupart provenant des bailliages italiens et des cantons *Waldstätten*, et même des Grisons. En effet, pour se soustraire à l'expulsion, certains migrants grisons ne trouvent pas de meilleur moyen que de dissimuler leur identité, en jouant sur des appartenances linguistiques, confessionnelles et politiques multiples ne coïncidant souvent pas de manière univoque. Dans ce cas, les Grisons essaient de se faire passer pour des sujets des bailliages italiens, voire comme ressortissants des cantons de Berne et de Zurich, les seuls, ces derniers, qui en principe ont le droit de librement exercer dans la République vénitienne.

Si d'une part, comme il a été souligné auparavant, le polycentrisme du Corps helvétique est une ressource: pour les Grisons la possibilité de mobiliser l'appartenance helvétique, bien qu'affaiblie par le statut de simple pays allié, constitue, dans ce cas spécifique, un atout. D'autre part, il peut également se révéler, par effet d'assimilation, entrave potentielle pour les activités des migrants: les autres travailleurs – originaires des cantons souverains, mais également des bailliages sujets – risquent en effet d'être expulsés à cause des problèmes rencontrés par les Grisons.

---

52 Rapport du noble Grimani sur les Suisses dans les «arti» (20 septembre 1770). Cf. ASTo, Senato, Deliberazioni dei Rettori – filza 327.
53 Sur le recensement de 1767–1770, cf. ASVe, Senato, Deliberazioni dei Rettori – filza 327.

Protectionnismes et incertitudes

De l'ouverture à la fermeture

Après l'ouverture qui caractérise le XVIIe siècle, les migrants suisses sont confrontés à une progressive fermeture, surtout à Venise, mais également dans les Etats savoyards. Turin, nouvelle capitale du duché depuis 1563, est une ville ouverte où les étrangers sont le plus souvent protégés par le souverain.[54] Et dans les suppliques, le rapport direct avec l'autorité souveraine est souvent mis en avant, au point que les officiers reconnaissent qu'il est difficile de ne pas concéder la franchise à qui s'appuie sur une telle relation.[55] En sollicitant la protection souveraine, les suppliants reprennent également le *topos* des abus des officiers qui détourneraient la volonté du monarque.[56] Les cantons qui interviennent en 1619, en faveur des marchands saint-gallois, se plaignent des abus, dont ces derniers sont victimes, qui seraient commis «à l'insceu de Votre Altesse».[57]

Au cours du XVIIIe siècle, la situation des migrants suisses semble empirer, comme le montre entre autres le refus d'accorder aux Luganais des privilèges en 1739, que l'on justifie par l'alliance non renouvelée avec les cantons catholiques en 1735.[58] Les conclusions des officiers royaux ne semblent toutefois pas mettre un terme aux revendications des Luganais, qui en effet se poursuivent durant les décennies suivantes. Un autre indicateur d'une tendance à la fermeture, ou, en tout cas, d'une volonté de réfléchir de manière renouvelée à la présence des étrangers, sont les documents conservés aux Archives d'Etat de Turin concernant les privilèges des Suisses

---

54 Enrico Stumpo parle de tendance conservatrice pour la commune de Turin, à laquelle s'oppose l'attitude novatrice et ouverte du duc, en relevant la présence du *studio* comme signe d'ouverture. Cf. Enrico Stumpo, Spazi urbani e gruppi sociali (1536–1630), in: Giuseppe Ricuperati (a cura di), Storia di Torino, vol. III: Dalla dominazione francese alla ricomposizione dello Stato (1536–1630), Turin 1998, p. 195, 204. – Simona Cerutti, Mestieri e privilegi. Nascita delle corporazioni a Torino, secoli XVII–XVIII, Turin 1992, p. 48–50, met en lumière les conséquences de l'augmentation de la population jouissant de privilèges particuliers de la part du duc. Cit. dans Pierpaolo Merlin, Amministrazione e politica tra Cinque e Seicento: Torino da Emanuele Filiberto a Carlo Emanuele I, in: Ricuperati (ibid.), p. 155.

55 Dans le rapport de Francesco Porro sur l'affaire du port d'armes des Luganais, du 9 décembre 1738, on lit qu'il est «troppo dificile in non permettere la franchigia a chi si appoggia all'enunziata concessione della Maestà di Vittorio Amadeo». Cf. ASTo, Corte, Materie politiche, Negoziazioni co' Svizzeri – mazzo 9, doc. «Eccellenza. Nel giorno 2 del corrente decembre», 1738.

56 Sur ce *topos,* voir Roger Chartier, Les origines culturelles de la Révolution française, Paris 2000 [1990]. Le duc menace même de punir les ministres distraits, ignorants, voire trop zélés. Cf. Roccia (voir note 35), p. 109.

57 ASTo, Corte, Lettere principi forestieri, Svizzera – mazzo 115, doc. «Ayants», 1619.

58 C'est du moins ce qui ressort du rapport de l'avocat général Dani rédigé le 12 juin 1739. Voir: ASTo, Corte, Materie politiche, Negoziazioni co' Svizzeri e Vallesani – mazzo 9, n° 6, doc. «Suppliche dall'Università», 1739; StALU, Ennetbirgische Landvogteien – Lugano, A1 F1 SCH. 418 A, «Gewerbe: Architekten und Maurer 1622–1739», 1. 8. 1739.

et de leurs alliés. En 1768, pour ne citer qu'un exemple, des mémoires renseignent la cour savoyarde sur les privilèges dont les Suisses jouissent dans les Etats autrichiens et en France.[59]

A Venise, la tendance protectionniste est encore plus marquée, comme le montrent les contenus des alliances avec Berne, Zurich et les Grisons, moins généreux en termes d'avantages économiques dans leur version de 1706, mais surtout les recensements et les expulsions des années 1760–1770 mentionnées auparavant.[60] Les autorités vénitiennes veulent sédentariser et ensuite naturaliser les migrants, et cela en les obligeant à avoir leur famille sur place et une résidence stable dans l'Etat de Venise. Il ne faut pas oublier en effet que la plupart des migrants suisses sont saisonniers.[61]

Ambiguïtés

Ces remarques, concernant l'attitude des autorités vénitiennes face aux migrants suisses, nous donnent l'occasion de lancer des pistes de réflexion sur le deuxième volet de la recherche, à savoir l'analyse des relations entre les différents membres du Corps helvétique, ainsi que leur statut au sein de cette Confédération d'Etats.

Finalement, la revendication et la dissimulation des migrants s'accompagnent d'une attitude souple – quant aux modalités pour classifier ces travailleurs selon leur appartenance nationale – de la part des autorités des Etats étrangers aussi. A Venise, en effet, on parle de «nazione svizzera» et c'est justement par le biais de cette identification commune qu'on recense les ressortissants des cantons et des bailliages. Du recensement émerge toutefois un paradoxe: d'un côté tous les migrants sont regroupés sous la dénomination «svizzera», d'autre part on souligne les différentes composantes du Corps helvétique, pour inclure certains dans les privilèges et en exclure d'autres. Une situation complexe qui dérive notamment de la politique étrangère autonome des membres du Corps helvétique qui, au fil du temps, ont mis en place un système d'alliances séparées.

Des exemples cités émerge une réalité faite d'identités multiples et modulables, dont le caractère flou ne provient pas seulement des stratégies explicitement dissimulatrices des migrants – voire des distinctions faites par les autorités des Etats étrangers – mais

---

59 ASTo, Corte, Materie politiche, Negoziazioni co' Svizzeri e Vallesani – mazzo 2 addizione, n° 7, 9 et 17.
60 Bundi (voir note 37).
61 Voir le rapport des nobles Grimani et Priuli du 24 septembre 1770. Cf. ASVe, Senato, Deliberazioni dei rettori – filza 327. Ce qui dérange visiblement les autorités vénitiennes, ce n'est pas tant l'origine étrangère des travailleurs, mais le caractère saisonnier de cette présence, qui la soustrait à leur contrôle tout en amenant la richesse à l'étranger. Ces éléments rappellent les remarques de Simona Cerutti sur la condition d'étranger. Cf. Cerutti (voir note 3), p. 161–228.

également de la configuration étatique objectivement complexe du Corps helvétique, dont les nuances ne sont pas toujours connues à l'étranger. De sorte que, par exemple, les XIII cantons suisses, en écrivant au duc de Savoie en 1615, toujours dans le cadre de l'affaire des marchands saint-gallois, ressentent la nécessité de lui expliquer la différence entre la ville de Saint-Gall et la principauté abbatiale de Saint-Gall: «[…] l'Abbaye et la Ville de Saint-Gall ne sont une mesme Estat ny compris soubs une République, mais sont deux Etats separez et libres, n'ayans rien à se preferire [sic] l'un à l'autre.»[62] De même, dans une liste d'étudiants bénéficiant de bourses d'études à Turin, octroyées par le duc en échange du service de la Garde suisse, figurent des jeunes originaires de Saint-Gall et du Valais, pays qui sont désignés comme cantons, tout en étant, dans la réalité, des simples pays alliés.[63] Dans les documents vénitiens concernant le recensement des Suisses enfin, on parle de «Vicariati milanesi» pour désigner les bailliages communs de Lugano, Mendrisio, Locarno et Vallemaggia, ainsi que de «baliaggi d'Italia» pour les trois préfectures de Bellinzone, Riviera et Blenio.[64] Des appellations ambiguës et imprécises, qui montrent comment à l'étranger la complexité du Corps helvétique peut engendrer des confusions.

Preuves et usages

Surtout entre 1622 et 1738, mais même ensuite, les suppliques des Luganais au duc, souvent par l'intermédiaire des cantons, sont nombreuses. La fréquence de ces suppliques est un indicateur de conflits plus ou moins manifestes, mais également d'un besoin permanent de certification des droits, notamment en cas de crise, engendrant incertitudes et impasses.[65] En 1738, les syndics de l'université luganaise, Charles Joseph Barera et Dominique Rizolla, soulignent comment depuis la fin de la «dernière Guerre» – vraisemblablement la Guerre de succession polonaise – leurs demandes de confirmation des droits n'ont pas été satisfaites, en déplorant par conséquent l'incertitude et l'attente dans lesquelles ils sont contraints de vivre.[66]

---

62 ASTo, Corte, Lettere principi forestieri, Svizzera – mazzo 116, n° 3, doc. «Tres illustre tres haut et très genereux Prince», 1615.
63 ASTo, Corte, Materie politiche, Negoziazioni co' Svizzeri e Vallesani – mazzo 5, n° 32.
64 ASVe, Fondo Senato, Deliberazioni dei Rettori – filza 327.
65 Simona Cerutti relève comment les sources ne sont pas de simples traces, en l'occurrence de conflits, mais de véritables actions révélant l'intention de ceux qui les ont produites qui est surtout celle de certifier les droits, dans une société d'Ancien Régime que l'on imagine faussement fondée sur des hiérarchies certaines et claires. Voir: Cerutti (voir note 3), p. 161–229; Id., «A rebrousse-poil». Dialogue sur la méthode, in: Critique, 6–7/769–770 (2011), p. 564–575; Id., Histoire pragmatique, ou de la rencontre entre histoire sociale et histoire culturelle, in: Tracés 15 (2008), p. 147–168.
66 StALU, Ennetbirgische Landvogteien – Lugano, A1 F1 SCH. 418 A, «Gewerbe: Architekten und Maurer 1622–1739», 8. 12. 1738.

Et ces difficultés expliquent le recours aux cantons: «[…] aux pauvres Supliants d'autre esperance que la Puissante, et Paternelle protection de Vos Excellences.»[67] L'obtention de la confirmation est fondamentale pour ces étrangers qui, en cas de nécessité, doivent être constamment en mesure d'exhiber aux officiers compétents une copie imprimée des privilèges. Dans un document de 1683, le duc rappelle que, pour jouir des privilèges, il faut attester, avec un document délivré par les syndics de l'université, «d'essere suddito de' Cantoni Cattolici».[68] En 1709, en s'adressant au duc Victor Amédée II, les Luganais rappellent que les privilèges sont réservés aux sujets suisses «li quali saranno muniti d'una copia stampata di detti privileggÿ, sottoscritta dalli Sindici di detta Università, et non altri di diversa nazione».[69] Mais pour s'assurer les droits, en plus des preuves écrites, ce qui compte c'est l'usage répété au fil du temps. L'obtention du titre de «università» par les Luganais se fait par son usage répété dans les documents, notamment dans les suppliques.[70] Des usages qui peuvent en l'occurrence donner de fausses convictions, comme on le relève dans un rapport de 1721, concernant le port d'arme, où les officiers invitent le souverain à publier «una provisione, che disaffidasse detti Luganesi della credenza in cuy vivono di puoterne gioÿre sul motivo di loro privilegÿ e provisioni».[71] Il ne faut pas oublier que l'on évolue dans une culture juridique qui «confère à l'usage, à la pratique, la capacité de créer des droits».[72]

Les suppliques des Luganais illustrent non seulement leur ténacité dans la défense des privilèges, mais également leur capacité d'agir dans les rouages du pouvoir et de la diplomatie. Le 8 décembre 1738, les syndiques Barera et Rizolla, au nom de l'«Université des Architectes et Majstres Maçons Luganais establi en Piedmont» demandent aux cantons «de vouloir leurs accorder la Grace de les recommander a la Cour de Turin». Et la supplique est accompagnée d'indications précises quant aux personnes que les autorités des cantons doivent contacter: «[…] soit par le Canal du Premier Ministre de S. M. a Turin soit par celuj de l'autre Ministre de Sa Majesté de Sardaigne qui réside actuellement dans la Capitale de la Haute Republique et Canton de Berne.»[73] La supplique des marchands luganais aux autorités vénitiennes en 1616, par l'intermédiaire de Zurich et de Berne, est également indicative de cette capacité:

67 Ibid.
68 Cité par Roccia (voir note 35), p. 110.
69 ASTo, Corte, Materie politiche, Negoziazioni co' Svizzeri e Vallesani – mazzo 9, doc. «L'Università delli Architetti, Mastri da Muro, et altri Luganesi», 1709/1714.
70 Le titre de «università» est utilisé pour la première fois, mais de manière abusive, en 1656. Il sera ensuite ratifié par l'usage, notamment grâce aux réponses du duc où la dénomination est employée. Cf. Roccia (voir note 35), p. 106.
71 ASTo, Corte, Materie politiche, Negoziazioni co' Svizzeri e Vallesani – mazzo 9, doc. «Nel giudicio di confermazione», 1721.
72 Cerutti (voir note 3), p. 216.
73 StALU, Ennetbirgische Landvogteien – Lugano, A1 F1 SCH. 418 A, «Gewerbe: Architekten und Maurer 1622–1739», 8. 12. 1738.

les deux cantons viennent de signer une alliance, qui n'est même pas encore ratifiée, et ils sont déjà appelés à défendre les intérêts des sujets d'un bailliage commun dans les territoires du nouvel Etat allié.

Perspectives

L'approche adoptée dans cette contribution permet, nous semble-t-il, d'aborder de façon originale et renouvelée la thématique de l'intégration étatique dans le contexte helvétique. Une approche pouvant offrir un pendant pour ainsi dire «pratique» aux études plus théoriques, entre autres focalisées sur le républicanisme. En effet, l'analyse des conflits impliquant des Suisses à l'étranger suggère paradoxalement des pistes de réflexion intéressantes sur les relations au sein du Corps helvétique. Nous l'avons vu, la possibilité de dissimuler des migrants eux-mêmes, ainsi que le regard biaisé depuis l'étranger, sont entre autres dus à la complexité qui caractérise indéniablement le Corps helvétique, mais le contenu des suppliques produites lors de ces conflits demande d'aller plus loin.

En effet, constater l'intervention des cantons pour la défense de migrants qui ne sont pas directement des sujets,[74] ou trouver dans un même document différentes catégories de Suisses travaillant à Turin, invite à réfléchir autrement aux relations entre les différents membres du Corps helvétique, qui ne sont pas uniquement caractérisées par des divisions, mais également par des solidarités. Celles-ci peuvent se manifester, en l'occurrence de manière plus visible, à l'étranger.

Thomas Lau observe comment, dans le contexte du confessionnalisme, les élites dirigeantes catholiques et réformées ne se fréquentent plus assez pour se connaître et communiquer de manière constructive;[75] de son côté, André Holenstein souligne comment, après la Réforme, un des rares facteurs qui obligent les cantons à travailler ensemble est l'administration des bailliages communs. Les membres des élites suisses se réunissent dans les Diètes communes – à Baden jusqu'en 1715 et ensuite à Frauenfeld – pour régler les affaires de ces territoires. Dans le cas des bailliages italiens, ils passent presque un mois ensemble au sud des Alpes lors des sessions de

---

74 Comme quand, en 1591, les VII cantons catholiques supplient de libérer le marchand Giovanni Battista Pellizzaro de Chiavenna emprisonné à Chambéry et cela sur la base de l'alliance avec les Grisons («paese di signori Grisoni nostri confederati»), dont le bourg de Chiavenna dépend. Cf. ASTo, Corte, Lettere principi forestieri, Svizzera – mazzo 115, doc. «Serenissima Sig.ra», 1591; voir aussi Josef Karl Krütli, Jakob Kaiser, Amtliche Sammlung der Ältern Eidgenössischen Abschiede, Bd. 5, Abt. 1: Die eidgenössischen Abschiede aus dem Zeitraume von 1587–1618, Berne 1872, p. 246 s.
75 Voir le compte rendu de Lau (voir note 7) par Jean-Luc Le Cam in: Francia-Recensio 2010/4, Frühe Neuzeit – Revolution – Empire (1500–1815), http://www.perspectivia.net/content/publikationen/francia/francia-recensio/2010-4/FN/lau_le-cam.

ce tribunal itinérant qu'en italien l'on appelle *Sindicato*.[76] Mais quel est le lien avec les conflits présentés dans cette contribution? Défendre les migrants, c'est également une forme d'administration des bailliages communs, une gestion *extra muros,* pour ainsi dire. Et les conflits n'impliquent pas seulement des migrants originaires des bailliages, mais également des pays alliés et des cantons souverains. En l'occurrence donc, la protection des migrants peut être considérée comme un élément de rencontre entre membres du Corps helvétique – et également entre catholiques et protestants – et, par conséquent, de renforcement d'une appartenance et d'une identité politiques communes. Dans ce sens, il est également intéressant de relever le fait que les liens entre cantons suisses et migrants ne sont pas seulement mobilisés par les premiers, mais aussi par le souverain lui-même. En 1632, au moment où l'on craignait le déclenchement d'une guerre de religion interne, les cantons catholiques justifient leur demande d'aide au duc de Savoie par la présence au Piémont de nombreux «capomastri, ingegneri militari et ‹huomini virtuosi›».[77] Dans ce cas, le bénéficiaire ne serait donc plus le sujet – le migrant qui profite des alliances des cantons –, mais le souverain qui peut appuyer ses requêtes d'aide aux Etats étrangers entre autres aussi sur la présence de travailleurs qualifiés sur leurs territoires.

Enfin, il serait intéressant d'approfondir l'analyse des suppliques, non seulement en ce qui concerne leurs contenus et leurs destinataires, mais également quant à leur forme. Ces documents présentent en effet un lexique révélateur. Dans une lettre de 1619, les cantons protestants se déclarent sûrs que leur interlocuteur, le duc de Savoie, satisfera leurs requêtes en faveur des marchands saint-gallois et cela «pour l'amour de toute la Suisse».[78] En 1632, le bailli et les conseillers valaisans écrivent au duc Victor Amédée, en exprimant leurs inquiétudes pour les armées qui s'approchent «de nostre commune patrie, l'Helvétie».[79] La signification et l'usage de ces expressions, comme d'autres, méritent d'être approfondis afin de mieux comprendre comment on se représente et l'on vit l'appartenance helvétique. Et cela en adoptant une approche excentrée: en analysant les suppliques des migrants qui semblent recomposer à l'étranger ce qui apparaît comme divisé au sein du Corps helvétique. Dans ce sens, on peut parler de «Suisse faite par l'étranger».

---

76 Cf. Andreas Würgler, Diète fédérale, in: DHS, http://www.hls-dhs-dss.ch/textes/f/F10076.php (version du 9. 9. 2013).
77 Remarque de Luigi Simona, Artisti della Svizzera italiana in Torino e Piemonte, Zurich 1933, p. 2, citée par Gili (voir note 27), p. 53.
78 ASTo, Corte, Lettere principi forestieri, Svizzera – mazzo 115, n° 3, doc. «Ayants», 1619.
79 ASTo, Corte, Lettere principi forestieri, Vallesani – mazzo 1, doc. 1632.

Daniela Luigia Caglioti, Marco Rovinello und Roberto Zaugg

Ein einzig Volk?

Schweizer Migranten in Neapel (18.–20. Jahrhundert)

One people? Swiss migrants in Naples (18th–20th centuries)

From the 18th century to World War I, migrants from Switzerland played an important role in Southern Italy's trade, industry, army and social life. As a whole, these migrants were characterized by heterogeneous regional origins, professional profiles and confessional identities. In Naples they pursued very different social strategies. The essay analyses how legal frames shaped group building processes in the old regime and how – from the 19th century onwards – specific social, economic and cultural resources led lower-class migrants to develop a multiplicity of ties to local protagonists through marriage, neighbourhood and work, whereas elite migrants chose to build an economically, religiously and socially self-segregated community.

Vom 18. Jahrhundert bis zum Ersten Weltkrieg spielten Migranten aus der Schweiz eine signifikante Rolle im Handel, in der Industrie, der Armee und im Vereinsleben Süditaliens, insbesondere der Stadt Neapel.[1] Im Rahmen dieser mediterranen Metropole, die um 1800 445'000 Einwohner zählte und bis Anfang

---

1 Vgl. dazu: Lorenzo Zichichi, Il colonialismo felpato. Gli svizzeri alla conquista del Regno delle due Sicilie (1800–1848), Palermo 1988; Silvio de Majo, L'industria protetta, Lanifici e cotonifici in Campania nell'Ottocento, Neapel 1989; Robert-Peter Eyer, Die Schweizer Regimenter in Neapel im 18. Jahrhundert (1734–1789), Bern 2008; Daniela Luigia Caglioti, Vite parallele. Una minoranza protestante nell'Italia dell'Ottocento, Bologna 2006; Marco Rovinello, «Gente meccaniche» e identità nazionale. Artigiani, garzoni, militari e domestici svizzeri nella Napoli ottocentesca, in: Quaderni storici 41 (2006), S. 255–287; Roberto Zaugg, Stranieri di antico regime. Mercanti, giudici e consoli nella Napoli del Settecento, Rom 2011. – Einen reich illustrierten, populärwissenschaftlichen Überblick geben Glauco Angeletti et al., La presenza svizzera a Napoli nella storia, nell'economia, nella cultura e nell'arte dal Quattrocento ad oggi (Arte e Storia 29), Lugano 2006.

20. Jahrhundert die grösste italienische Stadt war, blieb die helvetische Präsenz zahlenmässig beschränkt.[2] Insgesamt war Süditalien für schweizerische Migranten nur ein zweitrangiges Ziel, das weit hinter französischen, US-amerikanischen und deutschen Destinationen zurückblieb.[3] Nichtsdestotrotz dauerte die schweizerische Auswanderung nach Neapel über Generationen fort und zeichnete sich durch ihre gesellschaftliche Visibilität aus.

Beim Versuch, die helvetische Präsenz am Fuss des Vesuvs zu erfassen, sind wir mit sehr unterschiedlichen empirischen Befunden konfrontiert worden. In Bezug auf die regionale Herkunft, die konfessionell Zugehörigkeit und das sozioprofessionelle Profil charakterisierten sich diese Migrationsflüsse durch eine prononcierte Heterogenität. Zudem lassen sich bei den im Ankunftskontext entwickelten sozialen Integrations- beziehungsweise Abgrenzungsstrategien erhebliche Divergenzen feststellen. Eine starke Tendenz zur Selbstsegregation lässt sich ebenso diagnostizieren wie kapillare Beziehungen zur lokalen Bevölkerung. Einer ausgeprägten Inklination zur Endogamie standen auch zahlreiche binationale Ehen gegenüber. In gewissen Zeiten und Kontexten bildeten sich geschlossene *communities* mit eigenen Strukturen heraus, andere zeichneten sich im Gegenteil durch deren Absenz aus. Und nebst dauerhaften Bindungen zu Herkunftsorten und -familien sticht die Fähigkeit heraus, ausgesprochen transnationale Verbindungen einzugehen.

---

2 Die konsistenteste Gruppe waren die Söldner, von denen jeweils um die 7000 zeitgleich im Dienst waren. Die anderen Migrantengruppen kamen 1840 auf 910 Individuen, wobei in dieser Zahl wohl viele Frauen und Kinder nicht inbegriffen waren. Zur Problematik der administrativen Erfassung der Migrationsflüsse vgl. Marco Rovinello, Gli svizzeri nella Napoli dell'Ottocento. Tratti e numeri di una presenza, in: Angeletti (wie Anm. 1), S. 28–34.

3 Zu Emigrationsbewegungen aus der Schweiz in dieser Zeit vgl. u. a.: Gérard Arlettaz, L'émigration suisse outre-mer de 1815–1920, in: Studien und Quellen 1 (1975), S. 31–95; Ders., Emigration et colonisation suisse en Amérique 1815–1918, in: Studien und Quellen 5 (1979), S. 7–236; Leo Schelbert, Einführung in die schweizerische Auswanderungsgeschichte der Neuzeit, Zürich 1976; Dolf Kaiser, Fast ein Volk von Zuckerbäckern? Bündner Konditoren, Cafetiers und Hoteliers in europäischen Landen bis zum Ersten Weltkrieg. Ein wirtschaftsgeschichtlicher Beitrag, Zürich 1985; Renée Théry-Lopez, Une immigration de longue durée. Les Suisses à Marseille, Diss., Université de Provence 1986; Béatrice Veyrassat, Réseaux d'affaires internationaux, émigrations et exportations en Amérique latine au XIXe siècle. Le commerce suisse aux Amériques, Genf 1993; Carsten Goehrke, Die Auswanderung aus der Schweiz nach Russland und die Russlandschweizer. Eine vergleichende Forschungsbilanz, in: Schweizerische Zeitschrift für Geschichte 48 (1998), S. 291–324; Thomas David, La colonie suisse de Constantinople (1850–1918), in: Meropi Anastassiadou, Bernard Heyberger (Hg.), Figures anonymes, figures d'élite. Pour une anatomie de l'homo ottomanicus, Istanbul 1999, S. 177–212; Anne-Lise Head-König, Les migrations traditionnelles des Suisses. Migrations de masse et migrations des élites (XVIIe-milieu du XIXe siècle), in: Antonio Eiras Roel, Domingo L. González Lopo (Hg.), Mobilité et migrations internes de l'Europe latine, Santiago de Compostela 2002, S. 39–54; Bruno Abegg, Barbara Lüthi (Hg.), Small Number – Big Impact. Swiss Immigration to the U. S., Zürich 2006.

Diese divergierenden Muster verlangen nach einer Erklärung. Im Folgenden versuchen wir deshalb, die verschiedenen Komponenten der schweizerischen Präsenz in Neapel herauszuarbeiten und die sozialen Strategien zu analysieren.

In der ständischen Gesellschaft des Ancien Régime

Die Gruppenbildungsformen der Migranten und die damit verbundenen Praktiken werden einerseits durch die sozialen, ökonomischen und kulturellen Ressourcen beeinflusst, welche migrierende Akteure mit sich bringen, andererseits durch die Möglichkeiten und Zwänge, mit welchen sie in den jeweiligen Ankunftskontexten konfrontiert werden.[4] In Bezug auf die Letzteren spielte die ausgeprägte Vielfalt der verschiedenen rechtlichen Status und Partikulargerichtsbarkeiten, welche die institutionelle Architektur des Königreichs Neapel bis zur napoleonischen Zeit prägte,[5] eine strukturierende Rolle. Gruppenzugehörigkeit war im süditalienischen Ancien Régime immer auch eine Frage von rechtlichen Privilegien und jurisdiktioneller Zugehörigkeit.

Die in der zeitgenössischen Sprache als *nazioni* bezeichneten Gruppen ausländischer Migranten waren keine informellen *communities*, die auf ethnolinguistischen Affinitäten beruhten; sie waren institutionalisierte Körperschaften. Von den Mitgliedern einer (frühneuzeitlichen) «Nation» wurde keine emotionale Identifikation mit einer imaginierten Volksgemeinschaft und einer (im modernen Sinn) nationalen Kultur erwartet. Die Mitgliedschaft in einer «Nation» war in erster Linie eine institutionelle Frage. Denn jede *nazione* verfügte über einen durch internationale Verträge, unilaterale Konzessionen und/oder durch lokale Usanzen definierten spezifischen Rechtsstatus, der sie von den anderen «Nationen» und vor allem von den ihrerseits juristisch heterogenen Untertanen des Königreichs unterschied.

In gewissen Bereichen, wie etwa dem Zugang zu öffentlichen Ämtern, wurden die Bürger der Stadt Neapel gegenüber Ausländern und Provinzbewohnern bevorzugt. Die Einbürgerung war für katholische Ausländer allerdings keine hohe Hürde, und wer in Neapel geboren war, hatte einen Anspruch auf das neapolitanische Bürgerrecht.[6] Für die Nachkommen gewisser Ausländergruppen war dieses Recht indes uninteressant: sie gaben sich selbst nach Generationen als Franzosen, Briten, Griechen und so weiter aus und nicht als Neapolitaner. Denn für sie überwogen nicht die Diskriminierungspraktiken, die mit dem Ausländerstatus einhergingen, sondern

---

4 Dieses Unterkapitel basiert – wenn nicht anders angegeben – auf Zaugg (wie Anm. 1).
5 Raffaele Ajello, Il problema della riforma giudiziaria e legislativa nel Regno di Napoli durante la prima metà del secolo XVIII, Neapel 1961.
6 Piero Ventura, L'ambiguità di un privilegio. La cittadinanza napoletana tra Cinque e Seicento, in: Quaderni storici 30 (1995), S. 385–416.

die oft äusserst vorteilhaften Privilegien, die mit ihrer nationalen Zugehörigkeit verknüpft waren.

Zentral war dabei die bereits erwähnte Frage der Jurisdiktion. Allein in der Hauptstadt existierten mindestens 39 verschiedene Gerichtsbarkeiten, deren Prozeduren, Rechtsquellen und Tarife sich in vielen Fällen wesentlich voneinander unterschieden und deren sich oft überlappende Kompetenzsphären und Machtansprüche einander konkurrenzierten.[7] Die Notwendigkeit, Personen dieser oder jener Gerichtsbarkeit zuzuordnen, und die Möglichkeit, ihnen dadurch vor Gericht Vor- oder Nachteile gegenüber anderen zu verschaffen, bildeten in der ständischen Gesellschaft einen wichtigen Faktor sozialer Klassifikation.[8] Und diese wiederum gründete nicht auf unilateralen Akten der Gerichte, sondern war vielmehr ein von Klägern, Angeklagten und Magistraten unterschiedlicher Tribunale umkämpftes Verhandlungsfeld. In diesem Kontext waren die jurisdiktionellen Privilegien verschiedener «Nationen», die zum Teil eigene Gerichtsbarkeiten oder zumindest eine Immunität vor gewissen lokalen Gerichten besassen, eine für die Ausländer wertvolle und von den diplomatischen Vertretern stur verteidigte Ressource.

Für protestantische Migranten war es zudem aus konfessionellen Gründen wichtig, Ausländer zu bleiben, um von den beschränkten Toleranzmargen profitieren zu können, die im katholischen Königreich bestanden. Sofern sie keine «öffentlichen Skandale» provozierten und «sich immer mit aller Bescheidenheit und angebrachten Diskretion» verhielten,[9] das heisst, solange ihre religiösen Praktiken für Aussenstehende weder akustisch noch visuell wahrnehmbar waren und keine Untertanen involviert wurden, erlaubte ihnen die neapolitanische Krone stillschweigend, im Privaten ihrem Glauben anzuhängen und im Innern ihrer Botschaften nichtkatholische Gottesdienste zu zelebrieren.[10] Als Ausländer waren sie in religiösen Angelegenheiten von der Gerichtsbarkeit der katholischen Kirche befreit. Als Untertanen wären sie ihr hingegen kompromisslos ausgeliefert gewesen.

Vor diesem Hintergrund erstaunt es auf den ersten Blick, dass es in Neapel keine «Schweizer Nation» gab. Denn Migranten aus verschiedenen Regionen der heutigen Schweiz waren bereits im 18. Jahrhunderts in der Mittelmeermetropole

---

7 Franco Valsecchi, L'Italia nel Settecento dal 1714 al 1788, Mailand 1971, S. 435.
8 Simona Cerutti, Giustizia sommaria. Pratiche e ideali di giustizia in una società di Ancien Régime (Torino XVIII secolo), Mailand 2003, S. 117.
9 Trattato perpetuo di commercio e navigazione concluso fra il Re Nostro Signore e la Corona di Svezia, Napoli 1743 (Vertragsabschluss: 1742), Art. 36. (im Original auf Italienisch). Analoge Klauseln sahen die Handelsverträge mit Dänemark (1748) und den Vereinigten Provinzen (1753) vor sowie die 1645 von Philipp IV. den in Andalusien tätigen englischen Kaufleuten ausgestellten Privilegien, die in der zweiten Hälfte des 17. Jahrhunderts in das spanisch dominierte Süditalien transferiert wurden.
10 Barbara Dawes, La comunità inglese a Napoli nell'800 e le sue istituzioni, Neapel 1989, S. 13; Eugenio Lo Sardo, Napoli e Londra nel XVIII secolo. Le relazioni economiche, Neapel 1991, S. 66.

präsent. Bloss schlossen sie sich nicht zusammen, sondern entwickelten alternative Strategien.
Die zwei wichtigsten sozialen Gruppen unter den schweizerischen Migranten waren in dieser Zeit die Söldner und die Kaufleute und Bankiers.
Sowohl im 18. als auch im 19. Jahrhundert dienten Zehntausende Schweizer Reisläufer dem bourbonischen Herrscherhaus,[11] sowohl in Sizilien als auch auf dem Festland.[12] Und wohl die meisten unter ihnen verbrachten zumindest einen Teil ihrer Dienstzeit in der königlichen Residenzstadt Neapel. Die ersten Schweizer Einheiten waren 1734 im Zug des bourbonischen Eroberungskriegs von Spanien, wo bis ins ausgehende 15. Jahrhundert zurückreichende Solddienstverbindungen zur Eidgenossenschaft bestanden, nach Süditalien gekommen. Als Kompanieinhaber dominierten die Tschudi aus Glarus, die Jauch aus Uri, die Wirz de Rudenz aus Obwalden sowie – in beschränkterem Mass – die Salis-Zizers und Beeli von Belfort aus den Drei Bünden.
De jure waren den militärischen Unternehmern bei der Rekrutierung der Söldner klare Grenzen gesetzt. Diese durfte nur in den Orten, die entsprechende Werbepatente ausgestellt hatten, und in deren Untertanengebieten erfolgen. Das waren im Wesentlichen die katholischen Orte der Innerschweiz,[13] die Drei Bünde sowie deren deutsch- und italienischsprachigen Herrschaften. Die Rekrutierung in anderen Territorien der Eidgenossenschaft war verboten, und höchstens ein Drittel der Kompaniemitglieder durfte von ausserhalb der Schweiz kommen. Wie Robert-Peter Eyer gezeigt hat, wurden diese Bestimmungen aber systematisch umgangen. Besonders eklatant war dies bei der Kompanie von Salis-Zizers: diese zählte 1747 gerade mal drei Bündner und sechs weitere Eidgenossen. Die restlichen 77 Söldner kamen aus diversen Gebieten des Heiligen Römischen Reichs, aus verschiedenen italienischen Staaten (unter anderen acht aus den Königreichen Neapel und Sizilien), von der Iberischen Halbinsel und aus Ungarn.[14] Und obwohl die neapolitanische Krone die schweizerischen Soldunternehmer offiziell dazu verpflichtete, ausschliesslich Katholiken anzuwerben, tolerierte sie in der Praxis die Präsenz von «soldati eretici».[15]

---

11 Schweizer Einheiten standen 1734–1789 und erneut 1825–1859 im Dienst der süditalienischen Bourbonen. Für das 18. Jahrhundert stützen wir uns im Wesentlichen auf die Studie von Eyer (wie Anm. 2).
12 Das Herrschaftsgebiet der süditalienischen Bourbonen umfasste das Königreich Neapel (1734–1798, 1799–1806, 1815–1860), das Königreich Sizilien (1734–1860) und den kleinen *Stato dei Presidi* (1737–1801) in der Toskana. Die Herrschaft über Neapel wurde 1799 und 1806–1815 durch die französische Eroberung unterbrochen. Nach der Restauration wurden die vormals in Personalunion regierten Königreiche von Neapel und Sizilien 1816 zum Königreich beider Sizilien vereinigt.
13 Eine Ausnahme stellte diesbezüglich das bevölkerungsreiche Luzern dar, das Neapel im 18. Jahrhundert keinen Zugang zur Söldneranwerbung auf seinem Gebiet gewährte.
14 Eyer (wie Anm. 2), S. 363.
15 Ebd., S. 148. Gegen Ende des 18. Jahrhunderts heuerte Neapel gar offiziell drei höhere Offi-

Der Rechtsstatus der Söldner war über Partikularkapitulationen definiert. Die Militärs unterstanden in erster Linie dem Kommandanten ihrer Einheit und in zweiter Linie dem Inhaber ihres Regiments und waren letztlich durch eine Dienst- und Protektionsbeziehung an die neapolitanische Krone gebunden. Ihr rechtlicher Bezugsrahmen war keine «Nation», sondern das Regiment.

Die Situation der Kaufleute, die vornehmlich im Import von Seidentextilien und Indienne-Stoffen, im Export von Olivenöl, Getreide und Rohseide sowie im Finanzgeschäft tätig waren,[16] vorwiegend aus der Ostschweiz und der Genferseeregion kamen und alle der reformierten Konfession angehörten, unterschied sich deutlich von derjenigen der Söldner. Im Allgemeinen waren ausländische Kaufleute in Neapel wie in vielen anderen mediterranen Hafenstädten[17] um ein Konsulat herum organisiert. Nun verfügte aber die alte Eidgenossenschaft über keine Konsulate oder andere permanente Vertretungen im Ausland.[18] Für die im Handel tätigen Schweizer war diese institutionelle Lücke ein potenzielles Problem. Ohne einen Konsul, der zu ihren Gunsten intervenieren konnte, liefen sie im Prinzip Gefahr, der Willkür der lokalen Behörden ausgeliefert zu sein, was gerade in Zollfragen und Handelsstreitigkeiten ihre Position auf dem Handelsplatz empfindlich schwächen konnte. Andere «Nationen», die sich unter diesem Gesichtspunkt in einer ähnlichen Lage befanden, hatten alternative Organisationsformen angenommen. Die Griechen, deren gemeinschaftliche Institutionen auf die Privilegien zurückgingen, welche Karl V. im 16. Jahrhundert einer Gruppe antiosmanischer Flüchtlinge gewährt hatte, und die Juden, die Karl von Bourbon 1740 im Zug seiner merkantilistischen Politik ins Land holte und 1747 auf Druck der Kirche wieder auswies, hatten keine diplomatischen oder konsularischen Vertretungen; trotzdem waren sie als körperschaftliche «Nationen» organisiert.[19] Anstatt über ein Konsulat von der Protektion eines anderen Staats zu profitieren, unterstanden sie direkt der neapolitanischen Krone.

Des Weiteren boten sich Lösungen an, die von schweizerischen Kaufleuten in anderen Handelsstädten entwickelt worden waren. In Lyon etwa waren die Schweizer im

---

ziere reformierten Glaubens an, welche ihren Dienst allerdings nicht als Mitglieder der Schweizer Regimenter leisteten. Vgl. ebd., S. 419 ff., 514.

16 Zum süditalienischen Aussenhandel im 18. Jahrhundert vgl. Biagio Salvemini, The Arrogance of the Market. The Economy of the Kingdom Between the Mediterranean and Europe, in: Girolamo Imbruglia (Hg.); Naples in the Eighteenth Century. The Birth and Death of a Nation State, Cambridge 2000, S. 44–69.

17 Vgl. etwa: Christian Windler, La diplomatie comme expérience de l'autre. Consuls français au Maghreb (1700–1840), Genf 2002; Marie-Carmen Smyrnelis, Une société hors de soi. Identités et relations sociales à Smyrne aux XVIIIe et XIXe siècles, Louvain 2005; Eric R. Dursteler, Venitians in Constantinople. Nation, Identity, and Coexistence in the Early Modern Mediterranean, Baltimore 2006.

18 Vgl. Claude Altermatt, 1798–1998. Zwei Jahrhunderte Schweizer Aussenvertretungen, Bern 1998.

19 Vincenzo Giura, Storie di minoranze. Ebrei, greci, albanesi nel Regno di Napoli, Neapel 1984.

Rahmen einer *nation suisse* organisiert, die von einem aus der Mitte ihrer Mitglieder gewählten *syndic* geführt wurde.[20] In Neapel hätten die kaufmännischen Migranten aus der heutigen Schweiz also durchaus auf solche Modelle zurückgreifen können. Sie taten es aber nicht. Stattdessen schlossen sie sich fast ausnahmslos der französischen und der britischen «Nation» an, indem sie Partnerschaften mit französischen beziehungsweise britischen Kaufleuten eingingen, mehr oder weniger weit zurückreichende hugenottische Vorfahren geltend machten oder schlicht auf bestehende Geschäftsbeziehungen mit französischen beziehungsweise britischen Handelsplätzen verwiesen. Diese manipulative Nutzung der Konsulate durch kaufmännische Akteure aus Drittstaaten war kein marginales Phänomen, sondern hatte tief greifende Auswirkungen auf die Zusammensetzung der «nationalen» Körperschaften. Von den 19 identifizierten Mitgliedern der *Nation française* waren zehn *de jure* keine Franzosen – und sieben der (reformierten) «Infiltrierten» kamen aus den Gebieten der heutigen Schweiz.[21] Diese interne Heterogenität lässt sich – wenn auch nicht in so ausgeprägter Form – ebenso bei der *British factory* feststellen. 1795 waren nämlich unter den 13 Mitgliedern immerhin drei Nichtbriten zu finden, darunter zwei Schweizer.[22] Diese Strategie brachte konkrete Vorteile. Frankreich und Grossbritannien genossen, zusammen mit den politisch allerdings schwächeren Vereinigten Provinzen, in Neapel dank der Meistbegünstigungsklausel sehr vorteilhafte Privilegien, die unter anderem niedrige Zölle und eine weitgehende Immunität vor Zollinspektionen beinhalteten. Die Mitglieder dieser «Nationen» profitierten zudem vom politischen Schutz der einflussreichen Konsulate und eigneten sich ein symbolisches Kapital an, das ihre kaufmännische Reputation stärkte. Die Konsuln ihrerseits weiteten durch diese Inklusionspraktiken die eigene Einflusssphäre auf nichtfranzösische beziehungsweise nichtbritische Kaufleute aus und stärkten so ihre «Nationen» insgesamt. Einigen Kaufleuten aus der Eidgenossenschaft und aus der Republik Genf gelang es nicht nur, sich an fremde Konsulate anzuschliessen, sondern dank ihrem Sozialkapital gleich selbst konsularische Ämter zu erhalten, nicht bei den Franzosen und

---

20 Herbert Lüthy, Die Tätigkeit der Schweizer Kaufleute und Gewerbetreibenden in Frankreich unter Ludwig XIV. und der Regentschaft, Aarau 1943, S. 9 f.

21 Es handelt sich um Frédéric-Robert Meuricoffre (eigentlich: Friedrich Robert Mörikofer) aus Frauenfeld, Johann Georg Scherb aus Bischofszell, Louis Reymond aus dem Waadtland, Jean-Louis-Théodore Falconnet de Palézieux aus Vevey sowie Jean Vieusseux senior und Antoine Liquier aus Genf. Für nähere Informationen zu diesen Personen siehe Roberto Zaugg, On the Use of Legal Resources and the Definition of Group Boundaries. A Prosopographic Analysis of the French Nation and the British Factory in Eighteenth-Century Naples, in: Georg Christ, Franz-Julius Morche, Roberto Zaugg, Wolfgang Kaiser, Alexander D. Beihammer, Stefan Burkhardt (Hg.), Union in Separation. Diasporic Groups and Identities in the Eastern Mediterranean (1100–1800), Rom 2015 (in Vorbereitung).

22 Es handelt sich um den bereits erwähnten Falconnet, der infolge der anlässlich des Ersten Koalitionskriegs gegen die Franzosen verhängten Repressionsmassnahmen von der *Nation française* zur *British factory* gewechselt hatte, und um Johann Anton Schwartz aus Chur.

Briten allerdings. Das französische Konsulat in Neapel wurde während der gesamten bourbonischen Herrschaft nicht von Kaufleuten, sondern von königlichen Beamten geführt.[23] Und das britische wechselte 1753 definitiv von kaufmännischen Konsuln zu beamteten Konsuln. Andere Staaten, wie etwa die Vereinigten Provinzen, die Republik Genua oder Schweden, liessen ihre Handelsinteressen aber weiterhin von vor Ort tätigen Kaufleuten vertreten. Das ermöglichte ihnen, einerseits die Ortskenntnisse und die Netzwerke dieser Akteure zu nutzen, andererseits nicht unerhebliche Summen bei der Entlohnung ihrer Vertreter einzusparen. Und bei der Wahl der Konsuln wurde nicht unbedingt eigenen Untertanen der Vorzug gegeben. Immer wieder kam es vor, dass Ausländer aus anderen Gebieten, darunter nicht wenige aus der heutigen Schweiz, konsularische Ämter innehatten. Das holländische Konsulat in Neapel etwa wurde von 1740 bis 1769 von Théodore Davel geführt, einem Kaufmann aus Vevey, der zuerst nach England ausgewandert war, wo er 1736 eingebürgert wurde und von wo er 1737 nach Neapel weiterzog. Während seiner Abwesenheit (1762–1767) übernahm sein Neffe Jean-François Falconnet de Palézieux als «Incaricato del Consolato per la Nazione Olandese» die Geschäfte.[24] Davels Nachfolge trat 1769 Marc-Antoine Liquier an, ein in Südfrankreich geborener Hugenotte, der vor seiner Migration nach Neapel eine Zeit lang in Genf gelebt hatte. Und dessen in Genf geborener Sohn, Antoine Liquier, war von 1790 bis 1793 «console aggiunto».[25] Das schwedische Konsulat hatte von 1752 bis 1756 Abraham Sandol inne,[26] ein anderer reformierter «mercante svizzero».[27] Wie Davel und Liquier senior war er über einen nördlichen Umweg nach Süditalien gekommen. Er hatte nämlich verschiedene Jahre in Amsterdam gelebt, und in Neapel trieb er mit der Unterstützung Davels «sotto nome e protezione olandese» Handel.[28] Dem Genfer Guillaume André, der von 1764 bis 1794 als schwedischer Konsul fungierte,[29] gelang es gar, die diplomatische Vertretung des nordeuropäischen Königreichs zu übernehmen und sich dem neuen Rang entsprechend mit einem Rittertitel adeln zu lassen.[30] Das neu zu gründende Konsulat der USA wäre auch fast in Schweizer Hände gekommen. Für diese Charge bewarben sich 1783 bei Benjamin Franklin nämlich Frédéric-Robert Meuricoffre, Jean Vieusseux senior und Antoine Liquier,[31] allerdings erfolglos.[32]

23 Zur Verstaatlichung des französischen Konsularwesens vgl. Anne Mézin, Les consuls de France au siècle des Lumières (1715–1792), Paris 1995, bes. S. 24 ff.
24 Archivio di Stato di Napoli (ASN), Esteri, Legazione olandese, 824, April 1764.
25 Ebd., 29. 5. 1790.
26 Napoli e la Svezia, Ausstellungskatalog, Neapel 1985, S. 47.
27 ASN, Esteri, Legazione olandese, 823, 24. 7. 1744.
28 Ebd.
29 ASN, Esteri, Legazione svedese, 2054, passim.
30 Calendario e Notiziario della Corte per l'anno bisestile 1792, Neapel 1792, S. 123.
31 Vgl. die Briefe vom 5. 4., 5. 6. und 30. 8. 1783, in: Benjamin Franklin, The Papers of Benjamin Franklin, New Haven 1959 ff., www.franklinpapers.org (Version vom 4. 10. 2012).
32 Ein US-Konsulat wurde in Neapel letztlich erst 1796 eröffnet, nachdem die drei vormaligen Kan-

Obwohl die Partikulargerichtsbarkeiten verschiedener Ausländergruppen von der um die Einebnung jurisdiktioneller Immunitäten bemühten bourbonischen Regierung wiederholt angegriffen wurden, konnten schweizerische Söldner, Kaufleute und Konsuln während des gesamten 18. Jahrhunderts nicht unwichtige Privilegien im Bereich der Justiz verteidigen. In Spanien hatten die Angehörigen der Schweizer Regimenter noch über eine vollumfängliche innere Gerichtsbarkeit verfügt, wonach sie in erster Instanz den Inhabern ihrer Einheiten und zweitinstanzlich den Obrigkeiten von deren Heimatorten unterstellt waren. In Neapel wurde diese zwar bald auf Fälle eingeschränkt, die ausschliesslich Schweizer betrafen. In allen anderen Fällen unterstanden die Söldner allerdings nicht der ordentlichen Gerichtsbarkeit, sondern der neapolitanischen Militärjustiz. Die Mitglieder der *Nation française* und der *British factory* mussten um die Jahrhundertmitte die Abschaffung ihrer *giudici delegati* hinnehmen, neapolitanischer Partikularrichter, die von den «Nationen» bezahlt, auf Wunsch ihrer diplomatischen Vertreter ernannt und daher von diesen stark beeinflusst wurden. Die Mitglieder der *Nation française* und der *British factory* wurden aber keinesfalls den Untertanen gleichgesetzt, sondern erhielten einen privilegierten Zugang zum Obersten Handelsgericht *(Supremo Magistrato di Commercio)*, auf das sie dank der Unterstützung ihrer konsularischen Repräsentanten wiederum geschickt einzuwirken wussten. Die Konsuln ihrerseits genossen, obwohl ihnen weder das Völkerrecht noch die bilateralen Verträge einen diplomatischen Rang zuerkannten, *de facto* eine weitgehende Immunität vor der neapolitanischen Justiz.

Die rechtliche Position und die körperschaftliche Gruppenzugehörigkeit der schweizerischen Migranten in der süditalienischen Metropole war im Ancien Régime keine einheitliche. Während die Angehörigen der *reggimenti svizzeri* als Schweizer Militärs anerkannt wurden und entsprechende Rechte genossen – auch in jenen Fällen, wo die betroffenen Personen gar nicht aus der Eidgenossenschaft kamen –, agierten die Kaufleute meist als «mercanti inglesi» oder «mercanti francesi» oder gar als holländische und schwedische Konsuln. Die «svizzeri» waren damals als solche keine konkret fassbare Gruppe. Den Willen, «ein einzig Volk von Brüdern» zu sein, wie ihn Schillers mittelalterliche Eidgenossen 1804 verkündeten,[33] brachten diese Migranten kaum zum Ausdruck.

---

didaten entweder gestorben waren (Vieusseux) oder infolge des Ersten Koalitionskriegs Neapel zeitweilig (Meuricoffre) bzw. definitiv (Liquier) verlassen hatten.
33 Friedrich Schiller, Wilhelm Tell, Tübingen 1804, II. Aufzug, 2. Szene.

Eine elitäre Parallelgesellschaft im langen 19. Jahrhundert

Im Verlauf des 19. Jahrhunderts kamen neue Akteure dazu, welche die schweizerische Präsenz in Neapel und im Königreich beider Sizilien substanziell veränderten.[34] Die wichtigsten Diskontinuitäten betrafen die soziale und die berufliche Zusammensetzung der Schweizer Gruppe, ihre Organisations- und Institutionalisierungsformen sowie ihre politische Positionierung im langen 19. Jahrhundert, das durch die Bildung des schweizerischen Bundesstaats, das Ende des Königreichs beider Sizilien und die Konstituierung des Königreichs Italien geprägt und durch den Ausbruch des Ersten Weltkriegs beendet wurde.

Zu den Kaufleuten, Bankiers und Soldaten, die im 18. Jahrhundert im Wesentlichen die schweizerische Präsenz ausmachten und welchen es mehrheitlich gelang, die verschiedenen Regimewechsel zwischen den 1790er-Jahren und 1815 zu überstehen,[35] stiess im 19. Jahrhundert eine Vielzahl von Migrantinnen und Migranten aus den Unterschichten, die im nächsten Unterkapitel näher untersucht werden, sowie eine kleine, aber signifikante Gruppe von Unternehmern, Technikern und Industriearbeitern aus der Baumwolltextilbranche, einige Bündner Zuckerbäcker, wie die Caflisch, und im letzten Viertel des Jahrhunderts einige Industrieunternehmer aus der Maschinenbaubranche, wie etwa die ebenfalls aus Graubünden stammenden Corradini. Die erste neue Migrationswelle nahm 1812 ihren Anfang, während der Herrschaftszeit von Joachim Murat, als der Zürcher Johann Jakob Egg nach Piedimonte d'Alife in der heutigen Provinz Caserta übersiedelte. Mit den etwa 100 Technikern und Arbeitern, die ihn begleiteten und ihrerseits Familienangehörige nachzogen, gründete er das erste Zentrum der Baumwollindustrie auf dem süditalienischen Festland. In den 1820er-Jahren und der ersten Hälfte der 1830er-Jahre folgte eine zweite kleine Gruppe aus St. Gallen und Appenzell (Züblin, Wenner, Schläpfer). Diese Unternehmer gingen Partnerschaften mit anderen, zum Teil bereits in Neapel ansässigen Schweizern (Vonwiller, Pfister, Berner) und einigen Deutschen (Aselmeyer, Marstaller, Gruber) ein und trugen so zur Herausbildung der Manifatture Cotoniere Meridionali (MCM) bei, die sich zum grössten Konzern der süditalienischen Baumwollindustrie entwickelten und am Ende des Ersten Weltkriegs in italienischen Besitz überführt wurden.[36]

---

34 Dieses Unterkapitel basiert – wenn nicht anders angegeben – auf Caglioti (wie Anm. 1).
35 1789 wurden die Schweizer Regimenter im Zug einer Militärreform zwar aufgelöst, zahlreiche Soldaten und v. a. Offiziere dienten aber weiterhin auf individueller Basis in den Streitkräften des Königreichs. Zwischen der erneuten Etablierung der Schweizer Regimenter (1825) und ihrer definitiven Auflösung (1859) dienten im Königreich beider Sizilien insgesamt 40'000 schweizerische Söldner. Vgl. Alfred Tobler, Erlebnisse eines Appenzellers in neapolitanischen Diensten 1854–1859, St. Gallen 1901, S. 11.
36 Im Moment ihres Verkaufs (1918) besassen die MCM ein Gesellschaftskapital von 40 Mio. Lire, 7 Fabrikzentren, 340'000 Spindeln, 2800 Webstühle sowie zwölf Druckerpressen und beschäftigten ca. 12'000 Arbeiter. Zu den schweizerischen Baumwollfabriken vgl.: Giovanni Wenner,

Die Schweizer, die im 19. Jahrhundert nach Neapel zogen, waren Teil einer Wanderbewegung, die auch andere italienische Regionen betraf, wie zum Beispiel die Gegend um Bergamo, das Gebiet nördlich von Mailand sowie Turin und Genua.[37] Die Migranten kamen aus einem Land, wo die industrielle Revolution bereits im Gang war und wo vor allem die Textilbranche eine beachtliche Entwicklung durchgemacht hatte, und sahen in dem noch vorwiegend von Heimindustrie und agrarisch-gewerblicher Mischwirtschaft geprägten Süditalien ein geeignetes Terrain für ihre unternehmerischen Initiativen. Ihren Erfolg verdankten sie einer Reihe von Faktoren, die der lokalen Unternehmerschaft oft fremd waren: einem spezifischen Know-how in der Textil- und Maschinenbauindustrie, Markt- und Handelsinformationen, vielfältigen Sprachkenntnissen, der Verfügbarkeit zumindest kleiner Kapitale, einer gewissen Bereitschaft, Risiken einzugehen und sich auf Konkurrenzsituationen einzulassen, sowie einer Arbeitsethik und soliden transnationalen Netzwerken, die Vertrauen, Solidarität, Informationen und somit kompetitive Vorteile vermittelten.[38] Vor allem gründete der Erfolg der schweizerischen Elitemigranten in Neapel auf einer doppelten Strategie. Einerseits stärkten sie die nationalen Bande und institutionalisierten die Interessenvertretung durch das während der napoleonischen Periode geschaffene Schweizer Konsulat, andererseits festigten sie konfessionelle und ethnische (das heisst vor allem sprachliche und kulturelle) Bindungen durch das Zusammenspannen mit anderen ausländischen Protestanten in der 1826 gegründeten Deutsch-französischen evangelischen Gemeinde, in der nebst Deutschen auch Franzosen, Dänen, Schweden und Russen – nicht aber Briten – vereint waren.

Das Konsulat, das anfänglich dem Bankier Jean-Baptiste Bourguignon und dann drei aufeinanderfolgenden Generationen der Bankiersfamilie Meuricoffre[39] anvertraut

---

L'industria tessile salernitana dal 1824 al 1918, Salerno 1953; Daniela Luigia Caglioti, Trust, Business Group, and Social Capital. Building a Protestant Entrepreneurial Network in 19th Century Naples, in: Journal of Modern Italian Studies 13 (2008), S. 219–236. Zu deren Verkauf siehe Augusto De Benedetti, La Campania industriale. Intervento pubblico e organizzazione produttiva tra età giolittiana e fascismo, Neapel 1990, S. 181–205.

37 Vgl. dazu: Cinzia Martignone, «La comunità dei commercianti». Gli imprenditori elvetici a Bergamo nell'Ottocento, in: Ducio Bigazzi (Hg.), Storie di imprenditori, Bologna 1996, S. 53–96; Dies., Imprenditori protestanti a Milano 1850–1900, Mailand 2011; Ivan Balbo, Torino oltre la crisi. Una «business community» tra Otto e Novecento, Bologna 2007; Luca Codignola, Maria Elisabetta Tonizzi, The Swiss Community in Genoa from the Old Regime to the Late Nineteenth Century, in: Journal of Modern Italian Studies 13 (2008), S. 152–170.

38 Zur Rolle der Ethik vgl. die grundlegenden Überlegungen von Max Weber, Die protestantische Ethik und der Geist des Kapitalismus, Tübingen 1904. Zu den Netzwerken v. a.: Jeremy Boissevain, Friends of Friends. Networks, Manipulators and Coalitions, Oxford 1974; Mark Granovetter, The Strength of Weak Ties, in: American Journal of Sociology 78/6 (1973), S. 1360–1380; Ders., The Strength of Weak Ties. A Network Theory Revisited, in: Sociological Theory 1 (1983), S. 201–233.

39 Die Konsuln dieser Familie waren Jean-Georges Meuricoffre, sein Neffe Tell und dessen Sohn John. Vgl. Daniela Luigia Cagliotti, I Meuricoffre da Goethe al Credito Italiano. Cinque generazioni di banchieri protestanti a Napoli (XVIII–XX secolo), in: Marco Doria, Rolf Petri (Hg.), Banche multinazionali e capitale umano. Studi in onore di Peter Hertner, Mailand 2007, S. 243–260.

wurde, übernahm die Protektion dieser Gruppe, deren Mitglieder sich bislang – dem eigenen Nutzen und der jeweiligen politischen Konjunktur entsprechend – unter den Schutz anderer Vertretungen gestellt hatten. Vor allem ab 1848 trug das Konsulat zudem zur Herausbildung einer nationalen Identität bei, welche die bestehenden konfessionellen, sprachlichen, städtischen und kantonalen Identitäten überlagerte und verkomplizierte. Durch die Konsuln erhielten die in Neapel anwesenden Schweizer eine institutionelle Anerkennung und eine Vermittlungsinstanz in ihrer Kommunikation mit der Regierung und dem Parlament der Eidgenossenschaft.

Dank der Sprache, der Konfession, des Berufsfelds, der Nationalität, oft auch dank eines beträchtlichen Reichtums, einer prononcierten Tendenz zur geografischen Mobilität, einer vielschichtigen kulturellen Bildung, gemeinsamer ökonomischer Interessen und vor allem dank eines gemeinsamen Wertesystems und verwandtschaftlicher Bande gelang es der Elite ausländischer Protestanten im Allgemeinen und den Schweizern im Besonderen eine Art Parallelgesellschaft aufzubauen. Die zwischen Neapel und Salerno ansässigen Schweizer und vor allem diejenigen, die zur *business elite* gehörten, lebten gewissermassen in einer eigenen Welt, welche über eigene Regeln, Institutionen und Verhaltenskodizes verfügte. Sie formten eine «ethnische Gemeinschaft»,[40] die durch vielfache Zwänge, Bindungen, Solidaritätsformen und Austauschprozesse sowie durch Vertrauens- und Kreditbeziehungen zusammengehalten wurde.

Wie bereits erwähnt, institutionalisierte sich diese ethnische Gemeinschaft im Rahmen der Deutsch-französischen evangelischen Gemeinde, die formell zwar ausschliesslich aus religiösen Gründen konstituiert worden war, sich aber zu einem zentralen Instrument der kulturellen und ethnolinguistischen Identität der schweizerischen Diaspora in Süditalien herausbildete. Die Gemeinde gab sich von Anfang an eine statutarisch festgelegte interne Organisationsform, die wiederholt umgebaut wurde, um den sich entwickelnden Interessenlagen ihrer Mitglieder und dem sich ändernden nationalen und internationalen Umfeld gerecht zu werden. Mit ihren Aktivitäten und den mit ihr verbundenen Einrichtungen ersetzte sie als institutionelle Vertretungsform – wenn auch mit den nach der Französischen Revolution notwendig gewordenen Veränderungen – die oben besprochenen frühneuzeitlichen «Nationen». Die Gemeinde bot den Schweizern und anderen deutsch- und französischsprachigen Protestanten eine Reihe von Institutionen und Dienstleistungen: eine Kapelle, eine Schule, ein Krankenhaus, einen Wohltätigkeitsverein, Kultur- und Freizeitzirkel sowie eine Kirche (nach 1865) und einen Friedhof. Diese spielten auf materieller, kultureller und psychologischer Ebene eine wichtige Rolle. Den Schweizern – auch denjenigen, die in der zweiten Jahrhunderthälfte nach Neapel kamen – verschafften diese Institutionen ein Netzwerk,

---

40 Max Weber, Wirtschaft und Gesellschaft. Grundriss der verstehenden Soziologie, Bd. II: Typen der Vergemeinschaftung und Vergesellschaftung, Tübingen 1922, Kap. 4.

dank welchem sie die durch die Migration anfallenden Kosten senken, eine Arbeit finden, ihren Kindern eine Ausbildung geben und trotz des bis zur italienischen Einigung in Süditalien geltenden Verbots nichtkatholischer Kulte den eigenen Glauben praktizieren konnten. Sie boten ihnen Soziabilitätsgelegenheiten mit Personen, zu welchen sie weltanschauliche, sprachliche und konfessionelle Affinitäten besassen. Und sie verschafften ihnen die Möglichkeit, eigene Gewohnheiten und Lebensstile weiterzupflegen, im Alltag Deutsch und Französisch zu sprechen, mit den eigenen Landsleuten zu verkehren und innerhalb nationaler und beruflicher Gruppen zu heiraten. Durch die Gemeinde «verteidigten» sich die Schweizer – vor allem diejenigen, die zur gesellschaftlichen Elite gehörten – vor einer lokalen Gesellschaft, die ihnen zwar eher gleichgültig als feindlich gegenüberstand, die sie selbst aber als zutiefst fremd wahrnahmen.

Die über vier bis fünf Generationen von Neapel-Schweizern geführte Untersuchung des Heiratsverhaltens, der Soziabilität, der Entscheidungen bezüglich der schulischen und beruflichen Ausbildung des Nachwuchses, der Einbürgerungen und Konversionen, der Haltung gegenüber der städtischen und nationalen Politik sowie der unternehmerischen *partnerships* verdeutlicht eine Abgrenzung gegenüber dem lokalen Umfeld seitens der schweizerischen Elitemigranten. Obwohl viele von ihnen in Neapel geboren wurden und dort starben, verstanden sie ihr Leben in Kampanien als transitorischen Aufenthalt und neigten entsprechend kaum dazu, Wurzeln schlagen zu wollen. Andererseits zeichnete sich diese elitäre *community* durch eine ausserordentliche transnationale Öffnung aus: diese Schweizer waren nicht nur imstande, nachhaltige Beziehungen zu ihrem Herkunftsland aufrechtzuerhalten, sondern weiteten ihre Netzwerke auch in andere Richtungen aus. Diese Verhaltensweisen waren ausserordentlich beständig und änderten sich auch nach der italienischen Einigung nicht, die mit dem Ende des streng katholischen Bourbonenstaats eine neue Toleranzpolitik gegenüber Nichtkatholiken mit sich brachte. Den Übergang vom bourbonischen Regime zum liberalen Nationalstaat hatten zwar viele unter ihnen gewünscht und unterstützt. Die Zahl der Ehen mit Italienern und Italienerinnen, die Einbürgerungsgesuche und die Konversionen blieben allerdings auch nach 1860 sehr tief; an der Tendenz, die Soziabilitätsorte der neapolitanischen Gesellschaft zu meiden, der lokalen oder italienischen Politik fernzubleiben und als Geschäftspartner keine lokalen Unternehmer zu wählen, änderte sich kaum etwas.

Eine Besprechung dieser verschiedenen Aspekte würde den Rahmen dieses Textes sprengen. Beispielhaft sollen hier einige Daten zum Heiratsverhalten vorgestellt werden, welche sowohl die Abgrenzung gegenüber der neapolitanischen Gesellschaft als auch die transnationale Öffnung verdeutlichen.[41] Die endogame Schranke war

---

41 Die hier besprochenen Daten beziehen sich auf 159 Ehen, die im Verlauf des Jahrhunderts von Mitgliedern 13 schweizerischer und drei deutscher Familien geschlossen wurden. Für eine

sehr hoch. 84,2% der Ehen wurden zwischen Personen der gleichen Konfession, 82,4% zwischen Individuen aus dem gleichen (das heisst deutschen) Sprachraum geschlossen. In nationaler Hinsicht war die Endogamie etwas schwächer ausgeprägt: 76,7% heirateten Landsmänner beziehungsweise -frauen, 12,6% wählten andere nichtitalienische Partner und nur 8,1% ehelichten einen Italiener oder eine Italienerin. Die Endogamie war also in erster Linie konfessionell und sprachlich und in zweiter Linie national geprägt. Analysiert man die Daten genauer, stechen einige besonders interessante Elemente hervor. Man sieht beispielsweise, dass die Schweizer – entsprechend ihrer Abneigung, Neapel als einen definitiven Ankunftsort zu sehen – dazu tendierten, ihre Partner ausserhalb der in der süditalienischen Metropole ansässigen ausländischen *community* zu suchen, aus der nur gerade 12,5% der Ehepartner und -partnerinnen kamen. Vielmehr bewegten sie sich auf einem breiten Heiratsmarkt, der neben dem Heimatland andere auf der italienischen Halbinsel ansässige ausländische *communities* sowie Deutschland, Frankreich und Grossbritannien umfasste. Zudem fällt auf, dass der Grad der Abgrenzung gegenüber der lokalen Gesellschaft im Verlauf der Generationen nicht abnahm, sondern stabil blieb und zum Teil gar anstieg. Vor allem die zweite und dritte Generation konsolidierte nämlich nicht nur den wirtschaftlichen Erfolg und den gesellschaftlichen Status ihrer Familien, sondern verfestigte zugleich das eben skizzierte, durch lokale Abgrenzung und transnationale Öffnung charakterisierte Muster.

Die geringe Integration, die sich anhand der Heiratsstrategien und anderer Faktoren (Nichteinbürgerung, Weitervermittlung der eigenen Muttersprache, Desinteresse für lokale und nationale Politik, mangelnde Partnerschaften mit neapolitanischen Geschäftsleuten) messen lässt, umreisst ein gesellschaftliches Positionierungsmodell, welches diese Schweizer gewissermassen in die Nähe kolonialer Eliten rückt. Obwohl sie natürlich nicht als Eroberer oder Kolonisatoren nach Süditalien kamen, lebten sie doch wie in einer «Kolonie», in einem Umfeld also, in dem Unsicherheiten und Risiken niedrig und Kreditwürdigkeit und Vertrauen hoch waren.

Das «koloniale Modell» entwickelte sich auch aufgrund des Verhaltens der lokalen Eliten gegenüber dieser Gruppe, das zwischen relativer Indifferenz und ablehnendem Misstrauen schwankte. Die Beziehungen zwischen protestantischen Unternehmern und neapolitanischen Eliten zeichneten sich – vor allem vor der italienischen Einigung – durch gegenseitigen Respekt aus, wobei Letzterer auf einer ungeschriebenen Abmachung gründete: die Protestanten verzichteten darauf, zu missionieren, und im Gegenzug mischten sich die Regierung und die lokalen Eliten nicht in die Geschäfte der Ausländer ein. Auf diese Weise setzte sich eine Art *double standard* durch, der

detailliertere Analyse dieses endogamen Musters vgl. Daniela Luigia Caglioti, Eine Welt für sich. Endogamie und Nicht-Integration einer schweizerisch-deutschen Wirtschaftselite in Süditalien im 19. Jahrhundert, in: L'Homme. Europäische Zeitschrift für feministische Geschichtswissenschaft 17 (2006), S. 61–80.

gleichzeitig von Toleranz und Vorurteilen charakterisiert war. In Anerkennung ihres Beitrags zum Wirtschaftswachstum des Königreichs wurde dieser Ausländergruppe Toleranz entgegengebracht. Zugleich begegnete man ihnen aber mit Vorurteilen, da sie einer anderen, bis zur italienischen Einigung gar verbotenen Konfession angehörten – einer Konfession, die infolge des Regimewechsels von 1860 zwar verfassungsrechtlich anerkannt wurde, aber auf sozialer Ebene weiterhin als differenzmarkierender Faktor funktionierte. Obwohl es kaum zu offenen Konflikten kam, trug der konfessionelle Graben zusammen mit der rechtlichen Diskrimination, die vor allem in der ersten Hälfte des 19. Jahrhunderts wirksam war, und einem gewissen Dünkel, den die neapolitanischen Oberschichten gegenüber denjenigen hegten, die als Unternehmer tätig waren anstatt von Renten zu leben, entschieden zur Trennung zwischen lokal-katholischen und ausländisch-protestantischen Eliten bei.

Diese Trennung, die für eine gewisse Zeit einen Vorteil für die schweizerischen Protestanten und ihre Unternehmen dargestellt hatte, entpuppte sich schliesslich als Problemfaktor, da sie dieselben von den politischen und wirtschaftlichen Veränderungen abschirmte, die um 1900 eintraten. Im nichtkolonialen Kontext Süditaliens hatte das «koloniale Modell» also den Nachteil, dass es ausschliesslich auf starken Bindungen beruhte und diejenigen schwachen Bindungen vernachlässigte, die in einer längerfristigen Perspektive unverzichtbar sind.[42]

Als Italien im Mai 1915 Österreich-Ungarn und im August 1916 Deutschland den Krieg erklärte, erwies sich der Mangel an *weak ties* als entscheidendes Problem für die schweizerischen Elitemigranten und ihre Unternehmen. Wie schon die Revolution von 1848 und der Zusammenbruch des bourbonischen Reichs 1860, so erschütterte auch der Erste Weltkrieg die Schweizer Gemeinschaft und zwang die Unternehmer, Position zu beziehen. Die Neutralität des Herkunftslands, hinter welcher sie sich zu verschanzen suchten, liess sich nicht einfach handhaben: sie wurde von der Loyalität gegenüber ihren Unternehmen und ihren deutschen Partnern herausgefordert, mit denen sie – vor allem im Fall der Baumwollindustrie – eine lange Geschichte verband. Der Krieg und die Konsequenzen, die er mit sich brachte, stellten einen klaren Scheideweg dar und führten zu einer einschneidenden Neudefinition der ausländischen Präsenz in Neapel. Nichts blieb unverändert. Anfänglich gelang dank der schweizerischen Neutralität die Rettung der Gemeinschaftsinstitutionen und der Unternehmen. Die «deutsche» Schule und das «deutsche» Krankenhaus wurden 1915 zur «Schweizer» Schule beziehungsweise zum «evangelischen» Krankenhaus; die Aktien der deutschen Teilhaber der Baumwollfabriken wurden in die Hände der Schweizer Partner überführt. Doch bald wurden den Schweizern

---

42   Zu starken und schwachen Bindungen siehe Anm. 38 sowie David Krackhardt, The Strength of Strong Ties. The Importance of Philos in Organizations, in: Nitin Nohria, Robert G. Eccles (Hg.), Networks and Organizations. Structure, Form, and Action, Boston 1992, S. 216–239.

die gemeinsame Sprache, die Freundschaften und die Verwandtschaftsbeziehungen mit den Deutschen sowie die fehlenden Verbindungen zur lokalen und nationalen Politik, zur italienischen Baumwollindustrie und zum italienischen Bankensystem zum fatalen Verhängnis. Die Schweizer und ihre Unternehmen wurden zunehmend mit Verdacht und Misstrauen betrachtet. Hausdurchsuchungen und Schikanen aller Art mehrten sich. Um nicht als Feinde betrachtet zu werden, waren sie gezwungen, vor den eigenen Dienstboten und Arbeitern nicht mehr Deutsch zu sprechen und ihre Fabriken gänzlich in den Dienst der italienischen Kriegsproduktion zu stellen. Und trotz dieser Anpassungsversuche wurden sie im Rahmen hetzerischer Zeitungskampagnen bezichtigt, mit dem Feind zu kollaborieren; sie konnten sich dem wachsenden ökonomischen Nationalismus letztlich nicht entziehen. Dieser führte 1918 zur feindlichen Übernahme des Baumwollkonzerns MCM, der einer von der *Banca Italiana di Sconto* geführten Seilschaft italienischer Unternehmer verkauft wurde. Am Schluss wurden also auch die Schweizer in den Strudel des Kriegs gerissen. Nach dem Verlust der Baumwollfabriken und der Abreise der Deutschen blieb vielen unter ihnen keine andere Wahl, als erneut auszuwandern.

Kleine Leute – gut integriert

Neben den eben beschriebenen Schweizern, die es aufgrund ihrer konfessionellen Verschiedenartigkeit und ihres gesellschaftlichen Status vorziehen, in einer Art Parallelgesellschaft zu leben, finden sich auch Migrantinnen und Migranten, die zwar oft aus den gleichen Kantonen stammen, ihr süditalienisches «Abenteuer» aber ganz anders angehen. Es handelt sich dabei um eine nach der Restauration wachsende Zahl von Individuen, die meist noch in jugendlichem Alter ins Königreich gelangen – das Durchschnittsalter bei den in Neapel geschlossenen Ehen beträgt 23 Jahre – und welche nicht nur die Mehrheit der helvetischen Präsenz in Neapel ausmachen, sondern ab einem gewissen Zeitpunkt auch einen relevanten Teil der in der Stadt anwesenden nichtitalienischen Bevölkerung.[43] Gemäss den Angaben der bourbonischen Polizei-

---

43   Wenn nicht anders angegeben, beruhen die besprochenen Daten auf den folgenden Zivilstandsakten der Stadt Neapel: ASN, Atti di Stato civile, Napoli, Chiaia (Fasz. 802–936, 954–1006, 1012–1086), S. Ferdinando (Fasz. 1–118, 134–191, 197–273), S. Giuseppe (Fasz. 2024–2117, 2128–2180, 2186–2239), Porto (Fasz. 10893–11067, 11089–11153, 11159–11271), Montecalvario (2552–2717, 2737–2796, 2806–2938), Avvocata (Fasz. 3496–3618, 3636–3690, 3696–3778), Stella (Fasz. 4590–4724, 4747–4803, 4809–4891), S. Carlo all'Arena und Capodimonte (Fasz. 5289–5386, 5401–5453, 5459–5535), Vicaria (nur Geburtsakten bis 1851, Fasz. 6319–6481), Fuorigrotta (Geburts- und Heiratsakten ab 1813, Fasz. 1760–1812, 1818–1838, 1844–1891), Posillipo (Geburts- und Todesakten ab 1813, Fasz. 1512–1559, 1565–1584, 1590–1639) sowie Vomero und Arenella (Geburts- und Todesakten ab 1812, Heiratsakten ab 1841, Fasz. 4258–4307, 4313–4332, 4338–4386).

präfektur leben am 31. Dezember 1831 nur gerade 159 Schweizer in Neapel;[44] sie stellen nur die fünftgrösste nationale Gruppierung dar, nach den Franzosen (469), den Briten (416), den Bürgern deutscher Staaten (339) und Österreich-Ungarns (198).[45] Bereits sechs Jahre später hat sich ihre Zahl (691) mehr als vervierfacht; sie repräsentieren jetzt die drittgrösste ausländische Gruppierung nach den Franzosen (787) und den Bürgern deutscher Staaten (724). Es handelt sich hierbei um einen Trend der im folgenden Jahrzehnt anhält. Die schweizerische Gruppe kommt auf fast 1000 Individuen und macht der französischen zunehmend den ersten Rang streitig. Im Mai 1840 etwa registriert die bourbonische Polizei 910 Schweizer, wohingegen die Franzosen nur auf 906 und die Engländer auf 812 Personen kommen.

Diese Migrantinnen und Migranten haben gewisse Gemeinsamkeiten mit der elitären Komponente der schweizerischen Minderheit, vor allem die atomistische Natur ihrer durch Italien führenden Reise und ihre über mehrere Generationen sich entwickelnden Migrationsprojekte.[46] Aus den Quellen gehen multiple und zirkuläre Bewegungen sowie Rückkehrmigrationen hervor. Die vielen individuellen Geschichten und kleinen Wellen unterscheiden sich deutlich von den konzentrierenden und selbstverstärkenden Effekten von *chain migrations*. Die Vielfalt dieser Menschen, die aus verschiedenen Gründen nach Neapel kommen, zeigt denn auch, dass die Migration von der Schweiz nach Neapel keinen Fluss bildet, sondern aus zahlreichen kleinen Bächlein besteht. Das neapolitanische Fallbeispiel verdeutlicht – anders gesagt – die zentrale Rolle der *agency* migrierender Akteure in der (Re-)Definition von Migrationsprojekten und die Unzulänglichkeit monokausaler Erklärungsansätze für die historische Migrationsforschung.[47]

Mit ihren besser betuchten Landsleuten haben diese Frauen und Männer weitere Aspekte der Migrationserfahrung gemeinsam. In erster Linie teilen sie mit diesen gewisse kompetitive Vorteile gegenüber neapolitanischen Akteuren, wie etwa einen höheren Alphabetisierungsgrad und – in gewissen Fällen – ein spezifisches tech-

---

44 ASN, Prefettura di Polizia, Movimento stranieri, Fasz. 2846–2848. Diese Angaben zu den in der Stadt wohnhaften Schweizern beziehen sich ausschliesslich auf die zivile Bevölkerung. Die in den Kasernen stationierten Söldner wurden von der Polizeipräfektur nicht erfasst. Vgl. Anm. 2.

45 In dieser Berechnung nicht berücksichtigt sind alle Individuen, die aus anderen italienischen Staaten kamen und in den Quellen – auf anachronistische Weise – als «italiani» aufgeführt sind. Die Bürger deutscher Staaten und die Briten sind in diesen Quellen ihrerseits mit unscharfen nationalen Kategorien als «tedeschi» bzw. «inglesi» registriert.

46 Zur konstanten Reformulierung von Migrationsprojekten durch die Migranten vgl. Paul-André Rosental, Les sentiers invisibles. Espaces, familles et migrations dans la France du XIXe siècle, Paris 1999.

47 Zur Pluralität und Komplexität von Migrationsprozessen in Europa vgl. Klaus Bade, Europa in Bewegung. Migration vom späten 18. Jahrhundert bis zur Gegenwart, München 2000; zu Süditalien im 18.–19. Jahrhundert vgl. zudem Marco Rovinello, Roberto Zaugg, L'insostenibile linearità dell'essere. Cesure politiche e percorsi migratori francesi a Napoli tra Sette e Ottocento, in: Angiolina Arru, Daniela Luigia Caglioti, Franco Ramella (Hg.), Donne e uomini migranti. Storie e geografie tra breve e lunga distanza, Rom 2008, S. 323–347.

nisches Know-how. Viele haben zudem Französischkenntnisse, die von Vorteil sind, um eine Anstellung als Sprachlehrer oder als Butler bei einer aristokratischen Familie zu finden, in denen Französisch gesprochen und als Teil der für den Nachwuchs vorgesehenen Erziehung erachtet wird. Wie die Bankiers und Unternehmer – wenn auch auf einer geringeren Skala – können sie ihre Herkunft einsetzen und in Firmennamen erwähnen, wie es etwa Jacques-Louis Monnier mit seinem an der Strada San Giuseppe Maggiore geführten «Hôtel de Genève» tut.[48]

Sie können sich zudem auf gewissermassen «ethnische» Produktionsbranchen spezialisieren, deren hervorragende Qualität traditionellerweise mit der Schweiz assoziiert wird, etwa der Zuckerbäckerei und der Uhrmacherei.[49] Einigen gelingt es, sich auf dem neapolitanischen Arbeitsmarkt zu platzieren, indem sie diese Kompetenzen und zum Teil das symbolische Kapital ihrer Nationalität ausnutzen. In den meisten Fällen beruht ihre berufliche Integration weder auf ihrem Humankapital noch auf den ethnonationalen beziehungsweise konfessionellen *strong ties,* die für die Erfolgsgeschichten der schweizerischen Unternehmerelite so zentral sind. Sie integrieren sich beruflich in verschiedensten Branchen (Dienst bei wohlhabenden Familien, Lehrberufe, Detailhandel et cetera) und generieren dabei kaum eigentliche *chain occupations.*[50]

Da sie aufgrund ihres niedrigeren sozialen Status von den Institutionen (Konsulat, Gemeinde et cetera) ausgeschlossen sind, durch welche die Elitemigranten ihre Andersartigkeit gegenüber der lokalen Gesellschaft bewahren und sogar verstärken, öffnen sich die «kleinen Leute» den Neapolitanern und bauen sich so ein Sozialkapital auf, das ihnen hilft, Arbeit zu finden und am Fuss des Vesuvs ihren Lebensunterhalt zu bestreiten. Diese Öffnung wird in erster Linie durch das exogame Heiratsverhalten verdeutlicht: von 1809 bis 1860 sind 64% der Eheschliessungen binational, bei der zweiten Generation gar 72%. Noch signifikanter: die gemischtkonfessionellen Ehen, die allerdings nur anhand der (im Prinzip obligatorischen) Registrierung in den Büchern der katholischen Pfarreien oder der evangelischen Gemeinde fassbar sind, machen 47,5% der von Schweizern in Neapel eingegangenen Ehen aus. Einerseits trägt der gemeinsame katholische Glaube in gewissen Fällen dazu bei, sprachlich-

---

48 Bis 1854 wird das Hotel in den Stadtführern noch als *Hôtel de Gênes* erwähnt, ab 1856 als *Hôtel de Genève.* Vgl. dazu: Giuseppe Genatiempo, Album, ossia libro d'indirizzi commerciale, scientifico, artistico, Neapel 1854; Ders., Guida, ossia libro d'indirizzi commerciale, scientifico, artistico, Neapel 1856.
49 Informationen über schweizerische Uhrmacher und Goldschmiede kann man in den bereits erwähnten Stadtführern von Genatiempo (wie Anm. 49) finden sowie in Stefano Chianese, L'oro di Napoli. Donne e uomini nel commercio e nella produzione orafa napoletana 1860–1900, Diss., Università degli Studi di Napoli «L'Orientale» 2007.
50 Zu diesem Konzept vgl. John S. Macdonald, Leatrice D. Macdonald, Chain Migration, Ethnic-Neighbourhood Formation and Social Networks, in: Milbank Memorial Fund Quarterly 1 (1964), S. 82–97.

kulturelle Hürden zwischen den Migranten und den Neapolitanern zu überwinden – ein Indiz, dass bei der Wahl der Ehepartner der religiöse Faktor ein stärkeres Gewicht besitzt als der nationale. Andererseits ist erwiesen, dass viele höchstwahrscheinlich reformierte Schweizer aus bescheidenen Verhältnissen sowohl nationale als auch konfessionelle Hürden überwinden und sich somit stärker als andere Ausländergruppen in die lokale Gesellschaft integrieren.[51]

Zusammen mit anderen Indikatoren verdeutlicht diese exogame Tendenz, die durch die relativ geringe Anzahl Schweizer Frauen in Neapel begünstigt wird, einen tiefen und raschen Integrationsprozess, der sich deutlich vom Verhaltensmuster der schweizerischen Elitemigranten unterscheidet. Es ist diesbezüglich wichtig festzuhalten, dass diese die Wahl der Ehepartner betreffenden Daten nicht mit Verweis auf eine vermeintliche Sesshaftigkeitstendenz gelesen werden sollten, welche die Forschung allzu lange automatisch mit Akteuren aus den Unterschichten assoziiert hat.[52] Wie bereits festgehalten, ist die geografische Mobilität der «kleinen Leute» nicht wesentlich geringer als diejenige der transnational handelnden Bankiers und Unternehmer. Der Heiratsmarkt, auf welchem sich Erstere bewegen, sprengt denn auch oft die Grenzen der Stadt Neapel. Wer eine endogame Heirat anstrebt, kann die Partnerin beziehungsweise den Partner in der Heimat, in der Schweizerkolonie in der Region um Salerno oder unter den in anderen Provinzen des Königreichs wohnhaften Schweizern suchen. Wer hingegen ausserhalb der *community* heiratet, tut dies nicht selten, indem er eine Frau aus Sizilien (8,3%), aus der Provinz Terra di Lavoro (2,4%) oder aus Kalabrien (0,7%) ehelicht. Ein weiteres, mit dem vorherigen eng verknüpftes Indiz, das auf eine rasche Integration dieser Schweizer hindeutet, ist die kurze Zeitspanne, die zwischen ihrer Ankunft in Neapel und ihrer Heirat vergeht. 52% der Migranten heiraten in den ersten zwei Jahren nach ihrer Niederlassung und zwar in einem vergleichbaren Alter wie die Einheimischen. Die Migranten finden also schnell eine Lebenspartnerin und die anfängliche Fremdheit im Ankunftskontext beeinflusst ihren Lebenszyklus kaum.

Jenseits der Partnerwahl, die ja auf einem gewissermassen unvollkommenen Markt zustande kommt, erkennt man die breiten und heterogenen Netzwerke, welche die Migranten nach ihrer Ankunft in Neapel entwickeln, anhand der Personen, die sie in besonderen Lebensmomenten oder bei der Auswahl ihrer Mitarbeiter beiziehen. Analysiert man die Trauzeugen, die Taufpaten und -patinnen und die Mitunterzeichner von Todesakten, stellt man eine ausgeprägte Tendenz fest, soziale Beziehungen mit Personen aus dem gleichen Berufsmilieu oder aus dem gleichen Wohnquartier

---

51 Zum Vergleich etwa der Fall französischer Protestanten: Marco Rovinello, Il tricolore e la Bibbia. Protestanti francesi a Napoli fra Restaurazione e Unità, in: S-nodi. Pubblici e privati nella storia contemporanea 1 (2010), S. 13–42.

52 Siehe etwa Edward Anthony Wrigley, Homeostatic Regime, in: Christopher Wilson (Hg.), The Dictionary of Demography, New York 1985, S. 97.

aufzubauen und nicht so sehr mit Leuten, die der gleichen ethnolinguistischen Minderheit angehören. Von den Trauzeugen kommen – eingeheiratete Verwandte ausgenommen – 68% aus Neapel und 10% aus anderen Provinzen des Königreichs beider Sizilien. Den Migranten mangelt es also offensichtlich nicht an Beziehungen zu Einheimischen. 45% der zwischen 1809 und 1860 dokumentierten 113 Unteroffiziere heiraten Töchter süditalienischer Unteroffiziere, während 30% Töchter von Dienstboten und 25% Frauen aus dem Umfeld des Detailhandels und des öffentlichen Dienstes ehelichen. Es handelt sich um eine sozioprofessionelle Endogamie, in deren Rahmen Partner auf dem gleichen Wohlstandslevel und zum Teil sogar aus dem gleichen Berufssektor gewählt werden.

Es gibt sicherlich Aspekte, die dieses Bild einer gänzlich integrierten, beinahe in der Ankunftsgesellschaft «aufgelösten» Minderheit relativieren, wie etwa die vielen Reemigrationen und eine gewisse Tendenz, in denselben Quartieren zu wohnen.[53] Letztere ist vor allem bei reformierten Migranten feststellbar, die oft mit anderen Schweizern in derselben Wohnung oder zumindest in derselben Strasse hausen – ein Indiz vielleicht für einen nicht vollständigen Integrationsprozess. Es handelt sich aber – in stärkerem Ausmass als bei der Wahl der Ehepartner – bloss um minime Differenzen, die wohl auf einem Wunsch nach gegenseitiger Nähe zu (sowohl katholischen als auch reformierten) Landsleuten beruhen. Insgesamt wird das tendenziell von homogenen sozialen Handlungsmustern (Heirats-, Wohnungs- und Beziehungsstrategien) geprägte Bild bestätigt. Die *agency* der einzelnen Migranten drückt sich also darin aus, eine Wahl zwischen verschiedenen Handlungsoptionen zu treffen, wobei man die Heterogenität der gefällten Entscheidungen nicht auf anachronistische Weise an vorgefertigten Identitätskonzepten messen und als inkohärent oder gar als unvereinbar taxieren sollte. Dass die reformierten wie die katholischen «kleinen Leute» nationale und konfessionelle Barrieren oft überwinden, weil sie sich dadurch auf persönlicher und beruflicher Ebene bessere Erfolgschancen im Ankunftsland versprechen, schliesst nicht aus, dass sie bei Bedarf auch Netzwerke über die gemeinsame Herkunft beziehungsweise die gemeinsame Konfession aufbauen. Letztere stehen aber – im Unterschied zu den geschlossenen Netzwerken der Elitemigranten – nicht im Gegensatz zur lokalen Integration. Vielmehr ergänzen bei den Unterschichtsmigranten konfessionelle und nationale Bindungen Beziehungen, die im Rahmen der Nachbarschaft, der Familie der Ehepartner und des beruflichen Umfelds aufgebaut werden.

Man kann also feststellen, dass die Unterschichtsmigranten aus der Schweiz in ihrer Selbstwahrnehmung und in ihren sozialen Verhaltensmustern sich nicht als

---

53 Zu dieser Tendenz, die allerdings nie zur Bildung von «ethnischen Inseln» im Stadtgebiet führte, vgl. für die napoleonische Zeit Marco Rovinello, Essere straniero nella Napoli del Decennio. Francesi, svizzeri e inglesi durante l'occupazione napoleonica, in: Angelantonio Spagnoletti (Hg.), Il governo della città. Le città meridionali nel decennio francese, Bari 2009, S. 185–216.

«Gemeinschaft» konstituieren und nicht von ihrem «Schweizer-Sein» leiten lassen. Diese Kategorien lassen sich auf den unteren Ebenen der sozialen Pyramide kaum anwenden und wären für die Analyse dieser Migranten aus dem 19. Jahrhundert irreführend. Die nationale Identität und das kollektive Selbstverständnis als nationale *community*,[54] die sie implizieren, scheint bei den meisten dieser Akteure kein zugehörigkeitsstiftender sozialer *marker* zu sein.

Fazit

Vom 18. bis ins frühe 20. Jahrhundert setzte sich die Gruppe schweizerischer Migranten in Neapel aus einer Vielzahl von Akteuren zusammen, die unterschiedliche Beziehungsnetzwerke entwickelten und sich gegenüber der lokalen Gesellschaft mittels divergierender Strategien positionierten. Diese nicht homogenen Strategien können mit Verweis auf Diskontinuitäten im politisch-institutionellen Kontext und vor allem auf die den verschiedenen Migrantengruppen zur Verfügung stehenden Ressourcen erklärt werden. Im Ancien Régime, in dem formelle Privilegien eine zentrale Rolle bei der Definition sozialer Gruppen spielten, schlossen sich die Kaufleute mangels einer eidgenössischen Vertretung den Konsulaten von Drittstaaten an. Im neuen Kontext des langen 19. Jahrhunderts organisierten sich die Unternehmer, deren Sozialkapital auf ihrer Zugehörigkeit zu einer transnational vernetzten, aber konfessionell und ethnisch abgeschlossenen Elite beruhte, im Rahmen gemeinschaftlicher Institutionen wie des inzwischen gegründeten Schweizer Konsulats, der evangelischen Gemeinde, der Schule und verschiedener Vereine. Ihre aus bescheideneren Verhältnissen stammenden Landsleute tendierten hingegen dazu, national und konfessionell exogame Ehen einzugehen, Netzwerke im Wohnquartier und im Berufsumfeld aufzubauen und somit ihr Sozialkapital über eine meist rasche und starke Integration in die neapolitanische Gesellschaft anzureichern. Obwohl der Bezug zur Schweiz in gewissen Situationen und vor allem in bestimmten Schichten eine wichtige, ja vorrangige und ausserordentlich beständige Funktion einnahm, konstituierte die Gesamtheit aller Migranten aus den Gebieten der Schweiz, die im Verlauf von rund zwei Jahrhunderten in die süditalienische Grossstadt kamen, keine einheitliche Gruppierung. Die Schweizer Fallstudie hebt also die entscheidende Rolle der *agency* von Migranten bei der Definition – und gegebenenfalls bei der Redefinition – von Migrationsstrategien und Interaktionsmustern innerhalb der Ankunftsgesellschaft hervor. In einem ausgeprägt konfessionalisierten und durch rigide soziale Hierarchien gekennzeichneten

---

54 Vgl. dazu Benedict Anderson. Imagined Communities. Reflections on the Origins and Spread of Nationalism, London 1983.

Umfeld waren die schweizerischen Migranten nämlich fähig, die zur Erreichung ihrer Ziele notwendigen Kapitalarten zu mobilisieren. Während die reformierten Unternehmer ihre ostentativ praktizierte konfessionelle, sprachliche und kulturelle Andersartigkeit als Erfolgsrezept benutzten, verknüpften Unterschichtsmigranten «ethnische» Bindungen auf wirksame Weise mit nachbarschaftlichen und beruflichen Beziehungen, die es ihnen erlaubten, sich gut in die neapolitanische Gesellschaft zu integrieren.

Der Erste Weltkrieg, der einen Scheideweg in der Geschichte der schweizerischen Präsenz in Neapel markierte, schlug sich in differenzierter Weise auf die in Süditalien wohnhaften Schweizer nieder. Für einige wurde er zum Diskontinuitätsfaktor, auf das Leben anderer hingegen wirkte er sich kaum aus. Als Italien zuerst Österreich-Ungarn und dann Deutschland den Krieg erklärte, genügten die Schweizer Neutralität, die Vertrautheit mit der Stadt und der wichtige Beitrag zur Wirtschaft Kampaniens nicht, um allen Schweizern eine gewisse Ruhe und einen sicheren Schutz zu gewährleisten. Die Auswirkungen des Kriegs bekamen vor allem diejenigen zu spüren, die sich in einer Parallelgesellschaft abgeriegelt hatten, kaum über enge Beziehungen zu Italienern verfügten und dafür umso intensivere Bande mit Deutschen eingegangen waren. Diese Schweizer mussten auf die eigene Sprache, die Ausübung des protestantischen Kults und die Fabriken verzichten sowie auf die Schulen, die Vereine und die Geselligkeitsanlässe, die für die Techniker, die Manager und deren Familien um die Industrieetablissements herum entstanden waren. Die anderen, stark integrierten Schweizer und Schweizerinnen, die Italienerinnen und Italiener geheiratet hatten und der katholischen Konfession angehörten, fanden hingegen effektiv hinter dem Schild der Neutralität Schutz. Am Ende des Kriegs blieben einige in Neapel, für andere begann eine neue Diaspora.

Was blieb also übrig von dieser Schweizer Präsenz? Welche Transfers hatte sie bewirkt? Welche Verflechtungen waren zwischen der Schweiz und dem Süden der italienischen Halbinsel entstanden? In Neapel blieb die Schweizer Schule bestehen, die nach dem Krieg auch für Italiener geöffnet wurde, die dort Deutsch lernen konnten und für welche die dort angewandten Unterrichtsmethoden und Studienpläne eine Alternative zur italienischen Schule darstellten. Die wichtigsten Transfers hatten im Bereich der Wirtschaft und der Technologie stattgefunden. Die Kaufleute, Bankiers, Unternehmer und Techniker hatten Kapitale und technisches Know-how mitgebracht. Es war etwa den Schweizer Bankiers (und den während der Restauration nach Neapel gekommenen Rothschilds) zu verdanken, dass das Königreich beider Sizilien auf den wichtigsten Finanzmärkten Europas Anleihen aufnehmen konnte, um die Staatsausgaben zu finanzieren. Und als am Ende des 19. Jahrhunderts aus Neapel und ganz Süditalien die grosse Auswanderung in die Amerikas begann, waren es die Banken der Schweizer – zumindest bis 1905 die *Banca Meuricoffre* an den *Credito Italiano* verkauft wurde –, welche die Geldüberweisungen der Emigrierten in deren

Heimat tätigten. Der Übergang von einer protoindustriellen Produktionsweise zur zentralisierten Fabrik sowie die Mechanisierung der Baumwollbranche, in welcher die ursprünglich von protestantischen Unternehmern gegründeten Fabriken bis in die 1960er-Jahre eine nicht unbedeutende Rolle spielten, waren ebenfalls schweizerische Verdienste. Und dennoch lösten diese Transfers von Kapitalen, Technologien, Ideen und Managementmethoden keine Nachahmungseffekte seitens lokaler Unternehmer aus, die kaum eine kompetitive Konkurrenz hervorbrachten.

Transferprozesse von Süditalien in die Schweiz sind hingegen schwieriger zu fassen. Nicht nur weil die meisten Schweizer, die Italien wieder verliessen, nicht in ihre Ursprungsgebiete zurückkehrten, sondern in andere Länder emigrierten, sondern vor allem auch weil, ohne auf Selbstzeugnisse zurückgreifen zu können, immaterielle Transfers – in beiden Richtungen – nicht einfach greifbar sind. Sicherlich nahmen die Schweizer solide Italienischkenntnisse und ein gutes Verständnis der regionalen Dialekte sowie eine Liebe für gewisse Orte, Landschaften, Klänge und Farben mit. All das bereicherte zwar ihr «kulturelles Gepäck»; die allfälligen Auswirkungen auf ihre Herkunftsgebiete lassen sich aber kaum messen.

Der Erste Weltkrieg führte auf jeden Fall auch in Bezug auf die besser fassbaren Austauschprozesse zwischen der Schweiz und Süditalien zu einem Bruch. Die Schweizer Migranten gingen einmal mehr getrennte Wege. Und denjenigen, welche die Kriegsjahre in Neapel durchstanden, eröffnete der Frieden neue Handlungsspielräume und damit die erneute Möglichkeit, sich entlang konfessioneller, sozialer und sprachlicher Linien zu vernetzen oder auseinanderzuentwickeln.

Philippe Hebeisen

Gendarme suisse, une carrière civile ou militaire?

L'apport des Suisses de l'étranger dans l'interprétation de la «militarité» de la fonction policière (fin XIXe–début XXe siècle)

Swiss gendarme, a civil or military career? The Swiss Abroad's contribution to the understanding of the "militarity" of the police function (end 19th–begin 20th century)

In the second half of the 19th century, some Swiss had made successful careers as policemen abroad. In 1882–1883, there were even 420 applicants who enrolled in the European Guard of Alexandria, in what was meant to be a police troop. Through the individual destinies or collective fate of these men, this paper aims to examine the "militarité" of Swiss gendarmeries. On the one hand, they were not only militarily organized, but were mostly real military troops, according to their status in each canton. On the other hand, the police tasks they were responsible for were regarded as civil ones. This situation made the status of these state policemen rather opaque. The first part of this article attempts to draw the outlines of the legal situation of the Swiss gendarme. Then, through the prism of the "Swiss police in Egypt" and the contribution of individual biographies, the analysis will be refined and nuanced. But in a country of emigration whose prosperity was still to come, it is also the relation of the population and the authorities to the foreign service and its ban that will be questioned.

Le récent ouvrage de Konrad Stamm[1] consacré à Armin Müller (1855–1944), colonel d'artillerie suisse chargé de former et d'instruire le corps de police du Maroc entre 1907 et 1911,[2] nous rappelle qu'en matière de maintien de l'ordre également, et pas seulement dans le domaine économique, la Suisse et des Suisses

---

1 Konrad Stamm, Marokko-Müller. Ein Schweizer Oberst im Reich des Sultans (1907–1911). Eine Tatsachenerzählung, Zurich 2008.
2 Marc Perrenoud, Maroc, in: Dictionnaire historique de la Suisse, http://www.hls-dhs-dss.ch/textes/f/F3456.php (version du 10. 12. 2009).

ont été partie prenante dans le mouvement colonial.³ Dans ce cas de figure-ci, des accords internationaux ont précédé l'engagement de la Suisse à l'étranger et lui ont donné un cadre. Mais dans nombre d'autres cas, que nous verrons plus en détail plus loin, la carrière à l'étranger résultait d'une initiative individuelle.⁴ Ainsi par exemple le Valaisan Hilaire Gay organise et devient capitaine de la garde européenne au Caire (1882–1883) avant de rentrer en Suisse où il sera notamment député au Grand Conseil genevois. Autre exemple, celui du Fribourgeois Nicolas Marck, qui, après avoir servi le Saint-Siège, effectue toute sa carrière au sein de la police égyptienne à Alexandrie dont il finira par prendre la tête. D'autres parcours, tous liés à l'existence de cette éphémère garde européenne au sein de laquelle les Suisses jouèrent un rôle prépondérant, seront allégués. Ainsi, les trajectoires de Maurice de Courten ou de Louis Arthur Quartier révèlent des origines sociales et, peut-être, des motivations diamétralement opposées. Ces quelques exemples de carrière suffisent cependant à poser notre propos.

En effet, bien que ces carrières aient été connues à l'époque, notamment au travers d'articles de presse, de nécrologies ou d'ouvrages de souvenirs,⁵ leurs auteurs ne semblent pas avoir été inquiétés en Suisse du fait de leurs activités à l'étranger. Or, rappelons que depuis 1859, le Conseil fédéral interdit toute forme de service étranger sans son autorisation expresse, ce qui a notamment valu leur condamnation aux Suisses ayant participé à la Guerre civile espagnole⁶ ou à ceux s'étant engagés dans la Résistance (entretemps amnistiés). Dans un pays où pendant longtemps, les corps de police cantonaux ont été formés exclusivement puis majoritairement de gendarmes, au statut militaire mais ne dépendant pas de l'armée, cette situation peut étonner. Mais la complexité de la position du gendarme helvétique au XIXᵉ siècle – est-il un agent militaire ou civil des gouvernements cantonaux? – provient assurément de l'ambiguïté de son statut, à l'interface, justement, des sphères militaires et civiles. Cette position «paramilitaire»⁷ distingue fondamentalement les gendarmeries suisses de leur lointain modèle français, puisque ce dernier est une émanation directe de l'armée.⁸

---

3 La thématique du maintien de l'ordre en situation coloniale est en plein renouveau, ainsi qu'en attestent: Jean-Pierre Bat, Police. Censure et sociétés coloniales, in: Dominique Barjot, Jacques Frémeaux (dir.), Les Sociétés coloniales à l'âge des empires des années 1850 aux années 1950, Paris 2012, p. 271–279; Jean-Pierre Bat, Nicolas Courtin (dir.), Maintenir l'ordre colonial. Afrique et Madagascar (XIXᵉ–XXᵉ siècles), Rennes 2012.
4 Quelques cas sont cités dans Rudolf von Albertini, Albert Wirz, Colonialisme, in: Dictionnaire historique de la Suisse (DHS), http://www.hls-dhs-dss.ch/textes/f/F26457.php (version du 3. 8. 2005).
5 Cf. par exemple Hilaire Gay, La garde européenne en Egypte, Genève 1884.
6 Philippe Henry, Service étranger, chap. 2.2 – Les étapes principales, in: DHS, http://www.hls-dhs-dss.ch/textes/f/F8608.php (version du 11. 10. 2011).
7 Sur les différents types de polices ayant cours il y a deux siècles, voir Clive Emsley, A Typology of Nineteenth-Century Police, in: Crime, Histoire et Sociétés 3/1 (1999), p. 29–44.
8 Voir les ouvrages de référence sur la question, notamment: Jean-Noël Luc (dir.), Gendarmerie, Etat

La notion qui permet peut-être le mieux de rendre compte de ce savant mélange, bien qu'équivoque, de caractéristiques civiles et militaires du métier de gendarme, est celle de *militarité*, qui fait appel aux différentes déclinaisons de la culture militaire et dont la paternité est attribuée à Watin-Augouard.[9] Ce «néologisme employé actuellement par l'institution»,[10] qui ne fait pas l'unanimité même au sein du monde gendarmico-militaire français dans lequel il est né, se rapporte à l'aspect ou aux caractéristiques militaires d'une fonction ou d'une institution. Sous son acception la plus générale et la plus répandue, cette notion recouvre simplement le «caractère militaire» de la gendarmerie.[11] De façon un peu plus précise, elle désigne «l'ensemble des marqueurs (professionnels, juridiques, sociaux, idéologiques, culturels, corporels) attachés à la fonction militaire qui est autant une profession qu'un mode d'être».[12] Ce principe «essentiel», non réductible au simple statut du gendarme suisse, résulte de la combinaison et de la hiérarchie, changeantes selon les époques, des statuts, des valeurs et des représentations, notamment, véhiculés par et au sein des corps de gendarmerie cantonaux.

Pour rendre compte de la difficulté et de la variété des interprétations possibles quant à la militarité (ou non) des corps de gendarmerie cantonaux, qui affichent un statut militaire et assurent des fonctions policières, nous nous attacherons ici à esquisser les statuts juridiques de leurs agents, tout en mettant celui-ci à l'épreuve d'un cas particulier, les enrôlements pour l'Egypte qui ont lieu au début des années 1880. Etant donné que la légalité et donc l'interprétation des carrières de ces policiers suisses à l'étranger dépend du statut juridique du gendarme en Suisse même, un petit détour du côté du droit s'impose.

---

et société au XIXe siècle, Paris 2002; Id. (dir.), Histoire de la maréchaussée et de la gendarmerie. Guide de recherche, Maisons-Alfort 2005; Arnaud-Dominique Houte, Le métier de gendarme au XIXe siècle, Rennes 2010.

9 Marc Watin-Augouard (colonel), La «militarité» de la gendarmerie, in: Revue de la Gendarmerie nationale 201 (2001), p. 5–28.

10 Bernard Mouraz, La gendarmerie des années noires (1940–1944). De la militarité dissimulée à une militarité diminuée?, in: Force Publique. Revue de la Société Nationale de l'Histoire et du Patrimoine de la Gendarmerie 1 (2006), p. 91–102, ici 92.

11 Par exemple chez: Georges Philippot (général), La militarité de la gendarmerie à l'épreuve d'une guerre annoncée (1933–1936), in: Force Publique. Revue de la Société Nationale de l'Histoire et du Patrimoine de la Gendarmerie 1 (2006), p. 73–84; Georges Philippot (général), Réflexions sur la construction de l'identité militaire de la gendarmerie, in: id., p. 147–153.

12 Marie-Anne Paveau, Les frontières discursives de la militarité, in: Langage et société 94 (2000), p. 45–74, ici 46, n° 2.

La situation juridique du gendarme suisse: un survol du cadre normatif

Le statut, militaire ou civil, du gendarme cantonal, est ambigu, car il dépend à la fois de considérants juridiques cantonaux et fédéraux. Mais c'est surtout par leurs tâches, qui sont celles d'une police civile, que les gendarmeries cantonales se distinguent le plus de leur homologue française. Situées à l'interface d'un métier civil et d'une organisation en corps militaires, ses membres répondent de leurs actes devant la justice militaire, héritage remontant à l'époque de la création de ses polices d'Etat. Du fait de cette complexité, typique du fédéralisme suisse, les corps de police cantonaux contribuent malgré eux au flou relatif entourant la définition du statut juridique du gendarme suisse.

Au niveau fédéral, entre 1848 et 1914, les constitutions fédérales de 1848 et 1874 reconnaissent explicitement le caractère militaire des gendarmeries cantonales puisque l'article 13 spécifie que «la Confédération n'a pas le droit d'entretenir des troupes permanentes. Nul Canton ou demi-Canton ne peut avoir plus de 300 hommes de troupes permanentes, sans l'autorisation du pouvoir fédéral; la gendarmerie n'est pas comprise dans ce nombre.»[13]

La loi sur l'organisation militaire de 1850 quant à elle ne cite pas la gendarmerie au nombre des armes de l'armée fédérale, dont elle ne fait donc pas partie,[14] contrairement à ce qui a cours en France. Rien d'étonnant à cela puisque, jusqu'à aujourd'hui, les compétences policières (organisation, définition des tâches, emploi, et cetera) demeurent l'apanage des gouvernements cantonaux.[15] Et, bien que d'après la Constitution fédérale et cette même loi de 1850, tout citoyen suisse soit tenu au service militaire,[16] gendarmes et officiers de gendarmerie en sont exemptés par une loi fédérale *ad hoc* dès 1850,[17] loi qui règle également les exemptions pour l'entier du pays.[18] Ces mesures sont reconduites par l'organisation militaire de 1874,[19] gendarmes et policiers n'étant pas tenus de payer la taxe d'exemption

---

13 Constitution fédérale de la Confédération suisse (du 29 mai 1874), in: Recueil officiel des lois et ordonnances de la Confédération suisse (RO), n. s., p. 1–36, art. 13.

14 Loi fédérale sur l'organisation militaire de la Confédération suisse du 8 mai 1850, in: RO, 1, p. 365–404, art. 12.

15 Rainer J. Schweizer, Droit cantonal, chap. 3 – De 1848 à nos jours, in: DHS, http://www.hls-dhs-dss.ch/textes/f/F9604-1-3.php (version du 6. 11. 2006); Christoph Ebnöther, Police, chap. 3 – Après 1848, in: DHS, http://www.hls-dhs-dss.ch/textes/f/F9638-1-3.php (version du 25. 1. 2011).

16 Cf. note 14, art. 1: «Tout Suisse est tenu au service militaire (art. 18 de la Constitution fédérale).»

17 Loi sur les exemptions et les exclusions du service militaire [du 22. 7. 1850], in: RO, 2, p. 37–41, fin de l'art. 3: «Les officiers du corps de gendarmerie et les gendarmes sont exemptés du service dans les milices.»

18 Eddy Bauer, Vie militaire, Neuchâtel 1948, p. 75.

19 [Loi fédérale sur l'] Organisation militaire de la Confédération suisse (du 13 novembre 1874), in:

du service militaire.[20] L'ensemble de ces dispositions concourt donc à donner du gendarme l'image d'un soldat et non celle d'un agent civil.

Si l'organisation militaire de 1907 reconduit les mesures précitées, la rhétorique textuelle a quelque peu changé puisqu'il n'est plus question de «gendarme». Eu égard sans doute à la grande variété des formes des corps de police cantonaux et municipaux, constitués en institutions de type militaires, paramilitaires et civiles, la loi fédérale fait désormais usage du terme générique d'«agents des corps de police organisés» pour désigner les agents des forces de l'ordre libérés de l'obligation de servir.[21] Les transformations des institutions cantonales, de même que les mutations dans la perception du rôle et de la nature du service policier – glissement d'une conception (para)militaire vers une compréhension plus civile –, sont sensibles à ce stade.

Qu'en est-il au niveau cantonal? Partons des textes relatifs à l'exemple neuchâtelois. La gendarmerie «républicaine» neuchâteloise, instituée par la loi du 26 décembre 1849,[22] rompt fondamentalement avec l'institution royaliste qui l'a précédée. D'institution civile – cas unique en Suisse[23] – elle devient, à l'instar des autres corps de police cantonaux, un véritable corps militaire dont les membres sont soumis à la discipline et aux lois militaires cantonales jusqu'en 1901. Ce statut militaire de la fonction gendarmique est affirmé par la première loi militaire de la jeune république (du 27 mars 1849) qui stipule expressément que «la gendarmerie satisfait au service militaire par ses fonctions»;[24] le gendarme est en conséquence exempté du devoir de servir et dispensé de la taxe militaire.[25] Tout le dispositif est renforcé par la subordination administrative de la police cantonale au Département militaire dès 1849. A partir de 1863 néanmoins, le Département de police prend le pas sur le Département militaire,[26] puis dès 1869, cette force

RO, n. s., 1, p. 218–317, art. 1, art. 2 («Sont exemptés du service militaire pendant la durée de leurs fonctions ou de leur emploi: […] c. les directeurs et infirmiers indispensables au service des hôpitaux publics, les directeurs et gardiens des pénitenciers et des prisons préventives, les officiers et les hommes appartenant aux corps de police cantonaux, ainsi que les douaniers et gardes-frontière»), art. 7.

20 La Loi fédérale sur la taxe d'exemption du service militaire (du 28 juin 1878), in: RO, n. s., 3, p. 532–537, art. 1 al. e, dispense notamment «gendarmes et agents de police» du paiement de la taxe.
21 Loi fédérale concernant l'organisation militaire de la Confédération suisse (du 12 avril 1907), in: RO, n. s., 23, p. 695 s., art. 10 al. 4.
22 Loi sur la gendarmerie [du 26 décembre 1849], in: Recueil des lois, décrets, et autres actes du gouvernement de la République et Canton de Neuchâtel (RL), 2, p. 245–250.
23 Nous nous permettons de renvoyer à notre article: Philippe Hebeisen, La naissance et la mise en place de la gendarmerie neuchâteloise. D'un corps civil original à l'institution militaire (1809–1850), in: Crime, Histoire & Sociétés / Crime, History & Societies 14/1 (2010), p. 73–93.
24 Art. 7 de la Loi militaire [du 27. 3. 1849], in: RL, 2, p. 71–102.
25 Loi militaire du 16 mars 1852, in: RL, 4, p. 394–435, art. 4, 38.
26 Loi sur la gendarmerie [du 27. 6. 1863], in: RL, 10, p. 124–131.

publique est du seul ressort du Département de police bien qu'elle demeure un corps militaire![27] Cependant, à partir de 1901,[28] la gendarmerie, toujours seule police d'Etat du canton, n'est plus un corps militaire, mais un corps de police civil «organisé militairement», donc paramilitaire, au sens où l'entend Clive Emsley.[29] Dès lors, pour devenir gendarme, il faut avoir fait du service militaire dans l'armée fédérale, ce qui n'était pas le cas jusqu'alors. Dans l'exemple neuchâtelois, la césure civil/militaire est donc définitivement entérinée au tournant du XXe siècle.

Dès 1869 donc, pour résumer ce qui précède, nous avons à Neuchâtel un gendarme, dont le travail dépend entièrement du Département de police cantonale et dont l'institution ne relève pas de l'armée fédérale ni de la milice cantonale, mais qui pourtant est qualifiée juridiquement de corps militaire.

Cependant, considéré sous l'angle des tâches qui sont les siennes,[30] le gendarme neuchâtelois est bien un policier et non un militaire. Tout serait simple si nous pouvions nous arrêter à ce constat. Néanmoins, il faut rappeler que la facette militaire du métier de gendarme est bien réelle, bien qu'elle ne soit pas prépondérante. La mobilisation des gendarmes en couverture-frontière le long de la frontière neuchâteloise pendant la guerre franco-prussienne, en janvier 1871, est là pour le rappeler.[31]

«C'est à n'y plus rien comprendre!»[32] C'est pourquoi la mobilisation d'un regard de l'étranger permettra d'y voir plus clair.

Des policiers suisses à l'étranger: l'épisode de la Garde européenne (1882–1883)

Nous nous consacrons à l'épisode égyptien, car il est numériquement le plus important et le seul, à notre connaissance, liant *expressis verbis* le vocable de gendarmerie au travail de policiers de Suisses à l'étranger, en tout cas dans pareille ampleur.

---

27 Loi sur la gendarmerie (du 2. 12. 1869), in: RL, 11, p. 421–427.
28 Loi sur la gendarmerie (du 26 novembre 1901), Nouveau recueil officiel des lois, décrets et autres actes du gouvernement de la République et Canton de Neuchâtel, vol. 11, p. 125–147.
29 Emsley (voir note 7).
30 On peut s'en rendre rapidement compte en parcourant, année après année, les Rapports du Conseil d'Etat au Grand Conseil sur sa gestion, section Département de police.
31 Bauer (voir note 18), p. 101. Les 17 et 18 janvier 1871, des mesures de sécurité sont prises par le Conseil d'Etat sur demande du Conseil fédéral. Au nombre de celles-ci, la décision «d'engager pour la durée de cette nouvelle alerte quinze gendarmes supplémentaires».
32 Journal de Genève, 13. 10. 1882.

Contexte

Les événements dont il est question se situent à l'époque du basculement définitif et *de facto* de l'Egypte dans la sphère d'influence anglaise, au moment de l'abandon du *condominium* avec la France issu de la vente des parts égyptiennes du canal de Suez aux Anglais. Les années 1882–1883 représentent une sorte de flottement, d'attentisme, d'indécision (feinte) quant à l'attitude de l'Angleterre par rapport à sa mainmise sur l'Egypte et à l'envoi de troupes britanniques, ce qui n'est sûrement pas sans expliquer, en partie, l'imbroglio qui va suivre. Ce dernier se place après la révolte d'Arabi Pacha, général et nationaliste égyptien hostile aux Européens, contre Tewfik, khédive (vice-roi) d'Egypte mis en place en 1879 par les Anglais.[33] Ces émeutes anti-européennes de juin et de juillet 1882 ont fait près de 350 morts à Alexandrie parmi les colons issus du Vieux-Continent. Dans la foulée et en parallèle aux événements qui suivent, les Britanniques commencent pourtant à installer des troupes au Caire à l'automne 1882.[34]

Les enrôlements pour l'Egypte en Suisse

Afin d'assurer le pouvoir du khédive Tewfik, réinstallé à la tête de l'Egypte par les Anglais à la fin de l'été 1882, après qu'ils eurent défait les troupes d'Arabi Pacha, et pour contrôler la police égyptienne réorganisée,[35] le gouvernement égyptien, sans doute motivé à agir de la sorte par les alliés du vice-roi, charge le général et comte italien Della Sala et le Genevois Théodore Portier[36] de recruter une troupe composée d'Italiens, d'Autrichiens et de Suisses.[37] L'histoire de cette «garde européenne» est connue par le récit qu'en a donné Hilaire Gay,[38] l'un de ses principaux protagonistes

---

33 Cf. Maxime Chrétien, Histoire de l'Egypte moderne, Paris 1951, p. 41–51, spécialement p. 43, 51.
34 Jacques Berque, L'Egypte. Impérialisme et révolution, Paris 1967, p. 136.
35 Sur la police en Egypte au XIXe siècle, voir Khaled Fahmy, The Police and the People in Nineteenth-Century Egypt, in: Die Welt des Islams 39/3 (1999), p. 340–377, ici 350, note 22.
36 Membre du corps de police du Caire depuis 1869, date de création de cette police. Voir: L'Impartial, 13. 10. 1882; Journal de Genève, 12. 10. 1882. – Un certain Lavison, citoyen britannique, le prend alors sous son aile, lui faisant atteindre le grade de détective dans une police qualifiée de «secrète» par les journaux; à la mort de son protecteur, P. retombe au bas de l'échelle comme simple agent. Au moment de cette affaire, il est inspecteur de police au Caire et fonctionne en Suisse comme «officier recruteur», selon le titre que lui donnent certains journaux. Décédé à Naples le 12 novembre 1883, marié, un fils. Cf. Journal de Genève, 12, 14 et 25. 10. 1882, 9. 3. 1883, 17. 11. 1883 (avis mortuaire). Voir aussi L'Impartial, 13 et 24. 10. 1882 (reproduction du contenu de la lettre adressée par J. Portier [sic] aux journaux genevois quant à son activité en Suisse).
37 Résumé dans Hans Werner Debrunner, Schweizer im kolonialen Afrika, Bâle 1991, p. 58–61. – Della Sala avait la charge de procéder au recrutement de ses compatriotes et des Autrichiens. Voir: Journal de Genève, 9. 3. 1883; Gazette de Lausanne, 6. 3. 1883.
38 Cf. Gay (voir note 5).

et dont il sera question plus loin. Quant aux péripéties autour des recrutements qui ont lieu en Suisse, elles peuvent être très bien documentées grâce aux archives en ligne de plusieurs journaux.[39]

Entre fin septembre et fin novembre 1882, la presse suisse[40] se fait abondamment l'écho des tribulations se rapportant aux activités d'un agent ou officier de police supérieur du khédive, Théodore Portier, qui recrute à Genève «pour l'organisation de la police d'Egypte».[41] Dans un premier temps, le flou règne, on parle d'un «corps de milice étrangère au service de l'Egypte» qui n'enrôle que des Suisses,[42] du «corps européen de gendarmerie pour l'Egypte»,[43] «qu'on recrute ouvertement pour une gendarmerie à créer en Egypte».[44] En effet, bien qu'il soit question de «police ou de gendarmerie du khédive», des doutes apparaissent rapidement en rapport avec la régularité des engagements effectués, étant donné que le statut, civil ou militaire, de ce corps n'est pas encore défini avec certitude. Or, la Suisse se trouve alors être le théâtre de recrutements pour l'Algérie,[45] les Indes néerlandaises et l'Egypte, «au mépris de la loi» qui interdit le service militaire étranger, ce que relèvent les journaux. En rapport avec l'Egypte, on parle pour l'instant d'un «service administratif», qui n'est pas interdit par la loi.[46] Avec l'apparition des vocables de «légion égyptienne»[47] ou de «future armée égyptienne»[48] et des bruits circulants quant à la confiscation des livrets militaires des enrôlés, le Conseil fédéral, via le Département fédéral de justice et police, sort de sa réserve et invite les gouvernements bernois et genevois à «ouvrir une enquête sur les enrôlements qui se font actuellement pour l'Egypte» et plus particulièrement sur la «nature des enrôlements».[49] Face aux contrevérités rapportées avidement et diligemment par la presse, Portier prend une première fois la parole, assurant qu'il a été «chargé

---

39 Ce feuilleton passionnant peut être suivi quasi au jour le jour grâce à la mise en ligne gratuite des archives historiques du *Journal de Genève* et de la *Gazette de Lausanne* (http://www.letempsarchives.ch), ainsi que de la *Feuille d'Avis de Neuchâtel*, de *L'Express* et de *L'Impartial* (http://www.lexpressarchives.ch), dont la numérisation de tous les numéros n'est pas encore achevée mais complète pour la période 1882–1883 considérée.

40 Nous avons trouvé mention des noms de journaux suivants: *Tribune de Genève, Genevois, Estafette* (GE), *Démocrate* (GE), *L'Impartial, Feuille d'avis de Neuchâtel, Neue Zürcher Zeitung, Zürcher Post, Nouvelliste vaudois, Basler Nachrichten, Bund, Intelligenzblatt* (BE), *Gazette de Lausanne, Courrier du Commerce, National Suisse, Gazette d'Olten*. Des journaux étrangers suivent aussi l'affaire, comme l'*Indépendance belge*.

41 L'Impartial, 23. 9. 1882; Journal de Genève, 21. 9. 1882.

42 L'Impartial, 23. 9. 1882, 1. 10. 1882, 3. 10. 1882; Journal de Genève, 15. 10. 1882.

43 Journal de Genève, 26. 11. 1882, 13. 10. 1882; Gazette de Lausanne, 26. 11. 1882.

44 Gazette de Lausanne, 29. 9. 1882.

45 Régiments étrangers au service de la France, selon Gazette de Lausanne, 26. 11. 1882.

46 L'Impartial, 3. 10. 1882; Gazette de Lausanne, 30. 9. 1882.

47 Gazette de Lausanne, 4. 10. 1882.

48 Ibid.

49 Feuille d'Avis de Neuchâtel, 10. 10. 1882; L'Impartial, 11. 10. 1882; Gazette de Lausanne, 9. 10. 1882; Journal de Genève, 10. 10. 1882.

par le gouvernement du Khédive de recruter des agents pour le corps de police égyptien créé en 1869 [...].[50] Ce corps ne diffère en rien, ni par son organisation, ni par son mandat, des polices européennes, c'est-à-dire qu'il a pour but d'assurer la sécurité publique.»[51] Mais face aux rumeurs qui se propagent quant au nombre d'enrôlés, aux buts de la police recrutée, au sort réservé aux livrets de service et suite à l'intervention d'un escroc à Berne se faisant passer lui aussi pour un recruteur, le conseiller d'Etat genevois Dufour fait venir Portier à son bureau pour lui faire rendre les livrets de service (notamment vaudois) en sa possession. Ce dernier s'exécute et les membres du gouvernement genevois continuent de laisser faire![52] Néanmoins, le 13 octobre,[53] le Conseil fédéral interdit les recrutements pour «le corps soi-disant ‹municipal› du khédive»[54] et envoie une circulaire aux cantons[55] pour faire respecter cette décision «immédiatement et strictement»[56] et «par tous les moyens légaux».[57] Le Conseil fédéral a donc acquis la certitude – mais non des preuves – que les enrôlements étaient destinés «non à un simple corps de police, mais à une garde soldée quelconque».[58] La presse salue unanimement la mesure mais ne se fait aucune illusion sur l'efficacité de l'interdiction édictée par le gouvernement fédéral vu la publicité dont ces enrôlements ont joui jusqu'alors et vu la mollesse avec laquelle les cantons ont jusque-là mis le holà à cette affaire, infraction à la loi sur le service étranger ou non. Toutefois, le «bureau de recrutement» sis dans une salle du café de l'Ile à Genève est clos par voie d'affiche par les autorités.[59]

A la mi-octobre, les engagements battent leur plein à Genève, où nombre de candidats affluent. Cependant, dans la Cité de Calvin également l'on se rend compte que la troupe recrutée n'a rien du service municipal vanté, qu'elle supplée en

50 La création d'une police égyptienne comprenant des Européens est le corollaire de la présence de ces derniers en Egypte, souhaitée et favorisée par Ismaïl Pacha, à la tête du pays de 1863 à 1879, père de Tewfik, afin de contrebalancer et de s'affranchir de l'influence de la Grande Porte. Cf. Juan Ricardo Cole, Colonialism and Revolution in the Middle East. Social Origins of Egypt's 'Urabi Movement, Princeton 1993, p. 214–217. – Pour la période post-1882, voir Timothy Mitchell, Colonising Egypt, Cambridge 1988, p. 96–98. – On se fera une idée de la période précédant le règne d'Ismaïl au travers d'Ehud Toledano, State and Society in Nineteenth-Century Egypt, Cambridge 1990, p. 73–76, 168–177, 220–223.
51 L'Impartial, 13. 10. 1882; Journal de Genève, 12. 10. 1882.
52 Journal de Genève, 14. 10. 1882.
53 Gazette de Lausanne, 13. 10. 1882; Journal de Genève, 14. 10. 1882.
54 L'Impartial, 15. 10. 1882.
55 Circulaire du Conseil fédéral à tous les Etats confédérés concernant les enrôlements pour l'Egypte (Du 13 octobre 1882), in: Feuille fédérale 4/49 (1882), p. 11 s. La teneur de la circulaire du Conseil fédéral est également publiée dans: Gazette de Lausanne, 16. 10. 1882; Journal de Genève, 18. 10. 1882.
56 Feuille d'Avis de Neuchâtel, 17. 10. 1882.
57 Journal de Genève, 14. 10. 1882.
58 Gazette de Lausanne, 14. 10. 1882; L'Impartial, 13. 10. 1882; Journal de Genève, 12. 10. 1882.
59 Journal de Genève, 17. 10. 1882; Gazette de Lausanne, 17. 10. 1882.

quelque sorte le corps d'occupation britannique même si elle dépend immédiatement du khédive.[60]

Quoi qu'il en soit, l'injonction fédérale a pour principal résultat qu'on ne peut plus engager sur sol suisse, mais elle est impuissante à endiguer les recrutements de ses citoyens, personne n'est dupe. La poursuite des enrôlements est patente, bien qu'elle se fasse dès lors depuis Annemasse (F), «à quelques minutes de Genève».[61] Le 1er novembre encore, 150 Suisses débarquent d'un paquebot au Caire.[62]

«La police suisse en Egypte»[63]

On sait en définitive peu de choses sur la troupe suisse recrutée par Théodore Portier, hormis qu'elle était encore appelée «corps de police suisse en Egypte»[64] au printemps 1883, alors que sa vocation militaire, en tout cas de maintien de l'ordre, semblait pourtant acquise. Le contingent, composé exclusivement de Suisses, comptait à Alexandrie 11 officiers et 410 hommes, sous-officiers et soldats, divisés en quatre compagnies. La parité entre Suisses alémaniques et romands était quasi atteinte, bien qu'ils soient répartis dans des compagnies différentes, stationnées à Alexandrie et à Port-Saïd, où ils fournissent une partie de la cavalerie et surtout des troupes à pied.[65] Très vite, les Suisses, avinés (on disait alors «boire comme un Suisse!»), sont pris dans des tapages et des rixes et, en l'espace de trois semaines, les effectifs sont réduits à 4 officiers et 210 hommes, par épuration ou départs volontaires. Le cas de figure est identique parmi les autres nationalités de la troupe européenne, Autrichiens et Italiens.

En fait, de l'existence relativement brève de cette troupe européenne il appert que le greffon n'a jamais vraiment pris. Les premières désertions ont lieu en Egypte en octobre déjà, les premiers hommes à peine débarqués.[66] Début novembre, le mécontentement régnerait dans les rangs suisses et les actes d'insubordination seraient quotidiens. Les promesses faites par Portier lors de l'engagement étant loin de se réaliser. Certains de ces mécontents ont déjà été rapatriés en Europe aux

60 L'Impartial, 15. 10. 1882; Journal de Genève, 15. 10. 1882.
61 L'Impartial, 24. 10. 1882; Gazette de Lausanne, 24. 10. 1882; Journal de Genève, 24 et 25. 10. 1882.
62 L'Impartial, 22. 11. 1882; Journal de Genève, 21 et 24. 11. 1882; Gazette de Lausanne, 20. 11. 1882.
63 Titre d'un article paru dans: Journal de Genève, 9. 3. 1883; Gazette de Lausanne, 6. 3. 1883, relatant des informations tirées de la Gazette d'Olten, 25. 2. 1883.
64 Ibid.
65 Journal de Genève, 9. 3. 1883; Gazette de Lausanne, 6. 3. 1883. Chiffres identiques chez Gay (voir note 5), p. 12, 27, 70 s., qui parle d'environ 400 Suisses enrôlés et présents dès fin novembre 1882 en Egypte, sur un total d'à peu près 1000 hommes pour l'entier de la garde.
66 L'Impartial, 15. 10. 1882; Journal de Genève, 15. 10. 1882.

frais du khédive, mais on craint en Suisse le moment où cela se fera aux dépens de la Confédération ou que ces engagés devront être pris en charge par la Colonie suisse, qui voit ces nouveaux arrivants d'un mauvais œil.[67] Le 11 novembre 1882, un nouveau convoi de Suisses francophones est réexpédié en Europe, tandis que les Suisses alémaniques sont consignés dans leurs casernes étant donné qu'en l'absence de paie et d'uniformes, ils ont refusé de faire leur service. On s'apprête à rembarquer ceux qui ne supportent pas le climat, tandis que l'émeute gronde. D'aucuns blâment le gouvernement genevois, puisque «chacun sait que l'agent recruteur a opéré à Genève pendant plusieurs jours au vu et au su des autorités de ce canton»,[68] «sous le regard bienveillant de notre police»,[69] de même qu'on s'interroge sur la longanimité dont Portier a joui de la part de cet exécutif.

La dissolution finale de la «garde suisse pour la police à Alexandrie et Port-Saïd» est ordonnée pour la fin du mois de mai 1883.[70] Le reste de la troupe encore en Egypte recevra sa solde jusqu'à fin mai 1883, puis sera rapatriée aux frais du Gouvernement égyptien par Marseille ou par Gênes. Au terme de son aventure, tout ce que ce dernier convoi espère encore obtenir est un second mois d'indemnités ajouté à celui promis pour l'instant.[71] Le licenciement des «gardes suisses» terminé, un détachement de soldats anglais vétérans les remplace.[72] En novembre 1883, 28 Suisses sont encore enrôlés à Alexandrie, dont certains s'engageront dans l'armée anglaise.[73]

Malgré son caractère éphémère, l'histoire de ce contingent ne manque pas d'intérêt, non seulement par ce qu'il nous apprend, en miroir, sur la conception ou le statut de la police en Suisse à la fin du XIXe siècle, nous y reviendrons, mais encore par son importance numérique, car l'arrivée massive de recrues helvètes double la présence suisse en Egypte à ce moment-là, puisqu'en 1882, la Colonie suisse établie en Egypte comptait 412 membres.[74]

---

67 L'Impartial, 22. 11. 1882; Journal de Genève, 21 et 24. 11. 1882; Gazette de Lausanne, 20. 11. 1882.
68 L'Impartial, 26. 11. 1882; Journal de Genève, 24. 11. 1882; Gazette de Lausanne, 24. 11. 1882.
69 Cf. note 59.
70 L'Impartial, 26. 5. 1883; Journal de Genève, 23. 5. 1883.
71 Les hommes précédemment congédiés avaient réclamé avec succès deux mois de solde supplémentaires. Voir: Journal de Genève, 9. 3. 1883; Gazette de Lausanne, 6. 3. 1883.
72 L'Impartial, 26. 5. 1883.
73 Feuille fédérale 2/23 (1884), p. 675. Voir: Debrunner (voir note 37), p. 60 s.; Jacques René Fiechter, Cent ans de vie suisse au Caire. Mémoires et documents réunis et publiés à l'occasion du 20ème anniversaire de la parution du Journal suisse d'Egypte et du Proche-Orient, Alexandrie 1946, p. 114.
74 Soit 0,53% de la présence européenne dans le pays. En 1882, 77'800 Européens sont installés en Egypte. A Alexandrie même, sur 231'396 habitants, 46'694 proviennent du Vieux-Continent. Cf. Anita Müller, Schweizer in Alexandrien. Zur ausländischen Präsenz in Ägypten, Stuttgart 1992, p. 25, 29, 61, calculs de l'auteur. Une autre estimation parle de 800 Suisses vivant en Egypte autour de 1870–1872 contre 667 personnes en 1907. Pour rappel, les colonies suisses en Egypte font leur apparition à partir de 1815, tout d'abord à Alexandrie, puis au Caire et à Port-Saïd, où

L'apport policier à l'immigration suisse est d'ailleurs souvent délaissé, malgré le constat du nombre d'Helvètes engagés dans les troupes égyptiennes, cela peut-être à cause du caractère fugace de cette garde, qui n'a pas vraiment laissé de traces de sa présence. De plus, la littérature existante a souvent confondu, pour cet épisode, la Garde européenne avec le Corps de police d'Alexandrie,[75] alors que les deux ont une existence bien distincte.

Le retour en Suisse et l'apport des biographies choisies

En l'état de la question, seuls Armin Müller,[76] cité en introduction, militaire de métier désigné par le Conseil fédéral dans le cadre des bons offices et à la suite de la Conférence d'Algésiras pour surveiller la formation de la police marocaine, ainsi que ses deux aides, Johann Jakob Fischer (1907), puis Arthur-Edouard de Pury (1907–1911), ont exercé leurs fonctions policières à l'étranger dans le cadre d'un mandat légal et officiel. Pour tous les autres, la carrière à l'étranger résulte souvent du hasard, d'une coïncidence ou d'un choix privé, mais pas d'un ordre de marche.

L'inspecteur général Müller et ses subordonnés font ainsi exception par rapport aux carrières repérées et présentées ci-dessous, évidemment toutes liées à l'Egypte, qu'il s'agisse de sa police ou de la garde européenne, parcours qui posent problème au regard de la loi suisse. Dès 1859, cette dernière interdit en effet le service militaire étranger aux ressortissants de notre pays sans autorisation des autorités cantonales et sanction de la décision par le Conseil fédéral, sous peine d'emprisonnement (un mois) et de dix ans de privation de droits politiques.[77] Or, à lire leurs biographies, du moins tel qu'il est possible de les reconstituer, ces Suisses de l'étranger ne semblent pas avoir été inquiétés à leur retour ou lors de leurs séjours dans leur mère patrie. Dans l'ordre chronologique, intéressons-nous de nouveau aux personnages cités en introduction.[78]

l'installation de la Colonie suisse date de l'époque du percement du canal de Suez, voir Claudia Koch, La colonie suisse du Caire. Contribution à l'histoire de l'émigration suisse outre-mer de la fin du XIXe au milieu du XXe siècle, Genève 1995, p. 23–25.

75 Cf. par exemple Koch (voir note 74), p. 22 s. De plus, la date de la création du corps de police d'Alexandrie n'est pas 1866, comme souvent mentionné, date erronée tirée de Bernadette von der Weid, Jean-René Bory, Vingt-neuvième voyage d'étude annuel organisé en 1984 en Egypte. 23 janvier–5 février 1984, [Pregny-Chambésy] 1984, p. 114.

76 Pour une biographie complète et plus fouillée, cf. Philippe Hebeisen, Müller, Armin (1855–1944), in: Dictionnaire du Jura, (version du 5. 3. 2013).

77 Loi fédérale concernant l'enrôlement et l'entrée au service militaire étranger [du 30 juillet 1859], art. 1 et 2, dont la teneur est reproduite dans le Message du Conseil fédéral à l'Assemblée fédérale concernant les enrôlements pour le service militaire étranger. (Du 13 Juillet 1859.), in: Feuille fédérale 2/35 (1859), p. 221–225.

78 Pour les biographies détaillées des différents protagonistes (de Courten, Marck, Gay et Quartier dit

Gaspard-Maurice-Joseph-Théodore de Courten (1835–1893), Valaisan, né à Sion, s'engage d'abord comme officier dans le corps suisse au service de Naples jusqu'en 1859, puis sert au Maroc et en Egypte, dans la garde européenne (1882–1883), puis dans les douanes d'Alexandrie, où il occupera le poste d'inspecteur. Il meurt dans cette même ville.[79]

Nicolas Marck (1844–1908), Fribourgeois, né à Fribourg, d'abord au service du Saint-Siège, il s'enrôle dès 1869 en Egypte dans le corps de police égyptienne en formation à Alexandrie, dont il devient le chef, au grade de major, en 1882. Il s'illustre pendant l'insurrection arabe de 1882. Retraité en 1889, maintes fois décoré, il s'installe à Trieste, ville de son épouse, au début des années 1890, dans sa villa construite au bord de l'Adriatique.[80] Marck effectue plusieurs visites en Suisse, chez des amis bien placés, sans jamais avoir été inquiété, au contraire.

Joseph-Hilaire Gay (1849–1909, aussi Gay du Borgeal), Valaisan d'origine et Genevois d'adoption, né à Martigny, d'abord greffier au Tribunal de district à Martigny, il devient ensuite organisateur et capitaine de la garde européenne au Caire (parti le 8 octobre 1882 de Genève avec le second détachement envoyé depuis la ville [environ 100 hommes], de retour en train à Genève le 30 janvier 1883, à 20 h.), commandant provisoire de cette dernière avant d'être remplacé à sa tête et sur sa demande; c'est un autre Genevois, Pierre Bauer, qui prend alors le commandement des compagnies suisses. Professeur de latin à l'institut Thudichum (école internationale) à Genève dès son retour, journaliste, historien, notamment député du Parti des libertins de William Vogt au Grand Conseil genevois (1901–1904).[81] Nombre de politiciens lui ont rendu hommage, encore de son vivant.

Louis Arthur Quartier dit Maire (1860–1940), né au Locle, il s'agit du seul mercenaire suisse de 1882 à avoir poursuivi une longue et riche carrière en Egypte. Enrôlé à Genève en octobre 1882, dans le même convoi que Gay, il débute comme simple agent de la «police suisse» à Alexandrie, puis est promu *head constable* (sous-brigadier) à Port-Saïd (1883), sous-lieutenant au canal de Suez (1885), puis lieutenant au Caire (1887) où il est promu major et chef de la police (secrète) de la ville en 1915. Retraité en 1920, il est fêté par toute la police du Caire en

---

    Maire), voir Philippe Hebeisen, Policiers suisses à l'étranger, in: La Lettre de Penthes 21 (2013), p. 32–37.
79 Léon Dupont-Lachenal, La famille Gay du Borgeal d'Orsières et de Martigny, in: Annales valaisannes 9/1 (1954), p. 9–36, ici 23 s. Voir aussi Christophe de Courten, Antoine de Courten, Famille de Courten. Compléments à la Généalogie de la Famille Courten, 1885–2006, Embrach 2006, p. 50, indications que je dois à la gentillesse de Mme Nathalie Barberini-de Courten.
80 Nouvelles étrennes fribourgeoises, 1909, p. 89–92; Dictionnaire historique et biographique de la Suisse (DHBS), vol. 4, p. 667; Gay (voir note 5), p. 12.
81 Pierre Reichenbach, Gay, Hilaire, in: DHS, http://www.hls-dhs-dss.ch/textes/f/F32186.php (version du 3. 7. 2007). Cf. aussi: Gay (voir note 5), p. 5, 89; Dupont-Lachenal (voir note 79); DHBS, vol. 3, p. 338.

reconnaissance de sa carrière. Maintes fois décoré, par l'Egypte et l'étranger. De retour en Suisse pour raisons de santé, il s'installe à Lausanne, où il recevait souvent, au vu et au su de tous, la visite de membres du gouvernement égyptien lors de leurs voyages en Suisse.[82] Décédé à Lausanne, la presse parle de lui en tant qu'«ex-officier et chef de la Sûreté à la Police égyptienne du Caire» et de «retraité du Gouvernement égyptien».[83]

Le dépouillement de la presse atteste qu'aucun de ces officiers n'est inquiété par un quelconque procès pour service militaire étranger et n'a, au final, de compte à rendre à quiconque. On pourrait arguer, sans doute à juste titre, que leurs positions en vue et leurs belles carrières mettaient vraisemblablement leurs auteurs à l'abri des réprimandes. Mais, plus notable encore, il semble bien qu'à leur retour, les simples soldats ou agents de police aient joui de la même clémence. Le sentiment qui prédomine à leur égard dans les journaux est celui qu'ils ont été floués, qu'ils sont des «pauvres diables que […] on a laissé [sic] s'enrôler pour l'Egypte, soi-disant pour un service *administratif*, qui n'était autre qu'un service d'agent du khédive et de police à la turque, c'est-à-dire rouant de coups de bâtons [sic] les plaignants et les suspects, quitte à les entendre ensuite».[84] L'indulgence des autorités fédérales à leur égard découle-t-elle de ce sentiment partagé? Quoi qu'il en soit, elles ne poursuivent pas ceux qui reviennent en Suisse bien qu'ils aient «contrevenu à la loi», se contentant de leur refuser l'aide (secours pécuniaire, viatique) des consulats Suisses à Gênes et à Marseille lors de leur retour dans leurs «foyers», malgré et à cause du fait «[qu'] on [le Département fédéral de justice et police] avait reçu d'Egypte des nouvelles défavorables sur le caractère de ce prétendu corps de sûreté et sur la manière en laquelle les enrôlés étaient traités».[85]

La gendarmerie, un instrument militaire ou civil? Synthèse

Jusqu'à la fin de la Seconde Guerre mondiale, la Suisse est une terre d'émigration. Qui plus est, à partir des années 1880, le phénomène prend une ampleur plus vaste, due notamment à la crise agricole sévissant en Suisse.[86] Il n'est donc pas surprenant

---

82 Fiechter (voir note 73), p. 114 s., 185; Feuille d'avis de Lausanne, 27. 5. 1940.
83 Feuille d'avis de Lausanne, 22. 5. 1940 (faire-part de décès); Un suisse au service du gouvernement égyptien [nécrologie], in: Feuille d'avis de Lausanne, 24. 5. 1940.
84 L'Impartial, 26. 11. 1882, la mise en exergue est d'origine; Gazette de Lausanne, 24. 11. 1882.
85 Rapport présenté à l'Assemblée fédérale par le Conseil fédéral sur sa gestion en 1882, in: Feuille fédérale 2/29 (1883), p. 921–1004, ici 1001 s.; Rapport présenté à l'assemblée fédérale par le Conseil fédéral sur sa gestion en 1883, in: Feuille fédérale 2/23 (1884), p. 607–680, ici 675.
86 Voir entre autres: Gérald Arlettaz, L'émigration suisse outre-mer de 1815 à 1920, in: Etudes et Sources 1 (1975), p. 31–96; Marc Perrenoud, Colonies suisses, in: DHS, http://www.hls-dhs-dss.ch/textes/f/F7989.php (version du 13. 10. 2011).

qu'un épisode d'exode important comme celui vécu lors des enrôlements pour l'Egypte ne soit pas condamné *a priori* à l'époque. Le souvenir de la fin du service mercenaire est alors encore relativement frais et le service des armes jouit dans la société du XIXe siècle d'un prestige aujourd'hui disparu. Ces éléments contribuent eux aussi sans doute à la tolérance qui a prévalu à l'égard des Suisses enrôlés au pays des pharaons. Quelles qu'aient pu être les motivations au départ – goût de l'aventure, recherche d'une vie meilleure, tradition familiale, et cetera –, celui-ci était dans l'air du temps et s'est fait durant dans une période de paix et de relative stabilité, du moins vu depuis la Suisse, ce qui peut également expliquer la bienveillance des autorités fédérales, le tout participant sans doute un peu d'un impérialisme, certes encore diffus, mais naissant.[87] Ainsi, les personnages abordés s'inscrivent dans le contexte d'une Suisse qui, si elle n'a jamais eu de colonies, a vu beaucoup des siens partir travailler à l'étranger comme mercenaires, missionnaires, hommes d'Eglise, explorateurs, scientifiques, orientalistes, commerçants, hommes d'affaires, maçons, et cetera et, nous le savons maintenant, comme policiers. Les trajectoires étudiées s'insèrent donc parfaitement dans leur époque, au sein de laquelle elles ne détonnent nullement.[88] L'on pourrait même avancer l'idée que ces carrières ayant été brillantes, elles n'ont pas été loin de servir d'ascenseur social, par exemple pour le Loclois Quartier, qui devient un véritable notable de la Colonie suisse en Egypte.

Et en matière de maintien de l'ordre, le recrutement de Suisses n'est pas envisagé pour la première fois, puisqu'en 1877 déjà, les ministres de la reine d'Angleterre auraient soulevés l'idée d'envoyer un corps de gendarmerie recruté en Belgique et en Suisse afin de pacifier la Bulgarie.[89]

Les carrières rapidement évoquées ci-dessus permettent non seulement d'apporter une pierre de plus à la connaissance de la «Suisse coloniale»,[90] mais aussi d'interroger le lien, en Suisse même, entre les fonctions de gendarme et de policier, leur statut militaire ou paramilitaire, et le glissement progressif du métier de gendarme vers un statut ou une fonction civile. Ces carrières, par le biais des cadres normatifs cantonaux et fédéraux, mettent donc en lumière le lien ambigu entre le gendarme et le monde militaire, au moment même ou des questions identiques ébranlent la gendarmerie en France, patrie de ce modèle policier, où la fonction de «soldat de la loi»[91] est un temps remise en question.[92] Le problème du statut,

---

87 Thomas David, Bouda Etemad, Un impérialisme suisse? Introduction, in: traverse. Revue d'histoire 2 (1998), p. 7–16.
88 Un aperçu de ce peuple migrant peut être donné, pour n'en citer que deux, au travers de: Debrunner (voir note 37); Stefan Sigerist, Schweizer im Orient, Schaffhausen 2004.
89 Feuille d'avis de Lausanne, 5. 1. 1877.
90 Pour reprendre le titre de la thèse de Patrick Minder, La Suisse coloniale. Les représentations de l'Afrique et des Africains en Suisse au temps des colonies (1880–1939), Berne 2011.
91 D'après le titre de Jean-Noël Luc (éd.), Soldats de la loi. La gendarmerie au XXe siècle, Paris 2010.
92 Xavier Borda, Gendarmerie et statut militaire. Les projets de démilitarisation de la gendarmerie

de la perception et des représentations de la fonction policière et gendarmique s'inscrit ainsi dans un contexte international. Mais dans le cadre suisse, il n'y a pas d'unanimité sur la nature du statut militaire ou non des corps de police cantonaux, lorsqu'il s'agit de gendarmeries, chaque canton faisant comme bon lui semble. Il n'y a pas d'unité non plus en matière de relation à l'armée puisque, par exemple, plus sensibles à l'esprit pacifiste régnant avant la Première Guerre mondiale, les Neuchâtelois avaient refusé en 1907 la nouvelle loi sur l'OM,[93] acceptée sur l'ensemble de la Suisse.

En revanche, si la militarité des corps cantonaux de gendarmerie fait débat, il y a unanimité, au moins dès 1882, sur la conception civile des tâches policières.[94] Celles-ci sont assimilées à un service administratif et le fait que des Suisses soient employés à l'étranger pour ce besoin ne pose aucun problème aux instances fédérales compétentes.

Cependant, en Suisse, dans le second XIXe siècle, tout se passe comme si le statut de l'institution s'éloigne progressivement de celui d'une troupe militaire, dans certains cantons comme Neuchâtel du moins. Un glissement s'opère vers une conception, sinon civile, du moins paramilitaire, du statut et de la fonction de policier d'Etat, transformation du métier dont l'avancée est dès lors irréversible.

Ce changement dans la fonction gendarmique en Suisse, dont la nature militaire n'est plus l'élément central, consubstantiel de son être, participe du même phénomène que l'inflexion observée dans le recrutement des chefs des gendarmeries cantonales à la même période et cela malgré le fait que la direction des corps de gendarmerie cantonaux soit toujours confiée à des militaires, mais dont le profil n'est plus uniquement marqué par le métier des armes.[95]

De même, le cas de figure des soi-disant gendarmes suisses en Egypte met en évidence la façon dont la population et les autorités fédérales et cantonales se positionnent par rapport au service étranger et à son interdiction, qui demeure apparemment toute relative. Le rapport ambigu que les autorités suisses entretiennent avec les activités pouvant tomber sous le coup de la loi sur le service étranger peut être éclairé d'une lumière nouvelle. En effet, tout porte à croire que, malgré la loi de 1859, discrètement et sans tapage, des carrières militaires à l'étranger à la limite de ce qu'autorise la loi sont tolérées depuis la Suisse, leurs auteurs n'étant pas poursuivis dans le cadre de procès au titre du service étranger lors de leur retour. L'épisode des recrutements

---

sous la Troisième République, in: Jean-Noël Luc (dir.), Gendarmerie, Etat et société au XIXe siècle, Paris 2002, p. 91–100.
93 Bauer (voir note 18), p. 121.
94 On parle alors de «service administratif». Cf. Journal de Genève, 13. 10. 1882.
95 Cf. Philippe Hebeisen, Vers un profil commun? Recrutement et carrières des commandants cantonaux de gendarmerie au prisme de la prosopographie (Suisse romande, 1848–1914), in: Itinera 32 (2012), p. 159–175.

pour l'Egypte atteste d'une complaisance, voire bienveillance, des gouvernements cantonaux et de l'exécutif national à l'égard du racolage effectué sur sol helvétique. L'absence de preuves tangibles réunies par le Département fédéral de justice et police n'y est peut-être pas non plus étrangère, mais il apparaît tout aussi clairement que le métier des armes rappelle des souvenirs d'un passé glorieux. Cette tolérance explique en partie pourquoi la justice peine à punir une activité relevant de la tradition, ce d'autant plus lorsqu'il s'agit de carrières d'officiers ou de personnes ayant atteint de hautes et honorables fonctions à l'étranger.

Pourquoi le dévolu du gouvernement égyptien s'est-il jeté, entre autres, sur les Suisses? N'a-t-il fait que profiter des relations de ses subordonnés, comme d'aucuns le pensaient déjà à l'époque? Quel rôle la neutralité suisse a-t-elle jouée? Ce sont là quelques-unes des questions auxquelles il n'est pas, en l'état, possible de répondre. Toutefois, une des raisons de l'échec ou de l'abandon de cette gendarmerie internationale réside peut-être dans le fait que l'Angleterre dévoile ses véritables intentions quant à l'Egypte. De plus, elle utilise la gendarmerie, partie intégrante de l'armée égyptienne (encadrée par des militaires anglais), comme outil de «conquête» de l'administration du pays, investissant l'administration locale par le biais de la police, qui ne peut donc pas être laissée à d'autres.[96]

Quoi qu'il en soit, le cas même d'Armin Müller, colonel d'artillerie, instructeur fédéral et cousin du conseiller fédéral et chef du Département militaire Eduard Müller, un militaire pur sucre donc, montre qu'au début du XXe siècle encore, le lien entre tâches policières et statut militaire n'est que distendu, mais pas encore rompu. Le caractère militaire de l'organisation, sinon de l'action, de la gendarmerie, est alors encore, ou de nouveau, d'actualité. Le fait qu'il soit question d'un «corps de gendarmerie» pour le Maroc dans une revue militaire suisse est à ce titre éloquent.[97]

*

A la suite des transformations opérées à partir du dernier tiers du XIXe siècle, en Suisse, la gendarmerie est donc un outil paramilitaire appliqué à des tâches civiles et qui, de ce fait, doit sans cesse être reforgé.[98]

---

96 Berque (voir note 34), p. 132.
97 Gendarmeriekorps für Marokko, in: Journal militaire suisse 52 (1906), p. 38–40, ici 38. L'article toutefois assure qu'il ne s'agit pas d'un service militaire étranger, mais d'une mission culturelle de durée limitée. Le fait que cette gendarmerie doive constituer le noyau de la future armée marocaine ne semble inapproprié à personne.
98 La citation originale, applicable au contexte français, dit: «La gendarmerie est un outil militaire, appliqué à des tâches civiles, qui, de ce fait même, se détériore et s'use rapidement. Il faut sans cesse le reforger.» Cf. Georges Philippot (général), L'esprit de la loi, in: Force Publique. Revue de la Société Nationale de l'Histoire et du Patrimoine de la Gendarmerie 3 (2007), p. 5–17.

Mathieu Humbert

L'expansionnisme suisse en Afrique subsaharienne au cours du XIXe siècle

Un aperçu

Swiss Expansionism South of the Sahara during the 19th Century.
An Overview

This article analyses the activities of the Swiss presence south of the Sahara during the 19th century. By focusing on cultural, economic and political fields, the following contribution tries to illustrate the place of Switzerland in the global history of this part of Africa. Particular attention is given to the relevant cases of the Gold Coast, Cameroon and the Congo Free State. Indeed, the activities of Swiss societies in these countries, in particular the Basel Mission and the Geographical Society of Geneva, reveal the existence of close links between Switzerland and the colonial powers. The aim of this article is to show that Switzerland did not remain on the sidelines of European expansionism. Therefore, the research question is to better understand the importance of the participation of Switzerland in the establishment of a formal imperialism south of the Sahara.

Introduction

Les relations entre la Suisse et l'Afrique subsaharienne (sans l'Afrique du Sud) trouvent un nouvel élan au cours du XIXe siècle. D'abord circonscrites aux activités de la traite négrière,[1] elles s'insèrent dans un changement structurel profond qui a lieu en Afrique subsaharienne et plus particulièrement en Afrique de l'Ouest: le passage progressif d'une économie fondée sur le commerce des esclaves à une économie dominée par le commerce dit «légitime».[2] Loin de pouvoir être comparée

---

1 Voir par exemple: Thomas David, Bouda Etemad, Janick Marina Schaufelbuehl, La Suisse et l'esclavage des Noirs, Lausanne 2005.
2 Cf.: Antony G. Hopkins, An Economic History of West Africa, London 1973, p. 125–135; Robin

aux imposants flux migratoires à destination de l'Amérique du Nord et de l'Amérique latine, la présence des Suisses dans cette partie de l'Afrique est l'aboutissement d'entreprises souvent personnelles ou limitées à quelques acteurs bien définis. En effet, les Amériques accueillent 97,6% des émigrants suisses entre 1869 et 1919.[3] On dénombre ainsi de nombreuses colonies helvétiques dans cette partie du monde dont les activités sont à mettre en lien avec les flux commerciaux et financiers transitant entre les deux régions. Sur le plan commercial, on remarque que la part de l'Afrique dans le commerce de la Suisse ne représente qu'environ 1% vers 1845 alors que la part du commerce suisse avec l'Amérique du Sud s'élève à environ 15–20%.[4] Enfin, les chiffres indiquent que l'Afrique subsaharienne n'est pas la partie de ce continent captant la plus grande part des échanges avec la Suisse. La part de cette région dans les exportations helvétiques à destination de l'outre-mer n'est, en effet, que de 5,4% en 1900 et de 1,6% pour les importations à destination de la Suisse. En comparaison, la région du Maghreb représente 8,7% des exportations et 23,1% des importations.[5] En dépit de cet aperçu, les relations entre la Suisse et l'Afrique au sud du Sahara révèlent tout leur intérêt si elles sont éclairées, de manière qualitative, à la lumière des actions des Suisses présents dans cette région appelée communément «le tombeau de l'homme blanc».

Le mouvement expansionniste des grandes puissances européennes vers le continent africain prend toute son ampleur lors du dernier tiers du XIXe siècle. Ce mouvement colonial est caractérisé par un nombre restreint d'Européens, des structures précoloniales en pleine évolution à la suite de l'abolition de la traite atlantique et reste, au cours du XIXe siècle, largement confiné aux zones côtières. Il faut attendre la Conférence de Berlin qui met en place des dispositions allant dans le sens d'une meilleure régulation du développement territorial européen en Afrique pour que les puissances coloniales établissent leurs zones d'influence plus loin dans l'Hinterland.[6]

Comment l'émigration helvétique en Afrique subsaharienne est-elle répartie? Il appert, dans le tableau n° 1 en annexe, que les Européens présents en Afrique en 1930 ne sont pas répartis de manière uniforme. Installés en nombre dans les colonies de peuplement comme en Afrique du Sud, au Kenya, en Rhodésie du Sud ou dans la région du Maghreb, ils ne représentent qu'une toute petite fraction de la population

---

  Law (éd.), From Slave Trade to «Legitimate» Commerce. The Commercial Transition in Nineteenth-Century West Africa, Cambridge 2007.
3 Cf. Gérald Arlettaz, Emigration et colonisation suisses en Amérique 1815–1918, Berne 1979, p. 8.
4 Bouda Etemad, Le commerce extérieur de la Suisse avec le Tiers-monde aux XIXe et XXe siècles. Une perspective comparative internationale, in: Id., Thomas David (éd.), La Suisse sur la ligne bleue de l'Outre-mer, Lausanne 1994, p. 29.
5 Ibid., p. 40 s.
6 Par exemple, cf.: Henri Wesseling, Le partage de l'Afrique 1880–1914, Paris 1996 [1991], p. 221–230; Jean Stengers, Congo. Mythes et réalité, Bruxelles 2007 [1989], p. 87–98.

des pays situés au sud du Sahara. Les Suisses présents en Afrique n'échappent pas à ce constat. Nous pouvons cependant constater qu'ils semblent représenter une plus grande fraction de la population européenne dans les colonies subsahariennes que dans les colonies de peuplement, seules zones dotées d'un véritable colonat. Loin de constituer un élément d'analyse dans notre étude, faute de données homogènes pour le XIXe siècle, ce tableau illustre simplement l'état de la présence helvétique en Afrique au début du XXe siècle. En outre, nous pouvons préciser que le nombre de Suisses présents en Afrique au sud du Sahara au XIXe siècle semble également faible. On dénombre ainsi 14 Suisses dans l'Etat indépendant du Congo en 1897[7] ou 17 Suisses au Ghana en 1911.[8]

Le but de cet article est de mieux cerner, avec le cas de l'Afrique subsaharienne, la part de la Suisse dans le processus expansionniste lancé par les grandes puissances coloniales à la fin du XIXe siècle. Plus précisément, il s'agit de souligner le rôle des Suisses lors de l'évolution d'un impérialisme économique informel à un impérialisme économique formel, défini par une domination coloniale sur les peuples indigènes.[9] Nous avançons ici que la Suisse, bien qu'étant un petit pays sans colonie et même sans accès à la mer, participe – et même joue un rôle marquant dans certains cas – à cette prise de position occidentale en Afrique subsaharienne. Parallèlement, il s'agit d'illustrer avec le cas de l'Afrique subsaharienne l'hypothèse selon laquelle la Suisse, mue par un opportunisme mercantile, prend position, dans ce mouvement colonial, dans l'ombre des grandes puissances.[10] Autrement dit, cet article tente de montrer que la Suisse ne reste pas en marge du mouvement expansionniste européen en Afrique au sud du Sahara.

Pour saisir le phénomène d'expansion suisse en Afrique subsaharienne dans sa globalité, nous ne pouvons nous appuyer que sur une maigre littérature secondaire. L'hétérogénéité des espaces coloniaux et l'évolution rapide de ce phénomène d'expansion se reflètent sur l'approche que proposent les recherches sur la question, plus enclines à multiplier des études de cas plutôt que de mettre en avant une réflexion générale sur la présence helvétique. Certes, il existe certaines études, à l'image de celle de l'historien Hans Werner Debrunner,[11] qui tentent d'embrasser ce phénomène dans sa globalité, mais ces études proposent un cadre d'analyse plus focalisé sur les trajectoires des acteurs suisses que sur leurs interactions avec le monde colonial.

7 Patrick Minder, «D'Helvétie en Congolie». Les pionniers suisses au service de l'Etat indépendant du Congo et du Congo belge (1885–1914), Mémoire de licence, Fribourg 1994, p. 200.
8 Robert R. Kuczynski, Demographic Survey of the British Colonial Empire, vol. 2, Fairfield (NJ) 1977, p. 446.
9 Cf. Gareth Austin, Economic Imperialism, in: Joel Mokyr (éd.), The Oxford Encyclopedia of Economic History, Oxford 2003, p. 145–155.
10 Cf. Thomas David, Bouda Etemad, Un impérialisme suisse?, in: traverse. Revue d'histoire 5/2 (1998), p. 7–27, ici 11.
11 Hans-Werner Debrunner, Schweizer im kolonialen Afrika, Bâle 1991.

Nous tentons ici d'apporter une contribution permettant de répondre, en partie, à cette lacune historiographique. Nous avons ainsi choisi un angle de recherche plus large de ce phénomène tout en nous limitant sur une certaine période – soit celle de la mise en place des structures coloniales en Afrique subsaharienne – et en adoptant une méthode comparative volontairement déséquilibrée en faveur de quelques pays que nous jugeons les plus aptes à dresser une image révélatrice de l'expansionnisme helvétique. Le choix de ces pays a été dicté par le rôle prépondérant de deux structures que nous voulions mettre en évidence: les sociétés de géographie et les missions religieuses. Nous avons ainsi sélectionné trois principaux terrains d'investigation: la fondation de l'Etat indépendant du Congo (EIC) et la formation des colonies de la Gold Coast et du Cameroun. Outre l'hétérogénéité au niveau des espaces géographiques, l'étude de ces trois pays permet de faire intervenir trois puissances coloniales dans notre analyse, la Belgique, la Grande-Bretagne et l'Allemagne.

Notre article est structuré en quatre parties. La première s'intéresse aux relations culturelles entre la Suisse et l'Afrique subsaharienne et insiste sur les supports dont bénéficient les Suisses pour investir cette partie du continent. La deuxième partie fait le point sur les motivations commerciales et les intérêts financiers des Suisses décidés à entreprendre des affaires dans cette région. La troisième partie souligne les aspects politiques des relations de la Suisse avec les puissances coloniales. Enfin, nous tenterons de dégager certaines tendances propres à l'expansionnisme helvétique dans la partie conclusive.

Les relations culturelles: l'émergence d'un idéal colonial en Suisse

Nous pouvons faire remonter les origines d'une nouvelle impulsion dans les relations entre la Suisse et l'Afrique subsaharienne au début du XIXe siècle, lors de la constitution, sur le territoire helvétique, de sociétés dédiées à des projets de découvertes scientifiques et de missions civilisatrices en Afrique. En effet, deux mouvements se développent presque simultanément. Le premier est celui des missions religieuses. Les missions s'intéressant au continent africain émergent en Suisse dès le début du XIXe siècle avec, notamment, la création de la Mission de Bâle en 1815.[12] Au cours de ce siècle, nous pouvons également citer la fondation de la Mission suisse

---

12 Voir par exemple: Wilhelm Schlatter, Geschichte der Basler Mission 1815–1915, Bâle 1916, p. 1–27; John Miller, Missionary Zeal and Institutional Control. Organizational Contradictions in the Basel Mission on the Gold Coast, 1828–1917, Londres 2003, p. 13–18; Heinrich Christ, Zwischen Religion und Geschäft. Zur Unternehmensethik der Basler Missions-Handlungs-Gesellschaft (1859–1917), Thèse, Zurich 2012.

en 1874, active au Mozambique à partir de 1887,[13] ainsi que celle de la Mission philafricaine fondée par Héli Châtelain en Angola en 1897.[14] Le second mouvement est celui des sociétés de géographie. Il se développe en Suisse dans le sillage de la Société de Géographie de Paris créée en 1821. Dans le cadre de cette étude, nous nous intéressons exclusivement à l'une des six sociétés suisses de géographie, la Société géographique de Genève, fondée en 1858, en raison de ses activités liées à l'Afrique au sud du Sahara.[15]

Les premiers missionnaires suisses à prendre pied sur le continent africain au sud du Sahara sont ceux de la Mission de Bâle qui, après une première tentative avortée au Liberia, s'installent durablement en Gold Coast en 1828. Le projet de ces missionnaires était avant tout – outre le fait de survivre assez longtemps dans cette région particulièrement hostile à la santé des Européens – de lutter contre l'esclavage en prônant le prosélytisme, l'éducation et les activités agricoles et artisanales.[16] Au cours du XIXe siècle, les missionnaires bâlois se diversifient dans l'agriculture et le commerce. Après plusieurs années d'activité dans ces secteurs, la décision est finalement prise de séparer les activités religieuses et commerciales de la Mission par la création de la Basler Handelsgesellschaft (BHG) en 1859. Une société qui reste toutefois fortement connectée avec l'organe religieux de la Mission. Cette décision reflète bien l'ampleur et l'ambiguïté des activités commerciales des missionnaires bâlois.[17]

Les buts de la Mission de Bâle, combinant le développement d'un réseau de chrétiens, d'une culture piétiste allemande mais également des activités commerciales et artisanales, ont été en partie influencés par les conditions géographiques et socioéconomiques rencontrées en Gold Coast. Il existe donc une marge de manœuvre entre les projets de la Mission de Bâle et leur application. Dans le cas de la Mission philafricaine en Angola, on remarque en revanche que les activités de son fondateur, Héli Châtelain, ont été minutieusement élaborées avant son voyage et répondent à sa vision idéale de l'action missionnaire. En cherchant une symbiose entre

---

13 Voir par exemple: Adolphe Linder, Die Schweizer in Mosambik 1721–1990, Rondebosch 1998, p. 167–242; Charles Rohrbasser, L'œuvre sociale de la Mission Suisse au Mozambique, Mémoire de licence, Lausanne 1991, p. 38–66.
14 Cf. Didier Péclard, Ethos missionnaire et esprit du capitalisme. La Mission philafricaine en Angola 1897–1907, Lausanne 1995, p. 27–49.
15 Sur les sociétés de géographie de Suisse, voir par exemple: Ruth Hagen, Expeditionen in den dunklen Kontinent. Die geographischen Gesellschaften der Schweiz und die wissenschaftliche Erforschung Afrikas, Mémoire de licence, Berne 2003; Patrick Minder, La Suisse coloniale. Les représentations de l'Afrique et des Africains en Suisse au temps des colonies (1880–1939), Berne 2011, p. 37–41; Patrick Rérat, Etienne Piguet (éd.), La «pensée du monde». Une société de géographie à la Belle Epoque, Neuchâtel 2011; Fabio Rossinelli, La Société de géographie de Genève et l'impérialisme suisse (1858–1914), Mémoire de licence, Lausanne 2013.
16 Cf. Miller (voir note 12), p. 15 s.
17 Cf. Christ (voir note 12).

prosélytisme et expansion commerciale, Héli Châtelain pense pouvoir construire une colonie efficace par l'inculcation des principes moraux, intellectuels, spirituels et économiques de l'éthique protestante, d'une part, et, d'autre part, en luttant contre les «tares» sociales de l'Afrique, comme la sorcellerie, la polygamie ou encore l'oisiveté. Toutefois, confronté aux relations tendues avec les autorités coloniales et aux résistances des populations africaines, Héli Châtelain ne parvient pas à implanter profondément ses idées.[18]

La Mission de Bâle est également présente sur le territoire de l'actuel Cameroun dès la prise en main formelle de cette colonie par l'empire allemand. Contrairement au cas de la Gold Coast, la Mission de Bâle investit ce territoire sur mandat du Gouvernement allemand et représente la culture et la politique coloniale du Reich sur les rives de la Wouri. En effet, au cours des années 1870, un intense débat oppose différentes visions du rôle des missions religieuses dans la stratégie coloniale allemande. Le point culminant de ce débat a lieu lors de la Conférence de Brême en 1885, qui marque non seulement le rattachement des missions à la politique coloniale allemande mais encore l'appartenance de la Mission de Bâle, également présente à Brême, à la sphère culturelle du Reich.[19] Forts de leur expérience ghanéenne, les Bâlois acceptent la mission de représenter la culture du Reich sur le territoire africain selon ses stratégies propres, soit l'évangélisation et l'éducation.[20]

Bien que très éloignée de l'expérience du terrain de la Mission de Bâle, la Société de géographie de Genève élabore également un idéal de l'expansionnisme helvétique, mêlant curiosité scientifique, motivations économiques et esprit civilisateur sous le couvert d'un philanthropisme abolitionniste. Les motivations des membres de cette société gagnent un support de choix grâce à Léopold II et à son projet de colonisation. Dès le mois de septembre 1876, lors de la Conférence de Bruxelles rassemblant les sociétés de géographie orientées vers l'expansion européenne en Afrique, le roi des Belges crée l'Association internationale africaine (AIA), une organisation portant haut les couleurs de l'impérialisme européen en Afrique. Cette association est régie par un comité exécutif, présidé par Léopold II lui-même et encourage les pays à se doter de comités nationaux afin de structurer les actions européennes vers le continent africain.[21] Bien qu'absente de la Conférence de Bruxelles, la Société de géographie de Genève s'empresse de prendre le pas de

---

18 Cf. Péclard (voir note 14), p. 24–26, 51–64.
19 Cf.: Erik Halldén, The Culture Policy of the Basel Mission in the Cameroons 1886–1905, Lund 1968, p. 15–52, ici 28 s., 39 s.; Horst Gründer, Christliche Mission und deutscher Imperialismus 1884–1914, Paderborn 1982, p. 30–32.
20 Cf. Jonas N. Dah, Missionary Motivations and Methods. A Critical Examination of the Basel Mission in Cameroon 1886–1914, Bâle 1983, p. 117–145.
21 Cf. Association internationale africaine, Comité national suisse pour l'exploration et la civilisation de l'Afrique centrale, Documents officiels [des années] 1876, 1877, 1878, 1879, Genève, 1879, p. 26; Stengers (voir note 6), p. 45–85; Wesseling (voir note 6), p. 163–169.

ce mouvement civilisateur et rejoint l'AIA en janvier 1877, puis crée le 24 avril 1877 à Genève le Comité national suisse pour l'exploration et la civilisation de l'Afrique centrale.[22] Comptant 110 adhérents lors de cette séance de fondation, le comité est présidé par Henri Boutillier de Beaumont, issu d'une famille bourgeoise de Genève active dans les milieux financiers et artistiques, également président de la Société de géographie de Genève de 1858 à 1885. Les buts de ce Comité suisse sont synthétisés dans le mémoire lu par le Dr de la Harpe, vice-président de la Société de géographie de Genève lors de la réunion préparatoire de la fondation du Comité suisse. Après avoir fait l'éloge de la philanthropie du président de l'AIA, Léopold II, le Dr de la Harpe poursuit: «Sciences, commerce, civilisation! Tels sont les trois mots magiques dont le son, après avoir ému la magnanime ambition de notre royal Président, a trouvé en vous un écho, qui se propagera encore à mesure que cette grande cause sera mieux connue. C'est à vous, qui avez été jaloux de vous placer au premier rang de cette armée de pionniers, qu'il appartiendra de recruter de nouveaux amis à une si belle cause.»[23]

Les opportunités commerciales et la vision philanthropique de leurs relations avec l'Afrique centrale se rejoignent ostensiblement avec les idéaux anti-esclavagistes qui occupent une place de choix dans leur argumentation: «[…] la première condition d'un développement régulier de l'Afrique centrale, c'est la fin des guerres qui la désolent; guerres qui ont toutes une même cause et un même but, l'esclavage! […] A côté de ce commerce maudit, source de tant de crimes et de tant de misères, tout commerce légitime et honnête devient impossible et s'éteint. […] Ayons donc du courage! Montrons-nous, et nous triompherons à notre tour. Que l'Afrique apprenne que cette misère inénarrable dans laquelle le Mahométan la retient et la plonge toujours plus profondément, c'est le Chrétien qui l'en délivrera. Que l'Afrique orientale connaisse à son tour les bienfaits que la précédente génération, celle des Wilberforce et des Buxton, a déjà conquis pour l'Afrique occidentale. Que l'Europe fasse entendre sa grande voix; que les nations s'accordent pour la porter jusque dans les solitudes de l'Afrique, et l'esclavage aura vécu; et de proche en proche, un septième de la race humaine sera délivré de l'ignominie du fouet et de l'oppression tyrannique du vice. Levons-nous! Allons chercher notre sœur que nous avons laissée en arrière. Qu'elle vienne, reconnaissante, s'asseoir à ce banquet de la civilisation où jusqu'à ce jour sa place est restée vide. Alors votre Association internationale, qui aura réalisé cette grande chose, aura bien mérité du genre humain et des siècles à venir.»[24]

---

22 Cf.: Documents relatifs au Comité national suisse n° 2, in: Association internationale africaine (voir note 21), p. 119; Marie-Claire Berguer, Les relations entre l'Etat indépendant du Congo et la Suisse (1876–1908), Mémoire de licence, Bruxelles, 1958, p. 41–48; Minder (voir note 15), p. 39.
23 Documents relatifs au Comité national suisse n° 2 (voir note 22), p. 119.
24 Ibid., p. 137 s.

Nonobstant une volonté forte de poursuivre l'action helvétique vers l'Afrique dans le sillage de l'AIA, le Comité suisse se dissout rapidement en novembre 1879.[25] Les causes de cette brève activité sont fortement liées à la disparition de l'AIA après sa première et unique séance du 19 juin 1877. Ce projet philanthropique est effectivement délaissé par Léopold II au profit du Comité d'Etude du Haut-Congo, créé en 1878, bien plus focalisé sur des buts commerciaux et qui constitue une deuxième étape vers la création de l'EIC en 1885.[26]

Finalement, ce comité reste, conjointement avec la Société de géographie de Genève, un pôle de recherche où s'échangent les informations et se créent les réseaux africanistes au niveau helvétique. Ainsi, Gustave Moynier, membre éminent de ces deux sociétés, reçoit, par exemple, le soutien moral des deux organisations pour son projet de revue *L'Afrique explorée et civilisée*. Cette revue qui paraît entre 1879 et 1894 a comme but de faire connaître au public la découverte de l'Afrique; elle est dirigée par Charles Faure, secrétaire-bibliothécaire de la Société de géographie de Genève. On peut y lire, dans un numéro datant de 1883, une vision engagée du rôle des Suisses dans la course à l'Afrique: «[…] le ciel étoilé ne nous présente pas seulement des astres de première grandeur, et, quelque modeste que soit notre place dans le champ de l'exploration et de la civilisation de l'Afrique, il est intéressant de voir combien un peuple comme le nôtre, sans colonies sur la côte d'Afrique, et sans subsides de la part des gouvernements ou des sociétés de géographie, a pu fournir de voyageurs et de missionnaires, pour concourir à la découverte de ce continent et au relèvement intellectuel et moral de ses habitants.»[27]

Loin d'être constituée en un mouvement soudé, l'expansionnisme helvétique en Afrique subsaharienne repose, sur le territoire helvétique, sur différents canaux et répond à un élan impérialiste international teinté de patriotisme plutôt qu'à une réelle démarche au niveau national. Les forces qui animent l'esprit aventurier et civilisateur des missionnaires et des géographes du XIXe siècle ne sont pas l'apanage de la culture helvétique à elle seule mais trouvent en effet des impulsions au sein de mouvements similaires présents en l'Europe au cours de cette période. Cela ne doit toutefois pas atténuer la dimension patriotique également promulguée au sein de ces milieux. En un sens, les sociétés missionnaires et les sociétés de géographiques suisses prennent le train de l'impérialisme européen en marche.

---

25 Cf. Arthur de Claparède, Coup d'œil sur la Société de géographie de Genève, depuis sa fondation en 1858, Genève 1908, p. 40; Rossinelli (voir note 15), p. 83–89.
26 Cf. Stengers (voir note 6), p. 45–85.
27 La part des Suisses dans l'exploration et la civilisation de l'Afrique, in: L'Afrique explorée et civilisée 4 (1883), p. 215–229, ici 215 s.

Les relations économiques: commerce et exportations de capitaux

Les relations entre la Suisse et l'Afrique subsaharienne au cours du XIXe siècle sont fortement imprégnées par les affaires économiques. Bien que les tâches initiales des Suisses tournés vers cette partie de l'Afrique ne visent pas à promouvoir prioritairement ce type d'activité, les affaires commerciales et financières occupent une place de choix.

Dans le cas de la Gold Coast, les missionnaires bâlois développent très rapidement des structures commerciales.[28] Au début, ces activités servaient à pourvoir les missionnaires en besoin matériel. Mais les exportations de matières premières, essentiellement de l'huile de palme et des noyaux de palmiers à huile, puis du cacao à partir du début du XXe siècle, mais également du caoutchouc, du coton et du café ainsi que les importations de produits manufacturés européens, deviennent rapidement un secteur d'activité important au sein de la Mission de Bâle. La création en 1859 d'une entité dédiée uniquement au commerce, la BHG, donne l'allure d'une séparation essentiellement formelle, puisque les deux sociétés restent fermement connectées en partageant les mêmes origines bâloises, la même formation des missionnaires, et car la BHG dédie la moitié de ses bénéfices à la Mission après avoir verser les dividendes aux actionnaires à des parts qui évoluent périodiquement.[29]

Tirant profit de l'action évangélique des missionnaires qui pavent la voie sur laquelle elle se développe, la BHG étend rapidement son réseau qui compte une vingtaine de comptoirs et de factoreries en Gold Coast en 1913[30] et augmente son chiffre d'affaires, surtout à partir de la création de la colonie britannique en 1874 après leur victoire contre le royaume Ashanti. Quant aux bénéfices réalisés entre 1960 et 1910, l'historien Sébastien Guex les qualifie d'élevés.[31] La réussite de la BHG sur le territoire africain au cours du XIXe siècle tient grandement à ses ancrages dans le milieu financier bâlois, aux liens spirituels et matériels des frères-commerçants avec le réseau de la Mission de Bâle[32] et aux relations avec le Gouvernement britannique qui, en menant la guerre contre le royaume Ashanti, ouvre des perspectives économiques prometteuses aux Suisses présents

---

28 Cf.: Ernest A. Osafo, Der Beitrag der Basler Mission zur wirtschaftlichen Entwicklung Ghanas von 1828 bis zum Ersten Weltkrieg, Thèse, Cologne 1972; Christ (voir note 12).

29 Cf.: Gustav A. Wanner, Die Basler Handels-Gesellschaft 1859–1959, Bâle 1959, p. 34–46; Andrea Franc, Wie die Schweiz zur Schokolade kam. Der Kakaohandel der Basler Handelsgesellschaft mit der Kolonie Goldküste (1893–1960), Bâle 2008, p. 70–73.

30 Cf. Wanner (voir note 29), p. 109–126.

31 Cf. Sébastien Guex, Le négoce suisse en Afrique noire. Le cas de l'U. T. C., in: Hubert Bonin, Michel Cahen (éd.), Négoce blanc en Afrique noire. L'évolution du commerce à longue distance en Afrique noire du 18e au 20e siècles, [Paris] 2001, p. 225–253, ici 232–237.

32 Cf. ibid., p. 244–248.

en Gold Coast. Toutefois, nous retiendrons ici essentiellement le développement du commerce de l'huile de palme et des quelques autres produits tropicaux, car ce sont ces activités qui vont enchérir la liste des arguments en faveur de la création d'une colonie de la Gold Coast.

La mise en regard des activités commerciales des Suisses présents en Gold Coast avec celles des Suisses présents dans l'EIC nous permet de prendre la mesure des différences entre les deux territoires. En effet, les activités commerciales des Européens dans l'EIC ne prennent leur essor qu'après la création, en 1898, de la voie de chemin de fer reliant le bassin du Congo (Léopoldville) à Matadi, port ouvert sur l'océan Atlantique. Cette situation n'empêche toutefois pas le consul de Suisse en Belgique de renseigner le Gouvernement helvétique sur les perspectives économiques de l'EIC en 1886 déjà: «Les produits européens pourront trouver au sein de la population du Congo un débouché important, qui s'accroîtra dans la mesure du développement de l'exportation de ce pays. La possibilité constatée d'utiliser le travail des races indigènes permettra à l'Européen de fonder et de développer des comptoirs commerciaux et des exploitations agricoles ou industrielles au Congo.»[33] Compte tenu de l'impossibilité de développer des activités commerciales sur ce territoire, la contribution des Suisses aux activités économiques de Léopold II est d'ordre essentiellement financière. Relevons au passage que, dans le cas du bassin du Congo, il ne faut pas surestimer la dimension étatique des liens économiques entre la métropole et la colonie. Il faut, au contraire, prendre la mesure de la dimension transnationale de la propriété des capitaux. La colonisation du bassin du Congo mobilise en effet des capitaux de différents pays, notamment anglais, allemands, américains français ou russes, mais également suisses.[34]

Dès les premières années de l'EIC, Léopold II est confronté à de grandes difficultés financières. En souscrivant à l'Acte de Berlin en 1885, il s'était interdit la perception de droits d'entrée. Les recettes propres de l'Etat sont donc insignifiantes et le «trésor du Congo», constitué uniquement par la fortune personnelle de Léopold II, ne produit pas assez d'intérêts pour couvrir les dépenses de son royaume africain. Léopold II recourt donc dès 1888 à l'emprunt. Il place un emprunt à lots, sur le modèle de ceux constitués par certains Comités nationaux de la Croix-Rouge. Techniquement, chaque coupure de l'emprunt de 100 fr. belges est émise à 83 fr. dont 46 fr. sont destinés à un fonds d'amortissement chargé du remboursement de l'emprunt et des primes tirées au sort périodiquement et 4 fr. vont au syndicat de banquiers qui se

---

33 Archives fédérales (AFS), E2 1000/44 1053–1061, 1055, Lettre du Consulat général de Suisse en Belgique, A. de la Harpe, au président de la Confédération, Bruxelles, 8. 10. 1886, p. 4.
34 Cf. Jean-Luc Vellut, Réseaux transnationaux dans l'économie politique du Congo Léopoldien, c. 1885–1910, in: Laurence Marfaing, Brigitte Reinwald (éd.), Afrikanische Beziehungen, Netzwerke und Räume / African Networks, Exchange and Spatial Dynamics / Dynamiques spatiales, réseaux et échanges africains, Münster 2001, p. 131–146.

charge de l'émission. Ce modèle présente l'avantage d'être plus séduisant aux yeux du public qui a la possibilité de gagner d'importantes sommes en très peu de temps. Ces caractéristiques sont intéressantes dans notre cas, car elles obligent Léopold II à obtenir l'accord préalable des gouvernements des pays où l'emprunt doit être émis.[35] Or, il s'avère que les négociations menées par Léopold II sur cette question ont été un échec. Les trois seuls pays pour lesquels Léopold II obtient une autorisation d'émission sont la Belgique, les Pays-Bas par la Banque de Paris et des Pays-Bas et la Banque de Rotterdam et la Suisse, également par une succursale de la Banque de Paris et des Pays-Bas ainsi que par la Banque commerciale à Bâle.[36] Bien que la part de l'emprunt placé par les banques sur le marché suisse ne représente que 6,6% des 150 mio. de fr. belges espérant être récoltés,[37] il semble que l'intérêt de Léopold II pour la Suisse soit d'une autre importance. En effet, en plaçant son emprunt sur le territoire helvétique, Léopold II souhaiterait d'une part mobiliser la riche clientèle française qui ne peut s'adresser à une banque sur le territoire français pour cette affaire et d'autre part chercherait à utiliser la neutralité de la Suisse afin de ne pas risquer de modifier les rapports de force existant avec les grandes puissances impériales, notamment en ce qui concerne les négociations futures sur la colonisation de l'Afrique. Toutefois, faute de document, ce raisonnement reste à l'état d'hypothèse. Enfin, bien que cet emprunt n'ait pas apporté les résultats escomptés pour relever les finances de l'EIC, il a certainement contribué au rapprochement des deux pays puisqu'un accord d'amitié, d'établissement et de commerce est signé entre la Suisse et l'EIC le 16 novembre 1889[38] et qu'on peut supposer une sous-participation des banques sur le territoire helvétique pour d'autres emprunts congolais placés en 1896, 1898, 1901 et 1904.[39]

Il existe, au cours du XIXe siècle, encore d'autres projets commerciaux en Afrique au sud du Sahara. La BHG prend par exemple brièvement pied au Cameroun en

---

35 Cf. Jean Stengers, La dette publique de l'Etat indépendant du Congo (1879–1908), in: La dette publique aux XVIIIe et XIXe siècles. Son développement sur le plan local, régional et national, [Bruxelles] 1980, p. 297–315, ici 300–303.
36 Schweizerisches Wirtschaftsarchiv, Hs 279 A11, Prospectus de l'emprunt de l'Etat indépendant du Congo, 7. 2. 1888.
37 Publicité pour l'emprunt de l'Etat indépendant du Congo de 1888, in: Journal de Genève, 7. 3. 1888.
38 Cf. Berguer (voir note 22), p. 4–8.
39 La plupart des prospectus d'emprunt ont été retrouvés dans les fonds d'archives de la Banque commerciale de Bâle gérés par le Schweizerisches Wirtschaftsarchiv à Bâle. En l'absence de documents permettant de synthétiser les dates des différentes émissions des emprunts congolais, il perdure une petite incertitude sur ces données. Cf.: Angela Maria Hauser-Dora, Die wirtschaftlichen und handelspolitischen Beziehungen der Schweiz zu überseeischen Gebieten 1873–1913, Berne 1986, p. 180; The Statesman Yearbook, 1903, p. 530; Edouard Chabloz, Ernest de Saugy, Vade-mecum des Bourses de Bâle, Zurich et Genève, publ. par la Société de Crédit Suisse, Zurich, Bâle, Genève, Saint-Gall, Zurich 1910/11, p. 54.

1898 et y développe des activités commerciales et artisanales.[40] Un autre exemple particulièrement intéressant est le projet angolais imaginé par Héli Châtelain après la création de la Ligue Philafricaine des Libérateurs le 27 mai 1896 à New York. Ce plan d'action prévoyait diverses mesures pour lutter efficacement contre l'esclavage et comprenait également un important volet sur l'éducation des Africains. En bref, Héli Châtelain cherchait à libérer les esclaves et à les insérer dans le circuit de l'économie coloniale en les affectant à des types d'activités commerciales et industrielles empreintes de valeurs occidentales. Conscient que cette tâche ne pouvait être relevée uniquement par l'œuvre missionnaire, Héli Châtelain projetait de structurer ce processus de transformation capitaliste avec la création de différentes sociétés, notamment la Philafrican Trading Company, chargée de mener à bien les réformes nécessaires pour le commerce, l'agriculture et l'industrie africaine.[41]

Les relations économiques des Suisses avec l'Afrique subsaharienne sont fortement hétérogènes. Les modalités de la colonisation de cette partie de l'Afrique ne sont pas liées à l'implantation d'un colonat blanc comme c'est le cas pour l'Algérie ou l'Afrique australe. Les Suisses restent donc confinés à certaines activités bien précises qui sont largement influencées par les conditions initiales trouvées sur place ainsi que sur les relations avec la puissance coloniale en charge du territoire. Dans ce contexte, il n'est pas abusif de parler d'opportunisme mercantile pour définir les actions des Suisses dans cette partie de l'Afrique.

Les relations politiques: des experts au service des puissances coloniales

Il peut paraître surprenant de parler de relations politiques lorsque l'on sait qu'il n'y a pas de département des affaires coloniales en Suisse et que les activités des Suisses en Afrique relèvent toutes de la sphère privée. Néanmoins, différentes affaires africaines poussent les Suisses à participer à divers degrés à l'édification de régimes coloniaux en Afrique.

L'historien Jean Stengers affirme que la réussite de Léopold II dans la phase initiale de son entreprise coloniale s'explique, au milieu d'autres facteurs, par le fait qu'il était entouré d'hommes très capables.[42] Il semble que nous pouvons ajouter à sa liste non exhaustive de collaborateurs deux hommes particulièrement actifs et enthousiastes du projet léopoldien, Gustave Moynier et Alphonse Rivier, tous deux de nationalité suisse. Le premier joue un rôle important dans l'élaboration du

---

40 Cf. Wanner (voir note 29), p. 240–248.
41 Cf. Péclard (voir note 14), p. 24–26.
42 Cf. Stengers (voir note 6), p. 51–55.

concept juridique et économique qui permettra à Léopold II de faire reconnaître son Association internationale du Congo comme Etat lors de la Conférence de Berlin en 1885; la création d'un «Etat sans douane».[43] En effet, Gustave Moynier présente déjà une réflexion allant dans ce sens en 1878, soit un an après la découverte de ce fleuve par Stanley, puis la reprend dans un mémoire qu'il présente devant l'Institut de droit international (IDI) dont il est un des membres fondateurs. Se fondant sur la législation en vigueur sur le fleuve du Danube depuis 1856, Gustave Moynier défend l'idée que la liberté de navigation pour toutes les nations soit appliquée au fleuve du Congo et à ses affluents. Son mémoire, publié en 1883, sera envoyé à différents Etats, dont la Suisse, par les soins de l'IDI. Dans ce mémoire, le potentiel économique du futur Etat est clairement souligné par Gustave Moynier: «Les intérêts de la production européenne, du commerce, de la colonisation, du progrès en un mot, seraient admirablement servis par un semblable régime [la liberté de navigation], et le bassin du Congo se trouverait ainsi mieux partagé économiquement parlant, que les Etats du vieux monde auxquels il serait redevable de cette supériorité.»[44]

L'idée clé de la réussite du projet colonial de Léopold II prend ses racines dans le concept de Gustave Moynier qui réussit à combiner les valeurs libérales et internationales avec les rivalités nationales renforcées par l'expansionnisme européen. Il n'est d'ailleurs pas surprenant de constater que Léopold II s'entoure lors de la Conférence de Berlin de deux experts juridiques suisses, Gustave Moynier et Alphonse Rivier. Ce dernier, éminent juriste également membre de l'IDI est chargé de préparer des instructions diplomatiques pour un nouveau régime du droit des gens applicable au Bassin conventionnel du Congo. La dimension internationale des activités de ces deux juristes n'est cependant pas incompatible avec la défense des intérêts nationaux. Alphonse Rivier, alors déjà membre du Conseil supérieur de l'EIC, haute Cour de justice de l'EIC également en charge de certains aspects législatifs, devient ainsi le consul général de Suisse à Bruxelles pour la Belgique et l'EIC entre 1886 et 1898 et Gustave Moynier devient le Premier consul de l'EIC, représentant la colonie de Léopold II à Genève pour la Suisse entre 1890 et 1904.[45]

Bien loin de ces activités se déroulant sur le continent européen, des Suisses sont également présents sur le territoire de l'EIC pour le compte de Léopold II. Il s'agit de 15 Suisses engagés dans la Force publique – l'armée coloniale du souverain forte de 15'000 hommes et de 450 officiers de nationalité belge – principalement destinée à lutter contre les forces arabes présentes sur le territoire congolais.[46]

---

43 Cf. ibid., p. 65.
44 Gustave Moynier, La Question du Congo devant l'Institut de Droit International, Genève 1883, p. 10.
45 Cf. Berguer (voir note 22), p. 17–22, 24–30.
46 Patrick Minder, Quelques soldats suisses à la conquête du Congo belge: les 15 mercenaires de la Force publique, in: Revue militaire suisse 141/11 (1996), p. 35–40.

La question des relations entre la puissance coloniale et les Suisses est très différente dans le cas de la Gold Coast, fortement dictée par l'expérience du terrain dont bénéficie la Mission de Bâle. Ainsi, nous ne sommes pas surpris de constater que le Gouvernement britannique s'enchérit de l'avis d'un représentant de cette mission lorsqu'il doit repenser sa politique coloniale en Afrique de l'Ouest. En effet, dès le début des années 1840, puis de nouveau au début des années 1860, la Chambre des communes charge un comité de spécialistes de déterminer si les structures coloniales mises en place en Afrique de l'Ouest peuvent perdurer sans une présence accrue de l'Etat britannique.[47] Les craintes des Britanniques concernent surtout les relations difficiles avec le royaume Ashanti situé à l'intérieur des terres et l'impossibilité des Africains de s'insérer dans l'économie coloniale. Ce comité auditionne donc au cours de l'année 1865 différents spécialistes de la question coloniale en Afrique de l'Ouest issus de l'administration et de l'armée britannique mais également des marchands et deux missionnaires. Certes, le représentant de la Mission de Bâle, le missionnaire Elias Schrenk n'est pas le seul à être interrogé par les 15 membres du comité. On peut toutefois avancer que le poids de son jugement est essentiel dans la mesure où son témoignage occupe quantitativement une place importante dans les séances de comité. En effet, sur la trentaine de spécialistes convoqués par ce comité, Elias Schrenk fait partie des huit intervenants bénéficiant d'au moins une demi-séance pour s'exprimer. De plus, il est la septième personne sur la trentaine d'experts interrogés par le comité. Elias Schrenk défend l'idée, par écrit et par oral,[48] que le territoire de la Gold Coast ne peut prospérer sans l'aide du Gouvernement colonial britannique. Pour Schrenk, la vitalité des structures économiques dépend des efforts consentis par les Britanniques pour sécuriser le territoire face aux pressions du royaume Ashanti et garantir un cadre propice au développement des affaires.[49] Elias Schrenk défend également le potentiel des Africains de s'aligner sur les valeurs occidentales grâce à l'éducation qui leur est fournie par les Occidentaux, essentiellement les missionnaires bâlois. Il prône ainsi une «mise à niveau» intellectuelle des Africains par l'inculcation de l'arithmétique, du grec et de l'hébreu.[50] Tout au long de son entretien, Elias Schrenk n'hésite pas à mettre en avant l'expérience de la Mission de Bâle dans les domaines de l'éducation mais aussi du commerce en mentionnant à plusieurs reprises les travaux entrepris par les missionnaires bâlois pour la culture des denrées tropicales d'exportation, notamment le coton et l'huile de palme.

---

47 Cf. Peter J. Cain, Anthony G. Hopkins, British Imperialism 1688–2000, Edinburgh 2002 [1993], p. 303–312, 327–339.
48 Archives de la Mission 21, 80131, D.Sch-2, 42, Rapport d'Elias Schrenk, What shall become of the Gold Coast?, London, 26. 1. 1865; House of Commons Parliamentary Papers, 412, Report from the Select Committee on Africa (Western Coast), 26. 6. 1865, p. 135–148.
49 Cf. Report (voir note 48), p. 156.
50 Cf. ibid., p. 141.

A la suite des différents témoignages favorables à une prise en main de ce territoire par le Gouvernement britannique, la Grande-Bretagne envahit la capitale du royaume Ashanti et crée la colonie de la Gold Coast en 1874. Lors de cette guerre qui dure de 1873 à 1874, la Mission de Bâle met à disposition du capitaine britannique Glover deux divisions chrétiennes de 109 hommes chacune ainsi que des infrastructures pour les troupes coloniales. Cette aide bienvenue vaut au président de la Confédération helvétique de recevoir les remerciements du Gouvernement britannique: "They [the agents of the Basle Mission] provided first-rate mechanics such as armourers [...] and sent into the field ten companies of men, who did good service and, as christian soldiers, presented a striking contrast to their pagan comrades. On the line of march from the Volta to the Prah their mission-stations offered to both officers and men a hospitable shelter and cordial welcom."[51]

Cette situation se retrouve quelque peu dans le contexte des expéditions militaires coloniales allemandes contre les Kwiri du Cameroun. En effet, l'empereur Guillaume accorde en 1892 à la Mission de Bâle un dédommagement de 7500 marks pour la station bâloise de Buea détruite pendant le conflit ainsi que 671 marks de la part du gouvernement colonial pour la location des infrastructures bâloises. Durant ce conflit contre les Kwiri, la Mission de Bâle prend clairement parti pour le pouvoir colonial et considère cette campagne militaire comme justifiée. Bien que certaines voix se lèvent au sein de la Mission de Bâle pour contester l'existence des rapports ambigus entre volonté évangélisatrice, aide à la population et prise de position dans ce conflit colonial, la Mission de Bâle se montre, dans le cas du Cameroun, loyale à la politique du gouvernement colonial.[52]

En guise de conclusion

Les actions des Suisses en Afrique au sud du Sahara ne sont pas subordonnées aux contours d'une politique coloniale nationale, elles sont l'apanage de parcours très indépendants les uns des autres. Il ressort de cette caractéristique une forte diversité d'activités en lien avec cette partie du continent. Ce large champ des possibles ne peut toutefois être perçu comme un terrain d'expérimentation, car les conditions – le climat, les structures précoloniales et la cohabitation avec les puissances coloniales – que les Suisses trouvent sur place ne leur octroient

---

51 Archives de la Mission 21, D-100.3, 11, Lettre de Nassau Jocelyn du Consulat britannique à Berne, au nom de Earl of Derby, secrétaire des Affaires étrangères au président de la Confédération, 12. 5. 1874. Voir également: Peter Haenger, Die Basler Mission im Spannungsbereich afrikanischer Integrationsversuche und europäischer Kolonialpolitik. Vorbereitung und Anfangszeit der «Asante-Mission» in Abetifi, Kwawu, 1869–1888, mémoire de licence, Bâle 1989, p. 34–36.
52 Cf. Halldén (voir note 19), p. 72, 77.

qu'une marge de manœuvre limitée. Nous pouvons néanmoins tenter de souligner quelques similitudes.

Comme l'indique le titre d'un article de la revue *L'Afrique explorée et civilisée*, «La part des Suisses dans l'exploration et la civilisation de l'Afrique», la Suisse participe à la course à l'Afrique. Une mise en perspective des différents cas étudiés peut faire ressortir certaines constances de l'expansionnisme helvétique. Le premier élément qui ressort est la faible importance du nombre de Suisses présents en Afrique au sud du Sahara. Nous constatons également que ces Suisses affichent les mêmes particularités des migrations coloniales européennes et ne constituent ainsi pas de colonat blanc sur ces territoires mais un ensemble restreint de spécialistes de la colonisation, essentiellement des missionnaires, des commerçants, des militaires, des scientifiques ou des administrateurs. Deuxièmement, nous soulignons la volonté civilisatrice des Suisses tournés vers l'Afrique. Dans nos exemples, tant les missionnaires que les membres des sociétés de géographie mettent en avant la supériorité de la civilisation occidentale sur celle des Africains – ce qui ne les empêche pas d'en dénoncer certains aspects – cautionnant ainsi l'occupation brutale des territoires africains. Troisièmement, les Suisses cherchent à développer ou à participer à des activités économiques coloniales. L'agriculture, l'artisanat, le commerce ou les opérations financières liées à l'Afrique donnent aux Suisses une perspective de gains importants. Toutefois, en étant dépourvus des structures nécessaires au soutien et à l'encouragement de ces activités, les Suisses sont contraints d'attendre une opportunité pour participer à la course vers l'Afrique. Quatrièmement, le Gouvernement helvétique ne prend visiblement pas d'initiative pour supporter un mouvement colonial helvétique en Afrique subsaharienne. En retrait, les autorités helvétiques se trouvent néanmoins confrontées aux questions coloniales en reconnaissant l'EIC, en recevant les remerciements du Gouvernement britannique ou en autorisant l'emprunt congolais sur son territoire.

Cette étude permet d'éclaircir le rôle des Suisses dans le processus de colonisation de l'Afrique au sud du Sahara. Dans ce cas précis, on peut avancer qu'ils semblent profiter du travail des puissances coloniales pour développer leurs propres activités. En ce sens, l'hypothèse selon laquelle la Suisse se situe dans le sillage des grandes puissances se vérifie. On peut toutefois apporter une précision supplémentaire en mentionnant que, pour certains aspects, les Suisses permettent également de préparer le terrain à la colonisation. Si cette idée s'adapte bien au cas de la Mission de Bâle au Ghana ou au Cameroun, elle se transpose aussi, de manière plus indirecte, au cas de Gustave Moynier et de ses liens avec l'EIC. On peut affirmer que, bien que la Suisse n'ait pas détenu de territoire en Afrique au sud du Sahara, elle a toutefois participé à cette course menée par les grandes puissances et s'est immergée à différents degrés dans ce mouvement expansionniste européen.

Tab. 1: *Nombre d'Africains, d'Européens et de Suisses présents dans quelques pays d'Afrique vers 1930*

Pays	Africains (1000)	Européens (1000)	A	Suisses	B
Cameroun*1	3025	2,4	0,1	*2 40	1,7
Congo belge	9441	22,2	0,2	150	0,7
Ghana	3160	2,4	0,1	141	5,9
Mozambique	4000	25,0	0,6	188	0,8
Nigeria	19'200	4,7	<0,1	*1 53	1,1
Ouganda	3554	2,0	0,1	7	0,4
Sierra Leone	1790	0,7	<0,1	30	4,3
Tanzanie	5063	8,2	0,2	175	2,1
AOF	12'980	25,0	0,2	80	0,3
AEF	*3 4500	*3 4,8	0,1	*1 37	0,8
Afrique du Sud	9588	2003,6	20,9	430	<0,1
Kenya	3041	16,8	0,6	23	0,1
Algérie	*3 7500	*3 960,0	12,8	3081	0,3
Maroc	5450	177,8	3,3	1840	1,0
Angola	*3 3500	*3 40,0	1,1	10	<0,1

A Part des Européens par rapport aux Africains (%).
B Part des Suisses par rapport aux Européens (%).
*1 Sous le nom de «Cameroun», nous réunissons les territoires du Cameroun français et du Cameroun britannique. Cependant, pour éviter de présenter une estimation, nous n'avons pas tenté d'extraire le nombre de Suisses présents au Cameroun pour les inclure dans les données sur le nombre de Suisses présents au Nigeria et en AEF.
*2 Ce chiffre est une estimation maximale calculée par mes soins.
*3 Population en 1938.

Sources: AFB, E 3320 (A) 1000/772, vol. 1, Résultat de l'enquête du Bureau de Statistique fédérale: Schweizer im Auslande, ohne Doppelbürger, gemäss der Erhebung vom 31. Dezember 1928, Bern 1929; Robert R. Kuczynski, Colonial Population, London 1937, p. 3, 17, 18, 19; Robert R. Kuczynski, Demographic Survey of the British Colonial Empire, vol. 2, Fairfeld (NJ) 1977, p. 193, 260, 359, 441, 597, 613, 614; Bureau of Census and Statistics, Pretoria, Uniestatistieke oor Vyftig Jaar (Unie van Suid-Afrika): Jubileumuitgawe, 1910–1960 = Union statistics for fifty years (Union of South Africa): Jubilee Issue 1910–1960, Pretoria 1960, p. A-3, A-25; Goeffrey B. Kay, The Political Economy of Colonialism in Ghana. A Collection of Documents and Statistics 1900–1960, Cambridge 1972, p. 310, 313; Fondation Dictionnaire historique de la Suisse, Dictionnaire historique de la Suisse, Hauterive 2002 ff.; Claude Lützelschwab, Populations et économies des colonies d'implantation européennes en Afrique (Afrique du Sud, Algérie, Kenya et Rhodésie du Sud), in: Annales de démographie historique 1 (2007), p. 33–58; Bouda Etemad, L'héritage ambigu de la colonisation. Economies, populations, sociétés, Paris 2012, p. 225 s.

Dagmar Konrad

Schweizer Missionskinder des 19. Jahrhunderts

Swiss Missionary Children in the 19th Century

In the 19th century, in most Protestant mission societies, it was normal practice for missionary families to have sent their children to Europe by the time they were six years old or even younger. This was also the case in the Basel Mission, one of the largest mission societies formed by pietism. The Childrens' Regulation of 1854 stated that mission children of compulsory school age living in Africa, China and India were to be educated in Europe. They were raised in the Children's Home of the Basel Mission, in educational institutes in South Germany or by relatives. Parents and children lived apart from one another on different continents, in different cultures and communicated only by letter. It was not uncommon for them to be separated for years or even decades. Younger siblings, born later in the missions, remained strangers to the so-called mission children back in Europe. The main focus of this paper is on childhood in the mission fields, separation from parents at an early age, and childhood and adolescence in Switzerland and South Germany.

In den meisten protestantischen Missionsgesellschaften des 19. Jahrhunderts war es gängige Praxis, dass die Missionsehepaare ihre Kinder im Alter von etwa sechs Jahren, manchmal auch früher, nach Europa schickten. So auch im Fall der Basler Mission, einer der grössten pietistisch geprägten Missionsgesellschaften des 19. Jahrhunderts. Aufgrund der Kinderverordnung von 1853 mussten Kinder im schulpflichtigen Alter aus den damaligen Missionsgebieten Afrika, China und Indien zur weiteren Ausbildung nach Europa gesandt werden. Sie sollten christlich-europäisch erzogen werden und wuchsen im Kinderhaus der Basler Mission, in Bildungsanstalten in Süddeutschland oder bei Verwandten auf. Eltern und Kinder lebten getrennt und fern voneinander auf unterschiedlichen Kontinenten in verschiedenen Kulturen und kommunizierten nur brieflich. Häufig sahen sie sich jahrzehnte- oder lebenslang nicht wieder. Auch die neu hinzugekommenen Geschwister in den Missionsgebieten blieben für die sogenannten Missionskinder in Europa Fremde. Zwischen 1853 und 1914 (die Zäsur bildete der Erste Weltkrieg) migrierten rund 1200 Kinder in die ihnen fremde Heimat der Eltern.

Die Thematik der Missionskinder[1] gehört in die historische Migrations-, Kindheits- und Familienforschung, weist jedoch auch Bezüge zu aktuellen Erscheinungen auf. Das Leben in zwei oder mehr Kulturen und die sich daraus ergebenden Fragen von Zugehörigkeit und Identität, Vertrautheit und Fremdheit, von Abgrenzung und Hybridisierung sind wesentliche Forschungsfelder der Migrations- und Diasporaforschung.[2] Vergleichen könnte man die Missionskinder insbesondere mit den *third culture kids*. Die Anthropologen Ruth Hill Useem und John Useem prägten diesen Begriff für Kinder, die einen Grossteil ihrer Entwicklungsjahre ausserhalb der Herkunftskultur ihrer Eltern verbringen, etwa die Kinder von Diplomaten, Entwicklungshelferinnen, Geschäftsleuten, Militärangehörigen sowie Missionsleuten, welche mit ihren Eltern die Kulturen und Länder wechseln, sich immer wieder neu orientieren und an einem anderen Ort einleben müssen.[3] Die These lautet, dass diese eine eigene, «dritte Kultur» ausprägen, die unabhängig von der Herkunfts- und der Gastkultur ist, denen sie sich nicht zugehörig fühlen. Verbunden fühlen sie sich hingegen mit Personen, die ähnliche Erfahrungen teilen, insbesondere mit anderen *third culture kids*. Diese «dritte Kultur» kann zwar Elemente der Herkunfts- und der Gastkultur beinhalten, stellt aber etwas Eigenständiges dar. Es entsteht eine neuartige Form der Identität, eine Gemeinschaft derjenigen, die sich als Andere verstehen, mit eigenen Spezifika, wie zum Beispiel einem hohen Grad an Mobilität, und einem eigenen Lebensstil, der von Gefühlen des Andersseins, des Nichtdazugehörens, teilweise der Wurzellosigkeit, aber auch Erfahrungen einer kulturübergreifenden, transkulturellen Kompetenz und der schnellen Anpassung

---

1 Die Kinder wurden offiziell nicht als Missionarskinder, sondern als Missionskinder bezeichnet. Das Individuum wurde dem Kollektiv untergeordnet. Der Begriff Missionarskinder hätte dementsprechend eher die Bedeutung der Missionarsfamilie, also der Klein- bzw. Kernfamilie, betont. Im Übrigen wurden Frauen nicht Missionarsbräute, sondern Missionsbräute genannt.

2 Um nur einige Titel zu nennen: Nina Glick Schiller, Linda Basch, Christina Blanc-Szanton (Hg.), Nations Unbound. Transnational Projects, Postcolonial Predicaments and Deterritorialized Nation States, Amsterdam 1994; Wibke Hoffmann, Auswandern und Zurückkehren. Kaufmannsfamilien zwischen Bremen und Übersee. Eine Mikrostudie 1860–1930, Münster 2009; Alois Moosmüller (Hg.), Interkulturelle Kommunikation in der Diaspora. Die kulturelle Gestaltung von Lebens- und Arbeitswelten in der Fremde (Münchner Beiträge zur Interkulturellen Kommunikation 13), Münster 2002; Homi K. Bhaba, Über kulturelle Hybridität. Tradition und Übersetzung, Wien 2012; Peter Burke, Cultural Hybridity, Cambridge 2010; Kim Knott et al., Diasporas. Concept, Intersections, Identities, London 2010.

3 Ruth Hill Useem, John Useem, The Interfaces of a Binational Third Culture. A Study of the American Community in India, Ann Arbor (MI) 1967.

an neue Situationen bestimmt wird. Von anderen im Ausland lebenden Kindern (Flüchtlingen, Immigranten oder Kindern aus binationalen Ehen) unterscheiden sie sich dahingehend, dass ihre Eltern temporär als Repräsentanten einer Organisation oder Institution in eine andere Gesellschaft gesandt werden. Mit dem Dienst im Einsatzland repräsentieren diese Familien etwas, was «grösser ist als sie selbst – sei es ihre Regierung, ihre Firma oder Gott».[4] Auch der Lebensstandard im Gastland ist häufig privilegierter als der der übrigen Bevölkerung. Sogar Missionsfamilien, deren Aufenthalt oftmals über Spenden finanziert wird und die eher bescheiden leben, verfügen häufig über Hausangestellte und weit mehr Mittel als eine einheimische Familie. Wenn *third culture kids* als «Produkte» postmoderner Globalisierung erscheinen, so wäre zu fragen, ob die historischen Missionskinder als ihre Vorgänger gesehen werden können.

Die besondere Herausforderung der Forschung liegt in der Art der Quellen. Während in einem subjektorientierten Ansatz Kinder und Jugendliche als Akteure ins Auge gefasst werden, indem sie entweder direkt befragt oder autobiografische Materialien bearbeitet werden,[5] muss der Zugriff hier eher indirekt erfolgen. Denn es finden sich weit mehr Materialien über die Kinder als von den Kindern selbst. Bei den bearbeiteten Quellen handelt es sich zum einen um offizielle Archivalien der Basler Mission (Verordnungen, Protokolle und Ähnliches), zum anderen um Familiennachlässe aus Privatbesitz: Korrespondenz, Tagebücher und Fotoalben. Briefe der Eltern an die Kinder und über die Kinder, die uns als Quellen dienen, stellen allerdings eine bereits gefilterte Realität dar. Vieles wurde darin ausgespart, nicht angesprochen. Dennoch lässt die Interpretation dieser Quellen Rückschlüsse auf die subjektive Befindlichkeit, die kulturelle Prägung und die Sozialisation der Kinder zu.

Betrachtet werden im Folgenden das Aufwachsen in Übersee, die Trennung, die Erziehung in Europa und die daraus resultierenden Folgen für die Eltern und Kinder. Bei den Missionarsfamilien in Übersee handelte es sich immer um getrennte, zerrissene Einheiten. Die Familie bestand nur temporär und konstituierte sich grundsätzlich nur aus Eltern mit Kleinkindern. Eltern wie Kinder waren im jeweiligen kulturellen Kontext in ein Spannungsverhältnis zwischen Nähe und Ferne, zwischen dem Leben in mehreren Kulturen und der Erfahrung von Liminalität[6] eingebunden. Letztendlich resultierten daraus mehrfach gebrochene Familienbiografien.

---

4   David C. Pollock, Ruth van Reeken, Georg Pflüger, Third Culture Kids. Aufwachsen in mehreren Kulturen, Marburg an der Lahn 2003, S. 35.
5   Vgl. z. B. Laura Wehr, Alltagszeiten der Kinder. Die Zeitpraxis von Kindern im Kontext generationaler Ordnungen, Weinheim 2009.
6   Zum Konzept der Liminalität vgl. Victor Turner, Das Ritual. Struktur und Anti-Struktur, Frankfurt a. M. 1989. Das Leben der Kinder und Eltern kann in Anlehnung an Turner als Leben in Übergängen interpretiert werden, von einer Heimat in die andere, von einer Kultur in die andere, wobei der letzte Übergang dann der in die «ewige Heimat» des Himmels ist.

Abb. 1: *Deborah und Mark Hoch mit ihren Kindern: Dorle (rechts), Else (Mitte), Thilde (rechts unten) und Hedwig (links unten). Indien, Mangalore, undatiert. (Privatbesitz.)*

Die im Jahr 1815 gegründete Basler Mission bildete zunächst nur Missionare aus, die sie an holländische und britische Missionsgesellschaften vermittelte. Erst ab 1828 sandte sie selbst Missionare nach Indien, Afrika und China aus. Diese stammten überwiegend aus der Schweiz und Süddeutschland. Die Handwerker- und Bauernsöhne absolvierten eine siebenjährige Ausbildungszeit im Basler Missionshaus. Aufgrund der Heiratsordnung der Basler Mission mussten sie ledig nach Übersee ausreisen und durften erst nach zwei Jahren im Missionsgebiet, nachdem sie sich bewährt beziehungsweise überlebt hatten, beim sogenannten Komitee, dem obersten Leitungsgremium der Mission, von Übersee aus um Heiratserlaubnis bitten. Das Komitee bestand aus Mitgliedern des Basler Grossbürgertums und bildete ein endogames Netzwerk, neue Mitglieder rekrutierten sich zumeist aus den bekannten Familien. Man engagierte sich ehrenamtlich. Die Missionare konnten von sich aus Frauen vorschlagen oder es wurde eine passende «Gehilfin»[7] gesucht. Die Frauen, die angefragt wurden, die «Missionsbräute»,[8] kannten in der Regel ihren zukünftigen Ehemann nicht. Eine Fotografie und ein paar Briefe waren das einzig Verbindende. Dem pietistischen Glaubenskontext entsprechend wurden eine derartige Heirats-

---

7 Offiziell wurde den Missionarsfrauen nur der Status einer Gehilfin zuerkannt.
8 Vgl. Dagmar Konrad, Missionsbräute. Pietistinnen des 19. Jahrhunderts in der Basler Mission, 4. Aufl., Münster 2013.

Abb. 2: *Hochzeitsbild. Links Missionar Zimmer mit Braut (Name unbekannt). Rechts Missionar Wilhelm Maisch mit Braut Luise Lohss. Hinter Wilhelm Maisch der Bruder seiner Braut, Max Lohss, Speditionskaufmann. Aufgenommen vor dem «Basler Missionshaus» in Hongkong, 13. Dezember 1907. (Privatbesitz.)*

anfrage und die folgende «Blind-Heirat» als Ruf Gottes interpretiert. Wie die Männer zuvor reisten die Missionsbräute ledig nach Übersee, wo dann die Hochzeit stattfand. Von 1837 bis 1914 entschieden sich rund 300 Frauen aus der Schweiz und Süddeutschland für diesen Weg.

«Zwei Söhne. Ein unerhörtes Glück». Aufwachsen in der Missionsstation

Die Missionarsfamilie[9] in Übersee sollte Vorbildfunktion haben und das Ideal europäischen Ehe- und Familienlebens vermitteln. Ihr Leben spielte sich an der Schnittstelle zwischen Privatheit und Öffentlichkeit ab, nämlich im halböffentlichen Raum der Missionsstation. Da Kinder und Kinderreichtum in vielen Kulturen einen hohen sozialen Stellenwert haben, trugen die Missionskinder direkt zum Ansehen und zur Akzeptanz der Missionspaare in den fremden Kulturen bei. Die Notiz, die Wilhelm Maisch, Missionar in China, nach der Geburt der Zwillinge Frieder und Gerhard im Jahre 1909 in sein Tagebuch schrieb, verweist zum einen auf das individuelle

---

9 Zum besseren Verständnis unterscheide ich zwischen der Missionarsfamilie, womit die Kernfamilie gemeint ist, und der Missionsfamilie, die das gesamte Kollektiv der Mission umfasst.

Abb. 3: *Missionarspaar Benz-Metzger mit Zwillingen und Tochter (Namen unbekannt). Indien, circa 1908. (Privatbesitz.)*

Elternglück, zum anderen vor allem auf die durch die Geburt von Söhnen erfahrene Statusaufwertung der Missionsleute aus der Sicht der indigenen Bevölkerung:[10] «Im Stationsgehöft von Hoschuwan wollte der Lärm kein Ende nehmen. Die Luft war voll von Pulvergeruch. Halbverbrannte Papierfetzen flatterten auf den Boden, auf die Kleider der Aussteigenden und auf die weissen Kissen, in denen die kleinen, wenige Wochen alten Zwillingsbuben lagen. Einer auf dem Arm des Vaters, der andere auf dem Arm der Mutter, hielten sie Einzug in Hoschuwan. Ja, sie waren die Ursache des Lärms und der Feierlichkeit. Schüler, Lehrer und alle übrigen Stationsgenossen überboten sich gegenseitig und die ganze Umgegend wusste es: Der Missionar hat zwei Söhne bekommen. Zwei Söhne. Ein unerhörtes Glück. Die Missionsstation hat ein gutes Fengshui.»[11]

Eine besondere Rolle innerhalb der Familie in Übersee spielte das einheimische Kindermädchen, hatte es doch einen sehr engen Kontakt zu den europäischen Kindern und somit auch grossen Einfluss auf sie. Eine verlässliche *ayah*,[12] so wurden im gesamten British Empire indigene Kindermädchen bezeichnet, zu bekommen war

---

10 Auf eine Aufwertung des Status der Frau als Mutter, vor allem als kinderreiche Mutter, weist auch Ulrike Sill hin. Vgl. Ulrike Sill, Encounters of Quest in Christian Womanhood. The Basel Mission in Pre- and Colonial Ghana, Leiden 2010, S. 214.
11 Ebd.
12 Als *ayah* wurden im gesamten British Empire einheimische Kindermädchen bezeichnet, die

Abb. 4: *Lydia Bommer aus Besigheim, Württemberg, mit ihrer Nähschule auf der Veranda vor der Missionsstation. Indien, Mercara, 1908. (Privatbesitz.)*

unabdingbar für die Missionarsfrauen. Eine geeignete *ayah* gefunden zu haben hiess zugleich, einen Teil der Verantwortung abgeben zu können und vor allem genügend Freiraum für die Missionsarbeit zu gewinnen, unabhängig davon, ob es sich dabei lediglich um Nähunterricht auf der Veranda oder um zeitaufwendige Arbeit in den Mädchenanstalten handelte. Die Beschäftigung eines Kindermädchens war zugleich ein Indikator für die soziale Stellung der Missionarsfrau. Im Missionsland war sie nicht nur Mutter und Ehefrau, sondern hatte immer auch Aufgaben und Funktionen zu erfüllen, sei es Krankenpflege, sei es die Leitung einer Mädchenanstalt, die Besorgung eines viele Personen umfassenden Haushalts oder die Missionierung einheimischer Frauen in Begleitung sogenannter Bibelfrauen. Der Aufgabenbereich, den sie übernahm, war in der Regel so vielfältig, dass ihr die offizielle Zuschreibung, nur die Gehilfin ihres Ehemannes zu sein, in keiner Weise gerecht wurde.

Der von den Eltern befürchtete zu starke Einfluss der Kindermädchen auf die Missionskinder war ein heikler Punkt, der auch das Verhältnis zwischen Mutter und Kindermädchen bestimmte. Elizabeth Buettner beschreibt in *Empire Fami-*

europäische Kinder betreuten. Der Begriff fand über das Portugiesische Eingang ins Hindi und dadurch in das «koloniale Englisch».

Abb. 5: *Indische «ayah» mit Missionskind Otto, 1905. (Privatbesitz.)*

lies, einer Studie, die europäische Familien im kolonialen Indien zum Inhalt hat, das Spannungsverhältnis zwischen dem Kindermädchen und der Mutter als eines zwischen Angst und Abhängigkeit einerseits, zwischen «vertrautem Fremden» und «fremdem Vertrauten» andererseits – im Grunde genommen zwischen Exotismus und Xenophobie:[13] "Few would have understood employing Indian ayahs or involving other servants in childcare as negligent, yet women did often express concerns about their children's contacts with 'natives'. Yet memsahibs' attitudes and responses about Indian caregivers and their impact on children reveal ambiguities and complexities that require greater attention given the key position servants occupied both in colonial and post-colonial accounts of British-Indian family life."[14] Auch für die Missionarsfrauen, ob in Afrika, Indien oder China, war das Verhältnis zur *nanny* ambivalent. Es pendelte zwischen der Angst davor, dass die Kinder sich zu eng an das Kindermädchen banden, und gleichzeitiger Abhängigkeit von der *ayah,* die durch ihre Anwesenheit Freiräume für die Mutter schuf.

Die Kinder beherrschten in der Regel die Sprache des Missionsgebiets besser als Deutsch. In vielen Fällen war diese sogar ihre einzige Sprache, Kenntnisse der Mut-

---

13 Vgl. hierzu: Mario Erdheim, Zur Ethnopsychoanalyse von Exotismus und Xenophobie, Stuttgart 1987, S. 48–53.
14 Elizabeth Buettner, Empire Families. Britons and Late Imperial India, Oxford 2004, S. 52 f.

Abb. 6: *Missionarsfamilie Farrer zusammen mit der «ayah» (Name unbekannt). Indien, Mercara, 1910. (Privatbesitz.)*

tersprache ihrer Eltern fehlten oft ganz oder waren allenfalls rudimentär vorhanden. Die regionale Sprache, die manchmal von den Müttern selbst nicht so gut beherrscht wurde, teilten sie mit den Kindermädchen, die so als sprachliche Bezugspersonen fungierten und dadurch eine signifikante Rolle bei der kulturellen Prägung spielten. Obwohl die Kindermädchen meist aus den Missionsmädchenanstalten rekrutiert wurden,[15] also christianisiert waren, brachten sie den Kindern zwangsläufig andere kulturelle Vorstellungswelten, ihre eigene Kultur, näher. Die Kinder lebten also im Missionsland gewissermassen zwischen den Kulturen, der elterlichen, streng christlichen und der örtlichen, mit «heidnischen» Elementen durchsetzten. Ein eindrückliches Beispiel findet sich beispielsweise in Rosina Widmanns Lebenserinnerungen. Sie verbrachte ihre Kindheit in den 1850er-Jahren in Afrika und schrieb in ihrem Tagebuch: «Das Schlafzimmer war gemütlich und doch hatte ich so furchtbare Angst bei Nacht und wollte immer in der lieben Mutter Bett. Die Neger sind voll Geistergeschichten, überall vermuten sie Geister, das hat frühe in mich die Geisterfurcht gebracht. Wie manche so gruselige Geschichten erzählten mir die Kinder und Mäd-

---

15 Aus Erziehungsmädchen, denen die europäische Haushaltsführung beigebracht wurde, wurden die späteren Kindermädchen. Vgl. Sill (wie Anm. 11), S. 215.

chen. Abends wenn es draussen regnete auf der Veranda oder im Wohnzimmer.»[16]
Hier prallten gewissermassen zwei Kulturen und Welten aufeinander. Die Eltern versuchten selbstverständlich, ihre Kinder christlich zu erziehen: biblische Geschichten wurden erzählt, religiöse Lieder und Psalmen auswendig gelernt. In unserem Fall kollidieren beide Welten: statt beziehungsweise zusätzlich zu der biblischen Gutenachtgeschichte wurde die afrikanische Geistergeschichte erzählt, beides war für Rosina als Kind Realität.

Die Emotionen der Missionskinder gegenüber ihren Kindermädchen lassen sich aus den Quellen jeweils nur aus der Retrospektive ermitteln. Von den Kindern erfahren wir während ihres Aufwachsens mit einem Kindermädchen nichts, da sie noch nicht für sich selbst sprechen und schreiben konnten. Es gibt keine Aufzeichnungen im Moment des Erlebens, nur indirekte Dokumentationen der Eltern, die aus der Beobachterperspektive geschrieben und durch die eigene emotionale Beziehung zum Kindermädchen gefärbt sind.[17] Von den Protagonisten selbst hören wir erst im Erwachsenenalter, in Lebenserinnerungen beispielsweise wird das ehemalige Kindermädchen häufig als wichtig(st)e Bezugsperson geschildert. Eine ebenso bedeutende Rolle wie im Missionsgebiet spielte das Kindermädchen auch später, wenn die Kinder bereits in Europa lebten. Die Rede über sie, in Briefen etwa, verband Eltern und Kinder in dem Sinn, dass anhand der Figur der *ayah* von den Müttern immer wieder Kindheitserinnerungen abgerufen werden konnten, also nicht in Vergessenheit gerieten, und dass die *ayah* als entferntes Familienmitglied betrachtet werden konnte, das alle gemeinsam gekannt hatten. Durch und über sie wurde eine gemeinsame Familienvergangenheit konstruiert. Die *ayah* verkörpert damit in gewisser Weise die transkulturell geprägte Kindheit der Missionskinder.

Das Sprachproblem der Kinder beziehungsweise die unzureichenden Deutschkenntnisse wurden in vielen Briefen erwähnt. So schrieb beispielsweise die Bernerin Marie Wittwer-Lüthi, Missionarsfrau in Kamerun, über ihren Sohn Hans:

---

16 Privatnachlass, Tagebuch Rosina Heidenreich, geb. Widmann, Ghana 1853–1864.
17 Mit *Childhood, Youth and Emotions in Modern History* war eine Tagung betitelt, die vom 29. November 2012 bis 12. Dezember 2012 am Centre for the History of Emotions, Max Planck Institute for Human Development in Berlin stattfand. Problematisiert wurde u. a. die Schwierigkeit, anhand von historischen Quellen zu untersuchen, wie Gefühle von historischen Personen tatsächlich empfunden wurden. Gefühle unterliegen dem historischen Kontext, sind selbst historisch und somit womöglich nicht nachvollziehbar, eher nur beschreibbar. Es findet sich mittlerweile eine Vielzahl an Forschungsliteratur. Um nur einige Titel zu nennen: Monique Scheer, Are Emotions a Kind of Practice (and Is That What Makes Them Have a History)? A Bourdieuan Approach to Defining Emotion, in: History and Theory 51 (2012); Barbara H. Rosenwein, Thinking Historically about Emotions in History, in: History Compass 8/8 (2010), S. 828–842; Susan J. Matt, Current Emotion Research in History. Or, Doing History from the Inside Out, in: Emotion Review 3/1 (2011), S. 117–124; Jan Plamper, Wie schreibt man die Geschichte der Gefühle? William Reddy, Barbara Rosenwein und Peter Stearns im Gespräch mit Jan Plamper, in: WerkstattGeschichte 54 (2010), S. 39–69; Ute Frevert, Vergängliche Gefühle (Historische Geisteswissenschaften. Frankfurter Vorträge 4), Göttingen 2013.

«Er spricht aber so wie die Negerkinder, ihr würdet ihn nicht verstehen.»[18] Aus diesem Grund erfolgte teilweise auch die elterliche Erziehung in der einheimischen Sprache. Ein interessantes Detail ist, dass die Kinder zusätzlich zu ihrem europäischen Namen häufig einen indigenen erhielten. Über die Tochter berichtete Marie Wittwer-Lüthi etwa: «Ndolo – Liebe ist Hannis schwarzer Name.» Und das Missionskind Rosmarie Gläsle wurde in China mit dem Beinamen «Sumoi» (Pflaumenzweig) ausgestattet, den sie in Deutschland sogar im Alter von 71 Jahren noch benutzte. [19]

Die Kindheit in den Missionsgebieten wurde im Rückblick häufig verklärt, das Land der Kindheit zu einem mythischen Arkadien umgedeutet. Dies wird etwa bei Frieda Mühleisen deutlich, die Anfang des 20. Jahrhunderts als Missionskind in Südindien aufwuchs. In ihren Lebenserinnerungen schrieb sie: «Indien war damals für Kinder ein Traumland: Die Kokospalmen am Meeresrand von Tellithery, andere in unserem Garten auf dem Netturhügel, die herrlichen Farben, welche die Sonne am westlichen Himmel hinterliess, das Brausen der Meereswellen, das wir in der Stille der Nächte in unseren Bettchen hören konnten vom Felsenufer herauf, alles wirklich ein Traum in der Erinnerung. Mit unseren Dienstboten standen wir in sehr freundschaftlichem Verhältnis. Sudany, unsere Kindsmagd, die auf ihrer Matte auf der Veranda schlief bei Nacht und ihre Haare in einem langen Knoten trug, ging abends mit uns Kindern spazieren.»[20] Ähnlich schilderte Rosina Widmann ihre Kindheit in Afrika Mitte des 19. Jahrhunderts: «Ganz nah von unserem Haus aus fing eine Orangenallee an, sie führte an den Häusern der westindischen Negerchristen vorbei bis in die Nähe der Wasserquelle. Welch ein romantischer Punkt war das. Wie gerne ging ich mit unseren Mädchen dahin, wohl eine halbe Stunde von unserem Haus entfernt um Wasser zu holen, das war ja unser nächster Brunnen. Ehe man zur Quelle selbst hinüberging, stand unter den zwei letzten Orangenbäumen eine Bank.»[21]

Tatsächlich war das Aufwachsen in den Missionsgebieten nicht nur idyllisch. Aus Tagebucheinträgen und Briefen der Eltern geht hervor, dass viele Kinder unter wiederkehrenden Krankheiten wie Diarrhö, Fieberschüben, Ausschlägen, bleichem Aussehen und lebensbedrohlichen Infekten wie Gelbfieber und Schwarzwasserfieber litten. Die Berichte über Sorgen und Nöte der Eltern sind zahlreich, was ebenfalls zum Entschluss der Mission beitrug, die Kinder getrennt

---

18 Archiv Basler Mission, QF-10.24,1, Quellensammlung Kamerun 1904 bis 1914, Marie Wittwer-Lüthi, Mutter und Missionarin, 27. September 1879 bis 7. Oktober 1955.
19 Rosmarie Gläsle hat mir dies während eines Gesprächs erzählt. Unter anderem besitzt sie einen Namensstempel, in den der chinesische Name Sumoi geschnitten ist und mit welchem sie zusätzlich zu ihrem europäischen Namen sämtliche Korrespondenz unterzeichnet.
20 Privatnachlass, Tagebuch Frida Mühleisen, 1910. In Indien war sie 1890–1896.
21 Tagebuch Heidenreich (wie Anm. 16).

von den Eltern in Europa aufwachsen zu lassen. Das ungesunde Klima war ein Punkt, der in Briefen immer wieder angeführt wurde. Hinzu kam die Angst vor dem «heidnischen Einfluss» auf die Kinder. Diesem sollten sie entzogen und in Europa christlich erzogen werden.

«Das kann ich nicht aushalten, dann will ich auch sterben». Die Trennung

Die bevorstehende Trennung wurde von Eltern wie Kindern als äusserst schmerzhaft erlebt. Die Missionarsfrau Hermelink schilderte in ihrem Tagebuch in Indien eindrücklich die Ängste ihres Sohns im Hinblick auf die drohende Abreise: «Es wird ihm recht schwer Vater und Mutter verlassen zu müssen und er kann dann bitterlich weinen und sagte: wenn dann Vater und Mutter sterben würden. Das kann ich nicht aushalten, dann will ich auch sterben. Ja ich will mich töten.» Von klein auf wurden die Kinder mittels biblischer Geschichten mit Tod und Sterben konfrontiert. Es wurde immer wieder darauf hingewiesen, dass es ein Wiedersehen und eine Wiedervereinigung nach der Trennung, wenn nicht hier, dann im Jenseits geben werde. Darauf hofften alle, und diese Gegenwelt beziehungsweise geradezu Parallelwelt war für die beteiligten Personen lebendig und real. Todesfurcht und Todessehnsucht lagen nah beieinander. Was in diesem Zitat zunächst wie die Androhung eines Suizids aussieht, erweist sich bei genauem Hinsehen als folgerichtige Konsequenz und als Produkt der religiösen Erziehung. Wenn der Sohn sich vorstellt, dass die Eltern fern von ihm sterben könnten, sieht er als einzige Möglichkeit der Wiedervereinigung mit ihnen den eigenen Tod.

Die Trennung bedeutete, dass Kontakt nur noch brieflich möglich war (in den ersten Jahren nur indirekt über Mittelsleute, da die Kinder, wenn sie ihre tropische Heimat verlassen mussten, ja noch gar nicht schreiben und lesen konnten). Sie führte dazu, dass die Familie auf verschiedenen Kontinenten lebte, dass ein Teil der Familie, nämlich neu hinzukommende Geschwister in den Missionsgebieten, den anderen Teil der Familie, die Geschwister in Europa, nicht kannte und umgekehrt. Sie beinhaltete zugleich, dass die Kinder sich fast zwangsläufig von dem in Übersee geführten Leben entfernen mussten, um in Europa zu Schweizern oder Deutschen zu werden, während die Eltern in den Missionsgebieten blieben und das Leben, das die Kinder gekannt hatten, weiterführten und selbst bis zu einem gewissen Grad von der fremden Kultur verändert wurden. Auf den Punkt brachte dies die Missionarsfrau Johanna Ritter, die von Indien aus an ihre Tochter Else schrieb: «Wie wir aussehen? Älter und indischer. Wenn wir jetzt nach Europa kämen, würde unsere ganze Erscheinung, unsere ganze Haltung, Kleidung und alles so gar nicht nach Europa passen und wir müssten erst nach und nach uns an alles anpassen.»[22] Auch die Kinder, die nach Europa reisten, mussten sich anpassen.

Um die Kinder beizeiten auf ihr Leben in Europa vorzubereiten, wurde bereits in frühestem Alter mit der religiösen Erziehung begonnen. Hierauf verwendeten (in der Regel) die Mütter sehr viel Mühe, denn durch die religiöse Sozialisation sollte den Kindern das geistige Rüstzeug, eine Art Schutzschild, für ihr späteres, elternloses Leben mitgegeben werden. Von Europa oder auch *vilaty,* wie es häufig in Briefen aus Indien genannt wurde, hatten die Kinder in Übersee nur eine vage Vorstellung. Es lässt sich vermuten, dass sich für sie Europa vor allem in europäischen Speisen oder Dingen, die sie kannten, manifestierte. In den meisten Missionshaushalten wurde offenbar Wert auf europäisches Essen gelegt, mochte es noch so anstrengend sein, in den Tropen einen europäischen Haushalt zu führen. Es wurde versucht, so gut wie möglich das jeweilige Original zu erreichen. Georg Hoch, Missionar in Afrika, schrieb etwa: «Unsere Kost ist soweit es sichs tun lässt, europäisch. Anstatt der Kartoffeln haben wir zwei Sorten Yams, welche sich zu denselben Gemüsen kochen lassen wie die Kartoffeln.»[23] Auch im chinesischen Hoschuwan standen europäische Speisen auf dem Tisch: «Panadensuppe, bayrisch Kraut, Schweinebraten und Kartoffeln»,[24] wie Missionarsfrau Luise Lohss ihren Schwiegereltern in Gerlingen mitteilte. Das Beharren auf vorwiegend europäischer Küche hing allerdings auch mit der Vorstellung krankmachender einheimischer Speisen zusammen. Dinge machten Europa für die Kinder im wörtlichen Sinne begreifbar. Vor allem Spielzeug, wie etwa ein Schaukelpferd oder europäische, weisse Puppen für die Mädchen, wurden von den Grosseltern nach Übersee verschickt. Das Bild von Europa wurde auch durch Bilderbücher geprägt. Dennoch blieb für die Kinder Europa ein abstrakter Ort. Selbst wenn ihnen europäische Speisen, europäisches Spielzeug oder die deutsche Sprache zumindest rudimentär geläufig waren, gehörte all das zu ihrer ohnehin durch europäische und indigene Versatzstücke geprägten überseeischen Heimat, die für sie in dieser Form selbstverständlich war.

Hinsichtlich der Trennung von den Kindern machte es einen Unterschied, ob sie weggeschickt wurden, also mit anderen Missionsleuten nach Europa reisten, während die Eltern im Missionsgebiet blieben, oder ob sie zurückgelassen wurden, etwa wenn Eltern die Kinder im Rahmen eines sogenannten Heimaturlaubs nach Europa begleiteten und dann ohne sie wieder nach Übersee ausreisten. Für die Eltern war

---

22 Privatnachlass, Brief von Johanna Ritter, Udapi/Indien, an ihre Tochter Else, Dettingen, 25. 5. 1894.
23 Archiv Basler Mission, Unsigniert. Christiane Burckhardt-Hoch. A short sketch of mother's early life, together with some letters from both father and mother written during their stay in Africa, 1867–1870.
24 Privatnachlass, Brief von Luise Maisch, Hoschuwan/China, an ihre Schwiegereltern, Gerlingen, 18. 4. 1908.

offenbar die letztere Variante weniger schmerzhaft. So schrieb Johanna Lutz nach der Rückkehr nach Kamerun: «Es tut viel weher ein Kind fortschicken in die Fremde und Ferne als Kinder wohlversorgt und heimelig zurückzulassen an einem Plätzlein, das man selbst gesehen hat noch vor dem Abschied.»[25] Ob die Kinder dies auch so sahen, wäre zu fragen, die Quellen geben hierüber wenig Auskunft. Für die Kinder machte es allerdings einen Unterschied, ob sie als erstes, also ältestes, oder als letztes, also jüngstes Kind von der Familie getrennt wurden. Als ältestes Kind verliess man nicht nur die Eltern, sondern auch die jüngeren Geschwister und hatte im Fall des Eintritts in das Kinderhaus in Basel keine nahestehenden Personen in der neuen Heimat. Als jüngstes Kind der Familie blieb man ohne Geschwister im Missionsgebiet zurück, hatte aber den Vorteil, dass man später in Europa die älteren Geschwister vorfand. Allerdings sind diese Überlegungen eher theoretischer Natur, denn in beiden Fällen fand zwangsläufig eine mehr oder weniger grosse Entfremdung statt, oft kannten die Geschwister in Europa die in Übersee neu hinzugekommenen ja gar nicht. Für die Eltern wiederum hatte das sogenannte Trostkind eine grosse Bedeutung. Wie aus den Briefen hervorgeht, folgte häufig auf ein «entferntes» Kind in kurzem Abstand die Geburt eines Ersatzkinds, eines Trostkinds, wie es bezeichnet wurde, da es in gewisser Weise den Verlust kompensieren konnte.

Die Trennung, von den Eltern wie den Kindern als tiefer Einschnitt im Leben empfunden, ist ein Beleg dafür, welchen Stellenwert die Arbeit im «Weinberg des Herrn» für die Missionspaare einnahm und wie dem Missionsgedanken auch das Schicksal der eigenen Kinder untergeordnet wurde.

Die Reise der Kinder nach Europa wurde durch ein länderübergreifendes Netzwerk innerhalb der globalen Missionsfamilie bewerkstelligt. Daher kann der Kindertransport als eines der stabilisierenden Momente für die Beziehungen innerhalb der grossen Missionsfamilie interpretiert werden, da die gegenseitige Fürsorge für die eigenen und fremden Kinder nur durch den internen Zusammenhalt möglich war und zugleich dazu diente, diesen zu festigen. Ebenso war der europäische Teil der Missionsfamilie mit dem überseeischen durch die schriftliche Kommunikation durch und über die Kinder verbunden. Wenn die Kinder die Eltern verlassen mussten, wurden sie von diesen auf unbestimmte Zeit getrennt, zugleich aber der Obhut der globalen Glaubensfamilie übergeben, die das verbindende Element zu den Eltern darstellte. Auch innerhalb der überseeischen Missionsfamilie wurde enger brieflicher und mündlicher Kontakt gepflegt. Insbesondere die Mütter tauschten sich gegenseitig über ihre Sorgen, Nöte und Ängste aus, wenn wieder ein Kind nach Europa gesandt werden musste. So gesehen, handelte es sich eigentlich um eine von verschiedenen Frauen geteilte und mitgetragene Mutterschaft, die in eine Solidargemeinschaft mündete. Bemerkenswert ist hierbei, dass die Missionarsfrauen bei der indigenen Bevölkerung

---

25 Privatnachlass, Briefsammlung Johanna und Friedrich Lutz, Kamerun 1903–1927.

auf völliges Unverständnis stiessen, wenn sie ihre Kinder «weggaben». «Sie verstehen nicht, dass wir Euch wegschicken und hier bleiben müssen, auch, wenn wir ihnen sagen, dass die Heidenkinder nicht zum lieben Heiland beten können, Ihr hingegen einen Heiland habt, der Euch beschützt und dass wir hier sind, um ihnen ebenfalls den lieben Heiland zu bringen.»[26] In diesem Briefzitat von Berta Schüle, die von Afrika aus an ihren Sohn schreibt, sind im Grunde die Argumentation hinsichtlich der eigenen Kinder sowie die Rechtfertigung vor sich selbst zusammengefasst. Einerseits konnte Kinderreichtum als «Türöffner» zur einheimischen Bevölkerung dienen, andererseits reagierten insbesondere einheimische Frauen den Missionarsfrauen gegenüber umso verschlossener, wenn diese ihre Kinder nach Europa schickten. Die kulturübergreifende Erfahrung, ein Kind durch den Tod zu verlieren, einte Missionars- und indigene Frauen. Die Idee, diese quasi absichtlich zu verlieren, trennte sie hingegen. Die Missionarsfrauen galten in den Augen der Einheimischen unausgesprochen als Rabenmütter. Interessant ist hierbei, dass das Verhalten der Missionarsfrauen auch mit den bürgerlich-säkularen europäischen Vorstellungen von der Familie und der Mutter als nährendem und schützendem Mittelpunkt kollidierte. Die Missionskinder wurden daher von Aussenstehenden häufig als arme Waisenkinder bezeichnet, auch, wenn sie dies nicht waren. Die Bezeichnung impliziert ebendieses elternlose Aufwachsen, was verhalten kritisiert wurde. Innerhalb der geschlossenenen Gesellschaft der *mission community* genossen die Missionarsfrauen jedoch das gegenteilige Ansehen. Hier wurden sie zu traurigen Heldinnen stilisiert, die das Liebste, was sie hatten, dem Dienst im «Weinberg des Herrn» opferten.

«Das Heimweh kam mit voller Macht». Aufwachsen in Europa

Der zweite Jahresbericht der Missionskinder-Erziehungskomission aus dem Jahr 1854 belegt eindrücklich die «Netze des Religiösen».[27] So wird der erste Transport von 24 Kindern aus Indien wie folgt beschrieben: «In Boulogne wohin sie nach achttägigem Aufenthalt in England abreisten waren freundliche Hände bereit zu helfen, in Paris hatten treue Missionsfreunde Quartier bestellt und zahlten alle Unkosten, ebenso in Strasburg. Selbst die Eisenbahnbeamten waren doppelt aufmerksam und hülfreich. So rollte am 24. April der Dampfwagen mit all den muntern fröhlichen Kindern und ihren Begleitern in die Tore Basels hinein und brachte uns die teuren Pfleglinge, die von nun an unserer Liebe und Sorgfalt vom Herrn anvertraut sind.»[28]

26 Privatnachlass, Berta Schüle, Kamerun, an ihren Sohn in Leonberg, 18. 9. 1867.
27 Vgl. Rebecca Habermas, Mission im 19. Jahrhundert – Globale Netze des Religiösen, in: Historische Zeitschrift 56 (2008), S. 629–679.
28 Archiv Basler Mission, Zweiter Jahresbericht der Missionskinderkommission, Basel 1854.

Dieser offizielle Bericht steht in Gegensatz zu Beschreibungen aus privaten Quellen, welche die Aufnahme im Missionshaus schildern. So schrieb Rosina Widmann: «Gut erinnere ich mich meines ersten Ganges ins Mädchenhaus, das Heimweh kam mit voller Macht.»[29] Ebenso hören wir aus Briefen, wie Kinder reagierten, wenn sie allein gelassen wurden: «In den Weihnachtsfeiertagen nun hatte Heinrich wohl sein Herz zum Überlaufen, da habe er eines Tages als alle im Bett waren angefangen zu schreien und zu weinen, so bitterlich und laut, dass sich das Mädchen nicht mehr zu helfen wusste.»[30]

Die Kinder kamen nach ihrer Ankunft in der Schweiz entweder in das Kinderhaus der Basler Mission oder wurden bei Verwandten untergebracht. An die Stelle der Eltern, aber auch an die Stelle der Kindermädchen traten in Europa die Mädchenhausvorsteherin, das Hauselternpaar, Onkel, Tanten oder Grosseltern. Das Kinderhaus war in eine Knaben- und Mädchenanstalt aufgeteilt. Das bedeutete, dass auch Geschwister getrennt wurden. Schwestern und Brüder durften sich für jeweils eine Stunde einmal in der Woche sehen. Über das Mädchenhaus herrschte die Vorsteherin Constantia Scholz mit Drill und Strenge. Dem Knabenhaus standen sogenannte Hauseltern vor. Das Hauselternprinzip findet sich auch in anderen Kontexten, wie zum Beispiel in Internaten. Allerdings war im Fall der Mission der Versuch, eine Ersatzfamilie für die Kinder zu gründen, weitreichender. Die Kinder wurden mit Sohn und Tochter angesprochen und mussten die Hauseltern als Mama und Papa bezeichnen. Das Missionskinderhaus sollte nicht nur eine temporäre Heimat sein, wie etwa das Internat für Kinder, welche die Ferien bei den Eltern verbringen konnten, sondern war auf Dauer ausgelegt. Hierbei ist der Begriff Heimat zentral. Es stellt sich die Frage, wie viele «Heimaten» es für die Kinder gab? Die ursprüngliche mit den Eltern, die fremde europäische mit Ersatzeltern, manchmal, so geht aus Kinderbriefen hervor, konnte ihnen die Religion in Form der auswendig gelernten Psalmen und Gebete ebenfalls emotionale Heimat oder Schutz sein. Ebenso liesse sich die Frage stellen, wie viele Eltern respektive Väter die Kinder hatten? Den irdischen Vater im Missionsgebiet, den Ersatzvater in Europa und den himmlischen Vater, dem sie im Jenseits begegnen würden.

Die Frage, ob etwa das Missionskinderhaus durch die Vielfalt der Herkunftsorte der Kinder in gewissem Sinn als multikultureller Handlungsraum gesehen werden kann, muss eher verneint werden, da durch die nun einsetzende Erziehung oder, zugespitzt formuliert, Umerziehung versucht wurde, die vorhandene kulturelle Prägung zu nivellieren beziehungsweise zu löschen. Dennoch blieben die Kinder für die säkulare Basler Bevölkerung stets die Anderen, die Fremden, die Missionskinder. Allerdings wurden sie durch ihre Präsenz von der Basler Bevölkerung überhaupt erst wahr-

---

29 Tagebuch Heidenreich (wie Anm. 16).
30 Privatnachlass, Tagebuch Maria Hermelink. In Indien war sie 1877–1893.

Abb. 7: *Kinderhaus der Basler Mission. Undatiert. (Archiv mission 21.)*

genommen, dienten in der «indigenen» Schweizer Kultur wiederum als Türöffner, indem sie gerade durch ihre Gegenwart auf die Basler Missionsgesellschaft aufmerksam machten, die dann durch Sachspenden teils auch vom säkularen Basel unterstützt wurde. Das «fromme Basel» hingegen nahm sich von vornherein der «armen Missionskinder» an. Diese wurden zu Besuchen eingeladen, teilweise wurden Adoptionen in die Wege geleitet oder mehrjährige Patenschaften für das jeweilige Kostgeld eines Kinds übernommen. Die Missionskinder waren damit geeignete Objekte zur Ausübung karitativer Wohltätigkeit, die auch die Frauen der Komiteemitglieder als, um es mit heutigen Worten zu formulieren, «Charity Ladies» ausübten.
Nicht alle Missionskinder, die nach Europa gesandt wurden, wuchsen in den Kinderanstalten auf. Etliche von ihnen kamen zu Verwandten, zum Beispiel die Kinder des Missionspaars Elise und Friedrich Eisfelder, das insgesamt 30 Jahre (1885–1913) in Indien verbrachte. Das erste Kind war im Alter von sechs Monaten gestorben. Während eines Heimaturlaubs liessen sie die beiden weiteren Kinder, Hermann und Caroline, fünf und drei Jahre alt, bei den Grosseltern zurück. Nun begann das (Familien-)Leben in Briefen. Diese sind äusserst aufschlussreich, da es sich um private Korrespondenz handelt – anders als die offizielle Korrespondenz an das Kinderhaus oder Briefe der Kinder aus dem Kinderhaus, die teilweise von den Vorstehern zensiert

wurden. Die meisten Briefe, die Elise an ihre Kinder schrieb, waren gespickt mit Ermahnungen und Verhaltensregeln. Elise und Friedrich, nun ein kinderloses Elternpaar, nahmen aus der Ferne an der Entwicklung der Kinder teil, versuchten, diese zu beeinflussen und zu erziehen. Es war eine zeitversetzte Kindererziehung, da Briefe bis zu zwei Monate unterwegs waren. So konnte eine Erziehungsmassnahme, die von den Eltern in Indien vorgeschlagen wurde, erst nach Monaten umgesetzt werden. Die Zeitverschiebung relativierte alles. Beispielsweise gab die Grossmutter in einem Brief an Elise und Friedrich die genaue Körpergrösse von Hermann und Caroline an. Bis der Brief jedoch in Indien eintraf, war diese Massangabe wohl längst überholt. Detaillierte Beschreibungen scheinen ein Mittel gewesen zu sein, um die grösser werdende Kluft zu überbrücken. Bestimmte Aussprüche der Kinder wurden in Briefen im Original festgehalten, damit das Gefühl einer intensiven Bindung aufrechterhalten blieb. Doch auch diese Äusserungen waren längst Vergangenheit, wenn sie die Eltern erreichten. Verzweifelt wurde versucht, die Illusion von Familienleben, Teilnahme und Nähe aufrechtzuerhalten. Insgesamt fällt auf, dass die Kinder den Eltern stets als kleine Kinder in Erinnerung bleiben. Sie werden geradezu en miniature konserviert. So schrieb beispielsweise Clothilde Dörr im Jahr 1864 von Indien an ihre Kinder, die bei Verwandten aufwuchsen und ihr eine Fotografie zugesandt hatten: «Ihr seid recht neugierig, ob wir euch noch gekannt haben? Denket nur, kaum. Denn ihr seht ganz anders aus als wir euch im Gedächtnis hatten. Auch die langen Kleider, die wir nicht gewöhnt waren an euch, geben euch ein viel älteres Aussehen.» Und dann schlug sie vor: «Wenn ihr wieder ein Photo machen lasst, dann zieht eure Sommerkleider und weisse Strümpfe an, keine schwarzen, vergesst das ja nicht. Sonst kommt ihr uns so alt vor, nicht wahr.»[31]

Ein weiteres Problem war, dass die Missionspaare ohnehin immer nur kleine Kinder bei sich hatten, da ja alle in frühem Alter von den Eltern getrennt wurden. Die Pubertät erlebten die Eltern nur aus der Ferne. Und das wurde ihnen offenbar immer dann bewusst, wenn sie neue Fotografien[32] der Kinder erhielten, die nun erwachsen wurden, sich entfernten und den Eltern durch diese augenscheinliche Veränderung vor Augen führten, was sie verpassten. Interessant ist in diesem Zusammenhang, dass sich im Quellenmaterial dementsprechend entweder Fotografien von Eltern mit kleinen Kindern oder später, nach deren Rückkehr, Fotografien mit erwachsenen Kindern finden. Die Zwischenphase des «Erwachsenwerdens» ist nicht visuell dokumentiert, zumindest meist nicht zusammen mit den Eltern.

---

31 Privatnachlass, Clothilde Dörr, Briefsammlung, Indien 1864–1868.
32 Fotografien waren nicht nur im privaten Bereich als visuelle Erinnerungsstücke sehr wichtig, auch die sogenannte Missionsfotografie war bedeutend, konnte damit doch die fremde Kultur und auch die Arbeit der Mission dokumentiert werden. Zum wissenschaftlichen Umgang mit historischen Missionsfotografien vgl. Paul Jenkins, On Using Historical Missionary Photographs in Modern Discussion, in: Le Fait Missionaire 10 (2001), S. 71–89.

Abb. 8: *Berta Eisfelder (rechts) zu Besuch bei ihrer Tante Mathilde und deren Söhnen in Tübingen. Undatiert. (Privatbesitz.)*

Nicht nur die Diktion, die Themen und die Inhalte der Kinderbriefe an die Eltern änderten sich mit der kindlichen Entwicklung im Lauf der Jahre, sondern auch die emotionale Nähe. Die Eltern wurden allmählich zu abstrakten Wesen, zu Fremden. Dies wird in vielen Briefen deutlich. Dem versuchten die Eltern entgegenzuwirken, indem sie brieflich die Erinnerung an die in den Missionsgebieten verbrachte Kindheit aufleben liessen. Sie erzählten von Begebenheiten, welche die Kinder erlebt hatten, beschrieben die Räumlichkeiten, in denen sie lebten, berichteten von den ehemaligen Kindermädchen, kurz: sie wollten quasi die «papierene Nabelschnur» nicht abreissen lassen. Aber die Befürchtungen einer Entfremdung, wie sie etwa Johanna Lutz, Missionsfrau in Kamerun, in einem Brief an eine Freundin ansprach, waren gross: «Wann und wie werden wir sie wiedersehen und wie wird dann ihr Herz sich gegen uns, ihre Eltern, stellen? Wie oft hört man von Fremdbleiben und fast Widerstreben und nicht mehr miteinander Können von Eltern und Missionskindern.»[33]

Auch Dinge sollten ein gemeinsames Band weben, etwa getrocknete Früchte, Vogelfedern, spezielle Nahrungsmittel, Muscheln und andere Dinge, die den Kindern als Erinnerungsstücke aus ihrer überseeischen Heimat nach Europa gesandt wurden. Gelang es, über Briefe und Materielles eine Art Transkulturalität herzustellen oder

---

33 Briefsammlung Lutz (wie Anm. 25).

zu bewahren? Zumindest gehörten nichteuropäische Dinge für die Kinder ebenso selbstverständlich zu ihrem neuen Leben in Europa, wie zuvor europäische Dinge selbstverständlich zu ihrem Leben in Übersee gehört hatten. Umgekehrt schickten Kinder Dinge an die Eltern. Dabei handelte es sich in der Regel um schulische Arbeiten, Näh- und Bastelarbeiten oder Zeichnungen. Sie sollten den schulischen Fortschritt dokumentieren und wurden von den Eltern auch immer ausführlich kommentiert – im Positiven wie im Negativen. Sie dienten im Gegensatz zu den Gegenständen, welche die Eltern schickten, nicht dazu, die Vergangenheit zu bewahren, im Gegenteil – sie waren Entwicklungsbelege, Wegweiser in die Zukunft, liess sich an ihnen doch der allmähliche Reifeprozess der Kinder ablesen. Auch sie dokumentierten eine immer grössere Entfernung: von den ersten unbeholfenen Schreibversuchen, bei denen häufig Erwachsene die Hand führten, bis hin zu fein säuberlich geschriebenen «erwachsenen» Briefen; von kindlichen Strichmännchenzeichnungen bis hin zu detailliert ausgearbeiteten Landschaftsporträts; von ersten, ungelenken Nähversuchen bis hin zu zierlich bestickten und verzierten Tischdecken oder Nadelkissen – um nur einige Beispiele zu nennen.

Worte und Dinge boten einerseits die einzige Möglichkeit, die grosse Entfernung zu überbrücken, andererseits machten sie die Entfernung erst recht fühl- und fassbar. Viele Missionskinder sahen ihre Eltern – wenn überhaupt – erst nach Jahren wieder, häufig auch nur einen Elternteil, wenn der andere im Missionsgebiet sein Leben liess. In Kinderbriefen wurde oft die Frage nach dem baldigen Heimkommen der Eltern gestellt und ebenso häufig abschlägig beantwortet. Argumentiert wurde grundsätzlich mit dem Missionsauftrag. Eine typische Antwort auf die Frage nach dem Wiedersehen findet sich bei Sophie Hasenwandel, die an ihre Tochter Emilie aus Indien schrieb: «An unser Kommen könnt ihr nicht denken. Wir gehören der Mission im Tulu-Land, da wollen wir dem Herrn dienen, solange es ihm gefällt.»[34] Die Eltern taten im «fernen Heidenlande» ihren aufopferungsvollen Dienst für das «Reich Gottes», und unter diesem Aspekt mussten kindliche Erwartungen und Hoffnungen zurückgestellt werden. Eine Option, die immer blieb und den Kindern in Aussicht gestellt werden konnte, war das Wiedersehen im Jenseits. So schrieb Johanna Ritter aus Indien ihrer Tochter Else zum neunten Geburtstag: «Es wäre freilich schöner, wenn wir bei Dir sein könnten oder du bei uns. Aber es kann eben jetzt nicht sein und so wollen wir wenigstens aneinander denken. Und den lieben Heiland bitten, dass Er uns doch gewiss einmal alle in den Himmel bringen wolle. Oh wie schön wird es dort einmal sein.»[35] Mit solchen Transzendenz- und Himmelsvorstellungen mussten sich die Kinder zufrieden geben und ihre eigenen Wege gehen, die besonders nach der Konfirmation, wenn das Missionshaus verlas-

---

34 Archiv Basler Mission, QT-10.6,8, Briefkonvolut Hasenwandel, Indien 1876–1885.
35 Briefsammlung Lutz (wie Anm. 25).

Abb. 9: *Elise und Friedrich Eisfelder mit den Töchtern Friederike (oben links) und Berta (oben rechts) kurz nach der endgültigen Rückkehr nach Europa im Jahr 1912. (Privatbesitz Familie Lempp, Neuffen.)*

sen wurde, häufig Stolpersteine aufwiesen. Die Situation gestaltete sich besonders für junge Mädchen oft schwierig. Hatten sie Glück, konnten sie vielleicht eine Schule für höhere Töchter[36] besuchen, ansonsten wurden sie häufig in verschiedenen Familien temporär als Haushaltshilfen untergebracht, bis sie selbst einen eigenen Hausstand gründeten. Junge Männer hatten es vergleichsweise besser, da sie entweder eine weiterführende Schule besuchen oder ein Handwerk erlernen konnten, was zumindest für zwei bis drei Jahre eine gewisse Sicherheit bedeutete. Mädchen mussten eher mit Veränderungen umgehen lernen und sich in verschiedene «Heimaten» einleben. Die christliche Vorstellung eines Wanderlebens und keiner bleibenden Statt auf Erden fand seine Entsprechung in einem Leben, das von Übergängen, Zwischenstationen und transitorischen Passagen geprägt war – bei den Eltern wie bei den Kindern. Und folgerichtig zielte der letzte Übergang – in eine andere Welt – auf eine bleibende Statt und eine Wiedervereinigung. Gab es allerdings die Option auf ein Wiedersehen im Diesseits, so war dies auf beiden Seiten mit fast ebenso grossen Ängsten verknüpft wie die Vorstellung, sich hier nie mehr zu begegnen. So schrieb der Indienmissionar Friedrich Eisfelder kurz

---

36 Zum Thema Schule für höhere Töchter vgl. Claudia Liebenau-Meyer, «Der Unterricht war gut, tauglich für's ganze Leben.» Die Geschichte des Härlin'schen Töchter-Instituts in Göppingen und Eckwälden (Veröffentlichungen des Stadtarchivs 51), Göppingen 2010.

vor der endgültigen Rückkehr nach Europa im Jahr 1912 an seine Tochter: «Dann kennst Du mich wahrscheinlich auch nicht mehr, wenn ich einmal heimkomme und Dir auf der Strasse begegne. Freilich ist es auch noch fraglich, ob ich Dich kennen würde, wenn Du mir irgendwo auf der Strasse ganz unerwartet begegnen würdest.»[37]

Die Anderen der Anderen

Wie das Aufwachsen ohne Eltern beziehungsweise die Trennung von den Eltern das spätere Leben beeinflusste und die individuelle Biografie im Kontext Mission prägte, mögen die folgenden Zahlenbeispiele verdeutlichen. Von den 213 Mädchen, die im Zeitraum 1855–1910 im Missionsmädchenhaus aufwuchsen, heirateten 40 später einen Missionar. Nahezu 19% traten also in die Fussstapfen der Eltern. Im selben Zeitraum wurden 293 Knaben im Missionsknabenhaus aufgezogen. Von diesen wurden lediglich 13 Missionare, nur rund 4%. Augenscheinlich gingen junge Frauen im Gegensatz zu jungen Männern eher wieder in die Mission, vermutlich, weil sie über weniger freie Entscheidungsspielräume verfügten. Sie folgten wie ihre Mütter dem «Ruf Gottes», was bedeutete, irgendwann ebenfalls die eigenen Kinder heimsenden zu müssen. Erneut waren sie in zwei Welten daheim und in keiner ganz zu Hause, Missionarinnen ohne offizielle Mission und «Mütter ohne Kinder». Ihr Leben blieb geprägt von dauernden Übergängen zwischen den Kontinenten und den Kulturen.

Die Missionspaare waren im weitesten Sinn Expats, ihr Bestimmungs- und Arbeitsort war das Missionsgebiet in Übersee. Für ihre Kinder hingegen war das Missionsgebiet der Ort der Kindheit. Für sie wurde umgekehrt Europa zum Bestimmungs- und Arbeitsort, den sie, um es mit heutigen Worten zu formulieren, als Kinder mit Migrationshintergrund betraten. Sie wanderten in das ihnen fremde Land ein, aus dem ihre Eltern ausgewandert waren.

Die Missionarsfamilie befand sich in einem Prozess ständig neuer Migrationen. Zuerst wanderte der Missionar allein aus, dann folgte seine zukünftige Frau, erst im Missionsland wurden sie zum Paar. Die Rückwanderung der Missionskinder war im Grunde aber keine Remigration, sondern eine Einwanderung in ein ihnen völlig fremdes Land. Jahrzehnte später remigrierten die Eltern im Ruhestand wieder, doch in ein Land, das ihnen inzwischen ebenfalls fremd geworden war. Eine weitere Migrationsphase in der Familiengeschichte konnte sich dann anschliessen, wenn die Missionskinder wiederum zu Missionaren und Missionsbräuten wurden und erneut in eine ihnen fremde Kultur auswanderten.

---

37 Privatnachlass, Friedrich und Elise Eisfelder.

Es ergeben sich einige Parallelen zwischen Missionarskindern und heutigen *third culture kids,* aber auch wesentliche Unterschiede. Die historischen Missionskinder waren ebenfalls durch eine Art Drittkultur verbunden, die weder auf der jeweiligen Herkunftskultur im Land, in dem sie aufgewachsen waren, noch auf der Schweizer oder Württemberger Kultur basierte, in die sie nach ihrer Rückkehr integriert werden sollten. Vielmehr bestand sie aus speziellen gemeinsamen Erfahrungen, wie etwa einer frühkindlichen transkulturellen Prägung, vor allem aber dem Trauma, die vertraute Umgebung und die Familie zu verlieren, ohne Eltern aufzuwachsen, sich in einem fremden Land einleben zu müssen, überdies aus dem dauernden Gefühl des Andersseins. Denn als Missionskinder hatten sie ähnlich wie *third culture kids* andere, für «normal» aufwachsende Kinder fremde, exotische Kindheitserfahrungen, was sie von diesen in vielerlei Hinsicht trennte. Diese Erfahrung des Andersseins kam zu einer weiteren gleichen Erfahrung hinzu, denn das Basler Missionshaus beziehungsweise die *mission community,* der sie angehörten, war ohnehin eine religiös konnotierte Subkultur, die sich von ihrer Umgebung unterschied. Die Missionskinder waren damit die Anderen innerhalb der Anderen. Vergleichen lässt sich das vielleicht mit den Subkulturen heutiger *third culture kids,* wie sie etwa in den internationalen Schulen, die sie besuchen, entstehen. In diesen Schulen arbeiten Kinder verschiedenster Länder zusammen und teilen ähnliche Erfahrungen und Entwicklungen, mit Englisch als Lingua franca. Im Missionshaus lebten und arbeiteten ebenfalls Kinder aus verschiedenen Ländern, die gemeinsame Sprache war Deutsch – für die meisten Kinder nicht die Erstsprache.

Der wesentlichste Unterschied zur Situation heutiger *third culture kids* ist die Tatsache, dass Letztere in der Regel nicht von den Eltern getrennt werden oder erst in einem höheren Alter in ein Internat eintreten. Und auch dann ist die Trennung in der Regel nicht eine langjährige oder gar endgültige. Die Missionskinder hingegen verloren die Eltern und wurden in das überaus strenge Regelwerk der pietistischen Welt eingebunden, mit wenig Freiheiten – insbesondere für die Mädchen. Anstelle des Selbstbewusstseins, über eine eigenständige kulturelle Identität zu verfügen, das viele heutige *third culture kids* auszeichnet, dürften daher das Trauma des Verlusts und das Gefühl des Anders- oder Ausgeschlossenseins dominiert haben. Kompensiert werden sollte dies mit dem Eingebundensein in ein rigides religiöses Zugehörigkeitssystem. Die Missionskinder wurden in dieses hineingeboren und einer Ideologie untergeordnet, die ihre Kindheit und den gesamten weiteren Lebensweg wesentlich bestimmte. Daraus resultieren spezielle familiäre Strukturen und Brüche, welche die betroffenen Familien über Generationen hinweg prägen. Idealiter sollte die Kernfamilie in der «globalen» Missionsfamilie aufgehen. Ob die damit verbundene Entfremdung, Fremdheit und Bindungslosigkeit durch die religiöse Zugehörigkeit und durch die Erwartung eines anderen, vereinten Familienlebens im Jenseits aufgehoben werden konnte, muss offen bleiben.

Bettina Boss

Nationalsymbole der Schweizer Gemeinschaft in Sydney von 1870 bis heute

Swissness downunder. National symbols of the Sydney Swiss community from 1870 to the present day

This article addresses the question of how the Swiss expatriate community in Sydney expressed their "Swissness", to use a fashionable term, by naming and representing four national symbols of Switzerland: Helvetia, William Tell, the chalet and the Alps. It draws on a rich archive of historic documents, images and artworks produced by the community membership from 1870 to the present day. (Cf. Boss, The Swiss in New South Wales: A History, Sydney 2012)
After a brief overview of the history of Swiss immigration to Australia and of Swiss community organisations in Sydney, examples of these four symbols are discussed individually. The most significant images are then interpreted in terms of the concurrent demographic developments within the community.

Schweizer in Australien: unsichtbare Einwanderer?

Australien ist seit Langem ein begehrtes Ziel für auswanderungswillige Schweizer. Heute leben mehr als 23'000 Personen schweizerischer Abstammung auf dem Kontinent, darunter fast 8000 in der grössten Schweizer Gemeinschaft im Bundesland New South Wales mit Sydney als Hauptstadt.[1] In der australischen Öffentlichkeit sind die Schweizer als Einwanderergruppe jedoch weitgehend unsichtbar geblieben. Es gibt beispielsweise keine spezifisch schweizerischen Siedlungen wie New Glarus im amerikanischen Wisconsin[2] oder, um ein aus-

---

1 Quelle: Schweizerisches Generalkonsulat Sydney.
2 Peter Haffner, New Glarus – Tellspielfieber im Wilden Westen. Eine Reise in die äusserste

tralisches Beispiel einer anderen Volksgruppe zu nennen, das von Deutschen gegründete Hahndorf in Südaustralien.³
Jedoch zeigt die Geschichte der Schweizer Vereine, die von 1870 an in den grösseren australischen Städten enstanden, dass diese durchaus eine eigene Binnenkultur entwickelten, die mit Symbolen und repräsentativen Formen der Herkunftskultur besetzt war und der gemeinsamen Identitätsstiftung diente, wie dies Paul Hugger in Bezug auf Heimatvereine formuliert.⁴ Wie Auslandschweizer anderswo praktizierten die Schweizer in Australien traditionelle Bräuche wie das Jodeln, das Alphornblasen und das Tragen von Trachten und versuchten ihren Vereinslokalen und Mitteilungsblättern ein schweizerisches Aussehen zu geben, indem sie diese mit nationalen Symbolen wie dem Schweizerkreuz und den Kantonswappen, Repräsentationsfiguren wie Helvetia und Wilhelm Tell und heimatlichen Bildmotiven wie Chalets und Alpenlandschaften schmückten. Man mag die Produkte dieser Kultur mit ihrer «Mischung von echten und kitschigen Elementen» belächeln, als Ausdruck eines ernsten Strebens nach «geschichtlicher Verwurzelung» verdienen sie jedoch ernst genommen zu werden.⁵
In diesem Beitrag soll anhand von bildlichen und schriftlichen Zeugnissen aus einem Zeitraum von 1870 bis heute untersucht werden, wie die Mitglieder der Schweizer Kolonie von Sydney ihre «Swissness», um ein aktuelles Modewort zu verwenden, in Wort und Bild ausdrückten.
Eine Geschichte der Schweizer Einwanderung in Australien, die alle Sprachgruppen des Herkunftslands und sämtliche Bundesstaaten des Gastlands berücksichtigt, liegt bis jetzt nicht vor. Leo Schelberts grundlegender Aufsatz über die Wanderungen der Schweizer befasst sich vor allem mit der Emigration in die Vereinigten Staaten und widmet Australien als Gastland eine knappe Seite.⁶ Susanne Wegmanns 1989 erschienene Dissertation *Die Fünfte Schweiz auf dem Fünften Kontinent* ist die bisher vollständigste Untersuchung der Schweizer Einwanderung in Australien, konzentriert sich aber, was das Vereinsleben betrifft, auf den Bundesstaat Victoria, wo die Autorin ihre Recherchen vor Ort ausführte.⁷ Ihr kurzer Beitrag in James

---

Heimat, in: Passagen. Pro-Helvetia-Kulturmagazin 41 (2006), S. 43–47. Es gibt zwar Vororte von Sydney, die nach Orten in der Schweiz benannt sind; diese wurden jedoch nicht von Schweizern besiedelt. Vgl. Bettina Boss, The Swiss in New South Wales. A History, Sydney 2012, S. 30.

3 Dirk Meinerts Hahn et al., Die Reise mit Auswanderern von Altona nach Port Adelaide, Süd-Australien 1838, Zürich 1988.
4 Paul Hugger, Heimatvereine (Handbuch der schweizerischen Volkskultur 1), Zürich 1992, S. 485–497.
5 Leo Schelbert, Schweizer Auswanderung in das Gebiet der Vereinigten Staaten von Nordamerika (Handbuch der schweizerischen Volkskultur 3), Zürich 1992, S. 1177.
6 Leo Schelbert, Die Wanderungen der Schweizer. Ein historischer Überblick, in: Saeculum. Jahrbuch für Universalgeschichte 18/4 (1967), S. 403–430.
7 Susanne Wegmann, Die Fünfte Schweiz auf dem Fünften Kontinent. Der Wandel schweizerischer

Jupps Standardwerk *The Australian People* ergänzt ihre früheren Publikationen vor allem durch neuere statistische Informationen.[8]

Mehrere Studien befassen sich spezifisch mit den Italienisch sprechenden Goldsuchern, die um die Mitte des 19. Jahrhunderts aus der Südschweiz kamen und sich hauptsächlich in Victoria niederliessen.[9] Die drittgrösste Schweizer Gemeinschaft in Australien, diejenige von Queensland, ist von Maximilian Brändle erforscht und zuletzt in einem Sammelband über die Einwanderer in diesem Bundesstaat vorgestellt worden.[10]

Das 2012 unter meiner Leitung erschienene Buch *The Swiss in New South Wales: A History* schliesst eine Lücke in den bisherigen Publikationen, indem es die Geschichte der Schweizer Gemeinschaft in diesem wichtigen Bundesstaat behandelt.[11] Dabei stützten sich meine Mitarbeiter und ich auf eine wahre Fundgrube von historischen Unterlagen, die neben Sitzungsprotokollen und Fotos auch kunsthandwerkliche, zur Ausschmückung von Vereinslokalen und Restaurants hergestellte Objekte umfasst. Die Beispiele nationaler Symbole, die weiter unten ausführlicher besprochen werden, stammen aus dieser Sammlung.

Trotz ihrer interessanten volkskundlichen Aspekte sind die Vereine von Auslandschweizern bisher weder einzeln noch gesamthaft systematisch untersucht worden. Paul Huggers schon erwähnter Aufsatz befasst sich mit Heimatvereinen, also mit Immigranten-Organisationen innerhalb der Schweiz, deren Mitglieder ihren Heimatort oder -kanton verlassen haben.[12] Dennoch treffen seine allgemeinen Feststellungen über die Mikrokultur der Heimatvereine generell auch auf Schweizer Vereine im Ausland zu.

Wie schon erwähnt, soll hier ein spezifisches Element der Vereinskultur, die sich unter den in Sydney lebenden Schweizern entwickelte, untersucht werden, nämlich die bildliche Darstellung und schriftliche Nennung von vier ikonischen Symbolen der Schweiz: den nationalen Repräsentationsfiguren Helvetia und Wilhelm Tell sowie den Bildmotiven des Chalets und der Alpen. Diese Nationalsymbole wurden gewählt, weil sie im Lauf des Bestehens der Sydneyer Schweizer Gemeinschaft wiederholt verwendet oder erwähnt wurden und weil sie sich, im Gegensatz zu

---

    Überseewanderung seit dem frühen 19. Jahrhundert (Konkrete Fremde 7), Grüsch 1989; als Kurzfassung in englischer Sprache: Susanne Wegmann, The Swiss in Australia, Grüsch 1989.

 8 Susanne Wegmann, Swiss, in: James Jupp (Hg.), The Australian People. An Encyclopedia of the Nation, its People and their Origins, Cambridge 2001, S. 698–700.

 9 Giorgio Cheda, L'emigrazione ticinese in Australia, 2 Bände, Locarno 1967; Joseph Gentilli, The Settlement of Swiss Ticino Immigrants in Australia (Geowest 23), Nedlands 1988; Annamaria Davine, «Neither Here nor There». Italians and Swiss-Italians on the Walhalla Goldfield 1865–1915, Melbourne 2009.

10 Maximilian Brändle, Swiss, in: Maximilian Brändle (Hg.), Multicultural Queensland. 100 Years, 100 Communities. A Century of Contributions, Brisbane 2001, S. 338–342.

11 Boss (wie Anm. 2).

12 Hugger (wie Anm. 4).

fixierten Symbolen wie dem Schweizerkreuz und den Kantonswappen, fast beliebig variieren und einsetzen lassen, wie dies Georg Kreis exemplarisch am Beispiel der Helvetia gezeigt hat.[13] In einem neueren Buch untersucht Kreis unter anderem Wilhelm Tell und das Chalet als Beispiele schweizerischer Erinnerungsorte, die er als «historisierende Referenzpunkte der gemeinsamen Kommunikation» definiert, die auch «für die Aussenpräsentation und für die Aussenwahrnehmung wichtig» seien.[14] Unter ähnlichen Gesichtspunkten interpretiert Guy Marchal in seiner *Schweizer Gebrauchsgeschichte* die Alpen als einen Teil der «Vorstellungskomplexe und Geschichtsbilder der Schweizer», die «situationsbezogen immer wieder neu eingesetzt werden können».[15]

Während Kreis und Marchal die Wirkungsgeschichte Helvetias, Wilhelm Tells, des Chalets und der Alpen unter Schweizern in der Schweiz untersuchen, wird hier der Versuch gemacht, die Verwendung derselben Nationalsymbole unter Schweizern in Australien zu analysieren. Dass dabei auf mögliche Vorbilder in der Schweiz wie das Telldenkmal in Altdorf hingewiesen wird, mag problematisch erscheinen, lässt es sich doch nicht überprüfen, ob das Denkmal oder andere bekannte Kunstwerke zum fraglichen Zeitpunkt in Australien bekannt waren. Die Ergebnisse unserer Untersuchung werden zeigen, ob diese Vorgehensweise gerechtfertigt ist.

Die Entwicklung der Schweizer Gemeinschaft in Sydney

Als erster Schweizer, der den australischen Kontinent besuchte, gilt der Berner Kunstmaler Johann Wäber, der in London lebte und sich John Webber nannte. Webber begleitete James Cook auf dessen dritter und letzter Expedition in den Südpazifik und war beauftragt den offiziellen Reisebericht zu illustrieren.[16] Im Januar 1777 ging das Expeditionsschiff «Resolution» mit Webber an Bord an der Küste von Tasmanien vor Anker, und es wird angenommen, dass er bei dieser Gelegenheit an Land ging.[17] Elf Jahre später, am 26. Januar 1788, landete die First Fleet, die erste Flotte mit britischen Sträflingen und ihren Bewachern, im Gebiet des heutigen Sydney und begründete die Kolonisierung des Kontinents unter englischer Flagge.

---

13 Georg Kreis, Helvetia – im Wandel der Zeiten. Die Geschichte einer nationalen Repräsentationsfigur, Zürich 1991.
14 Georg Kreis, Schweizer Erinnerungsorte. Aus dem Speicher der Swissness, Zürich 2010, S. 7.
15 Guy P. Marchal, Schweizer Gebrauchsgeschichte. Geschichtsbilder, Mythenbildung und nationale Identität, Basel 2007, S. 15.
16 Lukas Hartmanns Roman *Bis ans Ende der Meere* (Zürich 2009) handelt von Webbers Erlebnissen.
17 Wegmann, Fünfte Schweiz (Anm. 7), S. 41 f.

Zu den ersten Schweizern, die sich in Australien niederliessen, gehörten Neuenburger Patrizier, die sich um 1840 in der Nähe von Melbourne ansiedelten und dort Weinberge anlegten. Die Ankunft des späteren Gouverneurs von Victoria, Charles La Trobe, mit seiner aus Neuenburg stammenden Frau Sophie de Montmollin zog weitere Immigranten aus der Westschweiz an.[18]
Die einzige Masseneinwanderung von Schweizern nach Australien fand während des Goldrausches in der Mitte des 19. Jahrhunderts statt. Über 2000 Immigranten kamen aus dem Tessin und dem Puschlav und versuchten ihr Glück auf den Goldfeldern von Victoria und New South Wales. Während die Westschweizer Weinbauern kaum bleibende Spuren hinterliessen, besteht noch heute eine Italienisch sprechende Gemeinschaft in Victoria, die sich aus den Nachkommen von norditalienischen und Tessiner Immigranten aus jener Zeit zusammensetzt und alljährlich eine Swiss Italian Festa feiert.[19]
In Sydney entstand um 1870 vermutlich ein erster Schweizer Verein, der anscheinend bald wieder aufgelöst wurde und von dem keine Zeugnisse erhalten sind.[20] Aber die Sitzungsprotokolle der Swiss Society of New South Wales, die am 2. September 1898 neu gegründet wurde, verweisen ausdrücklich auf einen zuvor bestehenden Verein, dem mehrere Vorstandsmitglieder der Society angehört hatten. Die Swiss Society of New South Wales, die den Charakter eines Männerklubs nie ganz ablegte – Frauen wurden erst 1920 als Mitglieder aufgenommen –, wurde 1926 aufgelöst, um dem heute noch bestehenden Swiss Club of New South Wales Platz zu machen. Mit der Umwandlung in einen Klub verbanden die Schweizer in Sydney die Hoffnung, ein eigenes Lokal mit mindestens einer Bar, wenn nicht gar einem Restaurant zu erwerben. Trotz drei Versuchen scheiterte der Klub bei diesem Vorhaben und veranstaltet seine Sitzungen und gesellige Anlässe nach wie vor in einem Restaurant oder in den Lokalen anderer Vereine.
In den 1970er-Jahren und danach entstanden in Sydney zusätzlich zum Swiss Club unter anderem ein Jodelklub, ein Wohltätigkeitsverein, eine schweizerisch-australische Handelskammer und der Cercle Romand, um nur die wichtigsten Organisationen zu nennen. Trotz tendenziell sinkender Mitgliederzahlen scheint der Wille zur Gründung neuer Vereine und Interessengruppen schweizerischer Prägung ungebrochen zu sein. Seit wenigen Jahren gibt es beispielsweise eine Spielgruppe für Kleinkinder schweizerischer Eltern und eine Fasnachtsclique für Heimwehbasler.

---

18 Ebd., S. 44 ff.
19 Clare Gervasoni, Bullboar, Macaroni & Mineral Water. Spa Country's Swiss Italian Story, Hepburn Springs 2005.
20 Merkwürdigerweise fehlt auch das Archiv des 1855 eröffneten Schweizer Konsulats in Sydney für die Zeit vor dem 30. Oktober 1875. Vgl. Schweizerisches Bundesarchiv, E2200.181-01*, Schweizerische Vetretung, Sydney: Zentrale Ablage (1875–1957).

Die Sitzungsprotokolle und Jahresberichte der Swiss Society of New South Wales von 1898–1926 sind praktisch lückenlos erhalten, ebenso die entsprechenden Unterlagen des Swiss Club of New South Wales von dessen Gründung bis zum heutigen Tag. Übrigens sind diese Schriftstücke wie auch die Protokolle und Jahresberichte der meisten anderen Schweizer Vereine in New South Wales in englischer Sprache abgefasst; Ausnahmen bilden die deutschen Sitzungsprotokolle des Jodelklubs und die französischen des Cercle Romand.
Im Gegensatz zu den schriftlichen Quellen sind Fotografien, Zeichnungen und kunstgewerbliche Gegenstände aus dem Umfeld der Schweizer Vereine nicht systematisch gesammelt und aufbewahrt worden, sodass es schwierig ist abzuschätzen, wie vollständig und repräsentativ das Erhaltene ist.
Angesichts der Vielfalt von Vereinen schweizerischer Prägung, die in Sydney existierten und zum Teil noch existieren, sollen weiterhin nur die zwei wichtigsten, nämlich die Swiss Society und der Swiss Club, namentlich genannt werden, anderenfalls wird global von den Schweizer Vereinen oder der Schweizer Gemeinschaft die Rede sein.

Helvetia

Der Name «Helvetia», abgeleitet von dem des keltischen Volksstamms der Helvetier, bezeichnete schon im 17. Jahrhundert eine allegorische Frauenfigur, welche die schweizerische Eidgenossenschaft verkörpert. Im Zug der Entwicklung der Schweiz zum modernen Bundesstaat wurde Helvetia zur Repräsentationsfigur der Confoederatio Helvetica, wie die Schweiz seit 1848 offiziell heisst. In ihrer Rolle als wehrhafte Landesmutter – die bis 1961 geltende Landeshymne enthielt den viel zitierten Satz: «Heil dir, Helvetia! Hast noch der Söhne ja!» – wurde und wird sie auf Denkmälern, Münzen und Briefmarken dargestellt, und zwar als jüngere Frau in wallender Kleidung antiken Stils, die einen Lorbeerkranz im aufgesteckten Haar trägt und stehend oder sitzend mit der rechten Hand einen Spiess hält, während sie sich mit der linken auf einen mit dem Schweizerkreuz verzierten Schild stützt.
Das vermutlich älteste Objekt in unserer Materialsammlung ist eine bestickte, seidene Fahne im Format von 135 × 135 cm, die auf der Vorderseite das Schweizerkreuz zeigt, umrahmt von der Aufschrift «Swiss Society of New South Wales». Auf der Rückseite ist die Figur der Helvetia dargestellt (Abb. 1).
Es ist ungewiss, wann diese Fahne hergestellt wurde und in den Besitz der Swiss Society kam. In den Sitzungsprotokollen des Vereins ist weder von einer existierenden noch von einer in Auftrag gegebenen Fahne die Rede. Angesichts der Akribie, mit der sonst selbst triviale Ereignisse innerhalb des Vereins einschliesslich aller

Abb. 1: *Figur der Helvetia auf der Rückseite einer seidenen Fahne unbekannten Datums.*

finanziellen Angelegenheiten verzeichnet sind, ist es unwahrscheinlich, dass der Erwerb einer Fahne – sei es als Anschaffung des Vereins oder als Geschenk an diesen – nicht erwähnt worden wäre. Somit liegt es nahe zu vermuten, dass diese für eine frühere, das heisst vor 1898 existierende Swiss Society of New South Wales angefertigt worden war.

Die Frauenfigur im Zentrum der quadratischen Fahne entspricht in mehreren Einzelheiten dem oben beschriebenen «Urtypus» der Helvetia.[21] Sie ist in antikem Stil gekleidet, und zwar mit einer weissen Bluse, einem roten Kleid und einem lose fallenden, königsblauen Umhang, der bis an ihre nackten Füsse reicht. Dazu trägt sie einen Lorbeerkranz im blonden Haar, das hier allerdings nicht

---

21 Kreis (wie Anm. 13), S. 65.

hochgebunden ist, sondern lose auf ihre Schultern fällt. Auch der Schild mit dem Schweizerkreuz, auf den sich Helvetia stützt, passt zum traditionellen Bild der wehrhaften Landesmutter.

Umso erstaunlicher ist es, dass sie mit der linken Hand anstatt eines Spiesses eine Leier antiken Stils hält, die sie spielbereit auf ihr Knie stützt. Eine Helvetia mit einer Leier sucht man vergeblich unter den rund 150 Beispielen im Buch von Georg Kreis;[22] hingegen wird Terpsichore, die Muse des Tanzes und des Chorgesangs, oft mit einer Leier in der Hand dargestellt. Eine antike Leier derselben Form, allerdings ohne menschliche Figur, war etwa das Wahrzeichen der «Liedertafel» genannten Männerchöre nach deutschem Muster, die von 1858 an in mehreren australischen Hauptstädten entstanden, so auch in Sydney, wo es von 1881 bis 1916 einen solchen Chor gab.[23] Dass unter den Mitgliedern der Swiss Society Sänger waren, geht aus den Sitzungsprotokollen hervor, die mehrmals berichten, dass nach dem Abschluss der Geschäfte gesungen oder gejodelt wurde. Es war sogar einmal vorgesehen, innerhalb des Vereins einen Chor zu bilden, aber dieser Plan scheint nicht verwirklicht worden zu sein; die eigens zu diesem Zweck in der Schweiz bestellten Singbücher wurden später zu einem günstigen Preis an die Vereinsmitglieder abgegeben.

Ob die Fahne mit der Leier spielenden Helvetia für die Swiss Society of New South Wales oder eine früher bestehende Organisation geschaffen wurde, ist letztlich unwesentlich. Das ungewöhnliche Attribut der Leier in der Hand der Helvetia kann, wie schon ausgeführt, auf die Sangeslust der Vereinsmitglieder verweisen oder allgemein auf eine Nebenrolle Helvetias als Concordia, der Allegorie vielstimmiger Gemeinsamkeit.[24]

Eine Fotografie aus unserem Archiv zeigt eine Gruppe von jungen Schweizern, die 1933 an einem Kostümball typische Schweizer Industriezweige darstellen. Ein Konditor mit Kochhaube präsentiert eine Torte, ein Käser trägt einen runden Käse auf einem Traggestell auf dem Rücken und ein dritter Mann ist als überdimensionierte Uhr mit der Aufschrift «swiss made» verkleidet. Eine mit einer Tracht bekleidete Frau stellt die Textilindustrie dar, während eine andere in Skiausrüstung inklusive Skiern und Stöcken wahrscheinlich den Tourismus repräsentiert. Den Mittelpunkt der Gruppe bildet eine als Helvetia kostümierte junge Frau, ähnlich gekleidet wie die Figur auf der Fahne, nämlich mit weisser Bluse, Rock und losem Mantel, einen einfachen Schild mit dem Schweizerkreuz vor sich haltend. Allerdings hat sie weder eine Leier noch einen Spiess bei sich.

22 Kreis (wie Anm. 13).
23 James K. Gill, A Souvenir of the Golden Jubilee of the Royal Philharmonic Society of Sydney, 1885–1935, Sydney 1935.
24 Den Hinweis auf Concordia verdanke ich Professor Georg Kreis (persönliche Mitteilung).

Es mag überraschen, die allegorische Figur der Helvetia in Verbindung mit einem so prosaischen Thema wie der Schweizer Industrie vorzufinden. Ein mögliches Vorbild für diese Rolle der Figur bildet ihre Verwendung im Zusammenhang mit der Werbung für Schweizer Produkte an internationalen Industrieausstellungen. So zeigt beispielsweise das Frontispiz des Schweizer Katalogs für die Weltausstellung von 1880/81 in Melbourne eine jugendliche Helvetia, die den Schild mit der rechten Hand vor sich hält, während sie mit der linken Hand an der Stirn in die Ferne blickt.[25]

Obwohl die Nennung des Namens nicht unbedingt auf die Figur Helvetia verweist, ist es bemerkenswert, im Sydney der Jahrhundertwende zwei von Schweizern geführte Unternehmen namens «Helvetia Nursery» (eine Gärtnerei) und «Helvetia Manufacturing Company» (eine Textilfirma) zu finden. Später taufte das aus der Deutschschweiz eingewanderte Ehepaar Nägeli eine von zwei neuen Strassen neben seinem Grundstück «Helvetia Avenue»; die andere hiess «Geneva Place». Als die verwitwete Anna-Marie Nägeli Jahrzehnte später ihren Besitz der Schweizer Gemeinschaft von Sydney vermachte, liess sie vor dem Haus eine Tafel anbringen, die dieses als «Memorial to Mother Helvetia (Switzerland)» bezeichnet. Und eine seit 1978 bestehende Radiosendung, die schweizerischen Themen gewidmet ist und vorwiegend auf Schweizerdeutsch gesendet wird, heisst immer noch *Echo Helvetia*.

Während die Erwähnung von «Mutter Helvetia» ebenso wie das Kostüm der jungen Frau auf dem Foto von 1933 auf die Landesmutter als allegorische Frauenfigur anspielt, ist dies bei der Nennung des Namens als Teil einer Firmen- oder Strassenbezeichnung und eines Radioprogramms sicher nicht der Fall: «Helvetia» wird hier synonym mit dem Namen der Eidgenossenschaft verwendet.

Wilhelm Tell

Entgegen einer in der Schweiz weitverbreiteten Meinung ist Wilhelm Tell keine historische, sondern eine legendäre Figur, die von 1470 an in verschiedenen Chroniken und Theaterstücken auftauchte und mit der Befreiungstradition über die Gründung der Eidgenossenschaft verbunden wurde. Schillers Drama von 1804, das die Tellensage mit dem Mythos der Alpen und ihrer unverdorbenen Bewohner kombiniert, wird in der Schweiz regelmässig als Festspiel aufgeführt. Die Armbrust, mit der Tell den Apfel vom Kopf seines Sohns geschossen haben

---

25 Vgl. Franz Bächtiger, Konturen schweizerischer Selbstdarstellung im Ausstellungswesen des 19. Jahrhunderts, in: François de Capitani, Georg Germann (Hg.), Auf dem Weg zu einer schweizerischen Identität 1848–1914. Probleme – Errungenschaften – Misserfolge, Freiburg 1987, S. 207–243.

soll, bevor er damit den grausamen Landvogt Gessler erschoss, gilt seit 1931 als Ursprungszeichen für Schweizer Produkte.
Unter den zahlreichen Darstellungen Wilhelm Tells in der Schweiz gehören die zwei folgenden zu den bekanntesten und am häufigsten nachgeahmten: das 1856 eingeweihte Denkmal von Richard Kissling in Altdorf und das 1897 entstandene Gemälde von Ferdinand Hodler. Beide zeigen einen bärtigen Mann in einem gegürteten Hirtenhemd mit Kapuze, in kurzen Hosen und mit Sandalen an den Füssen. Während der Tell Kisslings die Armbrust auf der rechten Schulter trägt, hält derjenige Hodlers die Waffe in der linken Hand und streckt die rechte mit einer «Einhalt gebietenden Geste» dem Betrachter entgegen.[26] Tells Sohn Walter, der auf dem Denkmal ebenfalls dargestellt ist, umschlingt die Hüfte seines Vaters, während dieser seinem Sohn die Hand auf die Schulter legt. Walter ist ähnlich gekleidet wie Tell, aber barfuss.
Auf einem Mitteilungsblatt des Swiss Club von 1978 ist Tell ähnlich dargestellt wie auf Hodlers Gemälde, wenn auch mit einem längeren, dunkleren Bart und ohne Kapuze auf dem Kopf. Die Armbrust fehlt; anstelle einer Waffe hält dieser Tell in jeder Hand eine Fahne hoch, die australische und die schweizerische. Gleich hinter ihm ist der pyramidenförmige Gipfel des Matterhorns zu sehen, eines Bergs, der von Tells mutmasslicher Innerschweizer Heimat aus nicht sichtbar ist.
Auch eine holzgeschnitzte Figurengruppe, die Wilhelm Tell und seinen Sohn darstellte, stand vor dem Matterhorn, welches als gemalter Hintergrund dazugehörte. Das Ensemble befand sich in einem Sydneyer Restaurant namens «Swiss Village Tavern», das während der 1960er-Jahre existierte. Obwohl von geringem künstlerischem Wert, gleichen die Figuren Tells und Walters denen auf Kisslings Denkmal in ihrer Kleidung und Körperhaltung: Tell, im Hirtenhemd mit Kapuze, trägt die Armbrust auf der rechten Schulter und legt die linke Hand auf die Schulter Walters, der seinerseits die Hand des Vaters festhält. Beide schreiten auf einem leicht unebenen Boden vorwärts.
Es ist anzunehmen, dass an den sporadisch veranstalteten Fasnachtsbällen der Schweizer Vereine öfter auch als Tell oder Tellensohn verkleidete Personen teilnahmen. Dies geschah erwiesenermassen im Februar 1972, und die Darsteller dieser Rollen – beide in weissen Hirtenhemden mit Kapuzen, Tell mit einer Armbrust, Walter mit Pfeil und Bogen – erhielten Preise für ihre Kostümierung.
Ein weiterer Hinweis auf die Tellensage in Wort und Bild besteht aus dem Namen des Mitteilungsblatts, das von 1968 bis 1970 an die Mitglieder des Swiss Club geschickt wurde. Das Blatt hiess damals *The Tellebueb* und zeigte auf dem Titelblatt einen stilisierten Pfeil und einen mit einem Schweizerkreuz verzierten Apfel. Man

---

26 Marchal (wie Anm. 15), S. 241.

mag die Unbeholfenheit dieser Namensgebung und der grafischen Gestaltung des Titelblatts belächeln; sie zeigt immerhin, dass die Anspielung auf Tell selbst in dieser sprachlich gemischten und reduzierten Form offenbar verstanden wurde. Trotzdem überrascht es nicht, dass der Swiss Club seinem Mitteilungsblatt zwei Jahre später einen anderen Namen gab: es hiess fortan schlicht *Swiss Club News* und später *Swiss Community News*.

Generell lässt sich feststellen, dass Wilhelm Tell im Vergleich zu Helvetia in unserer Materialsammlung eine untergeordnete und eher komische Rolle spielt. Historische Figuren aus der Frühzeit der Schweiz wie Winkelried oder die drei Eidgenossen, die in der Ikonografie von Schweizer Vereinen im In- und Ausland ebenfalls vorkommen, fehlen im Archiv der Schweizer Gemeinschaft in Sydney weitgehend.[27]

Das Chalet

Obwohl die Bezeichnung «Chalet» für ein typisch schweizerisches Berghaus weltweit verwendet und verstanden wird, ist es nicht leicht, den Baustil dieser Häuser genau zu definieren. Nach Kreis ist ein Chalet ein Holzhaus, das nicht unbedingt alt, aber nach «alten Vorbildern» gebaut sein sollte. Er unterscheidet drei Phasen in der Entwicklung des Chaletstils von der «archaischen Bauweise» über die «industrielle Adaptation» bis zur «folkloristischen Imitation».[28] Die «Chalets suisses», die an den internationalen Ausstellungen des 19. Jahrhunderts zur Schau gestellt wurden, trugen dazu bei, den Baustil im Ausland bekannt zu machen.[29]

Als Bildmotiv finden wir das Chalet dreimal auf dem Titelblatt eines Jahresberichts des Swiss Club, und zwar mit interessanten Variationen. Das Titelblatt von 1943 zeigt ein einsames Holzhaus mit steinernem Untergeschoss und Steinen auf dem Dach. Vor dem Haus schlängelt sich ein Fussweg, dahinter stehen drei Tannen, im Hintergrund ist eine Bergkette zu sehen. Eine ähnliche Landschaft ziert das Titelblatt des Jahresberichts von 1957, aber diesmal als Blick aus einem offenen Fenster, dessen Rahmen den Vordergrund des Bilds einnimmt. Die Butzenscheiben des Fensters, der holzgeschnitzte Rahmen und das breite Sims suggerieren ein komfortables Chalet in folkloristischem Stil; ein Blumenstrauss in einer bauchigen, gemusterten Kanne und ein aufgeschla-

---

27 Schelbert (wie Anm. 5), S. 1176, zeigt das Titelblatt einer Broschüre zum 50. Jubiläum des Nordamerikanischen Schweizerbunds von 1915, auf dem die drei Eidgenossen mit zur Schwur erhobener Hand zu sehen sind.
28 Kreis, Erinnerungsorte (wie Anm. 14), S.205.
29 Vgl. Bächtiger (wie Anm. 23).

genes Buch vor dem Fenster vervollständigen den Eindruck ländlicher Gemütlichkeit.
Das Titelblatt des Jahresberichts von 1956 stellt ein zweistöckiges Wohnhaus in städtischer Umgebung dar, inmitten eines eingezäunten Gartens mit einer Strasse im Vordergrund. Trotz seiner Grösse und seiner Umgebung weist auch dieses Haus Elemente des Chaletstils auf: an zwei Seiten des Gebäudes sind geschlossene Veranden mit hölzernen Verzierungen im «Laubsägeli»-Stil angebaut (Abb. 2).[30]
In Anlehnung an die von Kreis beschriebenen Phasen in der Entwicklung des Baustils könnte man das Holzhaus von 1943 als Chalet «archaischer Bauweise» und die Gebäude auf den Titelblättern von 1956 und 1957 als Beispiele ‹folkloristischer Imitationen› bezeichnen.
Eine folkloristische Imitation, sehr wahrscheinlich im Miniaturformat, war auch das «echte Schweizer Chalet» («dinkum Swiss Chalet»), das die Swiss Society 1923 anlässlich eines Wohltätigkeitsbasars im Zentrum von Sydney aufstellen liess und mehrere Jahre hintereinander zu diesem Zweck verwendete. Leider ist keine Abbildung des Häuschens erhalten.
«The Chalet» heisst im Übrigen das älteste erhaltene Haus eines Schweizers in Sydney, obwohl es von seinem Baustil her als «colonial bungalow» bezeichnet wurde.[31] Es ist eines von vier vorfabrizierten Holzhäusern, die der aus Genf stammende Etienne Bordier um 1850 in dem neuen Vorort Hunters Hill errichten liess, um sie mit Gewinn zu verkaufen. Das Unternehmen war ein finanzielles Fiasko, Bordier kehrte bald danach mittellos nach Europa zurück, aber sein Haus blieb erhalten und steht heute unter Heimatschutz.
Auch ein Restaurant, das eine Schweizerin von 1948 bis 1980 im Zentrum von Sydney führte, hiess *The Chalet*. Trotz seines mit Holz getäfelten Speisesaals hatte es mit einer einfachen Berghütte wenig gemeinsam, galt vielmehr zu seiner Zeit als Inbegriff eines gepflegten Lokals, in dem Bankiers und Makler neben klassischen französischen Gerichten auch «Emincé de Veau Zurichois aux Roestis» genossen.
Während die Abbildungen auf den Jahresberichten Häuser zeigen, die dem Bautyp schweizerischer Berghäuser entsprechen, ist die Bezeichnung «Chalet» bei den zuletzt genannten wirklichen Gebäuden lediglich ein Hinweis auf ihre Schweizer Besitzer.

---

30 Kreis (Anm.14), S. 208.
31 Beverley Sherry, Hunter's Hill. Australia's Oldest Garden Suburb, Sydney 1989, S. 46 ff.

Abb. 2: *Titelblatt des Jahresberichts des Swiss Club of New South Wales, rechts unten mit K. V. (Kaspar Vetsch) signiert.*

Die Alpen

Die alpinen Bergregionen haben «im kollektiven Imaginären der Schweizer und Schweizerinnen [...] einen Platz behauptet, der ihre realhistorische Bedeutung bei weitem übersteigt».[32] Auch für die Schweizer in Sydney, egal, ob sie aus einem schweizerischen Berggebiet stammen oder nicht, gehören die Alpen zum Instrumentarium der kollektiven Identität.

In der Materialsammlung der Schweizer Gemeinschaft kommen die Darstellungen alpiner Landschaften am häufigsten in Verbindung mit anderen Bildmotiven vor, und zwar entweder als Hintergrund auf dem Titelblatt eines Jahresberichts oder als eingefügtes Bild inmitten von Einzelporträts der Klubmitglieder. Neben Bergen, die sich nicht identifizieren lassen, werden zwei berühmte Gipfel beziehungsweise Gipfelgruppen wiederholt abgebildet: das Matterhorn sowie Eiger, Mönch und Jungfrau.

Eine gemalte Ansicht der drei berühmten Alpengipfel bildet den Hintergrund für zwei Gruppenfotos von Mitgliedern des Swiss Club aus den Jahren 1930 und 1931. Es scheint, dass der aufrollbare Hintergrund im Format von schätzungsweise

---

32 Guy P. Marchal, Aram Mattioli (Hg.), Erfundene Schweiz. Konstruktionen nationaler Identität, Zürich 1992, S. 17.

3 × 4,5 m extra für Aufnahmen von besonderen Anlässen des Klubs angefertigt worden war. Das Bild von 1931 hält einen solchen Anlass fest, nämlich die Feier zum 640. Jubiläum der Gründung der Eidgenossenschaft; die Aufnahme zeigt rund 20 Vereinsmitglieder beiderlei Geschlechts, die meisten in Trachten, die sich sitzend um einen Mann im Anzug scharen, sehr wahrscheinlich den damaligen Honorarkonsul (Abb. 3).

Es ist nicht bekannt, was später aus dem gemalten Hintergrund wurde, aber es scheint, dass mit ihm die Jungfraugruppe als Bildmotiv in Vergessenheit geriet. An ihre Stelle trat der weltweit bekannteste Schweizer Alpengipfel: das Matterhorn. Der Walliser Berg erscheint auf den Titelblättern von zwei Jahresberichten des Swiss Club, 1944 mit einem etwas unbeholfen wirkenden Skifahrer im Vordergrund und 1978, wie schon erwähnt, im Hintergrund von Wilhelm Tell.

Auch Restaurants schweizerischer Prägung benutzten Abbildungen des Matterhorns, um ihren Lokalen eine authentische Atmosphäre zu verleihen: in der «Swiss Village Tavern» stand die Figur Tells mit seinem Sohn vor einem gemalten Matterhorn, und von einem anderen Restaurant der 1970er-Jahre besitzen wir eine farbige Postkarte, die denselben Berg, diesmal mit grünen Wiesen und Kühen im Vordergrund, auf einem Wandbild im Innern des Lokals zeigt.[33]

Im Lauf des 20. Jahrhunderts wurde das Matterhorn dank seiner klassischen Pyramidenform ein beliebtes Sujet der Bildwerbung und «das Schweizer Symbol par excellence».[34] So überrascht es nicht, dass um 2010 zwei jüngere Australienschweizer unabhängig voneinander den Gedanken hatten, den ikonischen Berg mit einer modernen Ikone Australiens, dem 1973 eingeweihten Sydney Opera House zu kombinieren, und zwar mit dem Design für ein T-Shirt, auf dem die Silhouette des Bergs das schalenförmige Dach der Oper spiegelt, und mit einer Fotomontage, die den Alpengipfel majestätisch hinter dem Zentrum Sydneys mit dem Operngebäude im Vordergrund hochragen lässt.

Von Helvetia zum Matterhorn: die Schweizer Gemeinschaft von Sydney im Spiegel ihrer Nationalsymbole

Auf den ersten Blick scheint die Art, wie die Schweizer in Sydney die untersuchten Nationalsymbole verwendeten, wenig Neues zu bieten, zeigen doch die Darstellungen von Helvetia und Wilhelm Tell, Chalets und Alpengipfeln nur geringe Abweichungen von ihren Vorbildern in der Schweiz. Aufschlussreicher ist es

---

33 Boss (wie Anm. 2), S. 61.
34 Werner Jehle, Das Matterhorn. «What's the matter?». Kulturgeschichte des Matterhorns. Basel 1989, S. 113.

Abb. 3: *Mitglieder des Swiss Club of New South Wales anlässlich der Bundesfeier von 1931 in Sydney.*

festzustellen, zu welchen Zeiten einzelne Symbole anderen vorgezogen wurden, und zu untersuchen, inwiefern diese Präferenzen demografische Veränderungen innerhalb der Schweizer Gemeinschaft reflektieren.
Dass der früheste Schweizer Verein in Sydney die Figur der Helvetia und nicht etwa Wilhelm Tell oder die drei Eidgenossen auf seine Fahne setzen liess, lässt sich mit dem damaligen Zeitgeschmack erklären: es war im ausgehenden 19. Jahrhundert üblich, Staaten als weibliche Figuren zu personifizieren, auch in Monarchien wie Australien.[35] Ausserdem waren dort im Vorfeld der Gründung des Commonwealth of Australia im Januar 1901 weite Kreise an Diskussionen über die Verfassung des neuen Staatenbunds beteiligt, wobei unter anderem die Eidgenossenschaft als Modell diente.[36] Und in der Schweiz wurde Helvetia laut Georg Kreis gezielt eingesetzt, um «in den breiten Schichten der Bevölkerung die Identifikation mit der Nation zu

---

35 Auf der Gründungsurkunde des Commonwealth of Australia befinden sich zahlreiche allegorische Frauengestalten, darunter eine Britannia mit Helm, Spiess und Schild. Vgl. Sydney Morning Herald, 1. 1. 2001, S. 1.
36 Wegmann, Fünfte Schweiz (wie Anm. 7), S. 55 f.; Wegmann, The Swiss (wie Anm. 7), S. 63–70.

stiften».[37] So erscheint es plausibel, dass die Gründer der Swiss Society in dieser Figur die wichtigste Repräsentantin ihrer alten Heimat sahen und dass Tell und andere Vertreter der alten Eidgenossenschaft ihnen weniger vertraut waren.

Im Gegensatz zur Swiss Society, deren Hauptanliegen das Networking unter Geschäftsleuten und die Unterstützung bedürftiger Landsleute waren, hatte der 1926 gegründete Swiss Club unter anderem das Ziel, seinen Mitgliedern, zu denen nun in zunehmendem Mass auch Ehepaare und Familien gehörten, gesellige Anlässe in einer heimatlichen Atmosphäre zu veranstalten. Zu diesem Zweck wurde beispielsweise der Hintergrund mit der gemalten Jungfraugruppe verwendet, und etwas später ergänzten Abbildungen des Matterhorns und verschiedener Chalets das Bild der Schweiz als alpines Paradies. Sicher entsprach diese folkloristische Verklärung der fernen Heimat besonders während des Zweiten Weltkriegs einem Bedürfnis der Schweizer in Australien.

Seit den 1970er-Jahren hat sich das demografische Profil der Schweizer Gemeinschaft in Sydney wiederum gewandelt: an die Stelle der Einwanderer auf Lebenszeit sind hochqualifizierte Arbeitstouristen getreten, die oft nur vorübergehend *down under* zu bleiben gedenken, während die Nachkommen früherer Immigranten ihrerseits oft zu einem mehrjährigen Aufenthalt oder für immer in die Schweiz zurückkehren. Es liegt auf der Hand, dass diese Australienschweizer ihre Beziehung zu beiden Ländern anders sehen als die Einwanderer früherer Generationen, umso mehr als die Fortschritte im Luftverkehr und in der elektronischen Kommunikation den Kontakt zwischen den Kontinenten wesentlich erleichtert haben. Die beiden Bilder, die je ein Symbol der Schweiz und Australiens, nämlich das Matterhorn und das Operngebäude von Sydney, miteinander verbinden, drücken aus, wie die Mitglieder dieser wachsenden Gruppe innerhalb der Schweizer Gemeinschaft ihre ursprüngliche Heimat Schweiz und ihre Wahlheimat Australien sehen: sie fühlen sich in beiden Ländern gleichermassen zu Hause.

---

37 Georg Kreis, Helvetia (Allegorie) in: Historisches Lexikon der Schweiz, http://www.hls-dhs.ch/textes/d/D16440.php (Version vom 5. 12. 2007).

Stéphanie Leu

Protéger les Suisses à l'étranger ou les intérêts fédéraux?

Une réponse bilatérale au quotidien de la pratique (années 1880–années 1930)

Protecting the Swiss Abroad or federal interests? A bilateral but always practical answer (1880s–late 1930s)

Until the early 1880s, the French and Swiss governments negotiated a set of texts which were supposed to secure the legal position of French citizens in Switzerland and Swiss citizen in France. The principle of mutual assimilation was at the heart of this system and allowed the Swiss in France to be automatically treated equally to the French in France (and vice versa). However, when protectionist tendencies were emerging in both countries, the mutual assimilation was seen in Switzerland as a potential danger that could put in question its sovereignty. It is for this reason that from the 1880's on the decisions to protect nationals abroad and/or to follow the principle of mutual assimilation were taken on a case by case basis. This method was applied first to the Swiss diplomats and then to the federal government. Through three cases selected in three key areas of the bilateral relationship and at different moments of the interstate relations, we shall study how, in Berne, the different arguments were, on a daily basis, weighed up to sketch out legal or practical, internal or international solutions. Thus, we aim at presenting the «Swiss abroad» as an efficient but fluid category of public policies.

La France et les cantons helvétiques ont, depuis la fin du Moyen Age, bâti une relation singulière en accordant réciproquement des facilités de déplacement et d'exercice de leurs activités à leurs ressortissants. Au temps des grandes migrations du XIXe siècle, les deux pays souhaitent pouvoir continuer à sécuriser une partie de leurs réseaux de commerce tout en assurant le statut de leurs nationaux qui s'installent, toujours plus nombreux, sur le territoire de l'autre pays. Cette reformulation nécessaire des bases contractuelles de la relation bilatérale est incluse d'abord dans le traité de médiation napoléonien, puis se traduit par la signature des traités d'établissement en 1827, 1864 et 1882. Ces trois derniers textes, à la rédaction très proche, affirment aux articles 1 et 3 l'assimilation réciproque des nationaux des deux Etats. Ici l'assimilation n'a pas encore le sens que les spécialistes de l'immigration lui donneront à la fin du XIXe siècle. Elle en est même l'exact opposé. Dans son sens juridique et commercial, l'assimilation garantit en effet le droit des étrangers à rester étrangers sur le territoire où ils s'installent et/ou ils commercent.[1] Puis, sur les bases de ces traités d'établissement et à mesure que les droits nationaux se complètent et se développent, une négociation bilatérale quasicontinuelle entre les années 1850 et 1880 aboutit à la fixation des règles d'arbitrage des conflits de droit que provoque l'échange de populations.

Toutefois, dès les années 1880, lorsque les tendances protectionnistes se font jour dans les deux pays, que les principes d'un Etat social se posent sur des bases «nationales»[2] et que la question migratoire, l'*Ausländerfrage*,[3] s'impose comme un thème politique central, les ramifications de ce réseau de traités,[4] qui a été progressivement construit avec l'objectif de sécuriser les parcours migratoires, tendent à être de plus en plus considérées comme un piège par les deux partenaires et singulièrement par la Suisse. En effet, dans la boîte à outils des possibles diplomatiques, la présence faîtière du principe d'assimilation laisse penser aux gouvernements qu'ils sont désormais obligés de prendre des précautions croissantes pour ne pas le mettre en danger et continuer à protéger leurs populations vivant à l'étranger. Mais ces mêmes exécutifs sont également obligés de veiller à ce que ce principe d'assimilation ne vienne pas à l'encontre des logiques de l'action publique nationale et de ses évolutions récentes pour étendre à des étrangers des droits que l'on ne voudrait pas leur accorder de manière systématique. Or, c'est dans ce cadre contraint que la construction du

---

1 Etonnamment ce traité n'a fait l'objet d'aucune étude d'importance depuis la thèse que lui a consacrée Paul Pictet: Paul Pictet, Etude sur le traité d'établissement entre la France et la Suisse du 23 février 1882, thèse, Berne 1889. – Aussi l'étude de ce traité et les manières de l'interpréter au fil du temps sont analysées dans notre thèse: Stéphanie Leu, Les petits et les grands arrangements. L'Etat bilatéral, une réponse au défi de l'échange de populations (mi-XIXe–1939), thèse, Paris, Berne 2012.

2 Voir notamment: Hans-Jörg Gilomen, Sébastien Guex, Brigitte Studer (éd.), Von der Barmherzigkeit zur Sozialversicherung. Umbrüche und Kontinuäten vom Spätmittelalter bis zum 20. Jahrhundert / De l'assistance à l'assurance sociale. Ruptures et continuités du Moyen-Age au XXe siècle, Zurich 2002.

3 Gérald Arlettaz, Démographie et identité nationale (1850–1914). La Suisse et la question des étrangers, in: Etudes et Sources 11 (1985), p. 83–180; Patrick Kury, Über Fremde reden. Überfremdungsdiskurs und Ausgrenzung in der Schweiz, 1900–1945, Berne 2003; Gérard Noiriel, Immigration, antisémitisme et racisme en France (XIXe–XXe siècle). Discours publics, humiliations privées, Paris 2007.

4 Nous forgeons cette expression en nous inspirant de l'ouvrage de Robert Pahre consacré aux négociations commerciales du XIXe siècle: Robert Pahre, Politics and Trade Cooperation in the Nineteenth Century. The Agreeable Customs of 1815–1914, Cambridge 2008.

«Suisse de l'étranger» s'affine dans la mesure où on lui reconnaît désormais un rôle décisif dans l'élaboration et la mise en œuvre des politiques publiques.

Cette catégorie n'est donc pas ici seulement comprise comme le produit d'une réflexion sur l'identité suisse que peuvent dans le même temps proposer les Helvétistes ou la *Nouvelle Société Helvétique* (NSH)[5] au tournant du siècle. Il est avant tout une catégorie efficiente de l'action politique qui évolue au gré des rapports de force qui se jouent à toutes les échelles de pouvoir et dans tous les domaines de la négociation interétatique sur les populations. Considérée ainsi, la manière de penser, de construire, voire de négocier, le «Suisse de l'étranger» prend des tours excessivement complexes, ce que reconnaissent d'ailleurs les acteurs de l'époque, à commencer par ceux qui sont en charge des discussions, à savoir les diplomates. Pour cette raison, le «cas» et son instrumentalisation s'impose rapidement comme un outil de politique publique mais aussi comme une des formes les plus communes et les plus efficaces de la relation interétatique.[6] Elle permet de jouer des liens complexes qui unissent droit et politique mais également de faire coïncider le temps long de l'exigence de sûreté légale avec les contradictions et le temps court des aléas diplomatiques, des agendas politiques, des conflits internes et des revendications de l'opinion publique sans remettre en cause l'idéal d'homogénéisation des pratiques juridiques et administratives. Pour cette raison, nous jouerons ici le jeu des acteurs de la relation diplomatique et traiterons avec eux de ces dossiers pour voir comment se construisent les frontières des politiques d'aide et d'accompagnement des nationaux de l'étranger.

Les trois cas que nous exposerons ne sont pas pris au hasard mais sont choisis pour leur exemplarité, leur caractère inédit autant que pour leur valeur heuristique. Pris dans trois domaines clés de la relation bilatérale de cette période (droit du commerce, droit de la nationalité et de l'établissement, droit social), ils font partie de ces sujets où les nécessités diplomatiques de la protection du national de l'étranger sont soupesées à l'aune des conditions interétatiques particulières mais aussi en fonction des législations ou des positions commerciales qui sont à protéger dans le pays de départ comme dans le pays d'arrivée. Ces trois dossiers permettent aussi de comprendre que le «cas» n'est pas une affaire singulière. Il est le produit d'une catégorisation, d'une classification, d'un morcellement du national de l'étranger avec des critères qui varient en fonction des thèmes, des besoins, des contingences et des acteurs qui le créent. Ils permettent aussi de comprendre ce que peut être une histoire bilatérale d'Etats liés entre eux par des populations migrantes, histoire qui

---

5 Alain Clavien, Les Helvétistes. Intellectuels et politique en Suisse romande au début du siècle, Lausanne 1992; Gérald Arlettaz, La NSH et les Suisses de l'étranger (1914–1924). Aspects de la construction d'un nationalisme de type ethnique, in: Etudes et sources 28 (2002), p. 37–63.

6 Jean-Claude Passeron, Jacques Revel, Penser par cas, Paris 2005. Cette question de méthode est également au cœur de notre thèse: Leu (voir note 1).

ne peut être purement diplomatique mais qui doit englober dans un même ensemble les enjeux commerciaux, juridiques, sociaux, politiques, moraux ou même culturels que génèrent les flux de populations.

La politique du cas par cas: un moyen pour repenser l'Etat de départ dans le processus migratoire

En étudiant la manière dont deux Etats gèrent conjointement leurs migrations installées sur le territoire du partenaire, nous voyons se superposer et se confronter des catégories initialement construites dans des espaces administratifs différents mais aussi des cas de droit que l'opposition des législations en vigueur dans les cantons suisses et sur le territoire français ne permettent pas de régler facilement. Face à ces problématiques quasiquotidiennes, la même question se pose à chaque fois de savoir comment sortir de ces conflits de lois et de ses impossibilités administratives. Trois solutions sont alors généralement envisagées. Une première consiste à trouver, par le droit bilatéral et un traité officiel, une solution acceptable pour les deux pays et ainsi cogérer le problème. Elle conduit donc à forger des textes de lois qui créent les ponts juridiques nécessaires pour concilier des interprétations différentes d'un même fait, à l'image de la convention de 1879 qui accorde un droit d'option aux enfants de naturalisés qui étaient potentiellement placés dans la situation de double indigénat en raison de conceptions différentes entre la France et Genève du droit de la famille. Une deuxième tend à laisser le règlement des problèmes à la justice. Une troisième enfin est le choix de ne pas donner de solution officielle et définitive pour renvoyer les affaires soulevées par l'un ou l'autre des acteurs d'Etat ou de la société civile à la résolution quotidienne et pratique, quitte à laisser la place à des marchandages et des chantages. Cette dernière solution, qui n'est évidemment pas exclusive des deux autres, s'impose toutefois progressivement à partir de la fin du XIXe siècle.

La raison pour laquelle ces deux Etats «amis», partageant une migration commune, réciproque en nombre jusqu'au premier conflit mondial, largement comparable dans sa composition et, le plus souvent, considérée comme «désirable», refusent à partir des années 1880 de s'engager plus avant par le droit, est moins à chercher dans le refus de l'Etat d'accueil d'étendre ses dispositifs législatifs à de nouvelles communautés étrangères, qui sont possiblement vues comme concurrentes pour la main-d'œuvre nationale, voire menaçantes pour l'identité nationale, que dans l'attitude de l'Etat de départ. En effet ce dernier, qui est habituellement peu regardé dans les rapports de force migratoires, doit être revu et repensé comme un paramètre déterminant du processus. En particulier lorsque les partenaires peuvent user, à l'échelle bilatérale, d'armes comparables ou compensables, l'Etat de départ peut craindre que la négociation d'une réciprocité accordée sur le plan diplomatique ne le conduise à s'avancer sur la voie d'une réciprocité législative qui serait jugée incompatible avec les conceptions de l'organisation institutionnelle nationale ou, pire, ne le conduise à avantager, à l'étranger, certains de ses nationaux devenus pour certains, en émigrant ou en s'expatriant, les principaux concurrents de ses industriels et de ses commerçants. Si les gouvernements français successifs partagent ponctuellement ces mêmes calculs et ces mêmes atermoiements vis-à-vis des colonies installées sur le territoire fédéral, c'est en Suisse, ou plutôt au sein du réseau suisse, qu'ils sont les plus fréquents et les plus déterminants. Les raisons sont multiples.

D'abord même si les départs vers l'Europe ne sont pas jusqu'en 1918 considérés par le Conseil fédéral à l'égal des flux d'émigration vers les pays d'outre-mer et ne font donc pas encore l'objet des mêmes contrôles,[7] la présence de nationaux à l'étranger est anciennement incluse comme une variable et un élément clé des politiques publiques des différents échelons de souveraineté qui composent l'Etat fédéral. Et l'attention, et la fine connaissance des communautés nationales installées en France qui en découle, tranche avec la globale indifférence du Gouvernement français qui tend à considérer les résidents expatriés comme des traîtres, au moins jusqu'en 1914. Cette asymétrie d'intérêt constitue rapidement un avantage indéniable en faveur de la Suisse. Ensuite le flux d'émigration à destination de la France ne se tarit pas entre 1880 et 1939 s'il même fluctue beaucoup. Et, là encore, l'asymétrie s'installe progressivement. A une situation migratoire relativement comparable au XIXe siècle succède progressivement une situation où la colonie suisse de France surpasse numériquement la colonie française de Suisse. En 1937, les résidents permanents en Suisse ne sont pas plus de 30'000 alors que les Suisses de France sont environ 80'000. Cette asymétrie donne en fait à la Suisse l'opportunité d'abandonner la systématisation de la réciprocité que la France ne souhaite réellement jamais et de choisir plus facilement les champs dans lesquels cette réciprocité peut s'appliquer en la réclamant sur les seuls terrains où elle sait être en position de force dans les négociations. Dans la crise économique des dernières décennies du XIXe siècle, ces paramètres expliquent que la gestion de la colonie expatriée se transforme radicalement.

Après avoir en effet défendu la contractualisation systématique de la relation entre le milieu des années 1850 et la fin des années 1870 et arraché plusieurs textes et conventions, à commencer par la convention de 1879, c'est le juriste et légat de Suisse à Paris, Johannes Kern, qui justifie ce changement de paradigme diplomatique pour s'adapter aux premières menaces protectionnistes venues de France. Il l'impose peu à peu face à des Départements bernois, encore impuissants à mener la politique

---

7 L'Office fédéral d'émigration a d'abord été créé pour l'outre-mer et veille notamment sur les agents d'émigration depuis la fin des années 1880. Un arrêté du 17 mai 1918 étend ses missions à tous les engagements à l'étranger même s'il est vite concurrencé sur ce terrain par la Police des étrangers. Cf. Leu (voir note 1), p. 431–433, 442–445.

étrangère fédérale de manière autonome. En «vivant désormais au jour le jour sur le terrain de la réciprocité»,[8] celui que Claude Altermatt considère comme l'inventeur du métier de diplomate[9] affirme que la Suisse se donne ainsi la possibilité de choisir entre les domaines «opportuns» pour lesquels la Confédération est prête à défendre le principe d'assimilation, et même à transformer son propre droit pour le faire respecter, et ceux qui le seraient moins.

En fait, c'est moins la définition de l'assimilation que celle de la réciprocité, à laquelle l'assimilation est liée dans le traité d'établissement, qui change alors progressivement de sens entre les années 1880 et le début du XXe siècle et qui motive cet évolution de politique: la réciprocité n'est en effet plus seulement comprise comme l'accès pour un étranger à un droit ouvert aux nationaux lorsque ce droit existe. Sa mise en œuvre est désormais soumise à l'existence d'un système équivalent, voire strictement identique, dans le pays d'origine ou éventuellement d'une possibilité de compensation. L'apparition d'une clause de réciprocité dans toutes les grandes lois sociales, en France comme en Suisse, à partir de la fin du XIXe siècle, matérialise cette évolution (voir ci-dessous 2c). Au-delà même de la question de la réciprocité qui s'applique ou pourrait s'appliquer au droit de l'établissement, du commerce et du droit social, et à l'heure d'un nationalisme naissant qui conduit non seulement à se méfier des autres mais également à projeter à l'étranger une bonne image de sa migration, le droit de la nationalité est également de plus en plus touché par cette pratique. La décision sur le cas permet au demeurant de mieux définir les contours du national utile de l'étranger. Ici les intérêts commerciaux, économiques et juridiques que pense devoir défendre l'Etat fédéral intègrent souvent des considérations morales qui font évoluer constamment les frontières du «bon» Suisse de l'étranger (2b).

Beaucoup, notamment parmi les émigrés et les expatriés, regrettent cette gestion des politiques de population qu'ils interprètent comme l'institutionnalisation d'une gestion arbitraire des communautés de l'étranger et une rupture de l'égalité que procure *a priori* le lien national d'autant que les sujets de blocage se multiplient, notamment dans l'entre-deux-guerres. Les plaintes se lisent jusqu'à la fin de la période à l'image d'un article paru dans la *Gazette de Lausanne* en 1929 qui dénonce l'inefficacité de cette pratique diplomatique suisse dans la question de l'indemnisation des Suisses victimes des dommages de guerre et plaide pour un nouveau traité d'établissement.[10] Mais, comme depuis la fin du XIXe siècle, l'appel n'est pas entendu à Berne. L'uti-

---

8 Archives fédérales suisses (AFS), E 21, 1000/131, vol. 24542, Rapport de J. Kern au Conseil fédéral, 20. 3. 1880.
9 Claude Altermatt, Les débuts de la diplomatie professionnelle en Suisse (1848–1914), Fribourg 1990, p. 267 s. Sur Johannes Kern: A. Schoop, Johann Konrad Kern, Die Gesandtschaft in Paris und die Beziehungen zwischen der Schweiz und Frankreich 1857 bis 1883, Frauenfeld 1976.
10 Le traité est dénoncé en 1918 par les Français, mais faute de renégociation, il est continûment prorogé. Cf. Français et Suisses, in: Gazette de Lausanne, 15. 1. 1929, une.

lisation du cas, par sa capacité à maintenir le dialogue – y compris dans les périodes de fortes tensions diplomatiques – mais aussi à générer des solutions adaptées et non forcément légales à des situations délicates, s'avère un outil apprécié des politiques. Aussi, née dans les bureaux de la Légation parisienne, cette «pratique du cas» est même reprise, amplifiée et adaptée dans l'entre-deux-guerres par les Départements fédéraux, et notamment par la Police des étrangers de Heinrich Rothmund qui prend progressivement la main à partir de 1919 sur l'ensemble de la politique migratoire de la Confédération.[11]

C'est l'ensemble de ces problématiques et les dynamiques complexes que nous voulons désormais illustrer en restituant trois séquences diplomatiques qui témoignent des acteurs et des intérêts qui se croisent dans ces négociations interétatiques du quotidien et qui dessinent les frontières instables de cette Suisse déterritorialisée qu'est aujourd'hui la «Cinquième Suisse» et qui était jusqu'en 1938 la Quatrième.

Les frontières mouvantes du bon «Suisse de l'étranger»

Les logiques commerciales sont parmi les plus complexes à gérer pour le Gouvernement suisse.[12] La création d'établissements de commerce et industriels participe anciennement à la puissance helvétique au point de motiver à partir des années 1820 la signature des traités d'établissement, mais elles n'en sont pas moins susceptibles de produire une concurrence gênante, *a fortiori* lorsqu'elles se situent à quelques encâblures de la frontière.

Distinguer le producteur du produit: l'exemple des fromagers suisses installés dans les zones franches

L'exemple des fromagers est symptomatique de cette évolution. Cette migration, désormais bien connue, qui démarre au début du XIXe siècle et se termine dans les années 1950, est multiforme et finit par infuser dans tout l'Est français et en Normandie.[13] A Berne autant qu'à la Légation à Paris, on oscille constamment entre

---

11 Cette évolution est longue, complexe et sinueuse. Pour l'étude précise de ces dynamiques sous deux perspectives différentes. Voir: Uriel Gast, Von der Kontrolle zur Abwehr. Die eidgenössische Fremdenpolizei im Spannungsfeld von Politik und Wirtschaft 1915–1933, Zurich 1997, p. 185–349; Leu (voir note 1), p. 423–762.
12 Béatrice Veyrassat, Réseaux d'affaires internationaux, émigrations et exportations en Amérique latine au XIXe siècle. Le commerce suisse aux Amériques, Genève 1993.
13 Voir sur le sujet: Claire Delfosse, Le savoir-faire des fromagers suisses de la France de l'Est, in: Etudes Rurales / Etre étranger à la campagne 135–136 (1994), p. 133–144; Id., Une approche

l'encouragement au départ de ces populations souvent sans emploi qui étendent à l'étranger le savoir-faire suisse tout en générant possiblement en retour des flux de commerce, notamment pour l'achat de bétail et de matériel spécialisé, et la défiance envers ceux qui deviennent à terme des concurrents. Au tournant des XIXe et XXe siècles, la question se pose particulièrement dans une région où les intérêts commerciaux et les intérêts politiques de la Suisse entrent violemment en contradiction, à savoir dans la nouvelle zone franche savoyarde, dite d'Annexion.[14] Sur 20 ans, on observe ici le jeu contradictoire des intérêts, la force des réseaux locaux et finalement les louvoiements d'un exécutif fédéral qui passe rapidement de l'indifférence volontaire au soutien appuyé et finalement à l'abandon définitif d'une partie de ses nationaux.

La question du statut des fromagers en zone n'apparaît pas dès la création de la zone franche mais une vingtaine d'années plus tard, dans les années 1880. Alors que se prépare la renégociation de la convention de commerce signée en 1864, l'application d'une tolérance douanière, accordée en 1863 sous le Second Empire aux habitants de zone franche savoyarde, est progressivement discutée. En vertu de cette tolérance douanière, un certain nombre de produits élaborés dans la région peuvent être exportés sans être taxés vers le territoire douanier français.[15] En revanche, les marchandises produites dans la zone par des «étrangers» y sont taxées. Or, les producteurs suisses ne peuvent pas bénéficier dans cette région de l'assimilation aux producteurs français garantie par le traité d'établissement qui leur est pourtant accordée partout ailleurs en France. En effet, à l'époque de l'octroi de la tolérance douanière, la Suisse refusait de reconnaître l'annexion savoyarde et refusait donc de négocier des règlements bilatéraux qui s'appliqueraient à cette région. Le traité d'établissement qui avait été négocié en 1864 n'y a donc pas cours. Et en 1882, lorsqu'il est renégocié en même temps qu'une nouvelle convention de commerce, et même si la Suisse a entre-temps reconnu l'existence de la zone d'annexion savoyarde, les négociateurs en charge de représenter les intérêts fédéraux, à commencer par J. Kern, choisissent de ne pas revendiquer l'extension du principe d'assimilation pour les industriels suisses installés dans cette zone. La raison n'est pas directement commerciale. Elle est fiscale et politique. Berne

geo-ethnologique des frontières culturelles. L'exemple des régions fromagères en Haute-Marne, Paris 1994; Id., La France fromagère (1850–1990), Paris 2007; Stéphanie Leu, Comme un petit air de Suisse, Chaumont 2003; Christian Favre, Une frontière entre la guerre et la paix. Les échanges au quotidien autour de l'Arc jurassien (1939–1945), Neuchâtel 2009.

14 L'histoire de la zone d'annexion reste encore à écrire, particulièrement pour la fin du XIXe siècle. Nous renvoyons toutefois à: Christian Schwarz, Die diplomatisch-politischen Beziehungen zwischen der Schweiz und Frankreich in der Zonenfrage in den Jahren 1919 bis 1923. Entstehung und Auswirkungen des Artikels 435 des Versailler Vertrages, Thayngen 1973; Paul Guichonnet, Histoire de l'annexion de la Savoie à la France. Les véritables dossiers secrets de l'Annexion, Montmélian 1999.

15 AFS, E 2, 1000/44, vol. 1651, Lettre du directeur des douanes de Bourg en Bresse au directeur du Ve arrondissement des péages fédéraux – Direction des péages, 9. 11. 1878.

préfère obtenir le droit d'imposer les vins du pays de Gex à l'entrée sur le territoire douanier suisse dans la mesure où ces recettes fiscales doivent venir financer en partie les nouvelles charges indirectement supportées par l'Etat fédéral avec le vote de la loi fédérale du 22 juin 1875 sur l'assistance.[16] De fait, à cette période, l'assimilation des producteurs suisses aux producteurs français n'est alors possible qu'en fonction de la capacité personnelle des réclamants à se faire entendre des autorités françaises et à imposer une lecture exceptionnelle du traité de 1882, ce que certains arrivent au demeurant à faire en jouant de réseaux multiples et de complaisances locales. En 1884, un fermier suisse, qui vient de reprendre en zone franche l'exploitation d'une ferme appartenant à un avocat genevois mais jusque-là gérée par un Français, se voit refuser par le vérificateur des douanes le droit d'écouler ses fromages au prétexte que «la zone franche n'est pas comprise dans le traité d'établissement conclue entre la France et la Suisse».[17] La réclamation du fromager suisse auprès du Gouvernement valaisan est transmise par le Conseil fédéral au successeur de Kern, Charles Lardy, pour demande d'avis auprès du Ministère des affaires étrangères français. Fidèle à la ligne du Gouvernement français d'une interprétation restrictive du traité d'établissement, le ministre des Affaires étrangères Jules Ferry refuse d'ouvrir le dossier. Seule la pression personnelle sur l'administration des douanes d'un ami du propriétaire genevois, le député Daniel Wilson, assure pour quelques mois l'entrée en franchise au nouveau fermier. Mais la légalité républicaine l'emporte en janvier 1885 sur les habituelles pratiques népotiques du député de Tours:[18] le ministre des Finances ordonne la fin de la tolérance et rappelle la Suisse à ses engagements.[19]

En revanche, à la faveur de la guerre douanière qui dure de 1892 à 1895, l'Etat fédéral par la voix de Numa Droz décide de défendre activement et officiellement ces producteurs.[20] Parce que l'installation en zone permet de contourner les tarifs de combat que les deux pays ont adoptés, l'intérêt de défendre les fromagers et les

---

16 La loi oblige les cantons à pourvoir gratuitement aux besoins des Suisses confédérés avant leur rapatriement vers leur lieu d'origine. L'Etat fédéral peut, dans ce cadre, reverser aux cantons de l'argent issu des taxes prélevées sur les alcools.
17 AFS, E 2, 1000/44, vol. 1651, Lettre du Département politique au Haut Conseil fédéral, 12. 1. 1884.
18 On rappelle ici que Daniel Wilson, gendre de Jules Grévy, est impliqué dans le scandale de corruption dit des décorations qui entraîne la démission de son beau-père en 1887. D'abord condamné, il est finalement acquitté et réélu en 1893.
19 AFS, E 2, 1000/44, vol. 1651, Lettre du Ministère des Affaires étrangères Duplan à Charles Lardy, 5. 1. 1885.
20 Sur la crise douanière, voir: Philippe Gern, Silvia Arlettaz, Les échanges entre la France et la Suisse au XIXe siècle. Libéralisme et protectionnisme, in: Silvia Arlettaz, Philippe Gern (dir.), Relations franco-suisses au XIXe siècle. La confrontation de deux politiques économiques, Genève 1992, p. 218–222; Philippe Gern, Les origines de la guerre douanière franco-suisse (1891–1892), in: Raymond Poidevin, Louis-Edmond Roulet (dir.), Aspects des rapports entre la France et la Suisse de 1843 à 1939. Actes du colloque de Neuchâtel, 10–12 septembre 1981, Metz 1982, p. 59–71.

industriels dans cette région est relancé. En mars 1893, Lardy s'appuie alors sur ses amitiés au sein du Gouvernement français pour faire garantir l'application de ce qui avait été négocié dans un projet de convention en 1892 avant que sa ratification n'échoue au Parlement: en échange de facilités pour l'introduction en Suisse de produits français originaires des zones, les agriculteurs suisses devaient être assimilés aux industriels français. L'enjeu fiscal est faible pour la France. L'intérêt politique en revanche est plus grand pour le Ministère des affaires étrangères qui accepte cette disposition dérogatoire en mars et la confirme dans une note de mai 1893.[21] Le même mois, un arrêté fédéral accorde en retour des facilités d'accès aux produits des zones.

Le rétablissement des relations commerciales durant l'année 1895 permet aux Départements bernois de se dispenser de nouveau de la protection de ces nationaux redevenus les représentants de l'«industrie française», comme le rappelle Lardy. La condamnation des Suisses de France pour faits de concurrence s'étend d'ailleurs dans la décennie 1890 à de nombreuses autres catégories de commerçants et d'industriels, victimes des premières mesures protectionnistes prises en France:[22] lorsqu'en 1895 deux commissaires suisses aux Halles de Paris concernés par une proposition de loi visant à interdire aux étrangers le droit d'y exercer viennent demander l'aide du légat suisse au nom du traité d'établissement, ils se voient opposer une fin de non-recevoir au prétexte qu'ils «font le commerce de produits non suisses»,[23] en l'occurrence italiens. En octobre 1905, reprenant le dossier des fromagers des zones, le légat suisse entérine, par la voix de son chargé d'affaires et futur successeur, Dunant, la ligne qui sera celle des négociateurs de la prochaine convention de commerce de 1906: celle de l'abandon du dossier.[24] Lardy se justifie: «Il n'y a [...] pas un intérêt évident pour la Suisse de soutenir une industrie qui reste française lors même qu'elle est exercée en France par des Suisses et qui fait concurrence à [la Suisse].»[25] En 1931, alors que la crise économique s'amplifie et que des contingentements frappent les exportations suisses, le consul de Besançon tranche de nouveau violemment en défaveur des fromagers suisses de France en rappelant que les ouvriers et les petits indépendants de ce secteur «doivent leur formation à la Suisse» et deviennent «malheureusement, quand ils valent quelque chose, les meilleurs collaborateurs de nos concurrents ou nos concurrents eux-mêmes».[26]

21 AFS, E 2, 1000/44, vol. 1651, Rapport de Lardy au Conseiller fédéral Lachenal, 5. 3. 1893.
22 Voir notamment: Noiriel (voir note 3), p. 135–175.
23 AFS, E 2, 1000/944, vol. 759, Lettre de Charles Lardy au DFAE, 27. 5. 1895.
24 Archives du Ministère français des Affaires étrangères (MAE), Suisse – Nouvelle série, Zones franches, vol. 8, Lettre du chargé d'affaires de la Légation Dunant au Ministère des Affaires étrangères et président du conseil Rouvier, 20. 10. 1905.
25 AFS, E 2, 1000/944, vol. 1651, Lettre de Charles Lardy au Département fédéral du commerce, 25. 11. 1905.
26 AFS, E 2400, Rapport annuel de gestion du consulat de Besançon, année 1931.

Cette dissociation entre l'intérêt national et l'intérêt des nationaux, entre la nationalité des produits et la nationalité des producteurs à partir de la fin des années 1890 fonde une des lignes de fracture essentielle dans la perception gouvernementale du Suisse de l'étranger en fonction de son utilité et de sa loyauté, ici économique. Mais cette logique de tri, exacerbée par la proximité entre la Suisse et ses nouveaux concurrents industriels, n'est pas seulement à l'œuvre dans les questions commerciales. La ligne de faille et le jeu sur les droits pour opérer ce tri s'établissent également dans les questions centrales de la fin du XIXe et du début du XXe siècle, des questions de nationalité et d'établissement à la question de l'extension des droits sociaux.

Les frontières labiles et réversibles du national de l'étranger: indigents, doubles-nationaux et clandestins

Profitant de l'asymétrie des législations en matière de nationalité, les deux Etats, et donc la Suisse, rivalisent au début du XXe siècle d'ingéniosité juridique pour ne pas reconnaître des populations jugées marginales économiquement ou moralement. Ne pas reconnaître les vieillards, les femmes, les veuves et les divorcées ou encore les enfants illégitimes, ce n'est ni les secourir, ni les rapatrier. Ainsi en 1898, contre l'avis du Conseil fédéral, le canton de Neuchâtel tente d'utiliser la loi française «considérant comme irrévocablement Français les enfants étrangers nés en France d'une mère française»[27] pour refuser l'assistance aux dix enfants d'un de ses ressortissants domicilié en France. De la même façon, au milieu des années 1900, la Légation s'abstient de protester contre une nouvelle interprétation du ministre de la Justice français du droit de la nationalité. Celui-ci considère désormais comme Français un jeune garçon, né de mère française et reconnu par son père valaisan. Même si la famille est présentée par le légat comme «incontestablement valaisanne» au regard de la loi cantonale et que des procédures avaient été lancées dans les années précédentes dans des affaires similaires pour que la France reconnaisse le droit suisse qui donne à l'enfant légitimé la nationalité du père, les autorités valaisannes ne souhaitent pas aller en justice plaider ce cas. La raison est clairement exprimée: la famille est une famille d'indigents.[28] Aussi, à partir de la dernière décennie du XIXe siècle, les difficultés de la reconnaissance pour le national de l'étranger par les autorités suisses témoignent autant d'un certain eugénisme de la pratique juridique destiné à se débarrasser à moindre coût

---

27 AFS, E 21, 1000/131, vol. 15733, Lettre du Département de l'intérieur du canton de Neuchâtel au Département fédéral des Affaires étrangères, 6. 5. 1898.
28 AFS, E 2400, Rapport de gestion de la Légation, année 1909.

des populations marginalisées que de l'importance des enjeux économiques et idéologiques que suppose une reconnaissance pour les communes et les cantons qui sont susceptibles d'en avoir la charge.[29]

Parce que les enjeux sont souvent contextuels, les définitions du «bon» et du «mauvais» Suisse de l'étranger sont très largement réversibles. L'exemple des doubles-nationaux en témoigne. Alors que la convention de 1879 sur la nationalité des fils de naturalisés devait tenter de restreindre les cas de double indigénat, ils se multiplient quasimécaniquement sous l'effet des lois françaises sur la nationalité de 1889 et de 1927. En 1935, à Paris, 21% de la colonie possède ainsi le double indigénat ce qui représente près de 8000 personnes.[30] Ces entre-deux nationaux sont longtemps présentés comme des traîtres et leur loyauté est remise sans cesse en cause. Seulement, dès 1929, au corps défendant du légat et des consuls qui apparaissent alors comme les tenants d'une ligne dure, leur simple présence qui n'est donc qu'une forme de simple loyauté de papier est reconnue comme «un mal pour un bien»[31] par le chef de la Division de police du Département de Justice et de Police (DJP), Heinrich Rothmund. La présence des doubles-nationaux permet en effet de collecter un certain nombre de taxes dans les consulats et de maintenir, par les chiffres du moins, une présence helvétique en France qui est intégrée régulièrement dans le calcul de la balance commerciale. En même temps, le double indigénat présente en temps de crise l'avantage d'épargner les communes et les cantons en charge de l'assistance.

Les Suisses entrés clandestinement sur le territoire français sont bientôt protégés selon une logique comparable mais pour des objectifs différents. Encouragées parfois par les cantons, les entrées illégales sur le territoire français sont condamnées systématiquement par les diplomates en poste en France qui rechignent ici encore à aider ces nouveaux venus qui nuisent à l'image de la «bonne» migration suisse diffusée en France. Seulement ces travailleurs illégaux et clandestins, pour la plupart entrés sans contrat de travail ou avec des visas de tourisme, sont, à partir de la fin des années 1920, protégés indirectement par les autorités fédérales et notamment par Heinrich Rothmund. Cette protection entre dans un cadre plus large qui vise à mettre en œuvre la très contradictoire politique migratoire suisse qui a été en partie redéfinie à l'occasion de la conférence de Soleure en 1920 et qui oscille entre la volonté de garder ouverts les pays d'émigration pour créer des brèches migratoires pour des employés de secteurs stratégiques ou en crise (commerce, agriculture) et celle d'instaurer un contrôle strict sur l'immigration.[32]

29 Nous développons et illustrons avec précision ces pratiques. Cf. Leu (voir note 1), p. 285–294.
30 AFS, E 2400, Rapport de gestion de la Légation, année 1935.
31 AFS, E 21, 1000/131, vol. 23545, Rapport de la Police des étrangers au Chef du Département de police, 29. 8. 1929.
32 Kury (voir note 3), p. 109 s.; Leu (voir note 1), p. 445–455; Gast (voir note 11), p. 191–196.

Dans le cadre de négociations complexes qui s'ouvrent avec la France sur les questions de main-d'œuvre et qui concernent d'abord l'échange de stagiaires à la fin des années 1920, puis les modalités de renouvellement des permis de travail dans les années de crise économique, Rothmund ne revendique plus directement l'assimilation réciproque qui est contenue dans le traité d'établissement mais cherche à imposer une *bienveillance réciproque*. C'est ainsi qu'en juillet 1935 les deux gouvernements concluent un accord secret, les *Pariser Verträge,* qui doit faciliter le renouvellement des cartes d'identité et les permis de séjour aux ressortissants des deux Etats même en cas de chômage. Au cœur de l'accord figure la mention de cette bienveillance réciproque à laquelle les deux administrations s'astreignent à force de circulaires et que les diplomaties contrôlent avec zèle.[33] Et c'est ici que les clandestins jouent leur rôle. En faisant pression – souvent sans succès – auprès des cantons pour qu'ils acceptent un nombre élevé de frontaliers français et surtout en mettant en scène les régularisations des rares Français entrés et séjournant illégalement en Suisse, Rothmund veut prouver la bienveillance fédérale et fournit les armes nécessaires à ses diplomates pour plaider le cas des clandestins suisses auprès des préfectures françaises.

Aussi, et ce n'est pas le moindre des paradoxes même si le bilan de cette pratique reste incertain, les autorités fédérales se trouvent régulièrement en position de protéger les Français de Suisse pour obliger les autorités françaises à être les protecteurs des Suisses de France. La logique n'est pas nouvelle; à la fin du XIXe siècle, Charles Lardy avait dû défendre des entrepreneurs français à Genève à qui on interdisait l'accès aux marchés publics pour obtenir des Français l'accès des Suisses à ces mêmes marchés publics. Mais dans les années 1930, cette politique est entrée dans les cadres officiels de la politique de population.[34] Par cette logique du troc, par l'accord secret et par le glissement en droit de l'assimilation à la bienveillance, le Département fédéral de justice et police pense protéger sa politique naissante de régulation des migrations. En particulier, il évite que la très fragile bienveillance négociée avec les Français ne s'étende, par le jeu des clauses de la nation la plus favorisée, à des étrangers d'autres nationalités. Cet exemple est un de ceux, parmi d'autres, qui parsèment la relation des deux pays depuis le début du XXe siècle, qui prouve que la souplesse du bilatéralisme permet de contourner les effets de l'inscription multilatérale des Etats et conduit, en matière de gestion des populations, à la formation d'une loi marginale et d'un espace de pratiques spécifiques.[35]

33 Leu (voir note 1), partie III.
34 Eric Mevillot, La diplomatie suisse face aux premiers mois du Front Populaire: perception et relations bilatérales (avril-décembre 1936), in: Revue suisse d'histoire 42 (1992), p. 325–357.
35 De fait le bilatéralisme dépasse largement les enjeux commerciaux auxquels il est souvent lié. Voir: Peter Hug, Martin Kloter (éd.), Aufstieg und Niedergang des Bilateralismus. Schweizerische

Maintenant le bilatéralisme, défini comme cet espace quotidien de négociations interétatiques autour des populations migrantes et de leur statut, connaît aussi des échecs. Son plus grand concerne son volet social.

L'Etat social: un échec du bilatéralisme

Alors que la politique du cas au fondement de cette pratique bilatérale les a déjà conduits depuis les années 1880 à abandonner des domaines d'application qui étaient inclus plus ou moins implicitement dans le traité d'établissement, la Légation et le Conseil fédéral se refusent aussi à intégrer automatiquement dans le droit bilatéral les nouveaux champs ouverts par les nouvelles lois sociales.
A la fin du XIXe et au début du XXe siècle, les difficultés du Conseil fédéral à majorité radicale sont grandes sur ce sujet. L'échec d'un projet d'assistance en 1885 comme le rejet de la première loi Forrer pour l'instauration d'une assurance ouvrière et obligatoire en 1896 en témoignent. En même temps qu'il tente d'imposer en ces deux occasions une conception centralisée et libérale, l'exécutif fédéral doit lutter contre les forces fédéralistes, nationalistes et protectionnistes qui s'expriment dans les Assemblées, dans les cantons, mais aussi parmi les industriels et plus généralement l'opinion publique. En 1900, malgré le ralliement de la plupart des partis à la nouvelle loi Forrer, son rejet par votation populaire repousse même de quelques années l'établissement en Suisse d'un système d'assurances.[36] Le vote en France en 1898 d'une loi sur les accidents du travail puis d'une loi sur les retraites ouvrières en 1910 n'éveille pas pour autant l'intérêt du Conseil fédéral et de ses représentants en France. Au début du siècle, Lardy juge même «heureuse» l'application de la loi française sur les accidents parce qu'elle accélère les processus d'indemnisation des travailleurs suisses victimes.[37] Au demeurant, les principes d'exclusion que la loi française contient sont identiques à celles prévues dans le projet suisse qui vient d'échouer. Ainsi les familles qui résident à l'étranger au moment de l'accident sont exclues dans les deux lois du versement des indemnités (article 3 de la loi française/ article 257 du projet fédéral).
L'introduction d'une clause de réciprocité par la loi française de mars 1905 pour lever les dispositions discriminatoires change la donne. Alerté par la Légation, le

---

Aussen- und Aussenwirtschaftspolitik 1930–1960. Rahmenbedingungen, Entscheidungsstrukturen, Fallstudien, Zurich 1999.

36 Brigitte Studer, Soziale Sicherheit für alle? Das Projekt Sozialstaat, in: Brigitte Studer (éd.), Etappen des Bundesstaates, Staats- und Nationsbildung der Schweiz, 1848–1998, Zurich 1998, p. 165–171; Gérald et Silvia Arlettaz, L'Etat social national et le problème de l'intégration des étrangers, 1890–1925, in: Etudes et Sources 31 (2006), p. 196.

37 AFS, E 2400, Rapport de gestion de la Légation, années 1900 & 1901.

Conseil fédéral décide toutefois «d'ajourner toute négociation jusqu'au moment où la législation fédérale sur les responsabilités des patrons aura fait place à une législation d'assurances».[38] Confiant dans l'évolution du système fédéral à l'heure où une nouvelle version du texte de la loi Forrer est à l'étude,[39] les départements fédéraux estiment que la différence des systèmes, au clair désavantage de la Suisse, ne permet pas d'envisager une négociation sur l'égalisation des conditions d'indemnisation des victimes et de leurs ayants droit. Impuissant et résigné, Lardy voit la Belgique, le Luxembourg et l'Italie signer une convention de réciprocité dès 1906.

La question des retraites ouvrières, longuement discutées en France entre 1901 et 1910, provoque la même réaction à Berne. Après les craintes de l'année 1901, éveillées à la lecture d'un premier projet qui institue une nette différence de traitement entre l'ouvrier étranger et français, le Département du commerce et de l'industrie accepte en 1902 comme une «concession suffisante»[40] l'introduction d'une clause de réciprocité qui est maintenue dans le texte final publié en 1910.

Dans les deux cas, la clause de réciprocité apparaît donc aux yeux de l'Etat fédéral comme un moindre mal puisqu'elle permet d'attendre un moment plus favorable où la confrontation avec le puissant voisin français ne se traduirait pas par l'obligation d'accepter des compensations financières et législatives jugées trop élevées et difficiles à imposer à une société encore réticente. Mais par là même, il prend le risque paradoxal de distendre le lien avec l'extrême majorité des nationaux à l'étranger qui se plaignent de devoir, par exemple, cotiser aux caisses françaises de retraite sans espoir de pouvoir en bénéficier. Au mieux mais sans succès, le légat doit se résigner à recourir aux liens cantonaux et communautaires pour tenter de compenser les premiers effets de l'absence de l'Etat central suisse en matière sociale, en incitant par exemple les ressortissants de Vaud ou de Neuchâtel à cotiser aux caisses de retraites populaires qui sont créées dans leurs cantons d'origine.[41]

L'adoption définitive de la loi fédérale sur l'assurance maladie et accidents (LAMa) en 1912 est alors logiquement imaginée par Charles Lardy comme une occasion inestimable d'arriver à la diffusion d'un Etat social, producteur de droits pour une large partie des Suisses de l'étranger. Au demeurant, cet objectif est pris en compte lors du vote de la loi. Le Conseil fédéral a rappelé en effet la nécessité de garantir l'égalité de traitement entre les Suisses et les étrangers établis pour ménager la situation des expatriés et émigrés helvétiques.[42] Si, à la lecture de ce passage et avec

---

38 Id., année 1905. La loi de 1877 introduit la responsabilité civile de l'employeur dans les accidents du travail. En 1881, elle est étendue aux maladies professionnelles.
39 Bernard Degen, Entstehung und Entwicklung des schweizerischen Sozialstaates, in: Etudes et Sources 31 (2006), p. 26.
40 AFS, E 2400, Rapport de gestion de la Légation, année 1902.
41 Id. années 1908, 1909 & 1910.
42 Id.

Gérald Arlettaz, on peut admettre que «la responsabilité de l'Etat à l'égard de ses ressortissants à l'étranger devient [...] un catalyseur pour les réformes internes»,[43] il faut reconnaître qu'il intervient tardivement pour les Suisses d'Europe et singulièrement en France. Le retard pris par le texte fédéral a en effet contribué à exclure les Suisses de France de l'accès à de nouveaux droits.

La Suisse n'est toutefois pas la seule à construire avec précaution la diffusion de droits pour ses nationaux de l'étranger. Les retards pris par la France en matière d'assurance chômage expliquent qu'aucun accord ne permette de protéger, autrement que par la bienveillance et le bon vouloir des autorités cantonales en Suisse et municipales en France, les chômeurs suisses de France et les chômeurs français de Suisse avant l'année 1933 et la signature d'un texte inspiré de la convention de Washington.[44]

*

L'analyse de la casuistique bilatérale nous place ainsi au cœur des dynamiques des Etats et des rapports de force qui s'y développent dans la mesure où les cas ne sont pas considérés comme des «exemples de processus généraux» mais bien comme «des laboratoires à partir desquels formuler et dessiner des processus sociaux»,[45] et dans le cas présent, un mode d'action politique efficace à la fois sur le sol national mais également à l'étranger dans le cadre des politiques de protection des émigrés. Cette pratique politique, cet instrument de gouvernement[46] conduit à définir le degré de protection et de soutien des nationaux en fonction des contingences et des nécessités de protection du marché intérieur. Et elle apparaît comme le produit d'un jeu pragmatique dans lequel se montrent de nombreux acteurs, à commencer par l'Etat d'accueil mais également les cantons, les industriels et bien évidemment les Suisses de l'étranger, qui sont souvent bien plus parties prenantes qu'objets dans ce jeu.

A partir des années 1880, la gestion au cas par cas dans l'espace bilatéral sert toutefois principalement à l'Etat fédéral à légitimer une non-automaticité de l'application des principes juridiques négociés dans le champ international. En

---

43 Arlettaz/Arlettaz (voir note 36), p. 196.
44 L'accord tarde à être ratifié en raison des réticences du Ministère des finances. Mais son application précède son vote aux Chambres. En effet, les retours de chômeurs suisses au pays touchés par la crise économique provoquent des tensions dans les cantons les plus proches de la France qui refusent en retour d'octroyer les autorisations aux travailleurs frontaliers français. Dès septembre 1933, le Ministère du travail donne donc instruction aux préfets de ne pas attendre la ratification pour intervenir auprès des fonds de chômage puisque les autorités helvétiques appliquent déjà «exactement» l'accord. Cf. Leu (voir note 1), chapitres 8 et 9.
45 Simona Cerutti, Etrangers. Etude d'une condition d'incertitude dans une société d'Ancien Régime, Montrouge 2012, p. 25.
46 Pierre Lascoumes, Patrick Le Galès, Gouverner par les instruments, Paris 2004.

effet, construire le «Suisse de l'étranger», c'est définir, identifier, comptabiliser, catégoriser, parcelliser pour protéger mais aussi utiliser ou abandonner les populations émigrées si leurs revendications ou leurs pratiques sont jugées inacceptables par la réciprocité qu'elles engagent, par l'image qu'elles renvoient ou par les difficultés financières qu'elles annoncent. Ainsi cette manière d'écrire le droit des migrants par agrégation successive de problématiques, par des discussions continues, qu'elles soient officielles ou officieuses, conduit d'ailleurs à négocier la tolérance et la bienveillance et donc l'incertitude comme on négociait l'assimilation et la sécurisation des parcours migratoires au XIXe siècle.

En un sens, cette pratique peut être comprise comme un nouveau symptôme de la «politique de camouflage» d'une petite Suisse confrontée à la «grande puissance» française et qui, en jouant parallèlement de la bonne image de sa migration, veut faire de la parcellisation des demandes et des solutions un outil de sa protection.[47]

---

47 Sébastien Guex (éd.), La Suisse et les grandes puissances, 1914–1945. Relations économiques avec les Etats-Unis, la Grande-Bretagne, l'Allemagne et la France, Genève 1999, p. 11–14; Antoine Fleury, La Suisse: petite ou moyenne puissance?, in: Jean-Claude Allain (dir.), La Moyenne Puissance au XXe siècle, Paris 1989, p. 217–234.

Georg Kreis

«Eine Brücke zu fernen Brüdern»[1]

Das Wirken der Auslandschweizer Organisation (ASO) (1919–1939)

"A bridge to brothers afar". The activities and influence of the Organisation of the Swiss Abroad (OSA) (1919–1939)

In the first part, the Organisation of the Swiss Abroad is presented. This includes its founding and structure, the emphasised private status of the organisation and its financing. Part two discusses the contents and aims of the OSA as well as the images of Switzerland it conveyed. The investigation shows: (1) In the beginning it was mainly conservative Catholic and right centrist forces which took up the notion of Swissness abroad and thereby nurtured a reactionary nationalism. (2) The interest in the "Swiss abroad", which was invented as a category of attention to begin with, arose to an important degree from the broader interest in demographic policy. The latter, in turn, was largely understood in terms of the question of otherness. (3) The concern of the OSA was less to support Swiss livelihoods abroad, than to nurture the connection of Swiss abroad to the homeland and to cultivate the patriotism of this section of the population. (4) In cultivating the notion of Swissness abroad, the OSA also wanted to cultivate itself and add to its own significance.

Die «anderswo», das heisst im Ausland existierende Schweiz und die «zu Hause» existierende Inlandschweiz sollten nicht zwei Welten bilden, sondern eine Einheit sein. Das war vor allem die Auffassung der zu Hause gebliebenen engagierten Patrioten der neohelvetischen Bewegung, die 1919 das Fundament für das Auslandschweizerwerk legten. Dieser Beitrag geht der Frage nach, warum sich die

---

1 Selbstverständlich waren die «Schwestern» mit gemeint und zuweilen, wenn es z. B. um Gouvernanten ging, auch explizit angesprochen. Es war auch nur von «Söhnen» und nicht von «Töchtern» die Rede.

Begründer und Betreiber der Organisation mit dem Kürzel ASO für die Auslandschweizer interessierten und welche Aktivitäten sich mit diesem Interesse verbanden.[2]

Die ASO war das Produkt der 1914 gegründeten Neuen Helvetischen Gesellschaft (NHG), und diese war das Produkt konservativer Patrioten.[3] Zur ASO gibt es keine institutionengeschichtlichen und auch keine prosopografischen Studien. Der grösste Teil des Schriftguts besteht aus wenig problematisierenden Selbstdarstellungen, die sich im Übrigen auf unterschiedliche Gründungsmomente beziehen.[4] Die einzige wissenschaftliche Auseinandersetzung mit den Anfängen der ASO findet sich in dem vor einem Jahrzehnt erschienenen Aufsatz von Gérald Arlettaz.[5] Die folgenden Ausführungen beruhen auf der systematischen Durchsicht der seit 1920 vorliegenden Jahresberichte der ASO, der seit 1921 von ihr publizierten Monatsschrift *Schweizer Echo,* jedoch nur punktuell der *Bulletins* der NHG, einiger zeitgenössischen Schriften sowie der Zeitungsausschnitt-Sammlung des Schweizerischen Wirtschaftsarchivs, Basel.[6]

In einem ersten Teil soll die organisatorische Basis des Auslandschweizerwerks dargestellt werden, mit einem ersten Abschnitt zu Gründung und Aufbau, einem zweiten Abschnitt zum privaten Status des Unternehmens und einem dritten Abschnitt zur Finanzierung. In zwei weiteren Teilen sollen die Inhalte und Zielsetzungen des bevölkerungspolitischen und kulturpolitischen Engagements diskutiert werden.

---

2 Dem Verfasser ist es wichtig festzustellen, dass zwischen den Anfängen der ASO und ihrer heutigen Tätigkeit grosse Unterschiede bestehen und darum keine Rückschlüsse vom Damaligen auf das Heutige gezogen werden können.

3 Catherine Guanzini, Peter Wegelin, Kritischer Patriotismus, Neue Helvetische Gesellschaft, 1914–1989, Bern 1989. Das NHG-Archiv ist in der Schweizerischen Nationalbibliothek hinterlegt.

4 1991, im Jahr der 700-Jahr-Feier, wollte man offenbar ein 75-Jahr-Jubiläum begehen und ging darum von 1916 aus und nahm die Entstehung von NHG-Auslandsgruppen in Barcelona und London zum Ausgangspunkt. 1917 war insofern ein Anfang, als damals die Auslandschweizer-Kommission unter der Leitung von Gonzague de Reynold ihre Aktivität begann. 1918 ist ein Anfang, weil im April 1918 im Rahmen der (im Vorjahr erstmals durchgeführten) Schweizerischen Mustermesse in Basel der erste Auslandschweizertag durchgeführt wurde. Und 1919 ist ein Anfang, weil dann das Auslandschweizer-Sekretariat geschaffen wurde. Eine umfassende Liste der selbstdarstellenden Literatur findet sich mit weiteren Belegen in der vorbereitenden Dokumentation zu diesem Beitrag, die in Georg Kreis, Vorgeschichten zur Gegenwart. Ausgewählte Aufsätze, Bd. 6, Basel 2013, S. 107–138, publiziert ist.

5 Gérald Arlettaz, La Nouvelle Société Helvétique et les Suisses à l'étranger (1914–1924). Aspect de la construction d'un nationalisme de type ethnique, in: Die Auslandschweizer im 20. Jahrhundert / Les Suisses de l'étranger au XXème sicècle (Studien und Quellen 28), Bern 2002, S. 37–64, hier 12; Ders., «Les Suisses de l'étranger» et l'identité nationale, in: Studien und Quellen 12 (1986), S. 5–33.

6 Signatur: O Volksw. Auslandschweizer. – Zur neueren Literatur, allerdings auf die besser dokumentierten Überseeauswanderer beschränkt: Hermann Vogel, L'émigration suisse hors d'Europe dans l'entre-deux-guerre (1919 à 1939), Zürich 1947.

Organisation des Auslandschweizerwerks

Gründung und Aufbau

Die 1917 entstandene *Auslandschweizer-Kommission* war zunächst nur eine Arbeitsgruppe der NHG, sie erhielt aber schon bald ein Eigengewicht und war das Aufsichtsorgan des 1919 von ihr geschaffenen Auslandschweizer-Sekretariats. Anfänglich war die ASO ganz von der NHG abhängig. 1933 wurden sechs Vertreter von Auslandschweizergruppen pro forma als Mitglieder in die Kommission aufgenommen. Man ging davon aus, dass eine regelmässige Teilnahme an den Sitzungen nicht möglich sei, versprach aber, sie auf dem Laufenden zu halten, sodass sie ein *trait d'union excellent* sein könnten. Die Auslandschweizergruppen hatten keine festen Mitwirkungsmöglichkeiten.

Das 1919 geschaffene *Auslandschweizer-Sekretariat* nahm sich professionell der konkreten Exekutivaufgaben an. Wegen des Arbeitsvolumens, aber auch der Zweisprachigkeit und der Aufteilung zwischen eher politischen und eher juristischen Fragen waren neben den Schreibkräften anfänglich mindestens zwei Stellen vorgesehen. Man dachte sogar an eine gelegentliche Aufstockung auf drei Stellen, doch schon bald musste man sich mit nur einer Stelle zufriedengeben. Der Sitz des Sekretariats war, da günstig oder kostenlos, anfänglich in Genf (mit dem in Genf wohnhaften 35-jährigen Schriftsteller Robert de Traz als Leiter),[7] danach in Freiburg (1923–1928, zunächst im Staatsarchiv, dann in einem Kloster der Unterstadt, dies dank der Unterstützung des Staatsrats, Nationalrats und CVP-Parteipräsidenten sowie NHG-Gründungsmitglieds Ernest Perrier). Seit 1928 war sein Sitz in Bern an der Bundesgassse und damit, wie betont wurde, in der Nähe der Bundesverwaltung und anderer gesamtschweizerischer Institutionen; ab Mai 1947 (wohl Dank einer Schenkung) an der heutigen Adresse an der Alpenstrasse 26 in Bern.

Die vielfältigen Aufgaben bestanden zur Hauptsache darin, den Kontakt mit den auf der ganzen Welt verteilten Ortsgruppen der Auslandschweizer aufrechtzuerhalten, für sie eine «Brücke» oder gar die «Seele» zu sein. Das Sekretariat war für die Herausgabe des seit 1921 erscheinenden zwei- bis dreisprachigen Monatsblatts *Schweizer Echo* verantwortlich. Dem Sekretariat stand eine Equipe von *Vortragsrednern* zur Verfügung, die mit ihren Besuchen den direkten Kontakt mit den Auslandschweizerkolonien pflegten;[8] 1919/20 zum

---

7 Traz war ein in Paris geborener, später in die Schweiz zurückgekehrter Auslandschweizer, seine Mutter war Französin, er heiratete 1907 eine Genferin (Pictet) und gehörte fortan zur Genfer *société*. 1914 beteiligte er sich an der Gründung der NHG.
8 Kritisch wurde einmal bemerkt, dass sich Politiker für solche Vorträge ungern zur Verfügung stellten, weil diese ihnen im Hinblick auf ihre Wiederwahl nichts brächten. Bei der positiven

Beispiel mit Vorträgen von Max Huber über den *Schweizerischen Staatsgedanken* und von Gonzague de Reynold zum Thema *Comment se forme une nationalité*.[9]

Der private Status des Auslandschweizerwerks

Das schweizerische Staatsverständnis verstand Auswanderung grundsätzlich als Privatangelegenheit. Wohl gab es seit 1888 das Eidgenössische Auswanderungsamt, das die Auswanderungsagenturen überwachte, eine rudimentäre Statistik führte, Auskünfte erteilte und Ratschläge gab.[10] Es gab im Weiteren das Eidgenössische Arbeitsamt, das auf Erwerbsmöglichkeiten im Ausland hinwies. Zudem gab es die teilweise ehrenamtlich geleisteten konsularischen Dienste. Und natürlich gab es die Büros, welche die männlichen Migranten wegen der Militärdienstpflicht registrierten. Es gab aber keine amtliche Stelle, welche die Pflege der Beziehungen der Auslandschweizerkolonien mit der Heimat zum Hauptzweck hatte. Wenn nun diese Beziehungspflege um 1918 als allgemeines Bedürfnis empfunden wurde, fragt sich, warum sich eine private Institution und nicht der Staat dieser Aufgabe annahm. Anfänglich wurde kein Versuch unternommen, den Staat in diesen Belangen zu aktivieren, es war vielmehr so, dass Private aus der Gruppe der NHG diese Aufgabe beinahe an sich rissen, jedenfalls ein Terrain absteckten, auf dem sie ihr Banner der politischen Auslandschweizerfürsorge aufrichteten und sich nicht nur gegenüber dem Staat, sondern auch anderen Privatorganisationen behaupten wollten. Ein gewichtiges Urteil von 1919 lautete: «Die bewährten Stützen des Schweizertums im Auslande sind heute noch die zahlreichen, blühenden Schweizervereine in allen Weltteilen; sie sind eigentliche Heimstätten patriotischer Schulung.»[11]
Es ist erstaunlich und erklärungsbedürftig, dass sich 1919 eine Privatorganisation neu und zusätzlich der Auslandschweizerfrage annahm, denn einerseits gab es bereits seit Längerem zahlreiche Auslandschweizerkolonien mit einem aktiven, blühenden Vereinsleben und ihren Hilfskomitees, andererseits gab es in der Heimat Institutionen mit Zielsetzungen, wie sie dann von der ASO verfolgt wurden.[12]

Gegenüberstellung der anderen Referenten (Intellektuelle, Wissenschaftler, Schriftsteller) wurde nicht gesehen, dass für diese die bezahlten Auslandsreisen nicht bloss «nationale Pflicht», sondern eine durchaus attraktive Sache sein konnten.

9 Oder 1928 zum 100. Todestag Pestalozzis ein entsprechender Vortrag von Prof. Gottfried Bohnenblust, der 1921/22 Zentralpräsident der NHG war, in Saarbrücken. Vgl. auch die Angaben im Abschnitt «Die Idee der kulturellen Landesverteidigung».

10 Das dem EPD zugeordnete Auswanderungsamt informierte bis 1935 in Jahresberichten über seine Tätigkeit. Vgl. Sylvia Lehmann, Grundzüge der schweizerischen Aussenpolitik, Bern 1949, S. 78.

11 Ernst Müller, Unsere Auslandschweizer, Zürich 1919, S. 43.

12 Etwa die 1916 geschaffene *Association du Rutli* bzw. der *Gesamtverband aller Auslandschweizer*

Die ASO präsentierte sich vor allem in den Anfängen gern als Institution, die ausschliesslich von «selbstloser Privatinitiative» lebte. Es war ein wichtiges Element des Selbstbilds, dass man aus eigener Kraft Grosses geschaffen habe. 1934 heisst es: «Zurückschauend kann man sich nur wundern, dass es der NHG gelungen ist, mit ihren bescheidenen Mitteln das ganze weltumspannende Auslandwerk *alleine* zu schaffen und auf diese Höhe der Entwicklung zu tragen.»[13]
Ein früher Befürworter des Auslandschweizerprojekts erklärte 1919, es wäre «ohne Zweifel» die Aufgabe des Staats, das zu verwirklichen, um dann kritisch an die Adresse der Freisinnigen zu bemerken: «Aber der Staat hat diese hohe Aufgabe bis heute leider nur ungenügend gelöst, offenbar, weil die führende politische Partei weder die Einsicht noch den Mut besass, die Sache durchzufechten und vom Volke die Bewilligung der nötigen Kredite zu fordern.» Hinzu sei gekommen, dass auch die Exportindustrie «eine gewisse Abneigung gegen staatliche Versuche zur Förderung des Aussenhandels» zeige. Von der NHG und ihrem Projekt hiess es von gleicher Seite, sie würden «unter Ausschaltung bürokratischer Gepflogenheiten und ungehemmt durch parlamentarische Verschleppungstaktik in frischer Arbeit» die Fühlung mit dem Auslandschweizertum suchen.[14]
Die Einstellung zum Staat war kritisch, auf Eigenständigkeit und Unabhängigkeit und doch auch auf Unterstützung bedacht. Kritik meldete sich etwa in der Äusserung, dass es die ASO als Privatorganisation geben müsse, weil Amtsstellen für die Sorgen der Auslandschweizer kein Ohr hätten.[15] Die ASO verstand sich a priori als besser geeigneter und nötiger Fürsprecher. 1920 wurde eingeräumt, dass die Schaffung der ASO verwundern könnte, wenn doch, wie es explizit hiess, die Auslandschweizer jederzeit Gelegenheit hätten, an die Behörden zu gelangen. Dem wurde aber entgegengehalten: «Gerade die Interessenlosigkeit unserer Amtsstellen für seine ihm wichtig erscheinenden Angelegenheiten erweckt im Auslandschweizer das Gefühl, dass für ihn in der Heimat kein Platz mehr ist.»[16] Etwas später sagte die ASO, deren Sekretariat auch als «Seele» bezeichnet wurde, von sich selbst: «Keine Amtsstelle wird je den Kolonien das sein können, was diese private Institution ihnen bietet, die weit mehr als ein Bureau leistet.»[17] Als private Organisation wollte sie eine nationale

---

in Bern mit dem *Schweizerchronik* genannten Bulletin. Vgl. Arlettaz, Nouvelle Société Helvétique (wie Anm. 5), S. 52.
13 Arnold Lätt, Was will das Auslandschweizerwerk?, o. O. 1934, S. 2 (Hervorhebung im Original).
14 Müller (wie Anm. 11), S. 75.
15 Insbesondere wegen der bescheidenen finanziellen Unterstützung kam es wiederholt zur Behördenschelte: Arnold Lätt etwa erklärte 1936, die gnädigen Herren des Ancien Régime hätten sich mehr für ihre «Kinder im Ausland» (Söldner) interessiert als «unsrige heutige Behörden». Vgl. Arnold Lätt, Parlament und Auslandschweizer, Rorschach 1936, S. 3.
16 Ernst Martz, Die Organisation der Schweizer im Ausland, in: Mitteilungen der Neuen Helvetischen Gesellschaft 3/Nov. (1920), S. 17–24, hier 21.
17 Lätt (wie Anm. 13), S. 12.

Funktion wahrnehmen und sich dabei gern mit dem Nimbus des Offiziösen und Gemeinnützigen umgeben. Hinzu kam die Aussage, dass das Auslandschweizerwerk eine stets wachsende Zahl von Mitgliedern habe und die angebotenen Dienste immer häufiger gefragt seien.

Mit Staatlichkeit wurde zudem die Vorstellung von zu starker Politikabhängigkeit verbunden, während man sich selbst als unpolitisch, weil national verstand.[18] Der Staat konnte nicht «Seele» sein. Während Staat mechanistisches Handeln bedeute, ruhe die Tätigkeit der ASO sozusagen auf freiwilliger Pflicht, auf dem Gebot der Treue gegenüber den Treuen. Andererseits situierte man sich etwa auf der gleichen Ebene wie der Staat und meinte, die Dinge mit diesem auf Augenhöhe regeln zu können. Die Patronage, die man suchte, konnte nicht offiziell genug sein; immer wieder liess man von den Bundespräsidenten Aufrufe zur Unterstützung des Auslandschweizerwerks (und das heisst der ASO) verfassen. Man hätte auch sehr gern substanziellere Staatshilfe gehabt. Nochmals 1934: «Lange wurde [dem Auslandschweizerwerk] von den Behörden alle Hilfe versagt.»[19]

Die Finanzierung des Auslandschweizerwerks

Die Organisation lebte anfänglich ganz von Privatspenden. Beim ersten Fundraising von 1920 kamen rund 95'000 Fr. zusammen. Die Geldgeber der ersten Stunde dürften grosso modo diejenigen gewesen sein, die auch später dann und wann etwas gaben. Die ersten Jahre der Auslandschweizer-Kommission wurden ausschliesslich mit Privatspenden finanziert, die Unterstützungsbeiträge kamen von der Industrie, von Banken, Handelshäusern und Privaten. Die Jahresberichte führten bis 1936 die Spender jeweils auf.

Klagen über Geldmangel ertönten schon recht früh. Im Vorfeld der Subventionsforderung appellierte man 1924 an den «Opferwillen des Schweizervolkes» und gelangte an die Auslandschweizer. Im Frühjahr 1924 wandte sich die Auslandschweizer-Kommission mit einem Spendenaufruf an die Landsleute im Ausland: Man werde vom Bund eine bescheidene Subvention erhalten, allerdings nur, wenn auch die «eigenen Kreise» etwas beisteuerten.[20] Die Organisation, welche davor warnte, neben der materiellen Not der Auslandschweizer die geistige Not nicht zu vergessen, in deren Bekämpfung sie «eine der vornehmsten und dringendsten Aufgabe sah», machte 1924 darauf aufmerksam, dass sie selbst sich in einer

---

18 Man könne «ohne Zwang von irgendwelcher Seite, frei von staatlicher Kontrolle, frei von Bindungen konfessioneller oder parteipolitischer Art» handeln. Vgl. Lätt (wie Anm. 15), S. 10.
19 Lätt (wie Anm. 13), S. 12.
20 Echo, April 1924

«eigentlichen Notlage» befinde und nur noch «ganz kurze Zeit» weitermachen könne, «wenn nicht sofort neue beträchtliche Mittel bereitgestellt werden».[21] Ruggero Dollfus (CVP/TI), Mitglied der Parlamentarischen Gruppe für Auslandschweizerfragen,[22] gelang es im Dezember 1923, ein Postulat für die Subventionierung der ASO durchzubringen. Von der Bundessubvention von 10'000 Fr. hiess es, dass damit nur ein Viertel der Kosten gedeckt würde, später war sogar von einem Zehntel die Rede, und 1931 wurde auf die paradoxe Dynamik hingewiesen, dass der Institution trotz wachsender Bedeutung weniger Mittel zur Verfügung standen.

Nachdem die Bundessubvention hatte gekürzt werden müssen, wandte sich die ASO 1934 mit einem Prospekt an die Öffentlichkeit und bezeichnete ihren Appell als «Rettungsaktion». Dabei fielen bittere Worte über die Haltung des Bundes (gemeint war die Bundesversammlung, nicht der Bundesrat): Dem Auslandschweizerwerk sei lange alle Hilfe versagt worden, die Auslandschweizer würden wegen der fehlenden politischen Rechte, in der heutigen Sprache ausgedrückt, eben keine Lobby bilden, und man würde die Wichtigkeit der Tätigkeit der ASO im Inland nicht wahrnehmen, weil sie ausserhalb der direkten Beobachtung liege.

Was veranlasste die nationalistischen Kulturpolitiker der NHG, sich derart stark mit dem Auslandschweizerwesen und mit Migration zu beschäftigen? Das Engagement erklärt sich vor allem aus zwei Interessen, die nicht direkt die Auslandschweizer betrafen und anderen Sorgen galten, nämlich den allgemeineren bevölkerungspolitischen und den kulturpolitischen Interessen. Dies sollen die beiden folgenden Teile deutlich machen.

Die bevölkerungspolitischen Bedenken

Gérald Arlettaz hat einleuchtend aufgezeigt, dass die Überfremdungsangst der zentrale Ausgangspunkt für die Hinwendung zum Auslandschweizertum war. So paradox es erscheinen mag: die Patrons des Auslandschweizerwerks waren im Grunde keine Befürworter der Auswanderung und hegten aus verschiedenen Motiven ihr gegenüber starke Vorbehalte. Sie forderten, dass sich der Staat der bisher vernachlässigten Rückwanderung (vor allem der «tüchtigen Arbeitskräfte») annehme. Die ASO sah zwar in den bereits Ausgewanderten ihre Aufgabe, ihren Gegenstand und ihr Publikum. Der Auswanderung gegenüber war sie aber, wie gesagt, zurückhaltend oder eben negativ eingestellt.

---

21 Jahresberichte der ASO (JB) 1924, S. 14 f.
22 Dollfus war als Sohn einer Industriellenfamilie in Mailand geboren und 1922 frisch in den Nationalrat gewählt worden. Vgl. Hans Rapold, Dollfus, Ruggero (de Volckersberg), in: Historisches Lexikon der Schweiz, http://www.hls-dhs-dss.ch/textes/d/D5053.php (Version vom 2. 12. 2013).

Die Vorbehalte gegen die Auswanderung

In einer Variante wurden Auswanderer als Verursacher von Lücken verstanden, die eine vermehrte Einwanderung und damit auch Überfremdung zur Folge hätten. Häufiger war jedoch die andere Variante, die in der Einwanderung die Ursache für die Auswanderung sah. Ein besonders expliziter Beleg für dieses Verständnis findet sich 1927 im Auslandschweizerblatt: «Zwei einwandernde Ausländer vertreiben einen Schweizer aus dem Vaterlande.»[23] Real funktionierten die Zusammenhänge aber weitgehend umgekehrt: ausländische Arbeitskräfte wurden importiert, weil Schweizer es vorzogen auszuwandern, statt offenbar weniger attraktive Beschäftigungen anzunehmen. Das konnte ein anderer Autor wenige Ausgaben später im *Schweizer Echo* zutreffend in Erinnerung rufen: «Nun gab es aber in der Schweiz in den vergangenen Jahren [1922–1926] immer Berufe, die aufnahmefähig gewesen waren und die ihren Bedarf an Arbeitskräften durch Zuzug aus dem Ausland decken mussten. Die Schweizer wollten sich zu jenen Arbeiten nicht hergeben, weil sie sonst von der Lebensstufe, auf der sie sich befanden, hätten heruntersteigen müssen.»[24]

Gonzague de Reynold, der Begründer des Auslandschweizerwerks, machte in einer Erklärung vom März 1919 deutlich, wie eng miteinander verbunden er die Einwanderungs- und die Auswanderungsfrage sah: «Pour un Suisse qui émigre, ce sont trois ou quatre étrangers que viennent chez nous prendre sa place.» Wenn man das Problem nicht sehe, bemerkte er in dramatischen Formulierungen, dann treibe man einer Katastrophe entgegen. Man müsse die Auslandschweizer «organisieren», wie dies bereits andere Länder zu machen verstanden hätten.[25] Der bisher wenig wahrgenommene Kopf der Auswanderungskritik war allerdings nicht de Reynold, sondern der damals 34-jährige Kaufmann Ernst Müller von der NHG Schaffhausen.[26] Er sah 1919 in der Auswanderung eine Hauptursache für die «ungeheure Überfremdung» und verwies darauf, dass in den letzten Jahren für jeden Auswanderer zwei Ausländer in die Schweiz eingewandert seien.[27]

---

23 Jean Hirt, Zürich, Überfremdung und Verfremdung der Heimat, in: Echo, März 1927, S. 29–31. – Im *Schweizer Echo* vom Februar 1924 betonte dagegen ein Artikel, dass jeder Auswanderer grundsätzlich Anerkennung verdiene, weil er mit dem Auszug in die Fremde in der Heimat eine «Nahrungsstelle» frei mache.

24 Hans Mötteli in Echo, Dez. 1927, S. 9–12. Mötteli, Winterthur, hatte gemäss einem anderen Artikel des Echos vom Juni 1921, S. 6, zu einem Auswanderungsthema an der rechts- und staatswissenschaftlichen Fakultät der Universität Zürich doktoriert.

25 Gonzague de Reynold, Vorwort zu Ernst Müller, Unsere Auslandschweizer, Zürich 1919.

26 Müller war längere Zeit im Ausland (Italien und England) und hatte eine leitende Stellung bei Georg Fischer. Vgl. www.stadtarchiv-schaffhausen.ch/Biographien/Biographien-HV/Mueller-Reiffer_Ernst,_Dr.h.c.pdf (Version vom 2. 12. 2013).

27 Müller (wie Anm. 11), S. 28. 60. Gemäss Schiendorfer war das Auslandschweizerwerk eine Schaffhauser Gründung. Vgl. Andreas Schiendorfer, Die Neue Helvetische Gesellschaft und die

Im Milieu der NHG neigte man zur Idealisierung der bereits Ausgewanderten, die potenziellen Auswanderer wurden dagegen eher negativ beurteilt, etwa von einem Paul de Vallière, der die Söldner-Auswanderung verherrlichte, währenddem er 1920 die Auswanderung als «Desertion in Friedenszeiten» und als Schwächung der Nation bezeichnete.[28] Das waren damals aber nicht nur die Sorgen von erzkonservativen Romands. Der radikale Zürcher Sozialdemokrat Ernst Nobs störte sich an den vermuteten Auswanderungsermunterungen von amtlicher Seite und erwartete vom Staat vielmehr den Erhalt der Produktionskräfte im Inland; er sah in der Auswanderung eine Ursache vermehrter Einwanderung. Auf einen Auswanderer kämen fünf Einwanderer, und diese seien politisch problematisch und in der Regel Analphabeten aus kulturell rückständigen Ländern.[29]

Während noch Mitte der 1920er-Jahre die Klage lauten konnte: «Aujourd'hui plus que jamais, les jeunes Suisses s'expatrient»,[30] drehten in den 1930er-Jahren die Bedenken. Jetzt beklagte man den aufkommenden Protektionismus der potenziellen Auswanderungsländer, welche die Einwanderung erschwerten, sowie eher die Überalterung der Auslandschweizerkolonien,[31] den Rückgang der Auswanderungsbereitschaft, der dazu führe, dass die Schweizerkolonien keinen Nachschub mehr aus der Heimat erhiellten: «[…] les nombreux retours au pays ne sont plus compensés par un nouvel afflux de jeunes Suisses.»[32] Im Klima dieser Zeit gab es auch Stimmen, die gegenläufig zur zuvor dominanten Angst, dass Auswanderung die militärische Wehrkraft schwachen könnte, die Meinung vertraten, man solle im Kriegsfall die Auslandschweizer im Ausland lassen, weil sie dort wertvollere Dienste leisten könnten.[33] Beim Kriegsausbruch 1939 wurden diese Stimmen noch stärker. Die *National-Zeitung* schrieb: «[…] wir brauchen sie im Krieg fast noch dringender als im Frieden auf ihren fernen Posten als Vermittler zwischen der Schweiz und dem Ausland.»[34]

Jugend der Zwischenkriegszeit, in: Schaffhauser Beiträge zur Geschichte 67 (1990), S. 363–394, hier 390.
28 Paul de Vallière, L'émigration, ses causes, ses dangers, moyens de l'enrayer, in: Revue Suisse d'utilité publique 5–7 (1920), S. 9, zit. nach Gérald Arlettaz, Sommes nous pour ou contre l'émigration? Question à la Société suisse des années 1920, in: Itinera 11 (1992), S. 83. Die Eingewanderten bezeichnete er als «Ersatz-Schweizer».
29 Ernst Nobs, Sind wir für oder gegen die Auswanderung?, in: Rote Revue, 2/April (1923), S. 242–252. Interpellationsbegründung im Nationalrat vom 19. 6. 1923. Zit. nach Arlettaz (wie Anm. 28), S. 79, 94.
30 JB ASO 1923, S. 5.
31 Mehr junge Schweizer ins Ausland, in: Neue Zürcher Zeitung, 2. 12. 1938.
32 JB ASO 1938, S. 7. Auch JB ASO 1943: «Les colonies suisses ont un besoin urgent de forces jeunes.»
33 Dr. Hans Heusser, Militärische Anregungen eines Journalisten. Schweizerische Landesverteidigung im Ausland, in: Basler Nachrichten, 9. 9. 1928.
34 Hans Bauer, Zehntausend Auslandschweizer sind heimgekehrt, in: National-Zeitung, 30. 9.

Trotz der grundsätzlich negativen Einschätzung der Auswanderung erfuhren die Auswanderer von gleicher Seite auch eine positive Einschätzung als wertvolle Substanz, die man pflegen müsse und die nicht verloren gehen dürfe, selbst wenn sie nicht mehr im Land lebe. Die Promotoren des Auslandschweizerwerks waren den Auswanderern beinahe dafür dankbar, dass es sie gab, weil sie ihnen Gelegenheit boten, das zu tun, was man ohnehin gern an die Hand nahm.

Die Argumente gegen die Auswanderung

Die negative Beurteilung der Auswanderung trat noch 1920 wiederholt in Kombination mit der unzutreffenden, an Verhältnissen der Jahre vor 1914 festgemachten Vorstellung auf, dass die Schweiz einer anhaltend starken Einwanderung ausgesetzt sei. Trotz stark rückgängiger Einwanderung in den frühen Nachkriegsjahren wurden die Überfremdungsängste als berechtigt eingeschätzt, weil man sich weiterhin an den Zahlen der Volkszählung von 1910 orientierte. Noch im Sommer 1925 sprach Prof. Ernst Delaquis, Chef der Polizeiabteilung des Eidgenössischen Justiz- und Polizeidepartements, gestützt auf die Zahlen von 1910 von der «steigenden Flut der in der Schweiz Wohnsitz nehmenden Ausländer».[35] Im Herbst 1925 erklärte der NHG-Zentralpräsident Arthur Freymond: «La pénétration démographique a constitué et constitue encore l'un des dangers les plus graves auxquels nous nous croyons exposés», dies auch dann, wenn der Ausländeranteil derzeit nicht mehr ansteige.[36]
Bedenklich erschienen indes nicht nur die Zahlen an sich, sondern die politische Substanz der Ausländer.[37] Darum war die Formulierung möglich, dass es wegen der Einwanderung zu einer Vergiftung («intoxication») der Schweiz komme.[38] In Zürich, so eine andere Stimme nach dem bekanntlich ebenfalls der ausländischen Agitation zugeschriebenen Landesstreik von 1918, seien die Fremden in der Gewerkschaft bereits so stark, dass sie Streikbeschlüsse sogar in öffentlichen Dienstzweigen durchsetzen könnten. Es wurde nicht als normal verstanden, «dass mehr als 400'000 Schweizer ihr Brot im Ausland suchen müssen, während wir 740'000 Fremde beherbergen».

1939. Die Statistiken geben nur beschränkt Auskunft über die auf etwa ein Viertel geschätzten Rückwanderer. Vgl. Lehmann (wie Anm. 10), S. 80.
35 Abdruck eines in der NHG Bern gehaltenen Referats zunächst im Berner *Bund* und dann in Echo, Juli 1925, S. 1–6. Vgl. auch Ernst Delaquis, Der neueste Stand der Fremdenfrage, Bern 1921.
36 Echo, Sept./Okt. 1925, S. 27.
37 Die NHG Zürich befasse sich unter der Leitung von Carl Alfred Schmid, der auch Mitglied des Zentralkomitees war, mit der Ausländerfrage. Schmid hatte sich bereits 1900 zum Thema «Unsere Fremdenfrage» und 1910 zum Thema «Ausländerfrage und Armenpflege» geäussert.
38 Gonzague de Reynold, 1919, zit. nach Arlettaz, Nouvelle Société Helvétique (wie Anm. 5), S. 55.

Die Denkfigur «begünstigte Ausländer versus vernachlässigte Inländer» liess sich mit den Auslandschweizern, die in dieser Problemlage ja Inländer waren, wenn auch besondere, speziell gut illstrieren und findet sich in Müllers Schrift von 1919, wo einerseits beklagt wird: «Wir lassen Tausende unserer wägsten Leute ins Ausland ziehen, ohne einen Finger zu rühren, damit der nationale Reichtum nicht verloren geht.» Und anderseits: «Tausende fremder Elemente nehmen wir bei uns auf, ohne vorerst deren Einwirkung auf die schweizerische Auswanderung zu untersuchen.»[39] Abgesehen von der bereits erörterten Meinung, dass von Auswanderung eine unerwünschte Sogwirkung auf Einwanderung ausgehe, spielten weitere Überlegungen eine Rolle:

1. Die Auswanderung wurde vor allem als Dezimierung des schweizerischen Bauernstands verstanden, also eines besonders wertvollen Teils der Bevölkerung, der «bonne race du terroir».[40] Aus der hohen Wertschätzung des Bäuerlichen kam es auch zu kritischen Bemerkungen über die fortschreitende Industrialisierung der Schweiz, weil sie ausländische Arbeitskräfte anlocke und diese die einheimische Bevölkerung verdrängten.[41] Dazu passte die Meinung, das Schweizervolk habe «gerade für die Ausländer» stets eine offene Hand, um dann den Satz beizufügen: «Es darf darüber die eigenen Landeskinder nicht vergessen werden.»[42]
2. Die Auswanderung bedeute eine Schwächung der Wehrkraft.[43] Bereits während des Weltkriegs, im Herbst 1915, wurde festgestellt, dass wegen der Auswanderung jedes Jahr 2000–3000 Schweizer Soldaten verloren gingen – «franchissant chaque année l'océan»[44] (obwohl wahrscheinlich der grössere Teil die Kontinentalauswanderung betraf). Auch in den 1920er-Jahren wurden in der Auslandschweizer-Zeitung Zahlen referiert, mit denen die Einwanderung der Auswanderung von «wehrpflichtigen» Schweizern gegenübergestellt wurde.[45] Anderseits feierte man es als «Höhepunkt der Heimattreue», dass 1914 Zehntausende (20'000–25'000) in die Schweiz reisten und bereit waren «für eine Heimat zu sterben, die sie vielleicht noch nicht einmal gesehen hatten».[46] Aus dieser Wertschätzung wurde in der Betreuung einzelner Auslandschweizer-Rekruten (1921: 15, 1922: 30, 1925: 78, 1926: 120) eine wichtige Aufgabe der ASO gesehen.

---

39 Müller (wie Anm. 11), S. 73.
40 NHG-Bulletin 1916, zit. bei Arlettaz, Nouvelle Société Helvétique (wie Anm. 5), S. 54.
41 «Mit der verminderten Aufnahmefähigkeit der Industrie ist daher der Moment gekommen, wo sich die Überbevölkerung fühlbar macht.» Vgl. Echo, März 1924.
42 Echo, 1924, S. 15.
43 «L'émigration, selon les affirmations d'un chef compétent de notre armée, nous coûte de grosses pertes.» JB ASO 1923, S. 6. – Auch im folgenden Jahr wurde die Auswanderung als eine Gefahr für die Landesverteidigung dargestellt. Vgl. JB ASO 1924, S. 12.
44 Vgl. Arlettaz, Nouvelle Société Helvétique (wie Anm. 5), S. 53.
45 Echo, Juli 1925, S. 3.
46 Lätt (wie Anm. 13), S. 1.

3. Im Weiteren befürchtete man, dass die Ausbildungsinvestitionen («les grands sacrifices que la Suisse a consentis à l'instruction») verloren gehen könnten und das stattfand, was man heute *brain drain* nennt.[47] Die Verluste durch die Auswanderung wurden immer wieder als umso schmerzlicher bezeichnet, als die Schweiz keine eigenen Kolonien hatte, welche die «Überschussbevölkerung» aufnehmen konnten.[48]
4. Nachdem man bemerkt hatte, dass auch begüterte Schweizer auswanderten, meldeten sich Bedenken wegen der Verluste des Nationalvermögens. Dieser Aspekt wurde aber in den Jahren vor 1914 ins Spiel gebracht und ist für die Zeit nach 1918 nicht belegt.[49] 1919 wurde zu den möglichen Auswirkungen auf das Nationalvermögen gesagt, dass man dazu nichts sagen könne, es wurde aber dargelegt, dass Überweisungen von Auslandschweizern (heute redet man bei den Rückflüssen in Entwicklungsländer von *remittances*) das Volksvermögen vermehren würden.[50]
5. Auswanderung erschien schliesslich als problematisch, weil die Ausgewanderten der «dénationalisation», dem «Untergang im kosmopolitischen Leben», ausgesetzt seien. Als besondere Gefahr wurde der drohende Verlust der zweiten Generation der Ausgewanderten gesehen, dies insbesondere im Fall von binationalen Eltern. Kinder aus nationalen Mischehen (vor allem mit nichtschweizerischen Müttern) würden mit grösster Wahrscheinlichkeit keine 100-prozentigen Schweizer mehr sein. Arnold Lätt, Präsident der Auslandschweizer-Kommission, der 1936 dieses Problem vor schweizerischen Parlamentariern erläuterte, ging das Problem einzig aus der männlichen Perspektive an und berichtete (was an die Analogie der Bergbauern erinnern mag), dass «Schweizertöchter» das schwierige Leben im Ausland scheuen würden und Auslandschweizer darum eine Fremde heirateten, die Schweizerin würde und diese «gute Partie» zu schätzen wisse.[51] Hinzu käme, dass manchen Auslandschweizern die Mittel fehlten, um sich zu Hause unter den «Töchtern Helvetias» umzusehen. Ungünstig sei auch, dass die Schweiz nicht wie andere Staaten «Ehestandsvorschüsse» anbiete, die Parlamentarier sollten doch Gleiches für die Schweiz einführen.[52] Besonders wünschenswert erschienen

---

47 JB ASO 1923, S. 6.
48 Der Fachterminus «Überschuss» wird nicht gebraucht. Eine Originalformulierung lautete, die Schweiz könne nicht wie die meisten europäischen Länder «transplanter dans une colonie l'excédent de sa population». Vgl. JB ASO 1923, S. 6.
49 Lehmann (wie Anm. 10), S. 81.
50 Müller (wie Anm. 11), S. 62.
51 Der Redner gab jedoch zu verstehen, dass er nicht einem biologischen Nationalismus verfallen sei: «Unser Staatsgedanke ist kein Blutrausch», er setzte Kultur voraus. Vgl. Lätt (wie Anm. 15), S. 22.
52 Ebd., S. 22. Es besteht eine auffallenden Analogie zu dem an der Landesausstellung 1939 thematisierten «8. Schweizer», der nicht mit einer Schweizerin, sondern mit einer Ausländerin verheiratet war.

temporäre Ausbildungsaufenthalte von Auslandschweizerkindern in der Heimat. Die ASO hoffte, dass ein Teil der Ausgewanderten entweder ganz oder zeitweise zurückkehrte, und dachte dabei insbesondere an die jugendlichen Auslandschweizer und an die Möglichkeit, «sie in einem Alter in die Heimat zurückzuverpflanzen, in welchem sie zu einer wirklichen Anpassung noch fähig sind».[53] Da sich Auswanderung nicht vermeiden liess, sollte wenigstens dafür gesorgt werden, dass der Verlust an Heimatverbundenheit nur begrenzt eintrete und die im Ausland wohnhaften Bürger und Bürgerinnen für die Nation sogar zu einem Pluspunkt gemacht, dass sie als Kapital eingesetzt würden.

Die Vorstellung von der nationalen Grossfamilie

Der zum 1. August 1921 auf der Frontseite des neu gegründeten Auslandschweizer-Organs *Schweizer Echo* abgedruckte «patriotische Gruss» von Bundespräsident Edmund Schulthess beschwor die «starken Bande der Solidarität, die alle Schweizer verknüpft», verlor aber kein Wort zu den Lebensverhältnissen der Auslandschweizer, sondern versprach diesen, die er als treue Landsleute bezeichnete, welche «in der Ferne ihrem Land eine rührende Anhänglichkeit bewahren», dass man sozusagen während ihrer Abwesenheit das Schweizerland in seiner Eigenart bewahren werde.[54] Die Familien-Metapher wurde immer wieder eingesetzt, zum Beispiel 1928 erneut im Hinblick auf den 1. August: «Denen draussen aber sagen wir, dass auch sie zur eidgenössischen Familie gehören.»[55]
Wenn es das Ziel der NHG war, soziale Grenzen im Inland zu überwinden, war es nur folgerichtig, auch diejenigen der durch reale Grenzen getrennten In- und Auslandschweizer überwinden zu wollen. So gehörte zum Bau der grossen «Gemeinschaft aller Schweizer» die Förderung des Zusammengehörigkeitsgefühls in der zerstreuten Diaspora und zwischen dieser und dem Herkunftsland. Die ASO wie die NHG waren inspiriert vom «Geist einer freundschaftlichen Vereinigung, welche über alle Gegensätze der Partei, Abstammung, Sprache und Konfession hinweg nach besten Kräften das nationale Erbgut wahren, den vaterländischen Gedanken stärken und der Schweiz eine würdige Zukunft sichern will».[56] Zugleich wollte man mit dieser Zielsetzung eine Abgrenzung gegenüber der Linken aufbauen, der man unter anderem vorwarf, mit ihrer klassenkämpferischen Haltung die Nation zu spalten.

---

53 Lätt (wie Anm. 13), S. 9.
54 Echo, Juli/Aug. 1921.
55 Ernst Schürch in Bund, 21. Juli 1928. Schürch, Chefredaktor des *Bunds,* war schon um 1920 im Vorstand der NHG, später Leiter der Auslandschweizer-Kommission.
56 JB ASO 1924, S. 5.

Die Auslandschweizer bildeten eine geeignete Projektionsfläche für ideales Schweizertum. Parteipolitische Unterschiede wurden für unerheblich erklärt und soziale Unterschiede ausgeblendet. Immerhin gab es die Unterscheidung zwischen guten und schlechten Auslandschweizern, wie es in Familien geratene und missratene Kinder geben kann: die guten waren die tüchtigen und erfolgreichen, sie waren die Botschafter der Schweiz; die schlechten waren die erfolglosen, sie waren die «leichtsinnigen Elemente», die dem ganzen Land «zur Unehre gereichen».[57] 1936 meldete sich eine Stimme, welche die Auslandschweizer als mehrheitlich gut beurteilte und von wenigen schlechteren Auslandschweizern sagte, es wäre eine «gesunde», aber leider nicht gangbare Politik, wenn man gelegentlich «einige Kategorien» von Auslandschweizern «abbauen» würde, weil sie kaum noch Schweizer seien und draussen offenbar treffend mit den folgenden Namen bezeichnet würden: «Unterstützungsschweizer», «Päcklischweizer», «Papierschweizer» und «Heimatscheinschweizer».[58]
Es gab allerdings auch Stimmen, die sich für die «Gescheiterten» stark machten, damit aber erneut nur zeigten, dass es eine diesbezüglich wohl vorherrschende Negativmeinung zu bekämpfen galt. Im Februar 1924 betonte ein Artikel, dass jeder Auswanderer grundsätzlich Anerkennung verdiene, weil er mit dem Auszug in die Fremde in der Heimat eine «Nahrungsstelle» frei mache und im Ausland die Lebensumstände viel schwieriger seien als zu Hause (das Weltenmeer sei eben nicht der Zürichsee); Bergbauern würde man im Fall eines Bergunglücks (zum Beispiel durch einen Lawinenniedergang) auch nicht vorwerfen, dass sie doch besser im Tal geblieben wären. Zudem würden erstaunlich wenige Auswanderer versorgungsbedürftig.[59]
Auswanderung wurde auch von der ASO weniger unter dem Aspekt individueller Bedürfnislagen als unter dem Aspekt des nationalen Interesses betrachtet und kommentiert. Und dieses Interesse unterlag den sozialdarwinistischen Vorstellungen vom Kampf ums Dasein im schonungslosen Wettbewerb der Völker. 1927 konnte man im *Schweizer Echo* lesen: «Auswanderung und Rückwanderung sind Erscheinungen eines fortdauernden Ringens, in dem die Kämpfer die innegehabten Stellungen beständig wechseln, um den neuen Kampf ums Dasein unter günstigeren Bedingungen aufzunehmen.»[60] Mit dem Einsatz für die Auslandschweizer wollte man etwas leisten, was andere Länder bereits seit Längerem taten und was im Wettlauf der Völker für nötig erachtet wurde.

---

57 Der Gipfel der Idealisierung des Auslandschweizers bestand in der Feststellung von 1937: «Nous croyons pouvoir dire, qu'aucun pays ne peut se vanter d'avoir à l'étranger des nationaux qui travaillent avec autant d'ardeur, de spontanéité, de désintéressement que les nôtres à faire connaître et aimer leur patrie autour d'eux.» JB ASO 1937, S. 12.
58 Lätt (wie Anm. 15), S. 20.
59 Dr. E. Jenny, sich selbst als Auslandschweizer präsentierend, in Echo, Febr. 1924.
60 Hans Mötteli, Winterthur, in Echo, Dez. 1927, S. 10.

Das Aufkommen eines schweizerischen Interesses an seinen Auslandsbürgern muss im Kontext der bereits bestehenden und älteren Bewegungen gesehen werden: 1881 war der Verein für das Deutschtum im Ausland gegründet worden,[61] 1883 die Alliance française, 1889 die Società Dante Alighieri.[62] Der ASO-Begründer Gonzague de Reynold verwies 1918 in einem Schreiben auf die «analogen» Einrichtungen Frankreichs, Norwegens und Italiens. Im Jahresbericht des Auslandschweizer-Sekretariats von 1921 wurde ausführlich dargelegt, was andere Staaten für ihre Ausgewanderten unternähmen und dass man es ihnen nur gleichtun wolle: «[…] nous ne faisons que suivre, de loin et en retard, la plupart des Etats».[63] Das Argument der Verspätung machte eine inhaltliche Begründung zum Teil entbehrlich.

Das kulturpolitische Engagement

Die ASO ging von einer «umfassenden» Beziehungspflege aus. Gemeint war damit, dass neben den kulturellen auch die wirtschaftlichen Beziehungen wichtig seien.[64] Die Stärkung der Auslandschweizer wurde aber in allererster Linie als moralische Stärkung verstanden, soziale Unterstützung (im heutigen Sinn) war nicht vorgesehen. 1934 hiess es, dafür seien die Hilfsgesellschaften in den Kolonien und die Hilfsaktionen des Eidgenössischen Justiz- und Polizeidepartements zuständig. Das wolle man nicht auch noch machen, «weil sonst für die geistige Betreuung der Kolonien und für die Tätigkeiten, die wir als Kulturpropaganda des Auslandschweizer-Sekretariats bezeichnen, weder Geld noch Zeit übrigbleiben».[65]

Die gängige Zweckumschreibung «Bindeglied» suggerierte mehr Symmetrie, als tatsächlich gegeben war. Das Auslandschweizerblatt *Schweizer Echo* hätte eine gemeinsame Plattform sein sollen, es dominierten aber eindeutig die Texte, die *nach* draussen gerichtet waren, die Nachrichten *von* draussen waren sekundär.[66] Immer wieder wurde die Erwartung ausgesprochen, dass die Auslandschweizer mit dem «richtigen Wort im richtigen Augenblick» für die Schweiz einstehen

---

61 Gerhard Weidenfeller, VDA. Verein für das Deutschtum im Ausland. Allgemeiner Deutscher Schulverein (1881–1918). Ein Beitrag zur Geschichte des Deutschen Nationalismus und Imperialismus im Kaiserreich, Bern 1976.
62 Breite Ausführungen zu diesen drei Organisationen und Hinweise auch auf Österreich, Norwegen, Schweden und Holland in: Müller (wie Anm. 11), S. 66–68.
63 Préambule des 3. Jahresberichts vom Jan.–Dez. 1921.
64 Beitrag zur «expansion intellectuelle et économique de la Suisse». 1. Jahresbericht 1920.
65 Lätt (wie Anm. 13), S. 2.
66 Das Idealbild sah in einer solchen Zeitschrift einen «Sprechsaal» für Auslandschweizer unter sich und mit der Heimat. Vgl. Müller (wie Anm. 11), S. 80.

würden. Es gab sogar die Meinung, dass «unsere Gouvernanten und Erzieherinnen im Ausland» in der Lage seien, bei den ihnen anvertrauten Kindern «Interesse und Sympathien» für die Schweiz zu wecken.[67]

Die ASO verstand sich als Dienstleister, sie war dies aber nur in beschränktem Mass direkt gegenüber den Auslandschweizern und in erster Linie gegenüber der ganzen Nation. Die Dienste konzentrierten sich auf die nationale Kulturwerbung (mit Vortragsdiensten und Schriftenservice,[68] Durchführung von Jugendlagern in der Heimat). Rechtshilfe (im Zusammenhang mit der Entschädigung für Kriegsschäden) und materielle Postulate (bezüglich Militärpflichtersatz und Versicherungsfragen) waren von sekundärer Bedeutung. Die Schweizer Schulen wurden weitestgehend ohne ASO-Beteiligung betrieben. Nur ein minimaler Teil des Budgets kam direkt den Auslandschweizern zugute, der grösste Teil wurde durch den Betrieb der Organisation, insbesondere die Löhne des Sekretariats, und durch den Vortragdienst in Anspruch genommen.

Die Reflexe auf gesellschaftlichen Wandel

Bevor das kulturpolitische Engagement näher umschrieben wird, muss die Befindlichkeit derjenigen angesprochen werden, die Träger dieses Engagements waren. Die Akteure der ersten Jahre sind als «reaktionär» zu bezeichnen, reaktionär nicht im politisch diskreditierenden Sinn, sondern im Sinn einer Haltung, die sich, auf die Gegenwart reagierend, gegen starke Zeitströmungen stemmte und eine bessere Vergangenheit wiederherstellen wollte.[69] Die Abgrenzung zum gewöhnlichen Konservativen ist fliessend, aber darin zu sehen, dass bei ihnen, im Unterschied zum Konservativen, der in positiver Zuwendung das Überlieferte pflegt, mit einer Antihaltung aktuelle Entwicklungen bekämpft werden. Das Engagement der jungen NHG enthielt beides, das Konservative wie das Reaktionäre. Das Konservative bestand in der Meinung, die Pflege der eigenen, zeitgenössischen Nationalidee stehe in der Tradition einer älteren Nationalidee, die alte «Helvetische Gesellschaft» des 18. Jahrhunderts würde mit der 1914 gegründeten «Neuen Helvetischen Gesellschaft» weitergeführt.[70] Die

---

67 Edgar Steuri von der Auslandschweizer-Kommission in Echo, April 1928.
68 Dazu gehörten die Monatsschrift *Schweizer Echo,* die Verteilung des *Pestalozzi-Kalenders;* zum Vortragsdienst gehörten auch Dia- und Filmprojektionen, etwa über die Fête des Vignerons in Vevey und das Eidgenössische Turnfest in Genf.
69 Erich Gruner, Konservatives Denken und konservative Politik in der Schweiz, Freiburg 1972; Ders., Konservativ und progressiv – reaktionär und revolutionär, Sonderdruck aus Schweizer Monatshefte 54/11 (1975), S. 817–828.
70 Die Geschichte der NHG ist schlecht erforscht und, was der üblichen Ausgangslage entspricht, noch immer stark von der Selbstdarstellung der Bewegung bestimmt. Vgl. Anm. 4.

NHG sei nur eine organisatorische Ausformung einer breiteren und bereits früher fassbaren Strömung.[71]

Das Reaktionäre bestand in der starken Fixierung auf die sogenannte Fremdenfrage beziehungsweise die Gefahr der «pénétration démographique» und der befürchteten «Zersetzung des eigenen Volkskörpers». Das Reagierende, Reaktionäre offenbarte sich zum Beispiel in Erklärungen wie derjenigen von Gonzague de Reynold von 1918: Weil die Eingewanderten organisiert seien und ihre Propaganda im Land wüte («sévit»), müssten auch die Ausgewanderten organisiert werden und sei Gegenpropaganda nötig.[72]

Zum Reaktionären gesellte sich das Elitäre. Eine kleine Gruppe von Einsichtigen und Starken sollte für das Vaterland das Nötige tun, wie dargelegt, privat ohne staatlichen Status, mit moralischer Unterstützung durch gute Patrioten, mit intellektueller Unterstützung durch Geistesgrössen und mit finanzieller Unterstützung durch die Privatwirtschaft.[73] 1934 hiess es, man habe «absichtlich weniger an die Gefühle der Massen appelliert».[74] Dies hinderte freilich nicht, dann und wann doch wieder das ganze Schweizervolk um Unterstützung zu bitten und eine nationale Freundesvereinigung zu gründen.[75] Die Selbstlegitimation berief sich einerseits auf einen angeblich objektiv gegebenen nationalen Bedarf und andererseits auf frühere Versäumnisse und nachzuholendes Engagement: man tat etwas für die Schweiz, was andere Länder längst getan hatten. Die Verspätungsthese machte es teilweise obsolet, die Sache an sich begründen.

Die selbsternannten Bewirtschafter des Auslandschweizertums gingen davon aus, dass das, was sie für die Schweiz hielten, in ihrem Bestand bedroht sei, wegen des geistigen Zerfalls, wegen des wuchernden Materialismus, wegen der Veränderung des Bevölkerungsbestands infolge Ein- und Auswanderung. Eine führende Kraft dieser Bewegung war bekanntlich der Freiburger Aristokrat und Literat Gonzague de Reynold, der nicht nur die Welt des Ancien Régime zurückwünschte, sondern von Zuwanderern sagte, sie würden subversive Ideen und physische wie mora-

---

71 Hans Ulrich Jost, Les Avant-gardes réactionnaires, Lausanne 1992; Alain Clavien, Les Helvétistes. Intellectuels et politique en Suisse romande au début du siècle, Lausanne 1993; Roland Butikofer, Le Refus de la modernité. La Ligue vaudoise: eine extrême droite de la Suisse (1919–1945), Lausanne 1996.
72 Arlettaz, Nouvelle Société Helvétique (wie Anm. 5), S. 44; NHG-Bulletin 1917: Die Schweizer liessen sich leicht von den Ausländern anstecken («se laissent facilement contaminer par la pénétration étrangère»).
73 In JB ASO 1937, S. 4, z. B. ist der Gegensatz zwischen der Kleinheit der Kerngruppe und der Globalität des Aktionsfelds betont: «La réalisation d'une petite élite, décidée de défendre les intérêts de la patrie à travers le vaste monde.»
74 Lätt (wie Anm. 13), S. 2.
75 In JB ASO 1937 gleich mehrfach. Hier fragte man sich, ob das nationale Werk bald die Unterstützung «par l'ensemble du peuple suisse» erhalte, nachdem es bisher fast nur ein Unternehmen von ein paar «citoyens dévoués» gewesen sei. Ebd., S. 3.

lische Krankheiten einschleppen (1909), und der die Eidgenossen aufforderte, aus Leibeskräften Kinder zu zeugen (1911).[76] Gonzague de Reynold war anfänglich der Kopf des Unternehmens. Er war im Februar 1916 für die Bildung von Gruppen im Ausland zuständig, dann mit der formellen Gründung der Auslandschweizer-Kommission im September 1916 bis in den September 1919 deren Präsident. 1932 schied er zusammen mit Robert de Traz, der von 1919 bis 1921, also für kurze Zeit, als erster Sekretär gewaltet hatte, aus der Kommission aus, ohne eine grosse Würdigung erhalten zu haben. Die einfache Angabe im Jahresbericht lautete, er sei jetzt «absorbé de nouvelles tâches».

Die Idee der kulturellen Landesverteidigung

Ein wichtiges Ziel der ASO war es, das kulturelle Ansehen der Schweiz zu verbessern. Mit Belegen aus der Zeit wurde aufgezeigt, wie dringend dies sei. Mehrfach wurde der norwegische Schriftsteller Knut Hamsun zitiert, der eine seiner erfundenen Personen sagen lässt, die Schweizer seien ein kleines Volk, das in seinem Mist (seiner eigenen Scheisse) dahinvegetiere und das es nie verstanden habe, eine historische Rolle zu spielen und etwas zu produzieren.[77] Ein anderer Vorwurf lautete, die Schweiz habe nie etwas anderes produziert als Käse, Schokolade und Hotels, insbesondere keine Literatur, sie sei des unliterarischste Land Europas.[78]

76 «Il faut faire des enfants […] à bras raccourcis». Zit. nach Aram Mattioli, Zwischen Demokratie und totalitärer Diktatur. Gonzague de Reynold und die Tradition der autoritären Rechten in der Schweiz, Zürich 1994, S. 74, 340.
77 «Die Schweiz, ein kleines Dreckvolk in den Alpen, ist in ihrer Geschichte noch nie etwas gewesen und hat noch nie etwas hervorgebracht.» Der Ausspruch wurde 1926 breit kommentiert von Felix Moeschlin, der, mit einer schwedischen Malerin verheiratet, 1909 bis 1914 in Schweden gelebt hatte und vom norwegischen Schriftsteller Knut Hamsun sagte, er sei der «grösste europäische Dichter überhaupt». Das empörende Diktum stammt aus der Erzählung *Ein Wanderer spielt mit Sordine*. Moeschlin erklärte 1926, der böse Satz sei 1925 in einem Feuilleton des *Berliner Tagblatts* wieder aufgetaucht, er selbst habe vor vier Jahren in einem offenen Brief gegenüber Hamsun protestiert. Dieser habe sich entschuldigt, auf dänische und schwedische Kronzeugen für diese Aussage hingewiesen und darum gebeten, wenn es tatsächlich schweizerische Volkslieder und Märchen gebe, diese in norwegischer Übersetzung zuzustellen. Moeschlin machte sich in seiner Rede von 1926 für vermehrte Übersetzungen stark und erklärte, Jeremias Gotthelf z. B. sei noch immer kein Dichter für die ganze Welt geworden, «obwohl er das Mass zu einem Weltdichter» habe. Vgl. Echo, Nov. 1926, S. 6. – Das Reden vom Wesen der Völker (und seiner Psychologie) entsprach der damaligen Zeitströmung. Vgl. Hermann Graf von Keyserling (1880–1946), Das Spektrum Europas, Heidelberg 1928.
78 Das negative Pauschalbild der kulturlosen Schweiz wurde 1949 im britischen Film *The Third Man* mit der berühmten, aber unzutreffenden Aussage über die schweizerischen Kuckucksuhren bekräftigt. Hamsun könnte auch von August Strindberg beeinflusst gewesen sei. Dieser meinte es allerdings positiv und vorteilhaft, als er in den 1880er-Jahren während eines Schweizer Aufenthalts bemerkte: «Stell dir vor, in einem Volk zu leben, das keine Literatur, keine Kunst und kein Theater hat! Welche Labsal für die Seele!» Zit. nach Aldo Keel, in: Neue Zürcher Zeitung, 12. 5. 2012.

Wie die in der Schweiz betriebene Propaganda für die geistige Unterstützung der Auslandschweizer zeigt, waren die Schweizer im Ausland und das unbefriedigende Image nur der Anlass und beinahe nur ein Vorwand, um die Schweizer im Inland zu bearbeiten. Das verraten auch einige Formulierungen wie: «Es [das Werk] sucht die geistige und wirtschaftliche Macht des Fremdlandschweizertums für das Stammland auszuwerten.»[79] Die Anbordnahme der sozusagen im Weltenmeer schwimmenden Auslandschweizer hatte vor allem die Funktion, den Patriotismus der Inlandschweizer zu stärken und die NHG als Vortrupp oder Kern der Patrioten erscheinen zu lassen.

Den Miteidgenossen im Inland warfen die ASO-Aktivisten der ersten Jahre ein zu geringes Interesse für die Aussenwelt «pour le dehors») vor. Bei ihnen selbst war das aber nur bedingt anders, denn sie verstanden die Auslandschweizer vor allem als Adressaten und nicht als Absender von Rückmeldungen oder Ausgangspunkte von Forderungen. Die ASO wollte dafür sorgen, dass die Auslandschweizer nicht durch «dénationalisation» beziehungsweise «Entfremdungseinflüsse» verloren gingen, damit bei ihnen der «esprit suisse» erhalten bleibe und sie als Aussenstellen genutzt würden.[80]

Nach den gängigen Vorstellungen wurde Kulturwerbung erst im Dezember 1938 mit der Botschaft Philipp Etters und der anschliessenden Schaffung von Pro Helvetia eingeführt. «Kulturpropaganda», auch «propagande intellectuelle» oder «nourriture spirituelle»[81] genannt, war explizit von Anfang an ein Hauptzweck der Auslandschweizer-Organisation. Die Wichtigkeit dieser Zweckbestimmung drückte sich etwa darin aus, dass Felix Moeschlin als Präsident des Schweizerischen Schriftstellerverbands (seit 1924) dieser Propaganda am Auslandschweizertag von 1926 einen Vortrag widmete, der anschliessend im Auslandschweizerblatt prominent publiziert wurde.[82] Darin fand sich bereits das ganze Programm von 1938: Inlandsförderung der Kultur als Voraussetzung für Auslandspropaganda, Austausch zunächst zwischen den verschiedenen Landeskulturen, dabei die Aufgabe, ob der Pflege des Alten das Neue nicht zu vergessen. Die Abwehr gegenüber den Nachbarn war 1926 noch nicht so ausgeprägt wie zwölf Jahre später, obwohl schon die Rede davon war, dass der «Druck der angrenzenden Staaten» gross sei.

Die Pro-Haltung der Kulturwerbung kam in Kombination mit einer Anti-Haltung daher, und diese orientierte sich gemäss Moeschlin und wohl auch anderer am Bild des Trojanischen Pferds, das bereits innerhalb der nationalen Mauern stehe: «Das trojanische Pferd für uns bedeutet nichts anderes als Film, Schundlitera-

---

79 JB ASO 1924, S. 6.
80 Formulierungen aus dem 2. Jahresbericht von 1920.
81 JB ASO 1937, S. 4.
82 Felix Moeschlin, Schweizerische Kulturpropaganda, in: Echo, Nov. 1926.

tur und fremdes, schlechtes Wesen.»[83] Auch sprachlich wurde «Fremdes» und Schlechtes» nahe zusammengerückt und davor gewarnt, «dem fremden Minderwertigen» freie Bahn zu lassen. Wenn auch davon die Rede war, dass man die Schweizer Kultur für die Auslandschweizer pflegen wolle, lag der Akzent doch in der Aussage, dass die Auslandschweizer den Inländern helfen sollten, die primäre Aufgabe der Inlandspflege wahrzunehmen, damit man, wie Moeschlin als Pointe formulierte, nicht Auslandschweizer im eigenen Land werde. Der Aufruf gab sich aber schön ausbalanciert: Inlandschweizer und Auslandschweizer sollten «einander» helfen.

Das Kämpferische und Militante in der Forderung nach Kulturpropaganda als Bundesaufgabe kam in den wiederholten Vergleichen mit der militärischen Landesverteidigung zum Ausdruck, für die man immerhin 88 Mio. Fr. ausgebe, derweil es nur 6 Mio. Fr. für die anderen, ebenfalls wichtigen Defensivmassnahmen seien (wörtlich ist in einem Atemzug von der «diplomatischen, wirtschaftlichen und kulturellen Verteidigung» die Rede). Und so erstaunt es nicht, dass man gewissermassen beim Wiederlesen der Botschaft von 1938, die von Gonzague de Reynold mit inspiriert war,[84] sowohl auf eine Eingabe der NHG stösst, welche den Beizug des Auslandschweizer-Sekretariats bei der künftigen Kulturwerbung vorschlug, als auch auf einen Passus, in dem die Notwendigkeit betont wurde, «vom Mutterland aus zu seinen Söhnen [!] in fremden Landen den geistigen Kontakt zu vertiefen und zu verstärken».[85]

1935 nutzte Bundesrat Motta den Auslandschweizertag in Baden, um zur «défense sprirituelle de la Suisse» und zur «sauvegarde du sentiment national» aufzurufen. In seiner Stellungnahme wurde wiederum deutlich, dass die Auslandschweizer benutzt wurden, um bei den Inlandschweizern das erwünschte Nationalgefühl zu mobilisieren: «[…] que les Suisses de l'intérieur devrait se montrer plus digne encore de l'attachement que les Suisses à l'étranger portent à leur patrie.»[86] Im April 1938, also mehrere Monate vor der Lancierung durch Bundesrat Etter, markierten die NHG und die ASO in Bern mit einer Tagung, dass die Kulturwerbung im Ausland, für die offenbar schon damals 100'000 Fr. bereitgestellt worden waren, ihre Sache sei. Sie sprachen sich vorsorglich gegen eine «Organisationszentrale offiziellen Charakters», ein «Propaganda-Ministerium», aus und forderten, dass man «organisch an Bestehendes» anknüpfe und die «im Keime vorhandenen

---

83 Im Zusammenhang mit dem Film sprach er von «grosskapitalistischen Mächten» und vom «verlogenen amerikanischen Geist».
84 Mattioli (wie Anm. 76), S. 244.
85 Botschaft des Bundesrates an die Bundesversammlung über die Organisation und die Aufgaben der schweizerischen Kulturwahrung und Kulturwerbung. (Vom 9. Dezember 1938), in: Bundesblatt 2/50 (1938), S. 989, 1018.
86 JB ASO 1935, S. 12 f.

Möglichkeiten» entwickle. Die Veranstaltung wurde als «geistiger Generalstab» bezeichnet, die versammelte Runde als «Kriegsrat», der einen bereits vorhandenen «Schlachtplan» umsetze.[87]

Das Bild der Schweiz

Welches Schweiz-Bild wurde durch die Kulturpropaganda gepflegt? Dazu nur ein paar wenige Hinweise. Das Auslandschweizer-Organ und der Vortragsdienst vermittelten einerseits und naheliegend ein traditionelles Bild, andererseits – und überraschend – auch ein modernes Bild: traditionelle Bilder und Berichte über Trachtenmädchen, Eidgenössische Turn- und Sängerfeste, den Sänger Hanns In der Gand, historische Bauten (Typ «Lötschentaler Kornspeicher») und Korbflechter, viele Schneelandschaften. Modern war das Schweiz-Bild mit den Berichten über das jeweilige «Wirtschaftsjahr», die aktuelle Bauernpolitik, die SAFFA in Bern 1928,[88] die Elektrifizierung der Gotthardeisenbahn, Saurer-Lastwagen, die Entwicklung des internationalen Luftverkehrs der Schweiz und über den Bau des Grimsel-Kraftwerks als der «grössten Kraftwerkzentrale Europas».[89] Das war das gängige Schweiz-Bild, wie man ihm auch an der «Landi 39» wiederbegegnete.

Fazit

Aufgrund des eingesehenen Materials lassen sich abschliessend die folgenden vier Thesen formulieren.
1. Anfänglich waren es ausschliesslich bürgerliche und mehrheitlich katholisch-konservative sowie ein paar reformiert-konservative/rechts-liberale Kräfte, die sich des Auslandschweizertums annahmen und damit einen reaktionären Nationalismus pflegten. Mit den Jahren wurde die Zusammensetzung der Bewegung etwas ausgeglichener, die Fragen der nationalen Propaganda traten etwas in den Hintergrund und die Frage der praktischen Hilfe wurde wichtiger.
2. Das Interesse an den «Auslandschweizern», die als Betreuungskategorie erst geschaffen wurden, entsprang zu einem wichtigen Teil dem breiteren Interesse

---

87 Hans Honegger, Geistige Landeswerbung für die Schweiz, in: Neue Zürcher Zeitung, 5. 4. 1938; dann diesen ergänzend: Aus dem Kreis des Auslandschweizerwerks der NHG, in: Neue Zürcher Zeitung, 9. 4. 1938.
88 Das *Schweizer Echo* (April 1921) unterstützte das vom Bund junger Stauffacherinnen vorgeschlagene Dienstjahr für die Ausbildung im Hausfrauen- und Mutterberuf, wohl analog zum Militärdienst der Männer.
89 Echo I (1928).

an bevölkerungspolitischen Fragen, die ihrerseits weitgehend als Fremdenfrage verstanden wurden.
3. Dem Auslandschweizerwerk ging es weniger um die Unterstützung schweizerischer Existenzen im Ausland als um die Pflege der Heimatverbundenheit und um die patriotische Bewirtschaftung dieses Bevölkerungsteils.
4. Die NHG und die ASO wollten mit der Pflege des Auslandschweizertums zu einem wichtigen Teil auch sich selbst pflegen und sich zusätzliche Bedeutung verschaffen.

Franziska Ruchti

Die Auslandschweizerorganisationen und die Sozialversicherungsbeziehungen der Schweiz mit den skandinavischen Staaten in den 1960er-Jahren[1]

The organisations of the Swiss abroad and Switzerland's foreign relations with Scandinavia in social security matters during the 1960s

Social security matters were one of the most important issues for Swiss citizens living and working in Scandinavia. Consequently, they and their organisations played an active role in Switzerland's foreign relations in social security matters. Due to some Swiss laws, but more importantly due to Scandinavian welfare legislation, the Swiss abroad could not benefit from all social security provisions. The Scandinavian states, for example, did not allow the export of old age pensions for anyone. Leaving Scandinavia thus meant losing one's old age pension. The organisations of the Swiss abroad, therefore, attempted to improve their situation in collaboration with the Swiss authorities through the conclusion of bilateral agreements. The authorities, however, were convinced that it was not Switzerland's duty to change the Scandinavian attitude and focused instead on the work done by multilateral institutions such as the Council of Europe. It was through these channels that the demands of the Swiss abroad were finally fulfilled, however only in the 1970's and 80's when the bilateral agreements between Switzerland and the Scandinavian states were concluded. Moreover, the Swiss abroad also played an active role in Swiss welfare legislation. This collaboration with the authorities proved to be more successful.

---

1 Mit skandinavischen Staaten respektive Skandinavien sind Dänemark, Finnland, Norwegen und Schweden gemeint. Island wird hier nicht berücksichtigt, da es in den 1960er-Jahren in Island keine Auslandschweizer gab.

«Wenn man die einzelnen Dossiers über die Sozialversicherung mit den skandinavischen Ländern durchsieht, kann man es den dortigen Landsleuten nicht verargen, wenn sie ihre Geduld verlieren.» Mit diesen Worten bat am 26. September 1969 Pierre Micheli, Generalsekretär des Politischen Departements, den Direktor des Bundesamts für Sozialversicherungen (BSV), Max Frauenfelder, sich der Frage der Sozialversicherungsabkommen mit den skandinavischen Staaten anzunehmen.[2] Die Sozialversicherungsfragen, insbesondere die Existenzsicherung im Alter, gehörten zu den zentralen Problemen, welche die Auslandschweizer in Skandinavien in den 1960er-Jahren beschäftigten. Am wichtigsten allerdings war in dieser Zeit für sämtliche Auslandschweizer die Ergänzung der Bundesverfassung durch einen Artikel über die Schweizer im Ausland. Der Artikel 45bis wurde 1966, im Jahr der «Fünften Schweiz», von Volk und Ständen angenommen. Der Auslandschweizerartikel erwähnt ausdrücklich drei Sachgebiete: die Ausübung politischer Rechte, das zentrale Anliegen der Auslandschweizer, die Erfüllung der Wehrpflicht sowie die Unterstützung im sozialen Bereich.[3] Im vorliegenden Text steht der dritte Punkt im Zentrum.

Die Nachkriegszeit war allgemein vom Ausbau der Sozialversicherungssysteme geprägt, nicht nur in der Schweiz. Die ersten Sozialversicherungsabkommen schloss die Schweiz in der Folge der Einführung der Alters- und Hinterlassenenversicherung (AHV) im Jahr 1948 mit diversen europäischen Staaten ab. Die nächste wichtige Etappe stellte die Einführung der Invalidenversicherung (IV) Anfang 1960 dar. Aufgrund dieser Entwicklungen waren die bilateralen Sozialversicherungsabkommen rasch überholt und Revisionen wurden notwendig.[4] Diesbezüglich stellten die Beziehungen der Schweiz zu den skandinavischen Staaten keine Ausnahme dar. Hingegen war die aktive Rolle, welche die Auslandschweizer in Skandinavien in den Sozialversicherungsfragen übernahmen, aussergewöhnlich. Für sie ging es um wichtige finanzielle Interessen, wobei die Skandinavienschweizer von Gastland zu Gastland durchaus unterschiedlich betroffen waren. Während die Auslandschweizer in Dänemark und Schweden versuchten, eine Revision der bestehenden Abkommen zu erreichen, kämpften die Landsleute in Finnland und Norwegen dafür, dass die Schweiz überhaupt ein Abkommen mit ihren Gastländern abschloss. Allerdings

---

2 Dok. 168, Schreiben von Pierre Micheli an Max Frauenfelder vom 26. 9. 1969, in: Diplomatische Dokumente der Schweiz (DDS), Bd. 24 (= dodis.ch/32872).
3 Aufgrund der Volksabstimmung wurde das Jahr 1966 zum Jahr der «Fünften Schweiz» erklärt. Mit der «Fünften Schweiz» waren die Auslandschweizer gemeint, die neben den vier Sprachregionen einen weiteren Teil der Schweiz bildeten. Vgl. dazu Edmond Müller, Die fünfte Schweiz, Bern 1966. Zum Auslandschweizerartikel vgl.: Botschaft des Bundesrates an die Bundesversammlung über die Ergänzung der Bundesverfassung durch einen Artikel 45bis betreffend die Schweizer im Ausland vom 2. 7. 1965, in: Bundesblatt 2/28 (1965), S. 384–450; Bundesbeschluss über die Ergänzung der Bundesverfassung durch einen Artikel 45bis über die Auslandschweizer vom 25. 3. 1966, in: Bundesblatt 1/13 (1966), S. 554–555; dodis.ch/34176, Bundesratsprotokoll vom 9. 12. 1963.
4 Vgl. dazu die thematische Zusammenstellung dodis.ch/T576.

blieben die Bemühungen der Auslandschweizer und ihrer Organisationen in allen vier Staaten während der 1960er-Jahre erfolglos. Dies ist vor allem mit den jeweiligen Rahmenbedingungen zu erklären. Vor diesem Hintergrund soll im Folgenden die Rolle untersucht werden, welche die Auslandschweizerorganisationen und ihre Exponenten bei der Lösung eines für sie zentralen Problems der zwischenstaatlichen Beziehungen spielten respektive spielen konnten. Dabei liegt der Fokus zum einen auf den bilateralen Sozialversicherungsbeziehungen der Schweiz mit den skandinavischen Staaten. Zum anderen geht es um die multilaterale Ebene, auf der das Problem – allerdings erst Jahre später – gelöst wurde, sowie um das Zusammenspiel der verschiedenen privaten, staatlichen und supranationalen Akteure.

Die Auslandschweizer und ihre Organisationen

In den 1960er-Jahren befanden sich etwa 5000 Auslandschweizer in Skandinavien, mehr als die Hälfte davon in Schweden.[5] Weltweit umfasste die Fünfte Schweiz in dieser Zeit circa 300'000 Personen, wovon sich zwei Drittel in Europa befanden und davon wieder fünf Sechstel in den Nachbarstaaten. Die grösste Gruppe der Auslandschweizer mit etwa 90'000 Personen befand sich in Frankreich; die zweitgrösste mit circa 35'000 in der Bundesrepublik Deutschland.[6] Bei den hier im Zentrum stehenden 5000 Schweizerinnen und Schweizern in Dänemark, Finnland, Norwegen und Schweden handelte es sich also um eine vergleichsweise kleine Gruppe. Die Zusammensetzung der Fünften Schweiz hatte sich seit dem Ende des Zweiten Weltkriegs weltweit gewandelt. Zugenommen hatte vor allem die Zahl der Doppelbürgerinnen und -bürger. Viele davon waren Frauen, da Schweizerinnen seit 1952 bei der Heirat mit einem Ausländer und der Annahme der Staatsangehörigkeit des Ehemanns nicht mehr automatisch das Schweizer Bürgerrecht verloren. Im Jahr 1956 wurde das Gesetz soweit ergänzt, dass Frauen, die das Schweizerbürgerrecht durch Heirat verloren hatten, sich wieder einbürgern lassen konnten.[7] Die Ausland-

---

5 Gemäss Angaben der schweizerischen Botschaft in Oslo befanden sich Ende 1965 2764 Schweizer in Schweden, 1207 in Dänemark, 525 in Norwegen und 494 in Finnland. Vgl. Schweizerisches Bundesarchiv (BAR), E2200.209-02#1977/167#5* (III.A.2).
6 Vgl. dazu: Walter Thurnherr, Patricia Messerli, Auslandschweizerpolitik des Bundes nach dem Zweiten Weltkrieg, in: Studien und Quellen 28 (2002), S. 65–86; Müller (wie Anm. 3); Sylvia Arnold-Lehmann, Die Schweizer im Ausland, in: Neue Helvetische Gesellschaft (Hg.), Die Schweiz – heute. Ein Buch für junge Schweizerinnen und Schweizer im In- und Ausland, Aarau 1969, S. 217–227; Botschaft über die Ergänzung der Bundesverfassung (wie Anm. 3), S. 394–398; Die Fünfte Schweiz. So zahlreich wie Solothurn und Schaffhausen, in: Basler Nachrichten, 19. 8. 1968.
7 Bundesgesetz über Erwerb und Verlust des Schweizerbürgerrechts vom 29. 9. 1952, in: Amtliche Sammlung 1952, S. 1087–1101, hier 1089; Bundesgesetz betreffend die Ergänzung des Bundesgesetzes über Erwerb und Verlust des Schweizerbürgerrechts vom 7. 12. 1956, in: Amtliche Samm-

schweizergruppen waren zudem grösseren Fluktuationen unterworfen als vor dem Zweiten Weltkrieg, da viele, oft junge und unverheiratete Schweizer nur noch zeitlich begrenzt, etwa als Studenten, Praktikanten oder Spezialisten, ins Ausland gingen. So wurde beispielsweise 1962 für Grossbritannien eine Fluktuation von 70% unter den bei den Konsulaten immatrikulierten Schweizern festgestellt.[8]
Trotz der nicht allzu grossen Anzahl an Auslandschweizern gab es in den grösseren skandinavischen Städten Schweizervereine, die vor allem gesellschaftliche Funktionen ausübten. Im Jahr 1961 schlossen sich diese Vereine zum «Vorort der Schweizervereine in Dänemark, Finnland, Norwegen und Schweden» zusammen (im Folgenden kurz Vorort genannt), welcher sogleich Mitglied der Auslandschweizerkommission der Neuen Helvetischen Gesellschaft (NHG), der Dachorganisation der Auslandschweizerorganisationen, wurde.[9] Der Vorort führte jährliche Präsidentenkonferenzen durch, deren Vorsitz Theo Nagel, der Direktor der Ciba A. B. in Norrköping (Schweden), innehatte.[10] An den Präsidentenkonferenzen hatten die Sozialversicherungsfragen einen hohen Stellenwert. Im Zentrum standen dabei neben den Sozialversicherungsabkommen die Schwierigkeiten der Auslandschweizer bezüglich der AHV und der Krankenkassen sowie der «Solidaritätsfonds der Auslandschweizer». Weitere wichtige Diskussionspunkte bildeten der Auslandschweizerartikel, der Bodenerwerb in der Schweiz durch Auslandschweizer, welcher einer Bewilligungspflicht durch den Bund unterstand, die Perspektiven der jungen Auslandschweizer und die Präsenz der Schweiz in Skandinavien. Festzustellen ist dabei, dass der Vorort und seine jährlichen Präsidentenkonferenzen an Bedeutung gewannen. Ab Mitte der 1960er-Jahre nahmen Vertreter des Auslandschweizersekretariats, des zentralen Organs der NHG, und Vertreter des Politischen Departements, meistens aus den vier schweizerischen Botschaften in Skandinavien, teil. Die Botschaften gewährleisteten auch den Austausch zwischen

---

lung 1957, S. 306 f. Vgl. dazu Brigitte Studer, «Die Ehefrau, die den Ausländer heiratet, soll sich die Geschichte klar überlegen». Geschlecht, Ehe und nationale Zugehörigkeit im 20. Jahrhundert in der Schweiz, in: Tsantsa 9 (2004), S. 49–60.

8 Vgl. dodis.ch/34178, Notiz für den Vorsteher des Finanz- und Zolldepartements, Roger Bonvin, vom 13. 8. 1963.

9 Vgl. dazu: BAR, E2004B#1974/53#711* (o.814); die Protokolle der Präsidentenkonferenzen, in: BAR, E2200.140-01#1978/2#320* (81-0-0); BAR, E2200.209-02#1977/167#5* (III.A.2); BAR, E2200.209#1986/20#7* (112.4); BAR, E2200.209#1992/91#15* (112.4). Zu den Anfängen der Neuen Helvetischen Gesellschaft vgl. Gérald Arlettaz, La Nouvelle Société Helvétique et les Suisses à l'étranger (1914–1924). Aspects de la construction d'un nationalide de type ethnique, in: Studien und Quellen 28 (2002), S. 37–64.

10 Theo Nagel war von 1961 bis 1972 Präsident des Vororts, den er auch in der Auslandschweizerkommission und gegenüber den Bundesbehörden vertrat. Die einzelnen Schweizervereine hingegen traten gegenüber den Behörden in Bern selten in Erscheinung. Auch an den jährlich stattfindenden Auslandschweizertagen in der Schweiz nahmen die Skandinavienschweizer, im Gegensatz zu den anderen Auslandschweizern in Europa, nicht sehr zahlreich teil. Meistens wurden sie durch Nagel vertreten. Zu Nagel vgl. dodis.ch/P43171, zum Vorort dodis.ch/R25504.

Nagel und den Bundesbehörden in Bern und unterstützten die Auslandschweizer aktiv in ihren Anstrengungen im Bereich der Sozialversicherungen.[11] Im Gegenzug fungierte der Vorort als Vermittler zwischen den Bundesbehörden und den Skandinavienschweizern. Am meisten hatte der Präsident des Vororts mit dem von Maurice Jaccard geleiteten Dienst für Auslandschweizerangelegenheiten im Politischen Departement zu tun. Ebenfalls in regelmässigem Kontakt stand Nagel mit dem Bundesamt für Sozialversicherungen.[12] Ausserdem nahmen Vertreter der Skandinavienschweizer an den jährlichen Auslandschweizertagungen teil, wo sie regelmässig ihre Anliegen bezüglich der Sozialversicherungen zur Sprache brachten und dadurch den anwesenden Vertretern der Bundesbehörden in Erinnerung riefen.[13]

Die Sozialversicherungen der Auslandschweizer

Grundsätzlich hatten die Auslandschweizer Zugang zu den schweizerischen Sozialversicherungen. Sie waren allerdings einigen Einschränkungen und Besonderheiten unterworfen. So standen ihnen nur die freiwillige AHV, nicht aber die reguläre AHV, und der «Solidaritätsfonds für Auslandschweizer» offen. Im Bedarfsfall konnten sie Anspruch auf Fürsorgeleistungen erheben. Zudem waren Auslandschweizer aufgrund ihres Wohnsitzes und der dort ausgeübten Beschäftigung der Sozialversicherung des Gastlands unterstellt. Es konnte allerdings auch vorkommen, dass die Gesetzgebung im Gastland die Ausländer explizit von einigen Versicherungen ausschloss.

Die schweizerischen Versicherungen

Seit der Einführung der AHV im Jahr 1948 hatten die Auslandschweizer bis zur Vollendung ihres 40. Lebensjahrs die Möglichkeit, der freiwilligen AHV beizutreten, da jeder Versicherte beim Verlassen der Schweiz aus der obligatorischen Versicherung ausschied.[14] Seit der Einführung der IV auf den 1. Januar 1960 waren

---

11 Besonders aktiv war dabei Egbert von Graffenried, schweizerischer Botschafter in Stockholm von 1960 bis 1965. Vgl. dazu dodis.ch/P1137.
12 Zum Dienst für Auslandschweizerangelegenheiten vgl. dodis.ch/R11216; zu Maurice Jaccard vgl. dodis.ch/P4611.
13 Zu den Auslandschweizertagen von 1961 bis 1969 vgl.: BAR, E2004B#1974/53#713* (a.814.4); BAR, E2004B#1978/136#1040* (a.814.4); BAR, E2004B#1982/69#832* (a.814.4).
14 Nur Schweizer, die zwar im Ausland wohnten, aber in der Schweiz arbeiteten oder für einen schweizerischen Arbeitgeber im Ausland tätig waren, blieben obligatorisch in der AHV versichert. Vgl. dazu Bernard Degen, Entstehung und Entwicklung des schweizerischen Sozialstaates, in: Studien und Quellen 31 (2006), S. 17–48, hier 35. Zur freiwilligen AHV für Auslandschweizer vgl. Botschaft des Bundesrates an die Bundesversammlung zum Entwurf eines Bundesgesetzes

die Mitglieder der freiwilligen AHV auch gegen die Folgen von Invalidität versichert. Allerdings hatten die Auslandschweizer nach dem Wegzug aus der Schweiz nur ein Jahr Zeit, um der freiwilligen AHV beizutreten. Sie wurden deshalb von den Bundesbehörden regelmässig auf diese Möglichkeit aufmerksam gemacht.[15] Die Beiträge für die freiwillige AHV wurden aufgrund des Bruttoeinkommens festgelegt und umfassten den Arbeitnehmer- und den Arbeitgeberbeitrag. Längere Unterbrüche führten zum Verlust der einbezahlten Beiträge. Aufgrund der hohen Steuerbelastung in den skandinavischen Staaten traten viele der dort ansässigen Auslandschweizer der freiwilligen AHV jedoch nicht bei. Der Vorort ergriff deshalb beim Departement des Innern die Initiative,[16] welche von den schweizerischen Botschaften und dem Auslandschweizersekretariat unterstützt wurde, da zahlreiche Schweizer in anderen Staaten in derselben Situation waren. Diese Zusammenarbeit war von Erfolg gekrönt: in die 6. AHV-Revision, welche am 1. Januar 1964 in Kraft trat, wurden die Forderungen der Auslandschweizer aufgenommen. Ein temporärer Austritt war nun ohne Verlust der Beiträge möglich. Auch wurde neu die hohe Steuerbelastung bei der Berechnung der Beiträge berücksichtigt, indem die Nettolöhne als Grundlage verwendet wurden.[17]

Eine weitere Absicherung für die Auslandschweizer war der «Solidaritätsfonds der Auslandschweizer», der 1958 als Genossenschaft gegründet und vom Auslandschweizersekretariat verwaltete wurde. Der Fonds basierte auf dem Prinzip der gemeinsamen Selbsthilfe für den Fall von Existenzverlusten.[18] Anfangs traten diesem allerdings nur wenige Auslandschweizer bei, so auch in Skandinavien,[19] da sie sich darauf verliessen, dass der Bund im Notfall schon helfen werde, wie er es nach dem Zweiten Weltkrieg getan hatte.[20] Dank mehrerer Werbekampagnen der schweizerischen Botschaften und Konsulate, welche von den Auslandschweizervereinen unterstützt wurden, konnte die Mitgliederzahl kontinuierlich erhöht werden. Im Juni 1962 gewährte das Parlament dem Fonds zudem eine unbeschränkte Ausfallgarantie.[21]

    über die Alters- und Hinterlassenenversicherung vom 24. 5. 1946, in: Bundesblatt 2/13 (1946), S. 365–588, bes. S. 381 f.

15 Vgl. dazu z. B. das Merkblatt über die freiwillige Versicherung für Auslandschweizer vom Februar 1969, dodis.ch/32283.

16 BAR, E2200.140-01#1978/2#321* (81-1-0), Schreiben von Theo Nagel an Hans Peter Tschudi, Vorsteher des Departements des Innern, vom 27. 4. 1972.

17 Vgl. dazu BAR, E2004B#1978/136#1040* (a.814.4).

18 Vgl. Arnold-Lehmann (wie Anm. 6).

19 Vgl. Anm. 9.

20 Zur Hilfe an zurückgekehrte Auslandschweizer nach dem Zweiten Weltkrieg vgl. Eric Flury-Dasen, Kriegsgeschädigte Auslandschweizer in der Nachkriegszeit 1945–1961. Zwischen Schadenersatz und Hilfeleistung, in: Studien und Quellen 28, 2002, S. 87–121.

21 Bundesbeschluss über die Gewährung einer Ausfallgarantie an die Genossenschaft «Solidaritätsfonds der Auslandschweizer» vom 22. 6. 1962, in: Bundesblatt 1/26 (1962), S. 1468–1470.

Allfällige Fürsorgeleistungen für heimgekehrte, aber auch für verarmt im Ausland lebende Auslandschweizer wurden durch die Heimatkantone oder die Heimatgemeinden erbracht. Der Heimatstaat ist allerdings völkerrechtlich nicht dazu verpflichtet, seinen Bürgern im Ausland Sozialhilfeleistungen zukommen zu lassen. Ebenso wenig besteht eine völkerrechtliche Pflicht zur Unterstützung von Ausländern.[22] Ferner musste kein Staat für hilfsbedürftige Schweizer sorgen, die sich auf seinem Gebiet aufhielten, sofern er sich nicht aufgrund eines zwischenstaatlichen Abkommens mit der Schweiz dazu verpflichtet hatte. Fürsorgeabkommen hatte die Schweiz jedoch nur mit den Nachbarstaaten Frankreich (1931) und der Bundesrepublik Deutschland (1952) abgeschlossen; mit Österreich liefen langwierige Verhandlungen bezüglich der Ratifikation des 1957 unterzeichneten Abkommens.[23] Die Unterstützung durch Kantone und Gemeinden führte zu unterschiedlichen Behandlungen und Leistungen. Bereits vor dem Zweiten Weltkrieg, aber insbesondere in den Nachkriegsjahren, forderten die Auslandschweizerorganisationen wiederholt, dass sich der Bund vermehrt der Fürsorge der Auslandschweizer annehme. Die Möglichkeit dazu erhielt er 1966 durch den Auslandschweizerartikel, welcher auch diesen Bereich neu regelte und die Kompetenz dazu dem Bund übertrug.[24] Die Umsetzung erfolgte im Januar 1971 durch das Inkrafttreten des Bundesgesetzes über Fürsorgeleistungen an Auslandschweizer.[25] Die Fürsorgekosten für Auslandschweizer wurden neu vom Bund übernommen, ebenso die Soforthilfe für heimgekehrte Auslandschweizer.[26] Bezüglich der schweizerischen sozialpolitischen Gesetzgebung war also die Zusammenarbeit der Auslandschweizerorganisationen mit den Bundesbehörden von Erfolg gekrönt. Mehrere für sie zentrale Anliegen konnten umgesetzt werden.

---

22   Vgl. Botschaft des Bundesrates an die Bundesversammlung zum Entwurf eines Bundesgesetzes über Fürsorgeleistungen an Auslandschweizer vom 6. 9. 1969, in: Bundesblatt 2/39 (1972), S. 548–571.
23   Abkommen zwischen der Schweiz und Frankreich über die Fürsorge für Unbemittelte (mit Unterzeichnungsprotokoll) vom 9. September 1931, in: Bereinigte Sammlung, Bd. 14, S. 128–133; Vereinbarung zwischen der Schweizerischen Eidgenossenschaft und der Bundesrepublik Deutschland über die Fürsorge für Hilfsbedürftige (mit Schlussprotokoll) vom 14. 7. 1952, in: Amtliche Sammlung 1953, S. 423–428. Zu den Verhandlungen mit Österreich vgl. Dok. 149, Notiz des Politischen Departementes vom 10. 6. 1966, in: DDS, Bd. 23 (= dodis.ch/31201), bes. Anm. 11.
24   Vgl. Botschaft des Bundesrates (wie Anm. 22).
25   Bundesgesetz über Fürsorgeleistungen an Auslandschweizer vom 21. 3. 1973, in: Amtliche Sammlung, 1973, S. 1976–1982. Zur Ausarbeitung vgl. Dok. 91, Kurzprotokoll vom 3. 7. 1968 der Sitzung des interdepartementalen Arbeitsausschusses vom 4. 6. 1968, in: DDS, Bd. 24 (= dodis.ch/32283).
26   Zusätzlich zu der staatlichen Fürsorge bestanden über 150 private schweizerische Fürsorgeeinrichtungen für Auslandschweizer. Vgl. Botschaft des Bundesrates (wie Anm. 22), S. 550.

Die skandinavischen Sozialversicherungen

Neben den schweizerischen Vorsorgeeinrichtungen standen den Auslandschweizern – zum Teil mit gewissen Einschränkungen – die wohlfahrtsstaatlichen Einrichtungen ihres Gastlands offen, so auch in Skandinavien. Trotz einiger Unterschiede haben die Sozialversicherungssysteme in den skandinavischen Staaten viele Gemeinsamkeiten. Sie entsprechen alle dem sozialdemokratischen Modell nach Gøsta Esping-Andersen, auch skandinavisches Modell genannt.[27] Dieses zeichnet sich hauptsächlich durch drei Charakteristika aus. Es handelt sich um ein universales, vom Staat organisiertes und auf Gleichberechtigung basierendes System. Finanziert werden die skandinavischen Sozialversicherungen zum grössten Teil über Steuern, ergänzt durch Beiträge der Versicherten und der Arbeitgeber. Seit den 1950er-Jahren gewährten die skandinavischen Wohlfahrtsstaaten die Einkommenssicherheit durch vergleichsweise hohe Leistungen, wodurch die neue Mittelklasse in das *folkhemmet* (Volksheim), wie der schwedische Wohlfahrtsstaat genannt wird, eingeschlossen wurde und dieses folglich mittrug. In den folgenden zwei Jahrzehnten wurden die Wohlfahrtsstaaten sukzessive ausgebaut. Die 1960er- und 70er-Jahre können daher als Höhepunkt der skandinavischen Wohlfahrtsstaaten bezeichnet werden. Erst im Zug der wirtschaftlichen Krise, welche auf diesen Höhepunkt folgte, gerieten auch das skandinavische Modell unter Druck und wurden zunehmend hinterfragt.[28]

Allgemein kann sowohl für Skandinavien als auch für die Schweiz festgestellt werden, dass bis in die 1970er-Jahre die bestehenden Sozialversicherungssysteme ausgebaut und ergänzt wurden.[29] Allerdings deckten die skandinavischen Wohlfahrtsstaaten mehr Risiken ab und berücksichtigten stärker die Bedürfnisse (berufstätiger) Frauen. Zu nennen sind hier unter anderem die Mutterschafts-

---

27 Gøsta Esping-Andersen, Three Worlds of Welfare Capitalism, Cambridge 1990. Zum skandinavischen Modell vgl. ferner Mary Hilson, The Nordic Model. Scandinavia Since 1945, London 2010, bes. S. 87–115; für einen Überblick über die umfangreiche Literatur zum skandinavischen Modell vgl. z. B. Matti Alestalo, Sven E. O. Hort, Stein Kuhle, The Nordic Model. Conditions, Origins, Outcomes, Lessons, in: Hertie School of Governance Working Papers 41 (2009).

28 Für einen Überblick über die Entwicklung des schwedischen Wohlfahrtsstaats vgl. Urban Lundberg, Klas Åmark, Social Rights and Social Security. The Swedish Welfare State, 1900–2000, in: Scandinavian Journal of History 26/3 (2001), S. 157–176. Zu Schweden vgl. ferner Claudius H. Riegler, Olaf Schneider (Hg.), Schweden im Wandel – Entwicklungen, Probleme, Perspektiven. Beiträge zur Wirtschafts- und Gesellschaftspolitik (Nordeuropäische Studien 15), Berlin 1999. Zu Finnland vgl.: Pauli Kettunen, The Nordic Welfare State in Finland, in: Scandinavian Journal of History 26/3 (2001), S. 225–247; Pertti Pesonen, Olavi Riihinen, Dynamic Finland. The Political System and the Welfare State (Studia Fennica. Historia 3), Tampere 2002.

29 Für die Schweiz vgl. dazu z. B.: Brigitte Studer, Soziale Sicherheit für Alle? Das Projekt Sozialstaat, in: Dies. (Hg.), Etappen des Bundesstaates. Staats- und Nationsbildung der Schweiz, 1848–1998, Zürich 1998, S. 179–181; Degen (wie Anm. 14).

versicherung oder die vom Staat organisierte Kinderbetreuung.[30] Dies kann durch den universalistischen Ansatz der skandinavischen Wohlfahrtsstaaten erklärt werden.

Die schweizerisch-skandinavischen Sozialversicherungsbeziehungen

Bilaterale Abkommen zwischen 1954 und 1962

Bilaterale Abkommen im Bereich der Sozialversicherungen schloss die Schweiz 1954 mit Dänemark und Schweden ab,[31] mit Finnland und Norwegen hingegen bestanden keine Vereinbarungen. Die Abkommen der 1950er-Jahre drängten sich nach dem Inkrafttreten des Bundesgesetzes über die AHV 1948 auf, da dieses die Rechte der Ausländer in der Schweiz zum Teil empfindlich einschränkte. Ebenso schlossen sowohl die dänischen als auch die schwedischen Sozialversicherungen Ausländer aus, indem sie explizit nur die einheimische Wohnbevölkerung umfassten. Die ausländische Wohnbevölkerung konnte durch den Abschluss eines Staatsvertrags in die jeweiligen Sozialversicherungssysteme einbezogen werden. Somit bestand auf beiden Seiten ein Interesse am Abschluss eines Abkommens, die Auslandschweizerorganisationen hingegen spielten dabei keine grosse Rolle, da eine Lobbyarbeit nicht notwendig war.
Trotz der erwähnten Verschiedenheiten der Systeme kam 1954 der Bundesrat für Dänemark wie für Schweden zum Schluss, dass «alles in allem ungefähre Gleichwertigkeit festzustellen [sei]»,[32] sodass es relativ leicht gelang, eine Übereinkunft zu erzielen. Beide Abkommen umfassten die Alters- und Hinterlassenenversicherungen.

30 Vgl. dazu auch: Sandro Cattacin, Retard, rattrapage, normalisation. L'Etat social suisse face aux défis de transformation de la sécurité sociale, in: Studien und Quellen 31 (2006), S. 49–78, hier 53–57; Sébastian Guex, Brigitte Studer, L'Etat social en Suisse aux XIXe et XXe siècles. Notes sur quelques pistes de recherche, in: Dies., Hans-Jörg Gilomen (Hg.), Von der Barmherzigkeit zur Sozialversicherung. Umbrüche und Kontinuitäten vom Spätmittelalter bis zum 20. Jahrhundert (Schweizerische Gesellschaft für Wirtschafts- und Sozialgeschichte 18), Zürich 2002, S. 201–211.
31 Abkommen zwischen der Schweizerischen Eidgenossenschaft und dem Königreich Dänemark über Sozialversicherung vom 21. 3. 1954, in: Amtliche Sammlung 1954, S. 283–294; Abkommen zwischen der Schweizerischen Eidgenossenschaft und dem Königreich Schweden über Sozialversicherung vom 17. 12. 1954, in: Amtliche Sammlung 1955, S. 758–768.
32 Vgl. dazu: Botschaft des Bundesrates an die Bundesversammlung über die Genehmigung eines zwischen der Schweiz und dem Königreich Dänemark abgeschlossenen Abkommens über Sozialversicherung vom 2. 11. 1954, in: Bundesblatt 2/44 (1954), S. 807–835, hier 813; Botschaft des Bundesrates an die Bundesversammlung über die Genehmigung eines zwischen der Schweiz und dem Königreich Schweden abgeschlossenen Abkommens über Sozialversicherung vom 10. 5. 1955, in: Bundesblatt 1/20 (1955), S. 893–914, hier 897.

Da das dänische System 1954 noch keine Witwenrenten kannte, wurde 1962, nachdem Dänemark diese eingeführt hatte, eine Zusatzvereinbarung getroffen.[33] Ferner ermöglichten die Verträge mit Schweden und mit Dänemark es Auslandschweizern explizit, der freiwilligen AHV beizutreten. Da es in einigen Staaten verboten war, zusätzliche ausländische Versicherungen abzuschliessen, war die Schweiz bemüht, die Möglichkeit des Beitritts zur freiwilligen AHV in allen ihren bilateralen Sozialversicherungsabkommen zu verankern.

Der Staatsvertrag mit Dänemark umfasste ferner die Versicherungen gegen Betriebsunfälle und Berufskrankheiten, da jede Person, die Anspruch auf eine dänische Alters- und Invalidenrente erheben wollte, Mitglied einer anerkannten Krankenkasse sein musste. Ausländer hatten zwar das Recht, der dänischen Krankenversicherung beizutreten, von der Alters- und Invalidenversicherung blieben sie jedoch ausgeschlossen. Durch das Abkommen von 1954 wurden nun auch die in Dänemark lebenden Auslandschweizer in alle bestehenden dänischen Versicherungen einbezogen. Das Abkommen mit Schweden hingegen schloss die Krankenversicherung nicht mit ein, da in Schweden ein Versicherungszwang für die einheimische und die ausländische Wohnbevölkerung herrschte. Der Ausschluss der Krankenversicherung aus dem Abkommen führte dazu, dass die Freizügigkeit nicht geregelt war und dass bei einer Rückkehr in die Schweiz insbesondere ältere Leute Mühe hatten, ohne Vorbehalte und zu akzeptablen Bedingungen Aufnahme in eine schweizerische Krankenkasse zu finden.[34] Allgemein waren Rückwanderer oft schon zu alt, um noch von einer schweizerischen Krankenkasse aufgenommen zu werden. Ab den 1960er-Jahren nahm die Zahl der älteren Rückwanderer gar zu, da viele Auslandschweizer ihren Ruhestand in der Schweiz verbringen wollten.[35] Deshalb suchte das Auslandschweizersekretariat der NHG in Zusammenarbeit mit den schweizerischen Krankenkassen und dem BSV nach Lösungen für sämtliche Auslandschweizer, jedoch erfolglos.[36] Der zwischenstaatliche Übertritt von einer Krankenkasse zu einer anderen musste deshalb weiterhin in den bilateralen Sozialversicherungsabkommen geregelt werden.[37]

---

33 Zusatzvereinbarung zum Abkommen vom 21. 5. 1954 zwischen der Schweizerischen Eidgenossenschaft und dem Königreich Dänemark über Sozialversicherung vom 15. 11. 1962, in: Amtliche Sammlung 1962, S. 1419 f.
34 Vgl. Anm. 32.
35 Vgl. dazu dodis.ch/35714, Notiz von Hans Wolf an Hans-Peter Tschudi, Vorsteher des Departements des Innern, vom 17. 6. 1970.
36 BAR, E2200.209#1986/20#7* (112.4), Protokoll der Präsidentenkonferenz des Vororts vom 5. 5. 1967.
37 Vgl. beispielsweise die Botschaft betreffend das Abkommen mit Finnland über Soziale Sicherheit vom 13. 11. 1985, in: Bundesblatt 3/50 (1985), S. 519–555.

Die schweizerisch-skandinavischen Sozialversicherungsverhandlungen der 1960er-Jahre

Bereits Anfang der 1960er-Jahre verlangten die Auslandschweizer in Dänemark und Schweden die Revision der bestehenden Abkommen. Einer der Gründe war der erwähnte Ausbau der Sozialversicherungssysteme, da die Abkommen rasch nicht mehr alle Versicherungen mit einbezogen. Der Hauptgrund war jedoch der Passus in beiden Abkommen, wonach die Auslandschweizer Anspruch auf eine Altersrente hatten, sofern sie bestimmte Bedingungen erfüllten, dies aber nur, solange sie sich in Dänemark respektive Schweden aufhielten, denn beide Staaten lehnten eine Zahlung der Volkspensionen ins Ausland kategorisch ab, auch für ihre eigenen Staatsbürger. Die Auslandschweizer erhielten ihre skandinavischen Altersrenten also nur dann, wenn sie im Residenzland blieben. Bei einer Rückkehr in die Schweiz erhielten sie nichts. Hingegen verloren Skandinavier, welche die Schweiz verliessen, aufgrund der schweizerischen Gesetzgebung ihre Rentenansprüche nicht.[38] Zudem wurde die Rückvergütung der einzelnen Sozialversicherungsbeiträge in den skandinavischen Staaten dadurch verkompliziert, weil sie schwer zu quantifizieren waren, da die Beträge teils durch die allgemeine Einkommenssteuer, teils durch spezifizierte Belastungen auf dem Steuerzettel erhoben wurden.[39] Ausserdem enthielt die 1960 eingeführte Zusatzpension in Schweden, welche mit den schweizerischen Pensionskassen verglichen werden kann, diverse Bestimmungen, die Ausländer diskriminierten. Die Auslandschweizer forderten deshalb, unterstützt von der Botschaft in Stockholm, das Bundesamt für Sozialversicherungen in diversen Eingaben auf, mit Schweden Revisionsverhandlungen aufzunehmen.

Mit Norwegen und Finnland bestanden gar keine Abkommen. Dies war hauptsächlich auf die geringe Anzahl Schweizer in diesen Staaten zurückzuführen, die sich damit aber keineswegs abfanden. Der vertragslose Zustand bedeutete für die Auslandschweizer in Norwegen, dass sie in Norwegen bei den norwegischen Versicherungen versichert waren. Die Leistungen, die sie mit ihren Beiträgen erworben hatten, konnten sie aber beim Verlassen des Lands nicht geltend machen, da Norwegen wie Dänemark und Schweden deren Export nicht zuliess. Diesem Umstand kam eine grosse Bedeutung zu, da viele Schweizer nach wenigen Jahren das Land bereits wieder verliessen.[40] Erste Kontakte mit Norwegen bezüglich des Abschlusses eines Sozialversicherungsabkommens fanden 1952 statt, allerdings ohne konkrete

---

38 BAR, E2200.209-02#1977/167#5* (III.A.2), Protokoll der Präsidentenkonferenz des Vororts vom 7. 5. 1965.
39 BAR, E2200.209#1992/91#15* (112.4), Protokoll der Präsidentenkonferenz des Vororts vom 6. 5. 1966.
40 Vgl. dazu BAR, E2001E-01#1982/58#5537* (B.31.31), Schreiben des schweizerischen Bot-

Ergebnisse zu zeitigen.[41] Ende der 1960er-Jahre wurden erneut Gespräche aufgenommen, als Folge der Treffen der schweizerischen und norwegischen Delegationen bei internationalen Konferenzen.[42] Die Verhandlungen erwiesen sich als sehr langwierig, da vor allem Norwegen viele Fragen zu klären hatte. Die Schweiz war nämlich eines der ersten Länder ausserhalb Skandinaviens, mit denen Norwegen überhaupt über ein Sozialversicherungsabkommen verhandelte.[43] In derselben Situation befanden sich die Schweizer in Finnland. Wie seine skandinavischen Nachbarn lehnte auch Finnland eine Rentenauszahlung an Ausländer ab, die das Land verliessen. Da wenig Aussicht bestand, bei Vertragsverhandlungen zu einem für die Finnlandschweizer positiven Ergebnis zu gelangen, sahen die schweizerischen Behörden in den 1960er-Jahren davon ab, mit Finnland Verhandlungen aufzunehmen. Die schweizerische Botschaft in Helsinki versuchte zumindest in Einzelfällen in Gesprächen mit den entsprechenden finnischen Institutionen etwas für in die Schweiz zurückgekehrte Finnlandschweizer zu erreichen, allerdings ohne Erfolg.[44]

Die Forderungen der Auslandschweizer in Dänemark und Schweden, die bestehenden Abkommen zu revidieren, stiessen beim Bundesamt für Sozialversicherungen grundsätzlich auf Zustimmung. Dieses beabsichtigte aufgrund der 1960 eingeführten Invalidenversicherung alle 13 in Kraft stehenden bilateralen Abkommen zu revidieren, räumte aber den Nachbarstaaten aufgrund der grösseren Anzahl Auslandschweizer und der in der Schweiz tätigen Gastarbeiter den Vorrang ein. Ausserdem wurde jenen Ländern Priorität eingeräumt, die überhaupt zu Verhandlungen bereit waren – die skandinavischen Staaten gehörten nicht dazu. Somit konnte die Schweiz nicht ohne Weiteres die Agenda der eigenen Sozialversicherungsverhandlungen definieren.[45] Vor diesem Hintergrund standen deshalb in der zweiten Hälfte der 1960er-Jahre zunächst die Verhandlungen mit Italien im Zentrum. Diese waren aufgrund des Abkommens über die italienischen Arbeitskräfte in der Schweiz vom August 1964 notwendig geworden.[46] Dabei standen die Frage der Krankenversicherung für die Angehörigen der italienischen Arbeitskräfte in der Schweiz und die Frage der Auszahlung der Renten aufgrund des unterschiedlichen

---

schafters in Oslo, Pierre-Henri Aubaret, an Max Frauenfelder, Direktor des Bundesamts für Sozialversicherungen, vom 9. 2. 1967.

41 Vgl. Dok. 168, in: DDS, Bd. 24 (= dodis.ch/32872).
42 Vgl. dazu BAR, E3340B#1989/175#775* (797.10/N2).
43 Vgl. Botschaft betreffend das Abkommen mit Norwegen über Soziale Sicherheit vom 31. 10. 1979, in: Bundesblatt 3/50 (1979), S. 1031–1063.
44 Vgl. dazu BAR, E2001E#1978/84#2846* (B.31.31.0).
45 Vgl. dazu Dok. 171, Antrag des Departements des Innern an den Bundesrat vom 24. 10. 1966, in: DDS, Bd. 23 (= dodis.ch/31661).
46 Zum Abkommen zwischen der Schweiz und Italien über die Auswanderung italienischer Arbeitskräfte vgl.: Dok. 37, 48, 53, 54, in: DDS, Bd. 23 (= dodis.ch/30798, dodis.ch/30799, dodis.ch/30796, dodis.ch/30797).

Rentenalters im Mittelpunkt.[47] Ein neues Abkommen mit Schweden, wo sich die grösste Schweizerkolonie in Skandinavien befand, war für die Schweiz hingegen «nicht von grosser Tragweite».[48]
Trotzdem wurden für 1962 Verhandlungen mit den skandinavischen Staaten in Aussicht gestellt.[49] Allerdings konnte das Bundesamt für Sozialversicherungen seinen ambitionierten Fahrplan zur Revision der 13 bestehenden Abkommen und zum Abschluss neuer bilateraler Abkommen nicht einhalten. Infolgedessen mussten insbesondere die Verhandlungen mit Schweden und Dänemark auf unbestimmte Zeit verschoben werden. Der Vorort in Skandinavien wollte sich mit diesem Bescheid nicht abfinden und beschloss deshalb an den Präsidentenkonferenzen 1965 und 1966, weiterhin beim BSV Druck zu machen.[50] Auf Anraten von Maurice Jaccard, dem Chef des Dienstes für Auslandschweizerangelegenheiten, reichte der Vorort im Januar 1967 eine Eingabe ein.[51] Darin forderte Theo Nagel formell im Namen seiner Landsleute in Skandinavien nicht nur Verhandlungen mit Dänemark und Schweden zur Revision der Abkommen, sondern auch den Abschluss eines Sozialversicherungsabkommens mit Norwegen und Finnland. Die Eingabe wurde vom Politischen Departement an das Bundesamt für Sozialversicherungen mit der Bitte übermittelt, die Auslandschweizer in Skandinavien nicht weiterhin zu vertrösten, da für diese grosse finanzielle Interessen auf dem Spiel standen. Auch die schweizerischen Botschafter in Skandinavien unterstützen in ihren Schreiben die Eingabe.[52] Das BSV sah sich daraufhin in einer ausführlichen Erklärung zuhanden des Vororts veranlasst, die diversen Schwierigkeiten zu erläutern, welche mit den einzelnen Staaten bestanden.[53] Dieser zeigte sich von der Antwort enttäuscht,[54] weshalb es zum ersten Mal zu einer direkten Aussprache zwischen Vertretern des Bundesamts für Sozialversicherungen, des Politischen Departements und des Vororts kam.[55]

---

47 Vgl. dazu: Dok. 129, Schreiben des schweizerischen Botschafters in Rom, Jean de Rham, an den Generalsekretär des Politischen Departements, Pierre Micheli, vom 27. 2. 1969, in: DDS, Bd. 24 (= dodis.ch/32639); Dok. 157, Notiz des Politischen Departements vom 4. 7. 1969, in: DDS, Bd. 24 (= dodis.ch/32303).
48 Vgl. Botschaft betreffend das Abkommen mit Schweden über Soziale Sicherheit vom 21. 2. 1979, in: Bundesblatt 1/12 (1979), S. 445–476, hier 459.
49 Vgl. dazu dodis.ch/34177, Schreiben von Arnold Saxer, Direktor des Bundesamts für Sozialversicherungen, an den schweizerischen Botschafter in Stockholm, Egbert von Graffenried, vom 21. Juli 1961.
50 BAR, E2200.209-2#1977/167#5*(III.A.2).
51 BAR, E3340B#1989/175#949* (797.170/D1), Schreiben von Theo Nagel an Max Frauenfelder vom 24. 1. 1967.
52 Vgl. z. B. dodis.ch/32873, Schreiben von Maurice Jaccard an Max Frauenfelder vom 14. 2. 1967.
53 Vgl. dodis.ch/32875, Schreiben des Vizedirektors des Bundesamts für Sozialversicherungen, Cristoforo Motta, an Theo Nagel vom 25. 4. 1967.
54 Vgl. Protokoll der Präsidentenkonferenz (wie Anm. 36).
55 Vgl. dazu: BAR, E2200.209#1986/20#7* (112.4), Protokoll der Präsidentenkonferenz des

Obwohl der Vorort und sein Präsident immer wieder die Initiative ergriffen und dabei vom Politischen Departement, insbesondere vom Dienst für Auslandschweizerangelegenheiten und den Botschaftern in allen vier skandinavischen Staaten, unterstützt wurden, nahm das BSV während der 1960er-Jahren mit keinem der skandinavischen Staaten Verhandlungen auf. So forderte Pierre Micheli 1969 im eingangs zitierten Schreiben, dass «mit Rücksicht auf die schon früher gemachten Versprechungen gegenüber den Schweizern in den skandinavischen Ländern [...] die schon vor mehr als zwei Jahren in Aussicht genommenen Besprechungen auf Expertenebene demnächst durchgeführt werden sollten». Er beanstandete nachdrücklich das schleppende Tempo des Bundesamts für Sozialversicherungen bei der Revision der bestehenden Abkommen: Das 1961 anvisierte Ziel, die Abkommen innerhalb von drei Jahren zu revidieren, habe man immer noch nicht erreicht, obwohl bereits acht Jahre verstrichen seien. Eine Antwort auf das Schreiben aus dem Jahr 1969 erhielt Micheli gemäss der handschriftlichen Notiz vom November 1971 auf dem Dokument allerdings nie.[56]

Das Bundesamt für Sozialversicherungen war überzeugt, dass bilaterale Verhandlungen mit den skandinavischen Staaten zu keinem Erfolg führen würden und verlegte deshalb seine Anstrengungen auf die multilaterale Ebene. Die Beamten des BSV standen dank der Arbeiten des Europarats und der Internationalen Arbeitsorganisation (ILO) an multilateralen Lösungen im Bereich der Sozialversicherungen in regelmässigem Kontakt mit ihren skandinavischen Kollegen.[57] Dabei mussten sie feststellen, dass sich an der generellen Weigerung der skandinavischen Staaten, Renten ins Ausland zu exportieren, nichts änderte. Im Zug der Ausarbeitung des Europäischen Abkommens über Soziale Sicherheit, welches die Gleichbehandlung von Ausländern mit den Angehörigen ihrer Gaststaaten zum Ziel hatte,[58] kamen innerhalb des Europarats Bestrebungen in Gang, die skandinavischen Staaten zu einer Änderung ihrer Haltung zu bewegen.[59] Die Skandinavier argumentierten, dass aufgrund der fehlenden Möglichkeit, die Beiträge zu quantifizieren, ein Export der Renten ausser Frage stand.[60] Hinzu kam, dass viele Staaten, darunter auch die Schweiz, den skandinavischen Wohlfahrtsstaaten nicht in allen Bereichen Gleichwertiges anzubieten hatten. Der Vorort hatte deshalb 1964 vorgeschlagen, bei eventuellen Neuverhandlungen den skandinavischen Staaten in einem anderen Bereich

---

Vororts vom 4. 5. 1968; BAR, E3340B#1989/175#957* (797.170/S1), Notiz der Sektion Internationales und Sozialversicherungsabkommen des BSV vom 3. 4. 1968.
56 Dok. 168, in: DDS, Bd. 24 (= dodis.ch/32872).
57 Vgl. Protokoll der Präsidentenkonferenz (wie Anm. 55).
58 Europarat – SEV Nr. 078, Europäisches Abkommen über Soziale Sicherheit vom 14. 12. 1972.
59 Vgl. dazu dodis.ch/35715, Notiz von Max Leippert vom 9. 6. 1970.
60 Vgl. BAR, E2200.209#1992/91#15* (112.4), Protokoll der Präsidentenkonferenz des Vororts vom 6. 5. 1966.

Vorteile anzubieten, um die Verhandlungsposition der Schweiz hinsichtlich der Frage des Rentenexports zu verbessern.[61]

Eine Revision der bestehenden Abkommen hätte, so das BSV, also in der Frage des Exports der Rentenzahlungen, die den Auslandschweizern am wichtigsten war, wahrscheinlich keine neuen Vorteile gebracht. Das Bundesamt für Sozialversicherungen stellte sich zudem auf den Standpunkt, dass es nicht Aufgabe der Schweiz sei, diesbezüglich einen Präzedenzfall zu schaffen und die skandinavischen Staaten zum Export ihrer Sozialversicherungsleistungen zu bewegen. Am 7. Juni 1966 wurde in einer Aussprache mit dem Dienst für Auslandschweizerangelegenheiten festgehalten, dass, «das Bundesamt [für Sozialversicherungen nicht] glaubt, dass es ausgerechnet Aufgabe der Schweiz sei, hier als erstes Land voranzugehen». Gleichzeitig wurde bedauert, dass so lange zugewartet worden war, die Schweden auf die Unhaltbarkeit ihrer Haltung hinzuweisen.[62] Nur im Fall Norwegen nahm die Schweiz eine Vorreiterrolle ein. Das BSV setzte vor allem auf Drittstaaten und die multilateralen Verhandlungen, um in der Frage des Rentenexports einen Durchbruch zu erzielen. Es liess sich jedoch von den schweizerischen Botschaften vor Ort über die Sozialversicherungsbeziehungen der skandinavischen Staaten mit Drittstaaten auf dem Laufenden halten.

Obschon die Schweiz seit ihrem Beitritt zum Europarat im Jahr 1963 aktiv an den Sitzungen der Sozialversicherungsexperten teilnahm und sich Vorteile von der Arbeit des Europarats für den Abschluss von bilateralen Abkommen erhoffte, verhielt sie sich eher zurückhaltend, was die Abkommen des Europarats im sozialen Bereich betraf. So ratifizierte sie weder das Europäische Abkommen über Soziale Sicherheit noch das Europäische Fürsorgeabkommen.[63]

In Schweden verbesserte sich dank der fortschrittlichen Gesetzgebung im Lauf der 1960er-Jahre die Situation der Auslandschweizer, da viele Diskriminierungen gegenüber Ausländern beseitigt wurden. Solche Revisionen fanden in Dänemark jedoch nicht statt. Fokussierte der Vorort Anfang der 1960er-Jahre noch auf die Revision des Abkommens mit Schweden, stand gegen Ende des Jahrzehnts Dänemark im Zentrum der Bemühungen. Trotz negativer Reaktionen des Bundesamts für Sozialversicherungen wurde dieses weiterhin zur Lösung der Probleme mit Dänemark aufgefordert. Dabei wurde gleichzeitig auch immer wieder, etwa an den Auslandschweizertagen, auf den vertragslosen Zustand mit Finnland und Norwegen aufmerksam gemacht.[64]

---

61 Vgl. BAR, E2200.140-01#1978/2#320* (81-0-0), Protokoll der Präsidentenkonferenz des Vororts vom 18. 4. 1964.
62 Vgl. Dok. 149, in: DDS, Bd. 23 (= dodis.ch/31201).
63 Vgl. dazu Pierre-Yves Greber, Droit international et européen de la sécurité sociale. ONU, OIT et Conseil de l'Europe, Basel 2011.
64 Vgl. dazu: Protokoll der Präsidentenkonferenz (wie Anm. 55); BAR, E2004B#1982/69#832* (a.814.4).

Schlussbetrachtungen

Zur Revision der bestehenden oder zum Abschuss von neuen Abkommen mit den vier skandinavischen Staaten kam es in den 1960er-Jahren nicht. Am Ende des Jahrzehnts waren die Schweizer in Schweden aufgrund der schwedischen Reformen verhältnismässig gut gestellt – zumindest standen sie um einiges besser da als ihre Landsleute in Dänemark, Finnland und Norwegen. Für die Schweiz hatten in den 1960er-Jahren andere Staaten, insbesondere die Nachbarländer, Priorität beim Abschluss neuer Sozialversicherungsabkommen. Ausserdem verlagerte sich der schweizerische Fokus langsam auf die multilaterale Ebene. Gleichzeitig wurde in der Schweiz der Ausbau der Altersvorsorge vorangetrieben, wobei die AHV-Renten sukzessive erhöht wurden. Dieser Ausbau fand in der Festschreibung des Drei-Säulen-Prinzips in der Bundesverfassung (Art. 34^{quater}) 1972 seinen Abschluss.[65] Die Auslandschweizer mussten erkennen, dass «wir uns nun einmal damit abfinden [müssen], dass der Auslandschweizer auf dem Gebiet der Sozialversicherung nicht gleich gut gestellt sein kann wie der Landsmann zu Hause».[66] Trotzdem versuchten sie das Beste für sich herauszuholen.

Den Forderungen der Auslandschweizer in Skandinavien wurden erst Ende der 1970er- und Mitte der 1980er-Jahre entsprochen. Die Abkommen mit Norwegen und Finnland kamen 1979 und 1985 zustande.[67] Die Abkommen von 1954 mit Schweden und Dänemark wurden 1978 und 1983 revidiert.[68] Diese neuen Abkommen mit den skandinavischen Staaten entsprachen in wesentlichen Teilen jenen Regelungen, welche die Schweiz mit anderen Staaten, insbesondere den Mitgliedern des Europarats, getroffen hatte.[69] In der Würdigung der neuen Abkommen unterstrich der Bundesrat die Zusammenarbeit zwischen den verschiedenen involvierten staatlichen und privaten Akteuren. So hob er die Anstrengungen der Auslandschweizer und ihrer Institutionen, vor allem des Auslandschweizersekretariats der Neuen

---

65 Vgl. dazu: Degen (wie Anm. 14), S. 36 f.; Mathieu Leimgruber, La politique sociale comme marché. Les assureurs vie et la structuration de la prévoyance vieillesse en Suisse (1890–1972), in: Studien und Quellen 31 (2006), S. 109–140, bes. 121–131; Studer (wie Anm. 29), S. 179 ff.
66 BAR, E3340B#1989/175#957* (797/170S1), Anton von Sprecher an Theo Nagel vom 29. 8. 1974. – Anton von Sprecher war der Nachfolger von Theo Nagel als Vorsitzender des Vororts der Schweizervereine in Skandinavien.
67 Abkommen zwischen der Schweizerischen Eidgenossenschaft und dem Königreich Norwegen über Soziale Sicherheit vom 21. 2. 1979, in: Amtliche Sammlung 1980, S. 1841–1858; Abkommen zwischen der Schweizerischen Eidgenossenschaft und der Republik Finnland über Soziale Sicherheit vom 28. 6. 1985, in: Amtliche Sammlung 1986, S. 1538–1555.
68 Abkommen zwischen der Schweizerischen Eidgenossenschaft und dem Königreich Schweden über Soziale Sicherheit vom 20. 10. 1978, in: Amtliche Sammlung 1980, S. 224–238; Abkommen zwischen der Schweizerischen Eidgenossenschaft und dem Königreich Dänemark über Soziale Sicherheit vom 5. 1. 1983, in: Amtliche Sammlung 1983, S. 1553–1572.
69 Vgl. z. B. Botschaft zu Finnland (wie Anm. 37), S. 520.

Helvetischen Gesellschaft, gegenüber den Bundesbehörden hervor, ebenso die Unterstützung durch die Botschafter in den vier skandinavischen Hauptstädten.[70] Mit diesen Abkommen wurde – nach langem Warten – die wichtigste Forderung der Auslandschweizer in den skandinavischen Staaten erfüllt: der Export der Volksrenten war nun möglich. Dieser späte Erfolg war aber nicht allein dem Verhandlungsgeschick der schweizerischen Unterhändler zu verdanken, sondern vor allem den Initiativen des Europarats und den gestiegenen Anforderungen des internationalen Rechts hinsichtlich der sozialen Sicherheit. So gewährten die Skandinavier Angehörigen anderer Staaten ebenfalls den Export der Volksrenten, und der Weg für die Schweiz war dadurch geebnet. Damit war endlich ein Durchbruch zugunsten der sozialen Sicherheit der Auslandschweizer in Skandinavien geschafft. Der hier untersuchte Fall der Sozialversicherungsbeziehungen der Schweiz mit den skandinavischen Staaten kann als typisches Beispiel der schweizerischen Aussenpolitik gesehen werden. Die Mitarbeit privater Akteure, hier der Auslandschweizerorganisationen, ist eine Konstante der schweizerischen Politik. Darüber hinaus entsprach die Verlagerung der Aktivitäten von einer rein bilateralen Aussenpolitik auf die multilaterale, insbesondere europäische Ebene den allgemeinen Trends der Aussenbeziehungen der Schweiz im Kalten Krieg.[71]

---

70 Vgl. z. B. Botschaft betreffend das Abkommen mit Dänemark über Soziale Sicherheit vom 16. 2. 1983, in: Bundesblatt 1/12 (1983), S. 1069–1112, hier 1071.
71 Vgl. dazu z. B. Sacha Zala, Einleitung, in: DDS, Bd. 24, S. XXIX–XXXVII.

Raphaëlle Ruppen Coutaz

«Die Heimat ruft über das Meer»[1]

Une première forme de diplomatie culturelle par les ondes (1932–1943)

«Die Heimat ruft über das Meer». A first form of cultural diplomacy over the airwaves (1932–1943)

In the face of a wait-and-see policy, which was still applied by the Conseil fédéral with regard to cultural diplomacy in the 1930s, and despite the evolution of the international situation, from its inception, the Société suisse de radiodiffusion would play a central role in the implementation of cultural propaganda, notably by means of its radio broadcasts intended for Swiss people abroad. The Helvetian diaspora was then perceived as being able to provide precious assistance to the nation both economically and spiritually. Broadcasts described as "for Swiss people abroad" made it possible to not only strengthen the bonds with this population, but also to present a positive image of the country abroad by allowing others to discover its culture. These programs, also broadcast as early as 1934 by shortwave radio, reached a public that was increasingly broader and further away. The Société suisse de radiodiffusion did not, therefore, wait for the message from the Conseil fédéral of 9th December 1938, which would define the general outline of the cultural policy of the Confederation, to work towards spreading the country's influence beyond its borders, side by side with the Secrétariat des Suisses à l'étranger.

La Suisse des années 1930 est frappée, sur le plan intérieur, par des difficultés sociales, économiques et politiques auxquelles vient s'ajouter une pression croissante venant des pays voisins où les régimes antidémocratiques gagnent du terrain.

1   Titre d'un article de Paul Borsinger paru dans la revue *Echo* du mois de novembre 1938 dans lequel le futur directeur du Service suisse d'ondes courtes annonce la construction d'un émetteur national à ondes courtes à Schwarzenbourg. Cf. *Echo. Revue des Suisses à l'étranger*, nov. 1938, p. 12.

Les diverses forces politiques helvétiques vont se rejoindre autour de la volonté de défendre vis-à-vis des régimes totalitaires des valeurs communes, présentées comme des spécificités suisses, tels la démocratie, le fédéralisme et la neutralité. Toutefois, le Conseil fédéral tarde à mettre en place une véritable politique culturelle chargée de faire valoir ces principes à l'étranger, nonobstant la pression exercée par divers organes déjà actifs sur ce terrain, comme la Nouvelle Société Helvétique, l'Office national suisse du tourisme et l'Office suisse d'expansion commerciale, et malgré l'évolution de la situation internationale. Cette tâche est essentiellement laissée à l'initiative privée, alors qu'au sein de la plupart des nations environnantes elle est du ressort du ministère des colonies ou de la propagande. Dans un souci de cohésion nationale et une volonté de défendre les positions du pays au niveau international, la Société suisse de radiodiffusion (SSR) – une société privée qui remplit, en vertu d'une concession octroyée par la Confédération, un mandat de service public – aura un rôle clé à jouer dès ses premiers pas. Ses liens avec les autorités fédérales ne cesseront d'ailleurs de se resserrer au cours de cette décennie.

Les Suisses installés à l'étranger représentent alors le terreau favorable au développement d'une stratégie culturelle visant à promouvoir le pays et ses valeurs auprès des autres nations. Dans le contexte de crise des années 1930, la Cinquième Suisse[2] est perçue comme étant capable de fournir une aide précieuse tant en termes économiques que moraux et spirituels. Les Suisses à l'étranger, considérés comme des ambassadeurs de la patrie et des relais de premier plan pour promouvoir les valeurs et les intérêts helvétiques à l'étranger, se voient attribuer un rôle important dans la promotion du pays à l'extérieur. On attend de cette population, constituée d'un peu plus de 400'000 personnes à la veille de la Seconde Guerre mondiale, soit presque un Suisse sur dix,[3] qu'elle participe plus largement «à l'expansion intellectuelle et économique» du pays.[4] Regroupée dans ce que l'on appelle alors des «colonies»[5] ou des sociétés patriotiques et de bienfaisance, une partie de la diaspora helvétique, consciente de ces attentes, cherche à maintenir les liens avec la mère-patrie. Pas épargnés par la crise économique internationale, les ressortissants helvétiques sont

---

2   A la suite de la reconnaissance du romanche en 1938 comme quatrième langue nationale, la population helvétique établie à l'étranger est communément appelée «Cinquième Suisse».

3   Selon les chiffres avancés dans le Message du Conseil fédéral à l'Assemblée fédérale concernant les moyens de maintenir et de faire connaître le patrimoine spirituel de la Confédération. (Du 9 décembre 1938.), in: Feuille fédérale 2/50 (1938), p. 1029.

4   NSH, Secrétariat des Suisses à l'étranger, Rapport 1920, p. 3–5, cité par Gérald Arlettaz, La Nouvelle Société Helvétique et les Suisses à l'étranger (1914–1924). Aspects de la construction d'un nationalisme de type ethnique, in: Id., Christoph Graf (dir.), Die Auslandschweizer im 20. Jahrhundert / Les Suisses de l'étranger au XXe siècle (Etudes et Sources 28), Berne 2002, p. 49.

5   Cette notion est utilisée à l'époque pour désigner des «enclaves» suisses dans les pays colonisés par les grandes puissances. Sur les colonies suisses, voir Marc Perrenoud, Colonies suisses, in: Dictionnaire historique de la Suisse, http://www.hls-dhs-dss.ch/textes/f/F7989.php (version du 3. 9. 2013).

touchés par les mesures protectionnistes souvent appliquées au marché de l'emploi et par la xénophobie qui règne dans les Etats limitrophes où ils sont les plus nombreux. Le Conseil fédéral redoute que, face à ces difficultés, les expatriés cherchent à rejoindre leur pays d'origine et viennent encore gonfler le nombre de chômeurs qui y est déjà croissant.[6] Les Suisses à l'étranger sont également partagés face à la montée des régimes totalitaires. Des groupes fascistes et nazis sont créés notamment dans les colonies helvétiques en Italie et en Allemagne.[7] Le Conseil fédéral craint également que ces formations ne divisent les colonies suisses et n'entraînent leur désagrégation puisque certains membres bénéficient par exemple de traitements de faveur. Il redoute aussi qu'elles stimulent les naturalisations et qu'elles favorisent l'exportation en Suisse d'idées antidémocratiques.[8] Resserrer les liens avec la diaspora helvétique a donc pour objectif à la fois de désenclaver l'économie suisse, d'endiguer les retours et de préserver le sentiment national dans les colonies. Cette stratégie de défense de la Suisse à l'égard de l'étranger et de rapprochement avec les expatriés est mise en œuvre déjà depuis une dizaine d'années par la Nouvelle Société Helvétique (NSH) et particulièrement par son Secrétariat des Suisses à l'étranger (SSE) fondé en 1919 et spécifiquement dédié à cette population. La radio suisse va également s'impliquer dans cet effort de promotion de la Suisse à l'étranger et jouer un rôle majeur dans cette recherche de proximité entre la Cinquième Suisse et la Confédération. Les studios de Lausanne, de Genève, de Berne, de Bâle, de Zurich et de Lugano, en charge de la réalisation des émissions radiophoniques, sont fédérés depuis 1931 par la Société suisse de radiodiffusion, avec à sa tête un Office central dont la fonction est avant tout de définir la politique de programmation selon les directives de l'autorité de concession, le Conseil fédéral. Les émissions produites sont principalement destinées à un public intérieur, mais également – ce qui est plus méconnu – à un auditoire hors des frontières nationales. Dès 1932, les studios régionaux proposent des émissions radiophoniques en ondes moyennes à destination des Suisses à l'étranger. Les buts poursuivis par la SSR sont alors les mêmes que ceux recherchés par le SSE: consolider les liens avec les ressortissants et contribuer au rayonnement international du pays,[9] ce qui est parfois contradictoire.

Dans ce papier, l'objectif est de démontrer le rôle que joue la Société suisse de radiodiffusion dans la mise en œuvre d'une propagande culturelle, par l'intermédiaire notamment du développement des émissions radiophoniques régulières à destina-

6   Doc. 494, Procès-verbal de la séance du Conseil fédéral du 27 décembre 1938, in: Documents Diplomatiques Suisses (DDS), vol. 12, Berne 1994, p. 1145–1150.
7   Doc. 3, Procès-verbal de la séance du Conseil fédéral du 19 janvier 1934, in: DDS, vol. 11, Berne 1989, p. 9–11; Doc. 4, Procès-verbal de la séance du Conseil fédéral du 23 janvier 1934, in: DDS, vol. 11, Berne 1989, p. 14–17.
8   Doc. 3 (voir note 7).
9   Archives de la Direction générale de la SSR (Berne) – Zentralarchiv (ZAR), Rapport annuel de la SSR, 1938–1939, p. 29. Sur le SSE, cf. Arlettaz (voir note 4), p. 45–51.

tion des Suisses à l'étranger, dans le contexte des années 1930. La radio devient à ce moment un outil particulièrement intéressant puisqu'elle s'impose comme un média de masse[10] et qu'à cette période également fleurissent les premières radios internationales grâce au développement des ondes courtes qui permettent d'atteindre des régions encore plus lointaines. La SSR ne sera pas en reste avec la constitution d'un Service suisse d'ondes courtes (SOC). Le service public audiovisuel n'a donc pas attendu le Message du Conseil fédéral du 9 décembre 1938,[11] qui définira les grandes lignes de la politique culturelle de la Confédération sur les plans national et international, pour travailler en faveur du rayonnement de la Suisse à l'étranger, aux côtés du SSE notamment.

«La Cinquième Suisse», un des premiers publics visés par les studios régionaux

La tradition des émissions pour les Suisses à l'étranger remonte bien avant la création de la Société suisse de radiodiffusion. Celles-ci apparaissent quasi simultanément aux premiers pas de la radio. Dans son édition du 26 juillet 1929, *Le Radio,* organe officiel annonçant les programmes des stations suisses, parle de «coutume» quand il évoque la diffusion chaque année par le studio de Lausanne d'un programme destiné aux Suisses à l'étranger.[12] La station de Zurich justifiait, déjà en 1926, le renforcement de son émetteur en ondes moyennes pour remplir une de ses missions: soigner sa relation avec les Suisses à l'étranger en leur proposant régulièrement des émissions.[13] Dans le cadre d'une programmation qui reste encore généraliste, cette population représente un des premiers publics cibles de ce média, si ce n'est le premier.

A peine la SSR fondée, Jakob Job, tout juste nommé à la tête du studio de Zurich, revient lors d'une séance réunissant l'ensemble des directeurs des studios suisses, le 29 janvier 1932, sur une proposition qu'il avait déjà faite environ six mois auparavant: émettre régulièrement un programme spécial à destination des Suisses à l'étranger.[14] L'origine de cette initiative n'est guère surprenante puisque ce quadragénaire vient

---

10 Entre 1931 et 1938, la Suisse passe de 150'000 concessionnaires radio à plus de 548'000, la Grande-Bretagne de 4'300'000 à presque 9'000'000, l'Allemagne de presque 4'000'000 à plus de 11'500'000 et l'Italie de 230'000 à presque 1'000'000. Dans la plupart des pays, le nombre d'auditeurs a plus que doublé en moins de dix ans. Ces chiffres sont tirés de ZAR, Rapports annuels de la SSR, 1931, 1938–1939.

11 Message du Conseil fédéral (voir note 3), p. 1001–1043.

12 Archives Radio Télévision Suisse (Archives RTS), Le Radio. Organe officiel de la Société suisse de radiodiffusion, de la Société romande de radiodiffusion et de la Société des émissions de Radio-Genève, 26. 7. 1929, p. 279.

13 Edzard Schade, Herrenlose Radiowellen. Die schweizerische Radiopolitik bis 1939 im internationalen Vergleich, Baden 2000, p. 158.

14 ZAR, SSR 130, Procès-verbal de la séance plénière des directeurs, 29. 1. 1932, p. 5.

de quitter le poste qu'il occupait depuis deux ans à la tête du Secrétariat des Suisses à l'étranger. Il prendra d'ailleurs encore part pendant quelques années aux séances de la Commission des Suisses à l'étranger. En outre, il a lui-même connu le statut d'expatrié puisqu'il a dirigé l'Ecole suisse de Naples de 1923 à 1927 et étudié à Paris.[15] Job annonce également lors de cette séance que les thèmes et les conférenciers seront mis à disposition par le Secrétariat des Suisses à l'étranger. Les directeurs des différents studios acceptent d'entrer en matière sur cette proposition. Une première «Soirée pour les Suisses à l'étranger», organisée depuis la création de la Société suisse de radiodiffusion, sera diffusée le 13 avril 1932 par le studio de Zurich de 20 h 00 à 21 h 30.[16] Cette émission n'est annoncée par aucun article dans la presse radiophonique de l'époque (Le Radio, Schweizer Radio Illustrierte), ce qui indique certainement qu'il ne s'agit pas réellement d'une nouveauté ou d'une émission exceptionnelle, mais que cette initiative s'inscrit dans une certaine continuité. Les procès-verbaux de la Commission des Suisses à l'étranger n'en parlent également pas.[17] Après une allocution de Job lui-même, suivie d'une lecture de son adjoint Hans Bänninger, place est faite à la musique.

L'instauration précoce et progressive d'émissions destinées aux Suisses à l'étranger ne reflète toutefois pas une motivation équivalente selon les régions. Dans le Rapport annuel de la SSR de 1935, le manque d'implication des studios romands est souligné, alors que l'intérêt manifesté par les studios alémaniques pour ce type d'émissions semble croissant.[18] Particulièrement le directeur du studio de Genève, Félix Pommier, se montre réticent à l'égard de la mise en place d'émissions hebdomadaires pour les Suisses à l'étranger, car il craint de lasser les auditeurs de «l'intérieur»: «[C]es causeries ne peuvent qu'ennuyer nos écouteurs puisqu'on leur donne un résumé des événements passés que la plupart connaissent par les journaux.»[19] Malgré les pressions exercées par Maurice Rambert, alors à la tête de la SSR, Pommier maintient sa position au fil des ans: il n'est pas contre une amélioration de ces émissions, mais rejette leur développement.[20] Les studios alémaniques, quant à eux, continuent à donner l'exemple. Jakob Job, comme on peut l'imaginer, est tout à fait favorable à cette extension. Percevant le potentiel que représentent les Suisses à l'étranger pour la nation, Kurt Schenker du studio de Berne n'est pas en reste. La station de Bâle, avec la personnalité de son vice-directeur Paul Meyer-Gutzwiller, est également un

---

15 Sur Jakob Job, voir Karin Marti-Weissenbach / DVU, Job, Jakob, in: Dictionnaire historique de la Suisse, http://www.hls-dhs-dss.ch/textes/f/F11984.php (Version du 17. 5. 2012).
16 Archives RTS, Le Radio, 8. 4. 1932, p. 466.
17 Archives fédérales suisses (AFS), Fonds de l'Organisation des Suisses de l'étranger (OSE), J.2.230, 1996/431, vol. 3, Protokolle 1928–1938.
18 ZAR, Rapport annuel de la SSR, 1935, p. 21. A noter qu'il s'agit du premier Rapport annuel de la SSR qui contient un chapitre intitulé «Les émissions pour les Suisses à l'étranger».
19 ZAR, SSR 1162, Procès-verbal de la séance plénière des directeurs, 3/4. 7. 1936, p. 15 s.
20 ZAR, SSR 1544, Procès-verbal de la séance plénière des directeurs, 21. 10. 1937, p. 19.

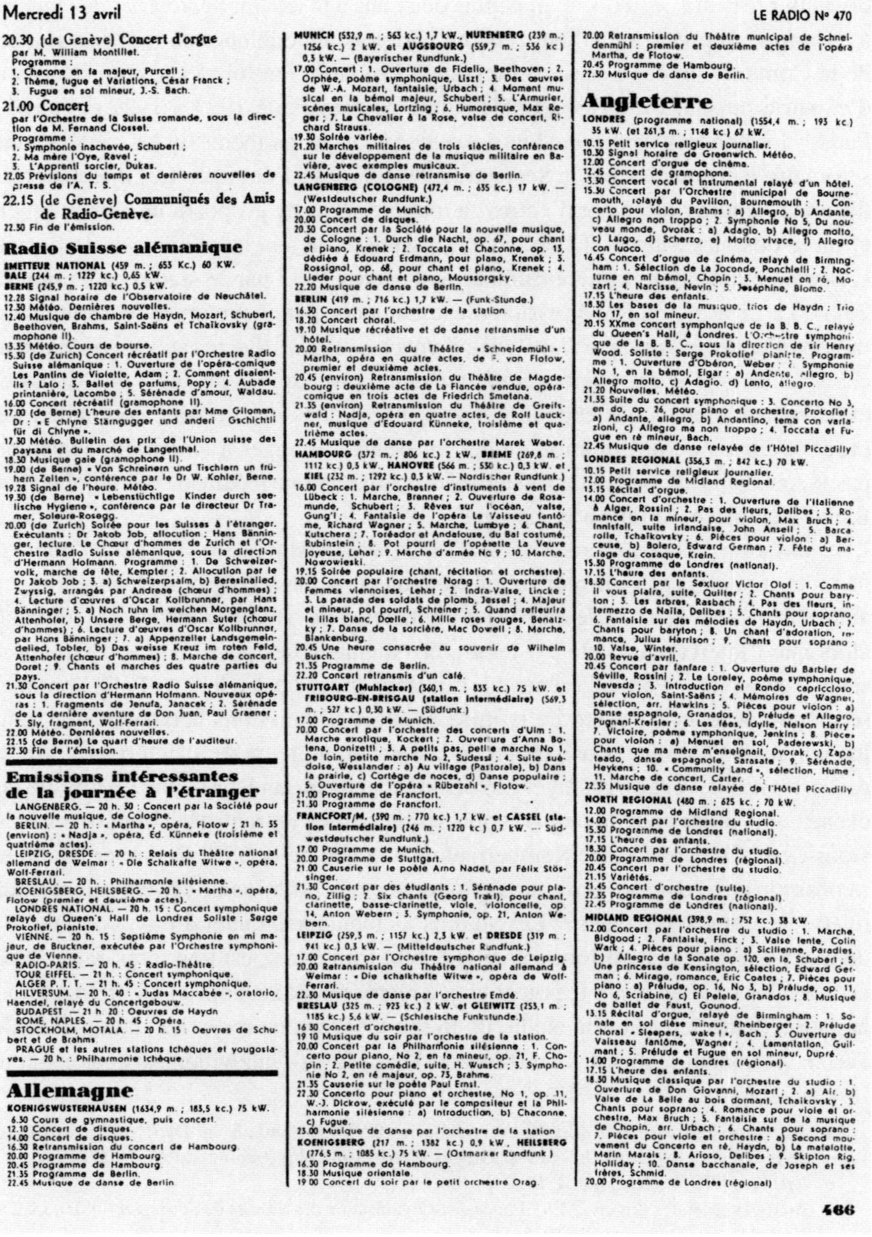

Mercredi 13 avril

LE RADIO N° 470

20.30 (de Genève) Concert d'orgue
par M. William Montillet.
Programme :
1. Chacone en fa majeur, Purcell ;
2. Thème, fugue et Variations, César Franck ;
3. Fugue en sol mineur, J.-S. Bach.

21.00 Concert
par l'Orchestre de la Suisse romande, sous la direction de M. Fernand Closset.
Programme :
1. Symphonie inachevée, Schubert ;
2. Ma mère l'Oye, Ravel ;
3. L'Apprenti sorcier, Dukas.

22.05 Prévisions du temps et dernières nouvelles de presse de l'A. T. S.

22.15 (de Genève) Communiqués des Amis de Radio-Genève.

22.30 Fin de l'émission.

Radio Suisse alémanique

EMETTEUR NATIONAL (459 m. ; 653 Kc.) 60 KW.
BALE (244 m. ; 1229 kc.) 0,65 kW.
BERNE (245,9 m. ; 1220 kc.) 0,5 kW.

12.28 Signal horaire de l'Observatoire de Neuchâtel.
12.30 Météo. Dernières nouvelles.
12.40 Musique de chambre de Haydn, Mozart, Schubert, Beethoven, Brahms, Saint-Saëns et Tchaïkovsky (gramophone II).
13.35 Météo. Cours de bourse.
15.30 (de Zurich) Concert récréatif par l'Orchestre Radio Suisse alémanique : 1. Ouverture de l'opéra-comique Les Pantins de Violette, Adam ; 2. Comment disaient-ils ? Lalo ; 3. Ballet de parfums, Popy ; 4. Aubade printanière, Lacombe ; 5. Sérénade d'amour, Waldau.
16.00 Concert récréatif (gramophone II).
17.00 (de Berne) L'heure des enfants par Mme Gilomen, Dr : « E chlyne Stärngugger und anderi Gschichtli für di Chlyne ».
17.30 Météo. Bulletin des prix de l'Union suisse des paysans et du marché de Langenthal.
18.30 Musique gaie (gramophone II).
19.00 (de Berne) « Von Schreinern und Tischlern un frühern Zeiten », conférence par le Dr W. Kohler, Berne.
19.28 Signal de l'heure. Météo.
19.30 (de Berne) « Lebenstüchtige Kinder durch seelische Hygiene », conférence par le directeur Dr Tramer, Soleure-Rosegg.
20.00 (de Zurich) Soirée pour les Suisses à l'étranger. Exécutants : Dr Jakob Job, allocution ; Hans Bänninger, lecture. Le Chœur d'hommes de Zurich et l'Orchestre Radio Suisse alémanique, sous la direction d'Hermann Hofmann. Programme : 1. De Schweizervolk, marche de fête, Kempter ; 2. Allocution par le Dr Jakob Job ; 3. a) Schweizerpsalm, b) Beresinalied, Zwyssig, arrangés par Andreae (chœur d'hommes) ; 4. Lecture d'œuvres d'Oscar Kollbrunner, par Hans Bänninger ; 5. a) Noch ruhn im weichen Morgenglanz, Attenhofer, b) Unsere Berge, Hermann Suter (chœur d'hommes) ; 6. Lecture d'œuvres d'Oscar Kollbrunner, par Hans Bänninger ; 7. a) Appenzeller Landsgemeindelied, Tobler, b) Das weisse Kreuz im roten Feld, Attenhofer (chœur d'hommes) ; 8. Marche de concert, Doret ; 9. Chants et marches des quatre parties du pays.
21.30 Concert par l'Orchestre Radio Suisse alémanique, sous la direction d'Hermann Hofmann. Nouveaux opéras : 1. Fragments de Jenufa, Janacek ; 2. Sérénade de La dernière aventure de Don Juan, Paul Graener ; 3. Sly, fragment, Wolf-Ferrari.
22.00 Météo. Dernières nouvelles.
22.15 (de Berne) Le quart d'heure de l'auditeur.
22.30 Fin de l'émission.

Emissions intéressantes de la journée à l'étranger

LANGENBERG. — 20 h. 30 : Concert par la Société pour la nouvelle musique, de Cologne.
BERLIN. — 20 h. : « Martha », opéra, Flotow ; 21 h. 35 (environ) : « Nadja », opéra, Éd. Künneke (troisième et quatrième actes).
LEIPZIG, DRESDE. — 20 h. : Relais du Théâtre national allemand de Weimar : « Die Schalkafte Witwe », opéra, Wolf-Ferrari.
BRESLAU. — 20 h. : Philharmonie silésienne.
KOENIGSBERG, HEILSBERG. — 20 h. : « Martha », opéra, Flotow (premier et deuxième actes).
LONDRES NATIONAL. — 20 h. 15 : Concert symphonique relayé du Queen's Hall de Londres Soliste : Serge Prokofief, pianiste.
VIENNE. — 20 h. 15 : Septième Symphonie en mi majeur, de Bruckner, exécutée par l'Orchestre symphonique de Vienne.
RADIO-PARIS. — 20 h. 45 : Radio-Théâtre.
TOUR EIFFEL. — 21 h. : Concert symphonique.
ALGER P. T. T. — 21 h. 45 : Concert symphonique.
HILVERSUM. — 20 h. 40 : « Judas Maccabée », oratorio, Haendel, relayé du Concertgebouw.
BUDAPEST. — 21 h. 20 : Oeuvres de Haydn.
ROME, NAPLES. — 20 h. 45 : Opéra.
STOCKHOLM, MOTALA. — 20 h. 15 : Oeuvres de Schubert et de Brahms.
PRAGUE et les autres stations tchèques et yougoslaves. — 20 h. : Philharmonie tchèque.

Allemagne

KOENIGSWUSTERHAUSEN (1634,9 m. ; 183,5 kc.) 75 kW.
6.30 Cours de gymnastique, puis concert.
12.10 Concert de disques.
14.00 Concert de disques.
16.30 Retransmission du concert de Hambourg.
20.00 Programme de Hambourg.
20.45 Programme de Hambourg.
21.35 Programme de Berlin.
22.45 Musique de danse de Berlin.

MUNICH (532,9 m. ; 563 kc.) 1,7 kW., **NUREMBERG** (239 m. ; 1256 kc.) 2 kW. et **AUGSBOURG** (559,7 m. ; 536 kc.) 0,5 kW. — (Bayerischer Rundfunk.)
17.00 Concert : 1. Ouverture de Fidelio, Beethoven ; 2. Orphée, poème symphonique, Liszt ; 3. Des œuvres de W.-A. Mozart, fantaisie, Urbach ; 4. Moment musical en la bémol majeur, Schubert ; 5. L'Armurier, scènes musicales, Lortzing ; 6. Humoresque, Max Reger ; 7. Le Chevalier à la Rose, valse de concert, Richard Strauss.
19.30 Soirée variée.
21.20 Marches militaires de trois siècles, conférence sur le développement de la musique militaire en Bavière, avec exemples musicaux.
22.45 Musique de danse retransmise de Berlin.

LANGENBERG (COLOGNE) (472,4 m. ; 635 kc.) 17 kW. — (Westdeutscher Rundfunk.)
17.00 Programme de Munich.
20.00 Concert de disques.
20.30 Concert par la Société pour la nouvelle musique, de Cologne : 1. Durch die Nacht, op. 67, pour chant et piano, Krenek ; 2. Toccata et Chaconne, op. 13, dédiée à Edouard Erdmann, pour piano, Krenek ; 3. Rossignol, op. 68, pour chant et piano, Krenek ; 4. Lieder pour chant et piano, Moussorgsky.
22.20 Musique de danse de Berlin.

BERLIN (419 m. ; 716 kc.) 1,7 kW. — (Funk-Stunde.)
16.30 Concert par l'orchestre de la station.
18.20 Concert choral.
19.10 Musique récréative et de danse retransmise d'un hôtel.
20.00 Retransmission du Théâtre « Schneidemühl » : Martha, opéra en quatre actes, de F. von Flotow, premier et deuxième actes.
20.45 (environ) Retransmission du Théâtre de Magdebourg : deuxième acte de La Fiancée vendue, opéra-comique en trois actes de Friedrich Smetana.
21.35 (environ) Retransmission du Théâtre de Greifswald : Nadja, opéra en quatre actes, de Rolf Lauckner, musique d'Edouard Künneke, troisième et quatrième actes.
22.45 Musique de danse par l'orchestre Marek Weber.

HAMBOURG (372 m. ; 806 kc.) 2 kW., **BREME** (269,8 m. ; 1112 kc.) 0,3 kW., **HANOVRE** (566 m. ; 530 kc.) 0,3 kW. et **KIEL** (232 m. ; 1292 kc.) 0,3 kW. — Nordischer Rundfunk.)
16.00 Concert par l'orchestre d'instruments à vent de Lübeck : 1. Marche, Brenner ; 2. Ouverture de Rosamunde, Schubert ; 3. Rêves sur l'océan, valse, Gung'l ; 4. Fantaisie de l'opéra Le Vaisseau fantôme, Richard Wagner ; 5. Marche, Lumbye ; 6. Chant, Kutschera ; 7. Toréador et Andalouse, du Bal costumé, Rubinstein ; 8. Pot pourri de l'opérette La Veuve joyeuse, Lehar ; 9. Marche d'armée No 9 ; 10. Marche, Nowowieski.
19.15 Soirée populaire (chant, récitation et orchestre).
20.00 Concert par l'orchestre Norag : 1. Ouverture de Femmes viennoises, Lehar ; 2. Indra-Valse, Lincke ; 3. La parade des soldats de plomb, Jessel ; 4. Majeur et mineur, pot pourri, Schreiner ; 5. Quand refleurira le lilas blanc, Dœlle ; 6. Mille roses rouges, Benatzky ; 7. Danse de la sorcière, Mac Dowell ; 8. Marche, Blankenburg.
20.45 Une heure consacrée au souvenir de Wilhelm Busch.
21.35 Programme de Berlin.
22.20 Concert retransmis d'un café.

STUTTGART (Muhlacker) (360,1 m. ; 833 kc.) 75 kW. et **FRIBOURG-EN-BRISGAU (station intermédiaire)** (569,3 m. ; 527 kc.) 0,30 kW. — (Südfunk.)
17.00 Programme de Munich.
20.00 Concert par l'orchestre des concerts d'Ulm : 1. Marche exotique, Kockert ; 2. Ouverture d'Anna Bolena, Donizetti ; 3. A petits pas, petite marche No 1, De loin, petite marche No 2, Sudessi ; 4. Suite suédoise, Wesslander : a) Au village (Pastorale), b) Dans la prairie, c) Cortège de noces, d) Danse populaire ; 5. Ouverture de l'opéra « Rübezahl », Flotow.
21.00 Programme de Francfort.
21.30 Programme de Francfort.

FRANCFORT/M. (390 m. ; 770 kc.) 1,7 kW. et **CASSEL (station intermédiaire)** (246 m. ; 1220 kc.) 0,7 kW. — Südwestdeutscher Rundfunk.)
17.00 Programme de Munich.
20.00 Programme de Stuttgart.
21.00 Causerie sur le poète Arno Nadel, par Félix Stössinger.
21.30 Concert par des étudiants : 1. Sérénade pour piano, Zillig ; 2. Six chants (Georg Trakl), pour chant, clarinette, basse-clarinette, viole, violoncelle, op. 14, Anton Webern ; 3. Symphonie, op. 21, Anton Webern.

LEIPZIG (259,3 m. ; 1157 kc.) 2,3 kW. et **DRESDE** (319 m. ; 941 kc.) 0,3 kW. — (Mitteldeutscher Rundfunk.)
17.00 Concert par l'Orchestre symphonique de Leipzig.
20.00 Retransmission du Théâtre national allemand à Weimar : « Die schalkhafte Witwe », opéra de Wolf-Ferrari.
22.30 Musique de danse par l'orchestre Emdé.

BRESLAU (325 m. ; 923 kc.) 2 kW. et **GLEIWITZ** (253,1 m. ; 1185 kc.) 5,6 kW. — (Schlesische Funkstunde.)
16.30 Concert d'orchestre.
19.10 Musique du soir par l'orchestre de la station.
20.00 Concert par la Philharmonie silésienne : 1. Concerto pour piano, No 2, en fa mineur, op. 21, F. Chopin ; 2. Petite comédie, suite, H. Wunsch ; 3. Symphonie No 2, en ré majeur, op. 73, Brahms.
21.35 Causerie sur le poète Paul Ernst.
22.30 Concerto pour piano et orchestre, No 1, op. 11, W.-J. Dickow, exécuté par le compositeur et la Philharmonie silésienne : a) Introduction, b) Chaconne, c) Fugue.
23.00 Musique de danse par l'orchestre de la station.

KOENIGSBERG (217 m. ; 1382 kc.) 0,9 kW., **HEILSBERG** (276,5 m. ; 1085 kc.) 75 kW. — (Ostmarker Rundfunk.)
16.30 Programme de Hambourg.
18.30 Musique orientale.
19.00 Concert du soir par le petit orchestre Orag.
20.00 Retransmission du Théâtre municipal de Schneidenmühl : premier et deuxième actes de l'opéra Martha, de Flotow.
20.45 Programme de Hambourg.
22.30 Musique de danse de Berlin.

Angleterre

LONDRES (programme national) (1554,4 m. ; 193 kc.) 35 kW. (et 261,3 m. ; 1148 kc.) 67 kW.
10.15 Petit service religieux journalier.
10.30 Signal horaire de Greenwich. Météo.
12.00 Concert d'orgue de cinéma.
12.45 Concert de gramophone.
13.30 Concert vocal et instrumental relayé d'un hôtel.
15.30 Concert par l'Orchestre municipal de Bournemouth, relayé du Pavillon, Bournemouth : 1. Concerto pour violon, Brahms : a) Allegro, b) Andante, c) Allegro non troppo ; 2. Symphonie No 5, Du nouveau monde, Dvorak : a) Adagio, b) Allegro molto, c) Largo, d) Scherzo, e) Molto vivace, f) Allegro con fuoco.
16.45 Concert d'orgue de cinéma, relayé de Birmingham : 1. Sélection de La Joconde, Ponchielli ; 2. Nocturne en mi bémol, Chopin ; 3. Menuet en ré, Mozart ; 4. Narcisse, Nevin ; 5. Joséphine, Blome.
17.15 L'heure des enfants.
18.30 Les bases de la musique, trios de Haydn : Trio No 17, en sol mineur.
20.15 XXme concert symphonique de la B. B. C., relayé du Queen's Hall, à Londres. L'Orchestre symphonique de la B. B. C., sous la direction de sir Henry Wood. Soliste : Serge Prokofief pianiste. Programme : 1. Ouverture d'Obéron, Weber ; 2. Symphonie No 1, en la bémol, Elgar : a) Andante, allegro, b) Allegro molto, c) Adagio, d) Lento, allegro.
21.20 Nouvelles. Météo.
21.35 Suite du concert symphonique : 3. Concerto No 3, en do, op. 26, pour piano et orchestre, Prokofief : a) Andante, allegro, b) Andantino, tema con variazioni, c) Allegro ma non troppo ; 4. Toccata et Fugue en ré mineur, Bach.
22.45 Musique de danse relayée de l'Hôtel Piccadilly

LONDRES REGIONAL (356,3 m. ; 842 kc.) 70 kW.
10.15 Petit service religieux journalier.
12.00 Programme de Midland Regional.
13.15 Récital d'orgue.
14.00 Concert d'orchestre : 1. Ouverture de l'Italienne à Alger, Rossini ; 2. Pas des fleurs, Delibes ; 3. Romance en la mineur, pour violon, Max Bruch ; 4. Innisfail, suite irlandaise, John Ansell ; 5. Barcarolle, Tchaïkovsky ; 6. Pièces pour violon : a) Berceuse, b) Bolero, Edward German ; 7. Fête du mariage du cosaque, Krein.
15.30 Programme de Londres (national).
17.15 L'heure des enfants.
18.30 Concert par le Sextuor Victor Olof : 1. Comme il vous plaira, suite, Quilter ; 2. Chants pour baryton ; 3. Les arbres, Rasbach ; 4. Pas des fleurs, intermezzo de Naïla, Delibes ; 5. Chants pour soprano, 6. Fantaisie sur des mélodies de Haydn, Urbach ; 7. Chants pour baryton ; 8. Un chant d'adoration, romance, Julius Harrison ; 9. Chants pour soprano ; 10. Valse, Winter.
20.00 Revue d'avril.
20.45 Concert par fanfare : 1. Ouverture du Barbier de Séville, Rossini ; 2. Le Loreley, poème symphonique, Nevesda ; 3. Introduction et Rondo capriccioso, pour violon, Saint-Saëns ; 4. Mémoires de Wagner, sélection, arr. Hawkins ; 5. Pièces pour violon : a) Danse espagnole, Granados, b) Prélude et Allegro, Pugnani-Kreisler ; 6. Les fées, idylle, Nelson Harry ; 7. Victoire, poème symphonique, Jenkins ; 8. Pièces pour violon : a) Menuet en sol, Paderewski, b) Chants que ma mère m'enseignait, Dvorak, c) Zapateado, danse espagnole, Sarasate ; 9. Sérénade, Heykens ; 10. « Community Land », sélection, Hume ; 11. Marche de concert, Carter.
22.35 Musique de danse relayée de l'Hôtel Piccadilly

NORTH REGIONAL (480 m. ; 625 kc. ; 70 kW.
12.00 Programme de Midland Regional.
14.00 Concert par l'orchestre du studio.
15.30 Programme de Londres (national).
17.15 L'heure des enfants.
18.30 Concert par l'orchestre du studio.
20.00 Programme de Londres (régional).
20.45 Concert par l'orchestre du studio.
21.15 Variétés.
21.45 Concert d'orchestre (suite).
22.35 Programme de Londres (régional).
22.45 Programme de Londres (national).

MIDLAND REGIONAL (398,9 m. ; 752 kc.) 38 kW.
12.00 Concert par l'orchestre du studio : 1. Marche, Bidgood ; 2. Fantaisie, Finck ; 3. Valse lente, Colin Wark ; 4. Pièces pour piano : a) Sicilienne, Paradies, b) Allegro de la Sonate op. 120, en la, Schubert ; 5. Une princesse de Kensington, sélection, Edward German ; 6. Mirage, romance, Eric Coates ; 7. Pièces pour piano : a) Prélude, op. 16, No 3, b) Prélude, op. 11, No 6, Scriabine, c) El Pelele, Granados ; 8. Musique de ballet de Faust, Gounod.
13.15 Récital d'orgue, relayé de Birmingham : 1. Sonate en sol dièse mineur, Rheinberger ; 2. Prélude choral « Sleepers, wake ! », Bach ; 3. Ouverture du Vaisseau fantôme, Wagner ; 4. Lamentation, Guilmant ; 5. Prélude et Fugue en sol mineur, Dupré.
14.00 Programme de Londres (régional).
17.15 L'heure des enfants.
18.30 Musique classique par l'orchestre du studio : 1. Ouverture de Don Giovanni, Mozart ; 2. a) Air, b) Valse de La Belle au bois dormant, Tchaikovsky ; 3. Chants pour soprano ; 4. Romance pour viole et orchestre, Max Bruch ; 5. Fantaisie sur de la musique de Chopin, arr. Urbach ; 6. Chants pour soprano ; 7. Pièces pour viole et orchestre : a) Second mouvement du Concerto en ré, Haydn, b) La matelotte, Marin Marais ; 8. Arioso, Delibes ; 9. Skipton Rig, Holliday ; 10. Danse bacchanale, de Joseph et ses frères, Schmid.
20.00 Programme de Londres (régional)

466

Fig. 1: *Grille des programmes de la Radio Suisse alémanique du mercredi 13 avril 1932. (Archives RTS, Le Radio. Organe officiel de la Société suisse de radiodiffusion, 8. 4. 1932, p. 466.)*

relais important pour cette population. Ce point de vue est aussi défendu par Paul Borsinger, alors contrôleur des programmes rattaché à l'Office central. Fils d'un hôtelier, il a effectué plusieurs séjours à l'étranger: il a été journaliste libre à Londres en 1925, alors que la BBC n'avait que quelques années, puis fondé de pouvoir au Pérou en 1927. Par conséquent, Borsinger connaît les besoins de la diaspora helvétique et en fut même un des représentants économiques. A l'origine de ces émissions se trouvent donc des personnalités sensibles aux besoins des Suisses à l'étranger et proches de ces milieux.

Lorsque sont lancées par les studios régionaux les premières émissions pour les Suisses à l'étranger, la Société suisse de radiodiffusion ne mène pas clairement et de façon très organisée une politique volontariste de rayonnement culturel. La mise en place de ces programmes relève plutôt d'initiatives individuelles. Ceux-ci se révèlent être toutefois le seul outil à disposition de la SSR, à côté des échanges de programmes déjà existants avec les autres radiodiffuseurs, pour exercer une forme de rayonnement à l'étranger. L'Office central va progressivement prendre le leadership dans ce domaine.

La reprise en main de l'Office central par le biais de la diffusion sur ondes courtes

Le premier organe qui relaie les émissions pour les Suisses à l'étranger sur ondes courtes et donc qui leur permet d'atteindre des auditeurs d'outre-mer, c'est l'émetteur du Radio-Club amateur de Bâle.[21] Ce dernier qualifie sa tâche de «Missionsarbeit», soulignant ainsi son importance spirituelle.[22] Au vu de l'intérêt rencontré par ces émissions, l'Office central de la SSR souhaite les rendre régulières et trouve un accord, en 1934, avec l'émetteur d'ondes courtes de la Société des Nations à Prangins lui permettant de diffuser chaque mois des programmes destinés à l'Amérique du Nord et du Sud. La plupart des émissions diffusées par cet émetteur sont des reprises des «meilleurs programmes» proposés par les studios régionaux et, parmi eux, les émissions pour les Suisses à l'étranger constituées en bonne partie de musique.[23] Des productions spécifiques, réalisées par l'Office central de la SSR, apparaissent progressivement. Il s'agit de courts rapports concernant la politique intérieure et extérieure de la Suisse, l'économie, ainsi que des communiqués du Département politique, des autres offices de la Confédération et du Secrétariat des Suisses à

---

21 ZAR, A 060.01.01, Radio-Club Basel, «Ein Radioclub füllt eine Lücke aus», in: Schweizer Illustrierte Radio-Zeitung 46 (1934).
22 ZAR, A 060.01.01, Rapport du Radio-Club Basel à l'administrateur-délégué de la SSR, M. Rambert, «Eine Kurzwellenschau», 1. 6. 1935, p. 1.
23 ZAR, SSR 1162, Procès-verbal de la séance plénière des directeurs, 3/4. 7. 1936, p. 14.

l'étranger. Cette intrusion de l'Office central dans la programmation ne plaît guère aux studios régionaux, mais en même temps, ils s'y résignent rapidement, ce passage de témoin représentant un moyen pour eux de réduire les frais des émissions pour les Suisses à l'étranger qu'ils supportaient seuls jusqu'alors. Avec l'extension de ces programmes, qui deviennent hebdomadaires dès janvier 1937, le problème du financement devient crucial. Par ailleurs, dès janvier 1938 s'ajoutent encore des émissions mensuelles à destination de l'Afrique, de l'Australie et de l'Asie. Les soucis financiers remettent donc en question la mainmise des studios régionaux sur les programmes pour l'étranger.

Alors qu'au début des années 1930, la plupart des grandes puissances ont déjà mis en place leurs radios internationales,[24] il faudra attendre le printemps 1938 pour que la construction d'un émetteur à ondes courtes national soit avalisée par les Chambres fédérales.[25] Les objectifs que souhaite atteindre la Société suisse de radiodiffusion en édifiant son propre émetteur à ondes courtes: des améliorations techniques en offrant une meilleure réception et financières, car la SSR devait payer pour les retransmissions depuis l'émetteur de Prangins qui était, de surcroît, dévolu en priorité aux émissions de la Société des Nations; un apport au niveau de l'image, la SSR ne voulant pas rester à la traîne vis-à-vis des autres pays de plus en plus actifs sur ce terrain et désirant affirmer le rôle qu'elle joue dans la propagande à l'étranger. Après quelques péripéties, l'émetteur national d'ondes courtes de Schwarzenbourg est finalement inauguré en juillet 1940. Parallèlement, un Service d'ondes courtes, directement relié à l'Office central de la SSR avec Paul Borsinger à sa tête, est mis en place pour gérer spécifiquement la programmation de cet émetteur.

Progressivement, la Société suisse de radiodiffusion renforce donc sa volonté de jouer un rôle dans les relations internationales. Elle cherche alors à affirmer la double mission du Service suisse d'ondes courtes: diffuser des émissions destinées aux Suisses à l'étranger, mais aussi aux étrangers susceptibles de s'intéresser à la Suisse, suivant ainsi la volonté exprimée par le Conseil fédéral dans son Message du 9 décembre 1938, considéré comme la *Magna Charta* de la politique culturelle helvétique.[26] Ce développement a pour implication un élargissement des langues – introduction de l'anglais et de l'espagnol dès 1939, du portugais dès 1941 – et, par conséquent, un accroissement des populations et des pays visés. L'émetteur de Schwarzenbourg devient, pendant la Seconde Guerre mondiale, l'émetteur suisse qui

---

24 L'URSS en 1929, la France en 1931, la Grande-Bretagne et l'Espagne en 1932, l'Allemagne et l'Italie en 1934. Cf. Bernard Wuillème, Les radios internationales, Paris 2007, p. 12.
25 Message du Conseil fédéral à l'Assemblée fédérale concernant la construction à Schwarzenbourg (Berne) d'un bâtiment destiné à recevoir une station d'émission à ondes courtes. (Du 28 mars 1938.), in: Feuille fédérale 1/13 (1938), p. 519–522.
26 Message du Conseil fédéral (voir note 3), p. 1027.

Fig. 2: *La construction de la station de Schwarzenbourg, fin 1938. (Musée de la communication, Berne.)*

diffuse le plus d'heures d'émissions, car il fonctionne aussi la nuit pour pallier les décalages horaires. La majeure partie du programme est destinée à l'Europe, une plus faible part à l'Amérique du Nord et du Sud et pour terminer, à l'Australie, à l'Asie et à l'Afrique. L'Office central de la SSR, placé sous l'autorité conjointe des PTT et de l'armée dès le 2 septembre 1939, jour de la mobilisation générale, prend alors encore un peu plus l'ascendant sur la programmation à destination de l'étranger.[27]

Les émissions pour les Suisses à l'étranger, le cheval de Troie d'une propagande plus large?

L'existence des émissions pour les Suisses à l'étranger a permis à la fois à la Société suisse de radiodiffusion de demander l'édification d'un émetteur national à ondes courtes et aussi au Conseil fédéral de le justifier, tout en atténuant ses

---

27 L'acronyme SSR continuera à être utilisé dans cet article, même si, à partir du 2 septembre 1939, la Société suisse de radiodiffusion (SSR) devient le Service de radiodiffusion suisse (SR), la concession de la SSR étant suspendue jusqu'à la fin de la guerre. Toutefois, les responsables de la radio suisse restent les mêmes.

objectifs de propagande plus généraux. L'impulsion viendrait même directement de ces milieux selon le Message du Conseil fédéral du 28 mars 1938 concernant la construction de l'émetteur de Schwarzenbourg: «Depuis de nombreuses années, nos concitoyens établis à l'étranger, particulièrement ceux qui habitent les pays d'outre-mer, réclament la création d'un organisme spécial de diffusion sur ondes courtes. Les autorités suisses ont bien accueilli ces revendications, qui sont toutes inspirées du désir de conserver autant que possible le contact avec la patrie lointaine et de pouvoir ainsi participer à la vie spirituelle et politique du pays.»[28] Le Service suisse d'ondes courtes n'aurait jamais pu se mettre en place sans la présence de fortes attentes à l'égard des Suisses à l'étranger. C'est l'importance attribuée au maintien du contact avec cette population qui a en bonne partie justifié l'existence, puis le développement de la radio internationale helvétique.

La notion de Suisses à l'étranger permet aussi dans une certaine mesure au Conseil fédéral et à la SSR d'éviter de dire frontalement qu'ils font de la propagande culturelle et économique par le biais du vecteur radiophonique. Le directeur du SOC l'avouera clairement quelques années plus tard dans un document interne: «Il est vrai que ces émissions [celles diffusées par l'émetteur de Schwarzenbourg], même celles en anglais et en espagnol, étaient souvent encore désignées du terme général de ‹émissions pour les Suisses à l'étranger›, parfois par mégarde, parfois pour simplifier ou pour ne pas trop afficher le but véritable vis-à-vis de nos voisins susceptibles.»[29] Les émissions pour les Suisses à l'étranger ont servi de cheval de Troie au Service suisse d'ondes courtes pour mener en réalité une propagande plus offensive. Pourtant, dès le départ, des documents retrouvés dans les archives personnelles de Borsinger démontrent que les intentions sont claires. Il est aussi question, par le biais de ces émissions, de contrer la propagande des régimes totalitaires en faisant la promotion des valeurs suisses à l'étranger: «Zunächst wohl mit dem Verkennen des doppelten Zweckes von Schwarzenburg, welches nicht nur eine hypertrophierte schweizerische Familienangelegenheit sein soll, sondern mindestens ebenso sehr, wie dem Auslandschweizertum an sich, der schweizerischen Kulturpropaganda edelsten und grössten Stils zu dienen hat.»[30] En cela, la position du directeur du SOC correspond tout à fait aux vœux formulés par le Conseil fédéral dans son Message du 9 décembre 1938: «Pour lutter efficacement contre les idées étrangères, il faut entretenir la conscience positive de notre originalité nationale, du caractère particulier de notre Etat,

---

28 Message du Conseil fédéral (voir note 25), p. 519.
29 ZAR, SSR 5132, Procès-verbal de la Commission des programmes de Schwarzenbourg, 31. 10. 1955, p. 6.
30 Archives du Service suisse d'ondes courtes (SOC), A 000-001/1, P. Borsinger, «Zur Dr. Lüthys Bemerkungen betr. Kurzwellendienst», 30. 9. 1938, p. 9.

par une connaissance raisonnée de notre histoire et de nos institutions. C'est en maintenant nos valeurs et en faisant de la propagande pour elles en Suisse et à l'étranger que nous organiserons notre véritable défense spirituelle.»[31]

Les difficultés à concilier le double mandat

L'objectif des émissions diffusées par l'émetteur à ondes courtes de Schwarzenbourg est double: resserrer les liens avec les Suisses à l'étranger et promouvoir la nation à l'extérieur. Chercher à atteindre à la fois les Suisses à l'étranger et un auditoire international va engendrer certaines tensions, voire contradictions, au niveau des programmes. La mission première des émissions proposées par Schwarzenbourg est de «maintenir un contact vivant entre le pays et la Cinquième Suisse».[32] Pour atteindre ce but, il s'agit selon Borsinger d'entretenir et d'accroître le lien affectif qui unit les expatriés à la Suisse afin de développer leur sentiment patriotique (leur *Heimatgut*) pour qu'ils se muent en porte-parole de la culture suisse à l'étranger: «Die Auslandschweizersendung muss den Auslandschweizer an seinem schwächsten Punkte packen, dem Gefühl, um ihn wieder mehr für die Leistungen, Erlebnisse, Sorgen und Ideale der Heimat zu interessieren.»[33] La radio se substituerait à la «voix de la mère-patrie» et ces émissions joueraient le rôle de «fête de famille rapprochant tous les Suisses disséminés dans le monde», particulièrement à l'occasion de la Fête nationale du 1er août.[34] Ce média serait le vecteur d'une sorte de communion spirituelle entre la Suisse et ses expatriés. Afin de parvenir à cet objectif, plusieurs spécificités propres à ces programmes, pas toujours compatibles avec les attentes d'un auditoire international, sont mises en place. Le directeur du SOC se bat par exemple pour l'usage du dialecte suisse alémanique dans ces émissions: «Zürich wie Bern begreifen noch immer nicht, dass Auslandschweizer an einer gesprochenen Sendung aus der Heimat nur dann wirklich Freude haben und sie nur dann als wirklich heimatlich empfinden, wenn sie ihnen nicht in der Sprache des deutschen Kurzwellensenders entgegenklingt, der mit seinen sendestarken Darbietungen die ganze Welt erfüllt.»[35] Quelques minutes de musique folklorique, placées en début de programme, permettraient d'attirer l'attention de ces lointains auditeurs nostalgiques. Ce genre musical occupe une place non négligeable dans la programmation.

---

31 Message du Conseil (voir note 3), p. 1010 s.
32 ZAR, SSR 3017, [Rapport non signé, P. Borsinger selon toute vraisemblance], «Emissions pour les Suisses à l'étranger», 27. 2. 1946, p. 1.
33 SOC, A 122-001, Lettre de P. Borsinger au directeur général de la SSR A. W. Glogg, 5. 5. 1938, p. 3.
34 ZAR, Rapport annuel de la SSR, 1938–1939, p. 31.
35 Lettre de P. Borsinger (voir note 33), p. 1.

Plusieurs débats sont récurrents et ont comme toile de fond la question de la double mission du Service suisse d'ondes courtes: les Suisses à l'étranger chercheraient-ils seulement «le côté sentimental de leur pays» dans ces émissions, comme l'affirme Marcel Bezençon du studio de Lausanne, ou attendraient-ils de leur radio des programmes à haute valeur culturelle «pour révéler à l'étranger ce qui constitue notre vrai patrimoine artistique» et donc intéresser un public international plus large, comme le pense René Dovaz, successeur de Félix Pommier à la tête du studio de Genève?[36] Un autre sujet fait couler beaucoup d'encre: faut-il opérer une distinction entre les émissions destinées aux Suisses installés en Europe de celles vouées aux compatriotes établis outre-mer? Kurt Schenker du studio de Berne est pour cette bipartition, tandis que Borsinger n'y voit pas l'intérêt. Le premier défend l'idée que les émissions pour l'Europe doivent encore davantage être mises au service de la défense spirituelle du pays, alors que comme les Suisses d'outre-mer porteraient «im allgemeinen viel sicherere heimatliche Gefühle als die Europaschweizer in ihrem Herz, [...] bedürfen sie mehr das Gemüt ansprechende Darbietungen als schwere geistige Kost».[37]

La programmation évolue à l'approche de la Seconde Guerre mondiale vers plus de programmes parlés. Face aux freins que la conjoncture impose à la circulation de l'information,[38] le SOC augmente, à partir de 1939, la cadence de ses chroniques politiques et culturelles, relayant la plupart des questionnements qui concernent la politique intérieure (censure, politique d'asile, neutralité, et cetera), et met en place un service de nouvelles quotidien.[39] Les chroniques du jour résument les principales informations étrangères et se closent sur «un choix de petites nouvelles du pays, telles que les aime le Suisse d'outre-mer».[40] Ces bulletins sont destinés à la fois à un auditoire international puisqu'ils présentent des informations politiques majeures d'un point de vue suisse, mais ils cherchent aussi à accroître le lien affectif avec les Suisses à l'étranger.

L'ambivalence, que crée le double objectif poursuivi par le Service suisse d'ondes courtes, est directement perceptible au cœur même des programmes. Il est difficile de

---

36 ZAR, SSR 2573, Procès-verbal de la séance plénière des directeurs, 14. 3. 1944, p. 11.
37 SOC, A 51-02-002, SSR 1675, K. Schenker, «Die neuen Aufgaben des deutschschweizerischen Rundspruches im Dienste der geistigen Landesverteidigung», 1. 4. 1938, p. 15.
38 Rapport du Conseil fédéral à l'Assemblée fédérale sur le régime de la presse en Suisse avant et pendant la période de guerre de 1939 à 1945. (Du 27 décembre 1946.), in: Feuille fédérale 1/2 (1947), p. 414–416.
39 SOC, A 312-001, Robert Oscar Ehrsam, «Zur Organisation des schweiz. K. W. Nachrichtendienstes», 28. 2. 1939. – L'analyse de ces chroniques a donné lieu à un séminaire organisé à l'Université de Lausanne avec le professeur François Vallotton durant l'année académique 2011–2012. Cet enseignement a pu voir le jour grâce à la numérisation de milliers de chroniques réalisée par swissinfo. Pour lire les résultats du séminaire et accéder à la base de données réunissant ces bulletins d'information, voir www.unil.ch/ondescourtes.
40 SOC, A 231.2-001, SSR 2803, P. Borsinger, «Le Service suisse des ondes courtes», 2. 5. 1945. p. 6.

trouver un équilibre afin que les émissions puissent intéresser à la fois les étrangers et les Suisses à l'étranger. L'histoire du SOC est ponctuée d'allers-retours incessants entre l'idée d'émissions sur ondes courtes à destination principalement de la diaspora helvétique et le maintien du double mandat. Pendant la Seconde Guerre mondiale, la place croissante prise par les chroniques dans la programmation du SOC annonce tout de même un certain infléchissement du mandat vers davantage de diplomatie culturelle. Au-delà des aspects factuels, ces bulletins d'information s'appliquent souvent à justifier à l'égard de l'étranger la politique menée par le Conseil fédéral et cherchent à présenter la Suisse sous son meilleur jour.

L'information diffusée par le Service suisse d'ondes courtes est particulièrement centrale en cette période troublée. Ce service répond aux difficultés que rencontrent les ressortissants helvétiques pour trouver des informations fiables pendant la guerre. Le SOC est le seul moyen pour les Suisses à l'étranger de recevoir des nouvelles «fraîches», exposées d'un point de vue suisse. Il représente une source d'informations importante pour les colonies suisses et leurs journaux qui reprennent les nouvelles qu'il diffuse.[41] Certaines émissions du SOC sont même régulièrement enregistrées par la Columbia Broadcasting System pour le compte du consul général suisse de New York qui les exploite, à son tour, pour orienter la presse américaine et la diaspora helvétique. Un arrangement semblable existe aussi avec Buenos Aires et Tokyo.

Face aux difficultés rencontrées également par les liaisons téléphoniques, la SSR joue avec ses émissions un rôle de radio communautaire. Elle crée un espace de communication entre la patrie et les Suisses à l'étranger, en faisant entendre notamment la voix d'un parent à la fin du programme. Cette pratique, inspirée de l'expérience allemande, n'est pas totalement désintéressée: «On annonce qu'au cours d'une émission, sans fixer le moment exact, un Bernois, par exemple (sans dire le nom) enverra personnellement un salut à ses enfants aux Etats-Unis. C'est un moyen habile d'intéresser tous les compatriotes à une émission et à l'écouter d'un bout à l'autre.»[42] A partir de 1937, les émissions sont closes par une brève «gesprochene Korrespondenz». Quelques mots sont alors consacrés aux lettres d'auditeurs installés à l'étranger jugées les plus intéressantes.[43] Une relation privilégiée entre la radio et cet auditoire lointain se tisse rapidement, comme l'atteste le courrier reçu. Le Service suisse d'ondes courtes soigne particulièrement l'entretien de cette correspondance qui contribuerait à nouer plus étroitement les liens entre la patrie et la Cinquième Suisse. Dans un rapport datant de 1938, le directeur du SOC insiste sur l'efficacité de cet échange de lettres avec les auditeurs des ondes courtes suisses: «De l'avis

---

41 Ibid.
42 SOC, A 233.2-003.1, Résumé des observations glanées par M. Rambert lors de son séjour aux Etats-Unis, 11. 12. 1936.
43 SOC, A 000-001.1, Lettre de P. Borsinger au Conseiller fédéral Ph. Etter, 25. 2. 1937.

Revue du jour   4 octobre 1941   Perrin

Mesdames et Messieurs,

      Veuillez écouter notre chronique de la journée :
Le communiqué allemand concernant les opérations sur le front oriental reprend l'affirmation du chancelier Hitler, dans le discours qu'il a prononcé hier, à savoir que des combats d'une grande importance sont actuellement en cours. Pour le reste, il se borne à mentionner l'activité de la Luftwaffe contre la marine soviétique de la Mer Noire, contre Moscou et Léningrade. Le communiqué russe est tout aussi laconique ; il déclare seulement que les forces soviétiques continuent à lutter sur tout le front.

      En attendant des précisions, revenons au discours du chancelier Hitler et aux commentaires qu'il a suscité. La presse allemande met particulièrement en relief les passages dans lesquels l'orateur insistait sur les préparatifs militaires de la Russie. Elle ajoute que la bravoure du soldat allemand et les qualités du haut commandement ont écarté le danger que cet immense appareil guerrier faisait courir à l'Europe entière.

      En Angleterre, on estime que les explications du chancelier Hitler indique qu'il s'alarme de la méfiance et du découragement qui apparaissent en Allemagne. D'autre part, le "Times" constate que la production de guerre est encore une grande force pour l'Allemagne et que les usines britanniques, américaines et russes doivent la surpasser avant que les mesures envisagées à la conférence de Moscou puissent être vraiment efficaces.

      Hier, un autre discours fut prononcé, dont on n'a eu connaissance que ce matin et qui n'est pas sans intérêt. A l'occasion du 23me anniversaire de l'accession du roi Boris au trône de Bulgarie et du premier anniversaire du retour de la Dobroudja du sud à la couronne bulgare, M. Vassilief, ministre des travaux publics dans le cabinet de Sofia s'est adressé aux populations des territoires recouvrés. Il a exposé pour quelles raisons la Bulgarie a lié son sort aux puissances de l'Axe, disant qu'il n'y avait pas d'autre voies pour sauver l'unité du pays. Puis, il a ajouté que la Russie avait chercher à parvenir aux Dardanelles en passant par la Bulgarie qu'elle voulait entraîner dans une guerre contre la Turquie. Mais, l'adhésion à un tel plan aurait été, de l'avis du ministre, la fin de l'indépendance bulgare, car le pays aurait été transformé en une république transdanubienne

Fig. 3: *A l'image de la plupart des chroniques du jour, ce bulletin, après avoir évoqué les principaux événements internationaux, se penche sur les nouvelles suisses qui peuvent*

En Suisse, ont ~~commencé ce matin~~ en lieu samedi et dimanche les cérémonies organisées en l'honneur du grand médecin Théoprhaste Bombast von Hohenheim, qui, conformément à la coutûme des humanistes de son temps latinisa son nom qui devint Paracelse. Il y a quatre cents ans, en effet, que Paracelse mourait après une longue carrière tout entière vouée à une science vivante, opposée à la routine. Or, ce grand homme, dont l'esprit curieux ouvrit des voies toutes nouvelles à la médecine et à la chirurgie, qui lutta contre les charlatans pour la dignité de sa profession était né à Einsiedeln, dans le canton de Schwyz. C'est donc sa cité natale qui, à l'occasion du quatrième centenaire de sa mort, lui rend aujourd'hui hommage.

La cérémonie d'aujourd'hui s'est déroulée dans la salle des princes-abbés du célèbre couvent d'Einsiedeln, en présence de nombreux représentant du monde scientifique suisse. M. Etter, conseiller fédéral, chef du département de l'intérieur représentait le gouvernement du pays. Dans son discours, le haut magistrat a déclaré que si, par son origine et par sa naissance, Paracelse est Suisse, d'autres pays peuvent le revendiquer pour son activité et pour son oeuvre, qui appartient à la communauté humaine. Mais, c'est précisément par son sens du devoir et par son travail largement humain que Paracelse est bien Suisse.

Mentionnons encore une autre manifestation, d'ordre économique celle-là. Aujourd'hui s'est ouverte la Foire suisse de Lugano qui est le pendant, pour la Suisse de langue italienne, de la Foire de Bâle pour la Suisse alémanique et du Comptoir de Lausanne pour la Suisse romande. Demain, pour la journée officielle, M. Celio, conseiller fédéral se rendra à Lugano.

Enfin, puisque nous voici dans le domaine économique, signalons que les perspectives de vendanges, en Suisse romande, sont favorables cette année aussi bien pour la quantité que pour la qualité. On estime à 30 millions de litres la production du vignoble vaudois, à 22 millions, celle du vignoble valaisan, à six millions, celle des vignes neuchâteloises, à 8 millions, celle du vignoble genevois, à un million et demi, celle du vignoble des bords du lac de Bienne, enfin à 400 000 litres, celle du vignoble du Vully, le long du lac de Morat. Il faut souhaiter que, cette année, les vignerons seront équitablement récompensés de leurs peines.

paraître alors bien futiles. (Archives du Service suisse d'ondes courtes, CJ-1941-10-04-FR, disponible en ligne à l'adresse http://archives.swissinfo.ch/article.php.)

unanime des sociétés émettrices que j'ai eu l'occasion de visiter lors de mon voyage de l'été dernier, la correspondance avec les auditeurs d'outre-mer des émissions sur ondes courtes est tout aussi importante que les programmes eux-mêmes de ces émissions. Les émissions éveillent l'intérêt, mais c'est l'échange direct des idées personnelles, au moyen de lettres, qui crée les liens les plus forts entre le pays et les Suisses émigrés. Peu à peu des rapports se nouent aussi entre la Suisse et les amis que nos compatriotes se sont acquis outre-mer.»[44] Les photographies de la diaspora helvétique, reçues par le SOC, illustrent également les liens intimes qui s'instaurent entre les Suisses à l'étranger et ce média.[45]

La mise en place d'un réseau

Les lettres d'auditeurs se faisant toutefois plus rares pendant la guerre en raison notamment des mauvaises relations postales, Paul Borsinger, en tant que membre du Bureau de la Commission des Suisses à l'étranger de la Nouvelle Société Helvétique depuis 1940, continue tout de même à être informé des soucis et des besoins d'une partie de son public.[46] Dans ses archives personnelles se trouvent quelques rapports mandatés par le Secrétariat des Suisses à l'étranger, comme celui de Walter Bosshard, «Bericht an das Auslandschweizer-Sekretariat der NHG über Vorschläge und Anregungen aus den Schweizer-Kolonien im Balkan und im Nahen Orient».[47] Régulièrement, le SSE réalise des études sur la situation des colonies suisses, sans aucun doute une source d'informations très riche pour le directeur du Service suisse d'ondes courtes.

C'est certainement lors des réunions organisées par le Secrétariat des Suisses à l'étranger que Borsinger est mis en contact avec un réseau de personnalités préoccupées par la promotion de la Suisse à l'étranger, comme des représentants de l'Office suisse d'expansion commerciale et de l'Office national suisse du tourisme (Albert Masnata, Siegfried Bittel, et cetera), avec lesquels il va collaborer. C'est également à ces occasions qu'il côtoie plusieurs personnes qui deviendront par la suite membres de la première Commission des programmes du SOC, mise en place en 1954. Pensons ici notamment à Alice Briod, responsable du Secrétariat des Suisses à l'étranger pendant plus de 30 ans et qui siégera également au Conseil de la Fondation Pro Helvetia et à la Chambre suisse du cinéma, à Eduard Zell-

---

44 SOC, A 233.2-001.2, SSR 1868, P. Borsinger, «La correspondance avec les auditeurs d'outremer des émissions sur ondes courtes», 15. 10. 1938, p. 1.
45 SOC, D 212-001, Hörerfotos, 1932–1958.
46 AFS, Fonds OSE, J 2.230, 1996/431, vol. 3, Protokoll der Sitzung der Auslandschweizer-Kommission der NHG, 13. 12. 1940.
47 SOC, A 120-001, fin août 1940.

weger, qui a également été responsable du Secrétariat des Suisses à l'étranger et qui sera l'un des deux premiers socialistes ambassadeurs à l'étranger, et à Hans-Peter Zschokke, directeur de J. R. Geigy AG, à Bâle, et qui a parallèlement été président central de la NSH et de la Commission des Suisses à l'étranger. Il est attendu de cette Commission des programmes, constituée de personnalités censées être représentatives de l'ensemble du public suisse, qu'elle donne son point de vue sur les émissions proposées par le SOC.

En tant que membre du Bureau de la Commission des Suisses à l'étranger, Borsinger prend directement part aux décisions concernant le Secrétariat des Suisses à l'étranger. Lors de ces séances, il expose à plusieurs reprises les efforts fournis par la Société suisse de radiodiffusion et le Service suisse d'ondes courtes en faveur des Suisses à l'étranger.[48] A partir de la seconde moitié des années 1940, le directeur du SOC semble s'affirmer au sein de ces réunions, en prenant davantage la parole. Il devient progressivement un membre influent. Alors que ce dernier est très assidu, le directeur général de la SSR, Alfred W. Glogg, également membre de la Commission des Suisses à l'étranger, est la plupart du temps excusé. Borsinger est donc l'interlocuteur clé du Secrétariat des Suisses à l'étranger. Le *Bulletin* de la Nouvelle Société Helvétique de juillet–août 1940 le présente sans détour, à l'occasion de sa nomination en tant que membre de la Commission des Suisses à l'étranger, comme le «Mitarbeiter für Auslandschweizerfragen im schweizerischen Rundspruchdienst».[49]

Certains collaborateurs du Secrétariat des Suisses à l'étranger, et non des moindres, coopèrent aux émissions pour les Suisses à l'étranger diffusées par la SSR.[50] Citons le cas d'Arnold Lätt qui fait partie très tôt de la Nouvelle Société Helvétique. De 1917 à 1921, il est le secrétaire permanent du groupe de Londres, première antenne de la NSH à l'étranger, puis pendant dix ans, de 1934 à 1944, il préside la Commission des Suisses à l'étranger. Rédacteur à l'*Echo* – la revue des Suisses à l'étranger – de 1926 à 1941, il est également chargé de l'écriture des rapports annuels de la Nouvelle Société Helvétique de 1930 à 1955. Dès 1939, il siège au Comité directeur de Pro Helvetia. C'est donc une figure centrale de la Cinquième Suisse qui fait entendre sa voix sur plusieurs chroniques destinées aux expatriés.

---

48 AFS, Fonds OSE, J 2.230, 1996/431, vol. 3, Protokoll der Sitzung des Ausschusses der Auslandschweizer-Kommission, 26. 6. 1941, p. 4; Protokoll der Sitzung der Auslandschweizer-Kommission der NHG, 27. 9. 1941, p. 5–8; Protokoll der Sitzung der Auslandschweizer-Kommission der NHG, 19. 12. 1941, p. 2–4.

49 Bibliothèque nationale suisse (BNS), Bulletin de la NSH, juillet–août 1940, p. 50.

50 Sur ces personnalités, voir: Catherine Guanzini, Peter Wegelin, Kritischer Patriotismus. Neue Helvetische Gesellschaft 1914–1989 / Patriotisme critique. Nouvelle Société Helvétique 1914–1989 / Patriottismo critico. Nuova Società Elvetica 1914–1989, Berne 1989; Pauline Milani, Le diplomate et l'artiste. Construction d'une politique culturelle suisse à l'étranger (1938–1985), Neuchâtel 2013.

Les responsables du Secrétariat des Suisses à l'étranger, Alice Briod et Gerhart Schürch, s'investissent également beaucoup pour ces émissions. Inversement, certains collaborateurs du Service suisse d'ondes courtes prennent part aux activités du Secrétariat des Suisses à l'étranger et plus largement de la Nouvelle Société Helvétique. De nombreux chroniqueurs, qui officient pendant la Seconde Guerre mondiale pour le SOC, se mettent également au service de ces organes, comme Pierre Béguin qui rédige aussi les bulletins d'information du SSE destinés aux colonies helvétiques[51] et Hermann Böschenstein qui préside le *Ortsgruppe Bern* de la NSH.

Les échanges de bons procédés entre le Service suisse d'ondes courtes et le Secrétariat des Suisses à l'étranger

Une sorte d'échange de bons procédés s'instaure entre le SOC et le SSE. En plus d'entretenir le contact entre le pays et la Cinquième Suisse, ces émissions spéciales diffusent les idées du Secrétariat des Suisses à l'étranger et rendent cet organe populaire auprès des expatriés en en présentant les activités. En échange, le Service suisse d'ondes courtes bénéficie, comme nous venons de le voir, du concours de personnalités influentes, membres du SSE, pour réaliser ces programmes. La Société suisse de radiodiffusion trouve, dans ce réseau, un réservoir d'intellectuels ouverts à la collaboration dès ses premiers pas, alors qu'elle n'était pas toujours très bien perçue à ses débuts: «Cette association [Nouvelle Société Helvétique] qui, au-dessus des partis, groupe des hommes aux sentiments patriotiques éprouvés, a reconnu l'importance de la radio qui peut, selon l'usage qu'on en fait, servir ou desservir les intérêts du pays. Parmi les membres de la NSH, on compte un nombre sans cesse croissant de personnalités qui collaborent à nos programmes et contribuent à leur développement. Nous espérons que leur exemple sera de plus en plus suivi par les dirigeants de la vie intellectuelle.»[52] Cette coopération se prolonge également au-delà des émissions radiophoniques: la SSR profite notamment des canaux de distribution du SSE et de son réseau à l'étranger pour diffuser ses avant-programmes, ses plans d'émissions et quelques circulaires d'information.[53]

---

51 AFS, Fonds OSE, J.2.230, 1996/431, vol. 92, Bulletin d'information du Secrétariat des Suisses à l'étranger (1942–1946).
52 ZAR, Rapport annuel de la SSR, 1938–1939, p. 28 s.
53 Borsinger (voir note 44), p. 3 s.; ZAR, Rapport annuel de la SSR, 1937–1938, p. 21 s.

Was wollen die schweizerischen Kurzwellensendungen?

Ein Ausländer fragte mich dieser Tage, warum denn eigentlich auch die Schweiz Kurzwellensendungen eingeführt habe. Sie habe keine Kolonien und sie habe schließlich auch keine Weltmission, wie der Papst oder sein roter Gegenspieler Stalin. Jedem Schweizer, besonders aber euch Auslandschweizern, fällt die Antwort auf diese Frage leicht. Ihr wißt, daß ein Zehntel der Schweizer im Auslande lebt, ein Prozentsatz also, der sich auch neben den Zahlen der großen Kolonialmächte sehen lassen kann. Ihr wißt vor allem, daß die Schweiz nicht nur den Schweizern, sondern allen Freunden freien, edlen Menschentums etwas zu sagen hat — viel zu sagen hat —. Nachdem also die Technik den Menschen ein Instrument zur Verfügung stellt, das ihnen erlaubt, über die Hindernisse des Raumes und der Politik hinweg miteinander gedanklich Fühlung zu nehmen, einander ihre Ideale darzulegen, ihre Leistungen aufzuzeigen, wäre es Verrat am Schweizertum, wenn wir uns nicht ebenfalls dieses Mittels bedienten, der fünften Schweiz zur Freude und der Heimat zur Ehre.

Der Zweck unserer Kurzwellensendungen ist demnach ein doppelter: Engerknüpfung der Bande zwischen Heimat und fünfter Schweiz, Bekanntmachung der Schweiz und dessen, wofür sie steht, unter den Völkern der Welt.

Dieser doppelte Zweck muß sich in unsern Darbietungen wiederspiegeln. Tatsächlich ist denn auch die Grundzelle unseres Kurzwellenprogramms für alle Erdteile die sogenannte *Uebersee-Schweizersendung*, die einmal wöchentlich ausgestrahlt wird. Bereits seit Jahren stellt sie ein freies Geschenk der Heimat an die Miteidgenossen jenseits der Meere dar. Sie sucht also in erster Linie, diese zu erfreuen, ihnen das zu bringen, was sie am deutlichsten an die Heimat erinnert: die Klänge der Jugend in Sprache und Lied, die gleichzeitig auch die echtesten Klänge unseres Volkstums sind. Eingestreute Chroniken und Plaudereien in den drei Landessprachen wollen die großen Linien des Tagesgeschehens festhalten und über die Meere hinaus vermitteln. Die Sendungen sind also eine Art *„Heimatabend"*; das Gemütvolle herrscht vor und damit, vor allem soweit es die Musik betrifft, auch das Retrospektive. Die heimatliche Dreisprachigkeit, Symbol unserer völkerverbindenden Mission, kennzeichnet sie.

Auf die Dauer konnten diese Heimatabende dem Auslandschweizer nicht genügen. Er will auch an die großen Leistungen der Heimat auf dem Gebiete der ernsten Kunst, der Wissenschaft, der menschlichen Kultur überhaupt erinnert werden, er will sich über das Neue orientieren können, das seit seinem Weggang im Entstehen begriffen oder gewachsen ist, selbst wenn es nicht immer gleich von Anfang an zu dem geistigen Bilde der Schweiz zu passen scheint, das er in seinem Herzen trägt. Er muß dieses Neue kennen und schätzen lernen, will er nicht ein Fremder in seiner Heimat werden, dies um so mehr, weil gerade es weitgehend für die Hochachtung mitbestimmend ist, die seine Heimat heute in der Welt genießt.

Hier also treffen sich Wunsch und Bedürfnis des Ueberseeschweizers mit der nationalen Notwendigkeit, das Wissen um Schweizer Leistung und Schweizer Streben in weiteste Fernen zu tragen. Indem wir auch diese unsere zweite Aufgabe zu erfüllen trachten, dienen wir nicht nur dem allgemeinen Landesinteresse, sondern auch den Interessen jedes einzelnen Schweizers in Uebersee. Selbstverständlich müssen wir uns bei dieser zweiten Sendegattung der Hauptsprache des Kontinentes bedienen, an dessen Hörer wir sie richten. Wir können dies umso ruhiger tun, als wir ja wissen, daß alle Schweizer jener fernen Kontinente auch die Sprache ihrer neuen Heimat beherrschen und lieben. Das Schweizerische dieser Sendungen muß daher weniger in ihrer äußeren Form, als in ihrem Inhalt begründet sein.

Wenn sich unsere Hörer diesen doppelten Zweck der schweizerischen Kurzwellensendungen vor Augen halten, wird ihnen das Angebrachtsein mancher Einzelheiten verständlich werden, die ihnen bisher vielleicht störend erschien. Vor allem werden sie jetzt die Dreisprachigkeit der wöchentlichen Heimatsendungen begreifen. Wenn sie früher darin nur eine lästige Wiederholung sahen, wissen sie jetzt ihre symbolische Bedeutung zu schätzen, erinnert sie doch an die Mission der Schweiz und an die oberste Schweizer Pflicht, jedem das Seine zu gönnen, auch dann, wenn es mit einem Opfer verbunden ist. Da ferner die inzwischen erfolgte Einführung eines zweiten Programms pro Woche und Kontinent im Sinne der oben skizzierten Schweizer Kulturwerbung ein Pfand dafür bedeutet, daß wir unser Versprechen täglicher, fast allen verständlichen Sendungen unter möglichster Beschleunigung einlösen wollen, dürfte allmählich auch die Klage verstummen, unter der Dreisprachigkeit der Heimatsendung leide die Qualität der Informationen.

Unsere Doppelaufgabe beantwortet aber auch die Frage, warum in den Schweizer Programmen nicht nur Heimatklänge volkstümlicher Art zu finden sind, sondern auch Interpretationen ausländischer Meisterwerke der Tonkunst durch Schweizer Musiker, oder Musterbeispiele der zeitgenössischen Schweizer Musik. Wir wissen wohl, daß die Letztere gerade unter den Auslandschweizern vorläufig noch wenig Freunde zählt. Es fällt ihnen schwer, die musikalische Sprache ihrer Jugend gegen die musikalische Sprache der Gegenwart einzutauschen. Wir wissen auch, daß die großen Orchester und Solisten der Welt ebenso schöne Interpretationen der Klassiker oder anderer Meister bieten, wie die Besten der unsrigen. Wir alle aber haben trotzdem ein Interesse daran, jene einheimischen Tonschöpfer immer besser kennen zu lernen, die den Namen der Schweiz in der Welt ebenso berühmt gemacht haben, wie die schönsten unserer Jodellieder. Wir alle müssen unser Möglichstes tun, es der Welt mehr und mehr bewußt zu machen, daß wir Schweizer nicht nur ein freiheitsliebendes, kraftvolles Bauernvolk sind sondern daß dieses Bauernvolk, genau wie das italienische, das französische oder das deutsche Höchstleistungen auf allen Gebieten der Kunst hervorzubringen und nachzuschaffen imstande ist.

Der Stolz der Schweiz ist ja gerade diese Verbindung des Bodenständigen mit erlesenem Europäertum. Wir haben nicht nur in der Vergangenheit das Zusammenleben und Zusammenschaffen der drei größten Schattierungen europäischer Kultur im engen Rahmen unseres Landes verwirklicht. Wir wollen stets aufs neue uns selbst und dem Ausland, allen Schwierigkeiten der Zeit zum Trotz, die Möglichkeit dieses Zusammenwirkens und Zusammenschaffens beweisen. Auf diese Art arbeiten wir daran, daß das Wort „europäische Kultur" wiederum zur Losung aller Völker werde, denen Europas Geschichte und Europas Leistung heilig ist.

Paul Borsinger.

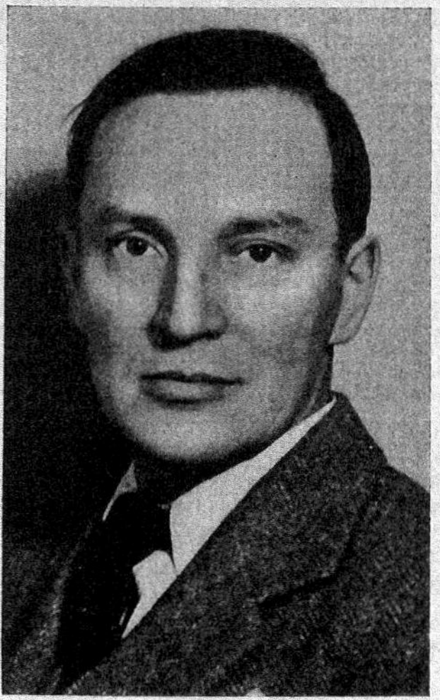

Paul Borsinger

Programm-Leiter des Kurzwellendienstes des Schweizerischen Rundspruchs

Fig. 4: *Article de Paul Borsinger, directeur du Service suisse d'ondes courtes, paru dans la revue «Echo» du Secrétariat des Suisses à l'étranger. (Echo. Revue des Suisses à l'étranger, Olten, juin 1940, p. 10 s.)*

Des articles concernant le Service suisse d'ondes courtes paraissent également de temps à autre dans la revue *Echo*,[54] ainsi que la grille des programmes.[55]
Par ailleurs, dans son rapport d'octobre 1938 sur la correspondance avec les auditeurs d'outre-mer, Paul Borsinger signale qu'un partage du courrier se fait avec le Secrétariat des Suisses à l'étranger.[56] Aucune trace de cette collaboration ne se trouve dans les archives du SOC ou dans celles du SSE pour cette période-là. A partir de 1954 seulement, le fonds du SSE, déposé aux Archives fédérales suisses, en contient des vestiges.[57] A la consultation de cet échange de correspondance, on se rend compte que le partage des lettres se fait en fonction des spécificités respectives de ces deux organes: au Service suisse d'ondes courtes le volet médiatique et les problèmes de réception, au Secrétariat des Suisses à l'étranger les questions pratiques concernant les droits, l'aide et le travail touchant les expatriés.

Borsinger parle de «franche collaboration entre la SSR et le Secrétariat des Suisses à l'étranger [qui] a les plus heureux effets pour la défense de l'esprit suisse parmi nos concitoyens d'outre-mer».[58] La SSR, insiste le directeur du SOC, n'est donc pas un concurrent du Secrétariat, mais un collaborateur. Le SSE a, de son côté, rapidement compris l'intérêt que pouvait représenter le vecteur radiophonique. Déjà dans son Rapport annuel de 1933–1934, Alice Briod dédie un paragraphe entier à la radio, en précisant qu'elle «seconde de façon toujours plus efficace les efforts du Secrétariat».[59] Le Service suisse d'ondes courtes est dans une certaine mesure le pendant radiophonique du SSE. Sa collaboration avec le Secrétariat des Suisses à l'étranger va s'accentuer dans les années 1950, comme l'atteste notamment le choix des membres de la première Commission des programmes du SOC. Un tiers des participants de cette Commission, qui joue un rôle important dans la politique de programmation du SOC, sont des personnalités fortement impliquées ou ayant été fortement impliquées dans le fonctionnement du Secrétariat des Suisses à l'étranger.

---

54 Entre autres: Paul Borsinger, Die Heimat ruft über das Meer, in: Echo, nov. 1938, p. 12; [Non signé], L'émetteur à ondes courtes de Schwarzenbourg en voie d'achèvement, in: Echo, avril–mai 1939, p. 10; P. Borsinger, Was wollen die schweizerischen Kurzwellensendungen?, in: Echo, juin 1940, p. 10 s.; P. Borsinger, Ein Besuch beim Schweizerischen Kurzwellensender Schwarzenburg, in: Echo, août–sept. 1940, p. 16 s.
55 Entre autres: Echo, nov. 1939, p. 11; janv. 1940, p. 8; mai 1940, p. 10; oct.–nov. 1941, p. 31.
56 Borsinger (voir note 53), p. 4.
57 AFS, Fonds OSE, J 2.230, 1996/431, vol. 92, Hörerpost 1954–1958.
58 Borsinger (voir note 44), p. 4.
59 BNS, Bulletin de la NSH, mai–juin 1935, p. 68.

La Société suisse de radiodiffusion à l'avant-garde d'une forme de diplomatie culturelle

En conclusion, les émissions, dites «pour les Suisses à l'étranger», ne sont pas aussi restrictives que leur appellation le suggère. Les artisans de ces programmes entrevoient, dès leur origine, les potentialités qu'ils représentent en matière de politique culturelle extérieure. Ils permettent, non seulement de raffermir les liens avec la Cinquième Suisse, mais aussi d'exposer une image positive du pays à l'étranger et de faire découvrir sa culture à d'autres nations. La technologie des ondes courtes offre, quant à elle, de nouvelles perspectives en donnant la possibilité de toucher un public international et d'atteindre des contrées plus lointaines. Face à un durcissement des rapports au niveau international et devant une politique encore attentiste menée par le Conseil fédéral en matière de diplomatie culturelle, la SSR s'est, au fil des années 1930, davantage engagée en faveur du rayonnement du pays à l'étranger. Elle devient alors une véritable actrice impliquée dans les relations internationales. Comme le Service suisse d'ondes courtes, la Nouvelle Société Helvétique, par l'intermédiaire principalement du Secrétariat des Suisses à l'étranger, poursuit aussi un objectif de propagande culturelle plus large: «La NSH s'occupe particulièrement de l'œuvre pour les Suisses à l'étranger. Dans ce domaine, nous avons donc des intérêts et des tâches identiques et, comme elle aussi, nous nous préoccupons des mesures propres à faire mieux connaître, en dehors de nos frontières, notre patrimoine culturel. C'est pourquoi, chaque amélioration apportée à nos émissions pour les Suisses à l'étranger et chaque nouvel effort pour développer notre service d'ondes courtes sont des occasions d'étendre et de rendre plus étroite notre collaboration avec la NSH.»[60] La SSR et le SSE ont donc cherché à faire entendre la voix de la Suisse au niveau international. On conclut donc peut-être parfois un peu trop rapidement que ce pays s'est contenté de se replier sur lui-même pendant la Seconde Guerre mondiale. Le rôle joué par ces deux organes dans la promotion de l'image de la Suisse à l'étranger a été d'autant plus considérable que la Confédération n'a pas véritablement mené de politique étrangère en matière culturelle, cela en tout cas jusqu'au tournant de 1943, malgré la création de Pro Helvetia en 1939, une communauté de travail subventionnée par l'Etat et en charge de promouvoir la culture suisse sur les plans intérieur et extérieur. Le volet international des activités de cette organisation reste rudimentaire, en raison notamment des difficultés liées au conflit mondial et au manque de moyens financiers pour les mener à bien.[61] Elle joue alors plutôt le rôle de coordinatrice et de soutien aux acteurs déjà actifs dans ce domaine. Le

---

60 ZAR, Rapport annuel de la SSR, 1938–1939, p. 29.
61 Milani (voir note 50), p. 49 s.

budget qui revient au groupe 1 de Pro Helvetia, en charge spécifiquement de la propagande culturelle à l'étranger, est presque entièrement alloué au Secrétariat des Suisses à l'étranger pour entreprendre des activités culturelles dans les colonies (conférences, projections de films, et cetera): 50'000 fr. sur les 60'000 fr. qu'il reçoit pour 1943 et 1944.[62] Les ressources du SSE proviennent essentiellement des mannes de la Confédération, alors que la radio internationale vit uniquement grâce à la redevance versée par les citoyens suisses.[63] La provenance distincte de leurs ressources financières est un des éléments qui expliquent certainement que le Secrétariat des Suisses à l'étranger et le Service suisse d'ondes courtes n'entrent pas en concurrence malgré leur «terrain de jeu» commun. En définitive, la Société suisse de radiodiffusion a été, dans une certaine mesure, avant-gardiste en plaçant la promotion culturelle au cœur de ses préoccupations. Je rejoins les propos de Fouad Benhalla, ancien directeur général de Radio France Internationale, qui qualifie la Suisse de pays menant «une politique radiophonique active qui dépasse [son] ambition politique»[64] ou, je dirais du moins, qui la devance ou la préfigure.

62 Ibid., p. 51.
63 Seulement à partir de 1964, la Confédération verse une subvention au SOC.
64 Fouad Benhalla, La guerre radiophonique, Paris 1983, p. 186.

Nelly Valsangiacomo

La télévision suisse et ses émigrants

«Riuniti per Natale» (1963–1974)

Swiss Television and its migrants. «Riuniti per Natale» (1963–1974)

In contrast to other nations, the creation of a Swiss national identity seems to disregard the migration aspect which characterizes it. At a regional level, however, the Italian-speaking part of Switzerland is composed of a number of communities which have largely developed their identity through a high level of emigration. This article will consider this development through the television programme *Riuniti per Natale* by the TSI (Televisione della Svizzera Italiana). The programme was divided into two parts: a documentary and a competition. Its principle of involvement with the public on the symbolic day of Christmas underlines the role of broadcasting as a mediator and unifier of the audience. In this way, the people of the Italian-speaking part of Switzerland symbolically met their close relatives who were at the other end of the world, asserting and confirming the distinctiveness of their own identity. At the same time, the audience acknowledged that the home country had changed from the picture cherished by the emigrants. Finally, it was also the poignant aspect of nostalgia for the country which created a common identity.

Contrairement à d'autres nations, la construction identitaire de la Suisse moderne semble faire abstraction de la double réalité migratoire qui la caractérise: elle a évacué l'importante immigration économique du XIXe–XXe siècle, en bâtissant plutôt un passé mythifié autour de l'accueil des réfugiés et elle n'a pas inclus l'émigration dans les éléments forts de son image de «Willensnation»;[1] la mémoire de l'émigration semble donc restée pendant longtemps une question communautaire, voire familiale. La Suisse italienne, qui a une longue tradition d'émigration civile, fait partie des

---

1 Sur le tabou politique de la Suisse par rapport à son émigration, je renvoie aux réflexions

communautés régionales qui ont le plus élaboré leur identité autour d'une forte émigration.[2] Il faut néanmoins relever que la construction identitaire se fait d'abord sur l'émigration professionnelle des artisans du bâtiment et des architectes, à travers l'exaltation de la région comme «terre d'artistes», définition abondamment utilisée par l'industrie du tourisme. L'émigration rurale non qualifiée, à la fois en Suisse[3] et à l'étranger, reste longtemps ancrée dans une mémoire non dite, interne à la région. L'élaboration identitaire ultérieure se produit après la période des grandes migrations – qui se situe entre le XIXe siècle et les années 30 du XXe siècle[4] – et se cristallise pendant la seconde moitié de l'après-guerre dans une forme à la fois de mise en valeur et de remémoration, lorsqu'une partie de la Suisse italienne, notamment le canton du Tessin, jusque-là fondamentalement rural, vit un passage vers la «modernité»,[5] avec un rapide essor socioéconomique, qui a comme corollaire le dépeuplement des vallées en faveur des régions urbaines, la vente massive des terrains et l'explosion de l'industrie du bâtiment. C'est dans ce contexte que la mémoire de l'émigration sera magistralement traitée par deux écrivains, Piero Bianconi et Plinio Martini,[6] et commencera à intéresser les historiens.

La Radiotélévision suisse italienne, qui lance ses premières émissions au début des années 1960,[7] participe à plein titre à ces changements sociétaux. En effet, en tant que média de service public, la radiotélévision helvétique a dans son mandat la mission de représenter toute la Suisse: ses émissions spécifiques aux différents groupes sociaux (femmes, jeunes, agriculteurs, et cetera) en sont la preuve. Elle doit aussi s'intéresser à toutes les parties de la Suisse, notamment aux régions périphériques. La Cinquième Suisse, qui est aussi desservie par Radio Suisse internationale,[8] se trouve à la croisée de ce double mandat.

sur l'époque contemporaine de Matthias Daum, Schweizer Emigration als politisches Tabu. «Hauptsache, keine Berge vor dem Kopf», in: terra cognita 18 (2011), p. 36–45.
2 En cela, le dossier multimédia de Swissinfo *Terra di migranti* est significatif. Il est disponible en anglais et en italien et propose aux descendants des Suisses italiens dans le monde un parcours historique et un blog pour retrouver leurs racines. Cf. www.swissinfo.ch/ita/specials/swiss-italian_migrations. – Dans la même optique vient aussi d'être développé le site http://www4.ti.ch/can/oltreconfiniti, projet soutenu par le Canton du Tessin (version du 21. 10. 2013).
3 Sur cet aspect, voir en outre Laurence Marti, Etrangers dans leur propre pays. L'immigration tessinoise dans le Jura bernois entre 1870 et 1970, Neuchâtel 2005.
4 Toutefois, l'émigration outre-Gothard continue et, depuis les années 1960, se transforme souvent de temporaire en définitive.
5 A ce propos, je me permets de renvoyer à Nelly Valsangiacomo, Fra identità e difesa identitaria. Per uno studio della questione rurale nel Canton Ticino, in: Archivio Storico Ticinese 133 (2003), p. 63–80.
6 Piero Bianconi avec *Albero Genealogico* (1969) et Plinio Martini avec *Il fondo del sacco* (1970).
7 Sur la Radiotélévision suisse italienne (aujourd'hui Radiotélévision suisse de langue italienne, RSI) voir Théo Mäusli (éd.), Voce e specchio. Storie della radiotelevisione svizzera di lingua italiana, Locarno 2009.
8 Voir l'article de Raphaëlle Ruppen-Coutaz dans ce même volume.

De plus, une caractéristique spécifique de la radiotélévision suisse est d'avoir été organisée autour d'un fédéralisme linguistique fort. Pour cela, les différentes unités régionales développent depuis leurs débuts des fonctions étroitement liées à cette spécificité, notamment la défense et la promotion d'identités linguistiques et culturelles régionales, en tant que véritables identités autonomes.[9] La télévision semble donc être porteuse à la fois du fait national et d'une identité régionale plus ou moins étendue.

Enfin, une spécificité propre en Suisse à la radiotélévision de langue italienne, mais qui rejoint les télévisions nationales d'autres pays, est le rôle pionnier joué dans la réalisation d'émissions spécifiques aux réalités migratoires. Entre 1963 et 1964, moment clé dans le changement de la politique migratoire helvétique, le Gouvernement suisse (stimulé par les enjeux sociopolitiques liés aux phénomènes migratoires) voit dans la radiotélévision un média censé favoriser l'intégration de la population étrangère,[10] rejoignant l'opinion exprimée par la Commission nationale suisse de l'Unesco, qui invitait la Société suisse de radiotélévision (SSR) non seulement à créer des émissions spéciales pour les travailleurs étrangers, mais aussi à utiliser les moyens les plus appropriés pour expliquer à la population suisse les problèmes de ces étrangers.[11] Parmi les différentes initiatives, la SSR demande donc à son unité d'entreprise italophone de développer des émissions pour les Italiens, qui représentent à cette époque plus de la moitié des immigrés dans la Confédération. Sont ainsi créées l'émission radiophonique *Per i lavoratori italiani in Svizzera* (1962–1992) et la télévisuelle *Un'ora per voi* (1964–1989).

Durant la même période, la Télévision de la suisse italienne (TSI) semble être la seule télévision nationale qui produit une émission spécifique pour et sur les émigrés suisses à l'étranger: *Riuniti per Natale*. Cette spécificité est mise en évidence par la presse de l'époque: «Avec cette émission [la TSI] est la seule parmi les trois télévisions suisses à respecter le contact avec la Cinquième Suisse, pratiquement obligatoire dans les statuts.»[12] La TSI semble donc être le seul média audiovisuel national qui, dans les années 1960–1970, propose en parallèle deux émissions développées expressément sur les deux réalités migrantes.[13]

---

9 Giorgio Simonelli, La Svizzera italiana, in: Chiara Giaccardi, Anna Manzato, Giorgio Simonelli, Il Paese catodico. Televisione e identità nazionale in Gran Bretagna, Italia e Svizzera italiana, Milan 1998, p. 65.

10 Commissione di studio per il problema dei lavoratori stranieri, Il problema dei lavoratori stranieri. Rapporto, Berne 1964.

11 Matilde Gaggini Fontana, Un'ora per voi. Storia di una TV senza frontiere, Bellinzona 2009, p. 64–66.

12 [S. n.], Vivo interesse per la trasmissione «Riuniti per Natale», che ha presentato i ticinesi che vivono in Brasile, in: Giornale del Popolo, 27. 12. 1968, p. 2. Les traductions de l'italien sont faites par mes soins.

13 La recherche dans les sources radiophoniques et télévisuelles est encore difficile pour maintes raisons. Un premier sondage, effectué dans une partie des multiples et très différentes bases de

Cet article veut donc se pencher sur l'émigration suisse à travers l'émission de la TSI au titre évocateur de *Riuniti per Natale,* en analysant le dispositif général de l'émission et les images identitaires qui ressortent des sources encore à disposition.[14]

«Ce n'est pas une émission, c'est une mission»:[15] à la recherche de l'émigrant idéal

Riuniti per Natale est une émission-concours annuelle transmise entre 1963 et 1974 (avec une interruption en 1972).[16] Elle se compose d'un documentaire sur la réalité migratoire des Suisses italiens dans le monde accompagné d'un concours étroitement lié à la production documentaire; le prix est un voyage en avion pour un des émigrés interviewés, qui pourra ainsi rencontrer sa famille en Suisse. Outre son titre, qui dénote la mise en scène recherchée, la télévision déclare ouvertement son rôle de médiatrice: «[…] l'émission qui grâce à l'écran permet aux téléspectateurs de rejoindre idéalement le jour de Noël leurs proches, émigrés dans les continents les plus lointains.»[17] Selon les réalisateurs, la nécessité de cette nouvelle émission naît aussi d'une demande des téléspectateurs: «[L'émission] était née du désir des gens d'ici, de la famille d'ici, de savoir où [les émigrés] habitaient, ce qu'ils faisaient et comment était leur vie. Maintenant désormais, on sait comment on vit en Amérique ou en Nouvelle-Zélande, tandis qu'autrefois il y avait la curiosité de voir ces lieux […].»[18]

Le dispositif général de l'émission est articulé sur trois plans principaux: la prise de contact avec le public afin de récolter les premières informations, la réalisation

   données des unités d'entreprise de la SSR, croisé avec des éléments de paratexte, semble néanmoins confirmer les quelques hypothèses de cet article.
14 Les documentaires entre 1963 et 1966 n'ont malheureusement pas été archivés. Outre quelques métadonnées et des articles de presse, il en reste toutefois plusieurs bouts significatifs, réutilisés dans le double documentaire de 1967 *Riuniti per Natale, retrospettiva,* synthèse des émissions des années précédentes.
15 Dario Bertoni in Archives audiovisuelles de la RSI (AARSI), 7.16015, Dario Bertoni, Sergio Locatelli, Enzo Regusci (réal.), Riuniti per Natale 1967, retrospettiva: ricordo di quattro viaggi intorno al mondo (1/2) [i protagonisti], 22'39"–22'41".
16 En 1975, Dario Bertoni et Enzo Regusci réaliseront un petit documentaire sur les émigrés tessinois en Californie *Chi verrà al barbecue di Newark?* qui sera transmise le 26 janvier 1975, mais le cycle de l'émission *Riuniti per Natale* est désormais terminé.
17 [S. n], «Riuniti per Natale» per gli emigrati in California, in: Radiotivù, 4–10. 7. 1965, p. 3.
18 Bruno Bergomi, Pierre Scossa (réal.), Storia e memoria, La televisione in testa, 24'08"–24'15", in: http://la1.rsi.ch/archivio_storie (version du 14. 11. 2013). – Il est intéressant de noter qu'à la même période les quotidiens tessinois informent régulièrement la communauté de l'arrivée (ou du retour) de quelques migrants dans les villages tessinois, pour une visite, en général après de nombreuses années à l'étranger.

d'un documentaire et, enfin, l'intervention d'un jury, qui va choisir le gagnant. Ce dernier passera en direct dans les studios de la télévision[19] pour la première vision de l'émission, le soir de la veille de Noël; le documentaire, accompagné du verdict, sera retransmis l'après-midi du lendemain. Selon la presse, si l'on considère aussi que l'accès à d'autres chaînes télévisuelles était très limité, les premières années sont un vrai succès, qui donnera à l'émission une petite renommée même dans le reste de la Suisse, avec quelques articles dans la presse confédérée, notamment romande;[20] publicité sûrement facilitée par la présence des trois réalisateurs à Genève.[21] Dans les toutes dernières années, néanmoins, une certaine lassitude commence à se manifester et des problèmes en lien avec le concept même de l'émission surgissent.

Au printemps, l'opérateur Enzo Regusci et les journalistes Sergio Locatelli et Dario Bertoni lancent un appel dans la presse locale. Ils déterminent une destination assez vaste (un continent ou une grande région du monde) et demandent aux lecteurs de leur signaler des membres de leur famille émigrés dans cette zone géographique spécifique; le but étant d'interviewer les émigrés signalés dans le cadre d'un documentaire, les lecteurs sont invités à donner des informations ponctuelles sur la vie et les habitudes des personnes proposées.[22] La participation à cette première phase correspond à l'inscription au concours, qui aura comme prix un billet aller-retour pour la Suisse[23] pour une personne choisie parmi les émigrants interviewés ou un membre de leur famille en Suisse.[24] Le choix du gagnant sera fait par un jury

19 Etant en direct, cette partie n'a pas été conservée.
20 ««Riuniti per Natale» […] est écoutée par environ deux millions d'Italiens et, évidemment, par tous les Tessinois et les Grisons de langue italienne.» Roger d'Ivernois, «Riuniti per Natale», une émission de la TV tessinoise entièrement réalisée à Genève va fêter son dixième anniversaire, in: Journal de Genève, 13. 12. 1973, p. 11. – En mai 1966, les abonnés suisses à la télévision étaient 689'722 dont 32'938 dans la Suisse italienne. Cf. La televisione e la radio in Svizzera, in: Radiotivù, 10–16. 7. 1966, p. 3. Pour ce qui est de l'Italie, jusqu'à la libéralisation des fréquences dans la péninsule (1976), la pénétration de la TSI dans le pays était importante et on estimait un public potentiel d'environ 15'000'000. Par conséquent, le chiffre donné par le journaliste pourrait être vraisemblable; il reste toutefois difficile de vérifier la véracité de l'estimation générale du public faite à l'époque.
21 Notamment Dario Bertoni; journaliste du *Cinéjournal,* il est aussi dans la même période journaliste pour *Temps Présent* et *Continent sans visa.* – Sur Enzo Regusci, tout d'abord envoyé du Schweizerisches Fernsehen (SF), par la suite pionnier de la TSI et enfin *freelance* avec la *Regusci film* à Genève, voir Bergomi/Scossa (voir note 18). – Le journaliste Sergio Locatelli aura des problèmes avec la justice en 1974, avant la fin de la série, et disparaîtra de la télévision.
22 Riuniti per Natale, in: Radiotivù, 25–31. 8. 1963, p. 3. – Et encore: «Il faut spécifier le degré des liens parentaux, la période d'émigration, le lieux où la personne vit et donner des brèves informations sur la vie de l'émigré.» Radiotivù, 9–15. 5. 1965, p. 3.
23 Pour la première édition, le billet sera offert par Air India; par la suite, le partenaire officiel sera la compagnie aérienne Swissair.
24 Archives privées Dario Bertoni (ADB), Regolamento della trasmissione-concorso «Riuniti per Natale», edizione 1969, in: Giuliano Genoni, «Riuniti per Natale», dossier pour les examens de N. Valsangiacomo, 2010, p. 6.

composé de journalistes et de membres d'institutions et présidé par l'ex-conseiller fédéral Enrico Celio.

A la fin de l'été, les propositions reçues, envoyées tant par les privés que par les Communes – et qui varient entre 50 et 300 environ au fil des années – permettent de mieux définir la région à visiter.[25] Par la suite, les informations sont inventoriées; les fiches contiennent le nom de la personne qui a signalé le cas et les données sur l'émigrant, dont son dernier séjour au Tessin, ainsi qu'un bref rapport sur sa condition économique et sociale. Le triage ultime se fait selon une série de paramètres: premièrement, la personne signalée doit être d'origine suisse italienne; deuxièmement, son lieu de résidence doit appartenir aux régions énoncées; en troisième lieu, il faut considérer les contraintes techniques, notamment la possibilité pour les réalisateurs d'atteindre les émigrés, une fois sur place.[26] La variable la plus importante reste toutefois la capacité de susciter de l'émotion, de captiver le spectateur avec des images peu courantes et des histoires particulières.

Pour composer le groupe d'émigrés le plus apte à répondre aux directives du documentaire, les réalisateurs s'appuient aussi sur les associations et les institutions qui gardent des contacts avec le monde de l'émigration; notamment les ambassades, le Secrétariat des Suisses à l'étranger, Pro Ticino et la Nouvelle Société Helvétique donnent leur plein soutien à l'initiative[27] et, avec l'aide de leurs représentants, prodiguent aussi des conseils. Les journalistes procéderont

---

25 «Le choix définitif du pays sera fait en fonction du nombre et de l'importance des informations récoltées par la Télévision.» [S. n.], Riuniti per Natale – Nel 1966 anche nell'America del Sud, in: Radiotivù, 31. 7. 1966, p. 3. – Malgré la volonté de visiter les pays de l'Est, notamment la Russie, les difficultés politiques ne le permettront pas. L'Afrique ne sera pas non plus considérée. On ne sait pas toutefois si des informations relatives aux migrants dans ces pays ont été envoyées par le public. Sur ces aspects, voir Giuliano Genoni, interview à Dario Bertoni, Muzzano, 14. 5. 2010, 16'10"–18" environ. Je remercie Giuliano Genoni de m'avoir mis à disposition les interviews en intégral.

26 «En prenant en considération le niveau toujours plus élevé de RIUNITI PER NATALE, à la fois du point de vue documentaire, humain et technique (grâce à la couleur); compte tenu des cas qui nous ont été soumis cette année, après avoir vérifié la facilité des communications aériennes, routières, téléphoniques aux Etats-Unis, ainsi que la possibilité de contacts rapides, nous sommes de l'opinion que cette année le choix doit être déterminé seulement par la valeur intrinsèque aux cas et non par des considérations logistiques.» ADB, Dario Bertoni, Sergio Locatelli, Enzo Regusci, Progetto di massima per RIUNITI PER NATALE, edizione 1970, Destinato al signor Direttore Franco Marazzi, Ginevra, settembre 1970, in: Genoni (voir note 24), p. 11. Pour les Etats-Unis, 119 cas avaient été annoncés.

27 «Département Politique Fédéral (dr. Portier), secrétariat des Suisses à l'étranger (dr. Ney), Nouvelle Société Helvétique, Comité central Pro Ticino à Berne (dr. Rotanzi) sont les organismes principaux qui ont collaboré grâce à leurs bureaux et leurs représentants à diffuser l'édition 1970. Notre initiative est connue de tous les émigrés qui résident aux Etats-Unis et qui ont encore des contacts avec notre pays.» Bertoni/Locatelli/Regusci (voir note 26), p. 11. – Le soutien n'est en tout cas pas financier. Cf. Genoni (voir note 25), 13. 5. 2010, 40' ss.

néanmoins à des sondages sur place.[28] Une fois l'itinéraire établi, les élus sont avertis par lettre.[29]

Au mois d'octobre, les réalisateurs partent pendant cinq semaines environ.[30] Ils visiteront les régions concernées et rencontreront les communautés suisses italiennes. Leur but est à la fois de récolter des informations sur l'émigration et sur les pays d'accueil et de montrer le «côté humain» de l'émigration,[31] à la base du concours qui, compte tenu du prix (la possibilité de rentrer en Suisse pour une visite), doit nécessairement se doubler de la présence sur le sol helvétique d'une partie de la famille, laquelle sera à son tour interviewée par les journalistes à leur retour: «[…] afin de réaliser une émission de grand intérêt, non seulement spectaculaire, mais pleine d'humanité et de profils sentimentaux et émouvants.»[32]

Au début de décembre, un documentaire est concrétisé dans les studios de la Télévision suisse romande à Genève. Dario Bertoni s'occupe du montage avec un technicien:[33] le produit final, d'environ 90 minutes, semble demander environ six semaines de travail et un budget total (y compris le voyage) de 100'000 fr.[34] Il est composé de deux sortes d'images différentes: le reportage sur les pays et les régions visités et les interviews des émigrants (une vingtaine en moyenne) intercalé, certaines années, d'interviews de leur famille restée en Suisse.[35]

---

28 «Il est évident qu'on décidera sur place de l'opportunité de suivre les suggestions des ingénieurs Nizzola, Piazza, Mariotti, Martinelli, etc.» ADB, Itinerario di Massima, lettre de Sergio Locatelli, Enzo Regusci, Dario Bertoni à Franco Marazzi [s. l., s. d.], in: Genoni (voir note 24), p. 8.

29 «Les différentes lettres des personnes signalées ont été envoyées avec la clause de ‹force majeure›, qui nous assure par rapport à des impossibilités éventuelles de déplacement.» Progetto di massima (voir note 26).

30 Voix off de Dario Bertoni, qui commente les reprises du départ en 1963, faites par Regusci: «Première aventure: aéroport de Genève, 34 jours de voyage, 120 heures d'avion, 50 arrêts, une moyenne de 2500 km de vol par jour, 3 jours d'attente dans les aéroports, 35 heures pour passer les matériaux à la douane.» Bertoni/Locatelli/Regusci (voir note 15). – En 1968, pour le voyage au Brésil, on parlera de 40'000 km et environ 60 h de voyage effectif. Cf. «Riuniti per Natale» gli emigrati svizzero-italiani nel Brasile, in: Radiotivù, 21. 12. 1968, p. 36.

31 Itinerario di massima (voir note 28).

32 vm, Grazie a Riuniti per Natale padre e figlia si conoscono di persona e potranno riabbracciarsi, in: Corriere del Ticino, 28. 12. 1964, p. 2.

33 Le format utilisé pour les reprises est du 16 mm réversible. Cf. Genoni (voir note 25), 14. 5. 2010, 8'40"–8'50".

34 ADB, C. Ranzi, amministrazione del programma, Preventivo di massima per la trasmissione «Riuniti per Natale» (1969), N° de prod. 825.005.6, in: Genoni (voir note 24), p. 9 s. Le documentaire-concours sera parmi les programmes les plus coûteux de la RTSI à cette période.

35 «Retour le 11 novembre 1970. Reprises immédiates des parties tessinoises qui vont durer au maximum une semaine, tandis que le montage sera en cours à Genève selon un plan mis au point en collaboration avec M. Ranzi [.... L'enregistrement final aussi se déroulera comme d'habitude à Genève et le film sera disponible le 20 décembre.» Progetto di massima (voir note 26).

A la découverte du monde

Le reportage de voyage est une nouveauté pour la TSI à ses débuts[36] et il permet de faire circuler des images méconnues pour la grande majorité de la population.[37] Le choix des communautés à visiter semble aussi prendre en considération l'intérêt général de la région: «De source officielle, on sait toutefois que de nombreux Tessinois habitent en ALABAMA, au TEXAS et au COLORADO: cependant, comme on a déjà pu le vérifier dans d'autres pays, nous n'avons pas reçu d'informations pour ces Etats très intéressants. Le premier à cause du conflit raciste, le deuxième pour son développement industriel, le troisième pour ses paysages extraordinaires.»[38]

Selon Enzo Regusci, grâce aussi à cet aspect de nouveauté, des images des «bouts à bouts» seront utilisées pour d'autres moments télévisés. *Riuniti per Natale* aura en tout cas une petite place dans l'émission d'actualités régionales de la Radio-télévision suisse romande *Horizons,* au moins à deux occasions.[39]

A partir de la fin des années 1960, des changements se font à plusieurs niveaux. Du point de vue technique, l'arrivée de la couleur et les améliorations de la production permettent de développer des documentaires plus articulés. Toutefois, certaines régions étant désormais connues par les téléspectateurs, les réalisateurs doivent garder un équilibre entre leur volonté de faire connaître le monde et les témoignages: «Depuis des années et sur large échelle, les Etats-Unis sont l'objet d'enquêtes approfondies de la part des moyens d'information. Ce constat – lié au fait que nous insistons de plus en plus sur la partie documentaire de nos enquêtes – nous conduit à conseiller la structure suivante [...] le côté humain serait donc plus présent que l'aspect documentaire, mais évidemment l'histoire refléterait l'ambiance locale, les usages et les coutumes, vus à travers les yeux de l'émigrant. Le résultat serait une série de ‹récits étasuniens› reliés entre eux et intercalés plus étroitement [...] avec les familles restées au Tessin.»[40]

Pour ce qui est de l'émigration, les réalisateurs sont confrontés, on le verra, à un

---

36   Enzo Regusci: «[Riuniti per Natale] a été à la base des émissions documentaires de notre télévision, qui était une télévision de pionniers». Bergomi/Scossa (voir note 18), 24'29"–24'36".
37   «Il n'y avait pas encore de circulation des images [...] de maints lieux on n'avait que quelques vagues informations.» Bergomi/Scossa (voir note 18), 26'54"–27'07".
38   Bertoni/Locatelli/Regusci (voir note 26), p. 12 s.
39   Il s'agit des moments sur les *rancheros* de Californie dans les émissions du 23. 2. 1975 et du 9. 3. 1975. Voir La semaine à la Télévision, in: Gazette de Lausanne, 8. 3. 1975, p. 20. Intitulée *Horizons campagnards* dès son lancement le 27 septembre 1961, cette émission d'une vingtaine de minutes est consacrée aux actualités régionales avec le slogan «l'émission ville-campagne de la Télévision romande». Elle devient hebdomadaire dès le 20 janvier 1964. En février 1965, l'émission raccourcit son nom en *Horizons*. Elle sera supprimée le 3 juillet 1977. Informations tirées de www.rts.ch/archives (version du 14. 11. 2013).
40   Bertoni/Locatelli/Regusci (voir note 26).

passage générationnel et de typologie des émigrants. Cette nouvelle migration contraste partiellement avec la vision sentimentale et nostalgique, noyau du lien symbolique censé se tisser entre le téléspectateur et les protagonistes de l'autre côté de l'écran, qui était le mobile fondateur de l'émission. En outre, l'amélioration relative de la mobilité permet aux réalisateurs de se déplacer plus aisément, mais rend en même temps l'Europe relativement plus accessible aux émigrants.[41]

L'émission de 1971 est un exemple de ce changement. Les réalisateurs vont revoir partiellement le dispositif, dans le but explicite de transformer *Riuniti per Natale* de «service postal» entre les personnes en une véritable enquête de terrain. L'explication donnée touche au changement identitaire qui se produit. Dans l'émission, disent-ils, il faut passer d'un patriotisme figé, proposé comme étant acquis par l'une et l'autre partie, à un approfondissement des contrastes identitaires, des «sentiments impossibles», qui déterminent l'appartenance à un pays, selon la définition donnée par les jeunes émigrés interviewés.[42]

En fait, le patriotisme, la nostalgie, la fidélité à la lointaine patrie s'estompent, et avec eux le lien communautaire à la base de l'émission. Les temps ont changé. En 1972, le programme tombera, apparemment à cause de l'absence de personnes signalées. L'émission de 1973 ne sera plus une émission «collective», avec de nombreuses interviews, mais elle sera centrée sur l'approfondissement de quelques cas ponctuels. Le dernier épisode, en 1974, sera caractérisé par une forte présence, dans les studios de la télévision, des familles des émigrés, mais aussi de quelques spécialistes de l'émigration.[43]

Au cœur de l'émission: l'interview

Malgré les changements évoqués, la découverte de la communauté suisse italienne reste la partie centrale du documentaire; elle est accompagnée d'interviews individuelles qui, significativement, sont parfois reprises en ouverture du documentaire, avant les génériques.

Du point de vue diachronique, on assiste à une mutation de la typologie des migrants entre la première partie des années 1960 et le tournant des années 1970. Dans la première partie du cycle des émissions, la vieille émigration est très présente; pour la plupart issue d'un milieu rural, elle avait quitté la Suisse entre la fin du XIXe siècle et les années 1930. Son projet migratoire est généralement lié à des conditions de

---

41 Pour rester dans les sources audiovisuelles, voir l'émission de la Radio suisse romande dans laquelle Marcel W. Suès assiste, le 30 avril 1947, au retour du premier vol transocéanique Suisse–USA, Emission sans nom, 1. 5. 1947, 27'06" (www.rts.ch/archives) (version du 14. 11. 2013).
42 [S. n.], Ragion d'essere di Riuniti per Natale, in: Radiotivù, 18. 12. 1971, p. 42.
43 [Dario Bertoni], Qualche acro in California…, in: Radiotivù, 21. 12. 1974, p. 5.

vie précaires dans le pays de départ. Parfois la stratégie a eu du succès, parfois pas. L'on remarque déjà la présence d'une émigration plus formée, qui a choisi de partir à l'étranger afin d'améliorer sa condition sociale, dès les années 1930, mais plus massivement entre la fin du conflit et les années 1950; à côté de cela, une «émigration missionnaire» est toujours présente, plus religieuse au début, laïque ensuite, avec une forte représentation féminine (sœurs et infirmières).

Dès la seconde moitié des années 1960, l'émigration jeune émerge. Souvent en proie au «malaise helvétique», dénoncé par les intellectuels suisses de la période, elle part pour voir le monde, dans une sorte de voyage de formation,[44] parfois pour «être utile» ailleurs;[45] un aspect qui est souligné par les réalisateurs mêmes et que la presse présente comme un phénomène de société, tout en renvoyant à une vision «idéale» de l'émigrant helvétique: «Des nouvelles possibilités s'offrent aux jeunes Suisses désireux d'émigrer en Amérique latine, pourvu qu'ils soient dotés d'une bonne préparation générale, qu'ils jouissent d'un caractère qui corresponde aux traditions de fermeté et d'éthique professionnelles qui ont fait la renommée des Suisses travaillant à l'étranger.» C'est la leçon qui se dégage de l'émission de la Télévision suisse italienne *Riuniti per Natale*.[46] Dans ce groupe, nous retrouvons des jeunes universitaires, mâles, souvent techniciens et ingénieurs, qui travaillent pour des multinationales helvétiques, ainsi que des jeunes gens engagés dans les ONG.

Un groupe particulier, qui pose aussi la question de l'interprétation du terme «émigration», est celui des enfants des émigrés,[47] parmi lesquels on peut distinguer approximativement trois types. En premier lieu, les enfants de familles établies depuis plusieurs générations à l'étranger: c'est le cas de John Lunghi de Perth, né en 1934 à Londres et qui dirige la plus grande maison d'arts graphiques d'Australie,[48] ou d'Eulalia Ravetta, de Tokyo, dont toute la famille a gardé la nationalité suisse depuis des générations. Dans ce cas, la connaissance du pays d'origine est faible, voire absente ou mythifiée; les connaissances linguistiques sont inexistantes. Une deuxième tranche est constituée par les enfants de la vieille émigration, qui gardent des liens idéaux avec le Pays souvent à travers le dialecte parlé en famille. Le dernier type est celui des jeunes adultes, enfants de l'émigration plus récente; ceux-ci, sauf dans le cas (rarement évoqué dans les documentaires) où ils fréquentent leurs écoles en Suisse, n'ont pas de liens spécifiques avec le pays d'origine.

---

44 Voir Luciana Caglio, «Riuniti per Natale»: intenerimento, contrasti e affini, in: Azione, 6. 1. 1972, p. 12.
45 Cet aspect se retrouve dans d'autres services télévisés: Georges Kleinmann (réal.), Etre utile ailleurs, in: Culture, 11. 10. 1966, 19'59", www.rts.ch/archives (version du 14. 11. 2013).
46 A la télévision suisse italienne «Riuniti per Natale», in: Journal de Genève, 26. 12. 1969, p. 6.
47 Il s'agit de jeunes adultes ou d'adultes.
48 Bertoni/Locatelli/Regusci (voir note 15).

La plupart des interviewés sont pris en premier plan, et relativement peu d'intérêt est donné au contexte de vie, partiellement évoqué en voix off par Dario Bertoni. On ne remarque donc pas un fort intérêt sociologique, qui apparaît à la même période dans les reportages sur la condition de vie et les logements des immigrés en Suisse;[49] un aspect qui s'explique par le choix du type d'émission. Les envoyés ne sont pas en train d'analyser un groupe social, mais ils présentent plutôt des trajectoires individuelles et le cadre festif dans lequel l'émission s'insère n'autorise pas d'investigations ultérieures.[50]

Néanmoins, les interviews et les brèves présentations du contexte de vie permettent d'aborder indirectement quelques aspects généraux, par exemple les stratégies familiales qui sont à la base du départ et du choix du pays d'émigration de la vieille migration: Cirillo Strazzini, de Semione, qui, à Dacca, s'occupe de traiter le cuir, poursuit la tradition de famille («l'émigration est une tradition de famille»), après son cousin, qui est arrivé en Inde en 1924;[51] ou encore Rinaldo Frigerio, né en 1916, qui découvre l'île de San Andres (en Colombie) en suivant les traces du grand-père («l'aïeul Alessandro arriva à Panama en 1863, fut chercheur d'or, explorateur et commerçant»).[52] Les journalistes présentent aussi quelques lieux d'origine. C'est le cas du village de Sonvico (dans la région de Lugano) et de la Vallée Maggia (à côté de Locarno). Dans le premier cas, c'est le récit de l'émigration de la population de Sonvico à Tucuman, en Argentine, où ils vont devenir les pionniers de la canne à sucre («Ceux de la Caña»). C'est une communauté émigrante qui se constitue entre la seconde moitié du XIXe et le tournant du XXe siècle, et les journalistes donneront la parole aux survivants.[53] En 1974, sur les traces des travaux de l'historien Giorgio Cheda, les reporters vont retrouver des émigrés originaires de la Vallée Maggia, depuis quatre générations dans les fermes de Californie, parfois comme propriétaires, parfois comme rancheros.[54] Ce sont les aspects communautaires les plus importants

---

49 Sur ce point, je me permets de renvoyer à Nelly Valsangiacomo, Per una storia audiovisiva del contemporaneo. Spunti per uno studio sugli Italiani nella radiotelevisione svizzera, in: Mattia Pelli (éd.), Archivi migranti. Tracce per la storia delle migrazioni italiane in Svizzera nel secondo dopoguerra, Trento 2014, p. 52–69.
50 «Si nous avions fait l'émission hors de la période de Noël, elle aurait été différente», affirme Dario Bertoni expliquant l'évocation d'une critique politique et économique en faveur d'un sentiment de réunification. Cf. Genoni (voir note 25), 15'–15'15".
51 AARSI, 7.016015, Riuniti per Natale 1963, in: Bertoni/Locatelli/Regusci (voir note 15).
52 AARSI, 7.16015, Riuniti per Natale, 24. 12. 1969 (1/2), 2'25"–3'21".
53 Maria Catella Sassi se rappelle être arrivée en 1911. AARSI, 7.016085, Riuniti per Natale 1964, in: Bertoni/Locatelli/Regusci (voir note 15).
54 «C'est en effet avec une profonde émotion […] que les invités ont retrouvé dans les environs de Melbourne, les petits villages, les habitations rustiques, les mines anciennes où ont habité et travaillé les émigrés de la Vallée Maggia et de la Vallée Verzasca, arrivés jusque-là, après un voyage exténuant, autour de 1850 […]. Un chapitre jusque-là ignoré de l'histoire de l'émigration tessinoise: nous en avons découvert l'existence grâce à un jeune chercheur de Locarno, Giorgio Cheda.» [S. n.], «Riuniti per Natale» rispetta la tradizione, in: Radiotivù, 3. 11. 1973,

que l'on découvre, à côté des moments autour des fêtes des Suisses: c'est le cas par exemple au Brésil ou à Lima,[55] où les reprises du moment collectif semblent être un escamotage pour pallier l'absence de cas intéressants.[56] D'ailleurs, les membres de ces associations sont les contacts les plus précieux pour les réalisateurs. Le cas du Brésil est évoqué aussi pour la difficulté à utiliser le matériel vu que les émigrés là-bas avaient les mêmes occupations qu'en Suisse.

Outre les quelques approfondissements sporadiques des dynamiques migratoires et la volonté d'interpeller les différentes générations des émigrés, les journalistes sont aussi attentifs aux diverses conditions économiques: les émigrés qui ont fait fortune sont très bien représentés, à tel point qu'il leur sera reproché marginalement cet aspect: on montrera les Suisses italiens qui ont fait carrière dans les institutions des pays d'accueil, ceux qui ont bâti de grandes fermes en Argentine, ainsi que le cas du fondateur d'une clinique pour personnes âgées en Californie.

«Raviver les enthousiasmes pour le pays d'origine»:[57] la caméra médiatrice

Les fortes différences entre les interviewés n'empêchent par les envoyés de garder un noyau de questions standards autour de l'aspect identitaire: le souvenir, la patrie, le patrimoine de culture populaire, tout est mobilisé pour faire ressortir le lien entre les deux réalités, à travers la sollicitation de la mémoire de l'émigrant, qui est en même temps une sollicitation de celle du téléspectateur.

Cette recherche continuelle du lien avec le pays d'origine produit des souvenirs qui souvent ne correspondent plus, ou très peu, à la Suisse italienne contemporaine, et implique la cristallisation d'une vision folklorique, qui va rester à son tour très ancrée dans la mémoire des réalisateurs mêmes: «Je me rappelle au Chili, mais vraiment au sud, nous n'avions pas trouvé de Tessinois […] et après, ils sont allés le chercher [un Tessinois] et nous devions prendre l'avion, que nous ne pouvions pas manquer. Ils l'ont amené à côté de l'avion. Nous lui avons fait l'interview […] et ce bonhomme *a l'a cantà la canzun di liberai e di uregiatt* [il a chanté la chanson des libéraux et des conservateurs].»[58] Cette chanson, des libéraux et des

---

p. 11. Le transfert d'information sur l'histoire et l'état de l'émigration suisse italienne dans le monde, transversale à toute la série, n'est pas à négliger, puisque les recherches sur cet objet historique en sont à leurs débuts.

55 AARSI, 7.16015, Riuniti per Natale, 24. 12. 1969 (1/2), 46'09"–48'23'.
56 Genoni (voir note 25), 43'30"–45".
57 AARSI, 7.016015, Riuniti per Natale 1963, in: Bertoni/Locatelli/Regusci (voir note 15), 22'40"–22'50".
58 Enzo Regusci, in: Bergomi/Scossa (voir note 18), 25'20"–25'40". Le morceau évoqué est repris tout de suite après le témoignage d'Enzo Regusci.

conservateurs (surnommés *uregiatt:* grandes oreilles), évoque les luttes historiques décennales et acharnées entre les deux forces politiques majeures du canton du Tessin. Dans ce cas-là aussi, la mémoire n'est pas complètement spontanée, mais sollicitée par le journaliste qui pose la question des vieilles chansons dont l'émigré pourrait éventuellement se souvenir.

Ce dispositif de remémoration est présent également dans les moments collectifs: les chants populaires en groupes[59] ou la préparation du risotto, plat typique du Tessin, laissent entrevoir une mise en scène identitaire, qui est souvent doublée par la voix off de Dario Bertoni: «Le Tessin vit dans tous ces émigrants, comme un souvenir, comme un espoir. […] Ils sont de trois générations. A l'Argentine, ils sont attachés avec ferveur et ténacité, mais les vieux sont rongés par le souvenir du Tessin.»[60]

Si, à côté de ces documentaires, de nombreux interviewés parlent aussi de leur bonheur du pays d'accueil (le climat, les rythmes de travail plus tranquilles, l'aisance économique), le récit, à travers les questions posées, reste donc plutôt ancré à un fil rouge nostalgique autour d'une double absence qui est censée caractériser l'émigration: «[…] déchiré et bienheureux au-delà des mers. Il est encore notre frère et déjà l'enfant d'une autre mère. Nous le rencontrons en Amérique du Sud. […] A ce monde qui explose dans ces pays si différents, l'émigrant confère la dimension humaine avec son sang doublement généreux ou doublement amer au-dessous de deux drapeaux.»[61]

Reste relativement en marge la difficulté des relations avec le pays d'origine, qui se retrouve à la fois dans la double absence des migrants («sem cunsiderà come stranieri» [nous sommes considérés comme des étrangers])[62] et dans les revendications participatives, notamment dans la requête du droit de vote, débat qui se développe en cette période. Encore une fois, ce n'est pas l'actualité qui est mise en avant.

Les journalistes se veulent donc médiateurs entre les deux communautés surtout autour du souvenir atemporel d'une Suisse italienne révolue: «Nous ne sommes pas Regusci, Locatelli, Bertoni. Nous sommes leur patrie, les pieds nus, le dialecte, la polenta, les chèvres et aussi la fiancée.»[63] Une médiation qui se développe néanmoins aussi sur d'autres plans. Tout d'abord le concours, dont je reparlerai, qui est à la base de l'émission: «[…] mères qui demandent de revoir leur enfant […] sœurs

---

59 Riuniti per Natale (voir note 55), 24'40"–26".
60 AARSI, 7.016015, Riuniti per Natale 1964, in: Bertoni/Locatelli/Regusci (voir note 15).
61 Riuniti per Natale (voir note 55), 49' env.
62 Ibid., 16'25"–16'30". Sur la difficulté du retour, quelques interviews radiophoniques de la période sont révélatrices. Voir MMuseo (base de données publique de la RSI), Documents radiophoniques, 27. 6. 1973, interview des émigrés tessinois rentrés depuis l'Amérique du Nord, qui ont fondé l'association «Amici del 4 luglio».
63 Riuniti per Natale (voir note 55), 26'7"–26'10".

qui considèrent la possibilité de pouvoir embrasser de nouveau leur frère, comme le plus beau cadeau de Noël. [...] Les autres concurrents, ou au moins une partie d'entre eux, aura le plaisir de voir sur l'écran télévisuel leur conjoint, filmé dans le milieu où il vit et travaille.»[64]

Si cela est le but général de l'émission, explicité par le sous-titre donné à la première émission: «Autour de l'écran avec la famille lointaine», les journalistes mettent aussi en place un dispositif de (paléo)contact entre les interviewés et la famille en Suisse. C'est l'effet «carte postale», que l'on retrouve dans d'autres émissions contemporaines pour les migrants: la rubrique *Cartoline da casa*, dans le programme diffusé pour les immigrés italiens en Suisse *Un'ora per voi,* mais aussi les émissions ponctuelles pour les Suisses de l'étranger, comme le moment radiophonique *Auguri di «Buon Natale» di alcuni nostri emigrati nell'America del Sud,* proposé par Lohengrin Filippello à la Radio suisse italienne le jour de Noël 1963,[65] ou encore les *Caméras du Père Noël* qui, au début des années 1960, permet aux familles de se saluer à travers la Télévision suisse romande.[66]

Dans le documentaire, l'interview individuelle permet donc des instants de contact direct, encore une fois dirigés par le journaliste qui demande à l'interviewé de saluer la famille en Suisse. C'est un moment privilégié qui laisse transparaître plusieurs sentiments, notamment chez les émigrés plus âgés, ceux de la première vague: les difficultés de garder des relations dans le pays d'origine, la nostalgie gênée et douloureuse, la prise de conscience du temps qui passe inexorablement (Maria Catella de Sassi donne rendez-vous dans l'au-delà à son frère et à sa sœur).[67]

La médiation se fait enfin sur un dernier plan, celui de l'aide factuelle, dans lequel l'émission semble rejoindre d'autres genres télévisuels, comme dans le cas de la «Chaîne du bonheur».[68] Ainsi, Rachele Steingruber, infirmière au Mato Grosso, gagnante de 1969, suscitera l'intérêt pour son travail de la part de l'association Terre des hommes;[69] le jeune Aldo Varesi, orphelin des deux parents sera soutenu dans ses

---

64 [S. n.], Riuniti per Natale, in: Radiotivù, 22–28. 9. 1963, p. 3.
65 «L'émotion, l'attachement profond à leur terre transparaît à travers les mots des gens que nous avons eu le plaisir et la chance de rencontrer, de l'affection que nos émigrants en Amérique latine continuent à avoir pour tous ceux qui sont restés au Tessin.» [S. n.], L'augurio natalizio di alcuni nostri emigranti nell'America del Sud, in: Radiotivù, 22. 12. 1963, p. 14. Toujours en cette période, les quotidiens tessinois informent régulièrement la communauté de l'arrivée de quelques migrants dans les villages tessinois, pour une visite, en général après de nombreuses années à l'étranger.
66 Voir l'exemple de la famille Golaz: Les Golaz de Suisse, in: www.rts.ch/archives; Les Golaz de Tahiti, in: www.rts.ch/archives (version du 20. 11. 2013).
67 AARSI, 7.016015, Riuniti per Natale 1964, in: Bertoni/Locatelli/Regusci (voir note 15).
68 La «Chaîne du bonheur» est une émission tout d'abord radiophonique créée en 1946 pour récolter des fonds en aide à l'Europe détruite par la guerre.
69 [S. n.], Grazie a «Riuniti per Natale» l'«infermiera di tutti» guiderà la crociata della bontà nel Mato Grosso, in: Radiotivù, 21. 6. 1969, p. 6.

études par les associations suisses à l'étranger; de même Gianaldo Martinelli, parti de Suisse à la hâte en 1959 et qui n'arrivera pas à améliorer sa condition en Colombie, trouvera «solidarité et aide» auprès de la communauté suisse de Bogotà.[70]

La dramatisation de l'émigration : le jury et le choix des gagnants

A travers les riches documentaires apparaissent les multiples aspects de l'émigration; l'élément conducteur (et légitimant) reste toutefois le lien avec la Patrie, par le biais de la nostalgie, mais aussi par la volonté de garder la nationalité, la langue, voire certaines habitudes. A cela se superpose le but du concours: retrouver des «pauvres diables», dit-on, car les «perdants» de l'émigration sont les vrais gagnants de l'émission. La troisième et dernière partie du dispositif général de l'émission, la plus officielle, consiste donc dans la retransmission de la lecture du verdict de la part du président du jury, l'ex-conseiller fédéral Enrico Celio. La composition du jury au fil des années conserve toujours un équilibre entre des autorités et des personnalités suisse italiennes, dont de toute façon une censée être plus à même d'évaluer des cas «humains» (un syndicaliste, un assistant social), et les délégués des institutions et des associations «partenaires», notamment les représentants de Swissair, de la Commission des Suisses à l'étranger et parfois de Pro Ticino. Pas de femmes jusqu'en 1970, quand Luciana Bassi (Caglio) fait son arrivée, à la suite probablement d'une requête des réalisateurs, puisque l'émission de 1970 se voulait «essentiellement humaine».[71] Le jury décide après avoir visionné le documentaire et avoir questionné les journalistes. Sur les onze émissions, celle de 1967 n'aura pas de concours, étant une synthèse des émissions précédentes; les émissions de 1970 et de 1974 n'auront par contre pas de gagnants.

Un regard sur les huit vainqueurs s'impose. En 1963, Sœur Clementina Zanetti, partie en 1937 pour aider les lépreux en Inde, ne pourra pas accepter le prix, car trop vieille et malade (elle mourra en 1964). Bruno della Torre, son remplaçant, qui vivait très pauvrement comme mineur en Australie, ne pourra pas quitter son travail. On décide donc d'offrir le voyage à la jeune Eulalia Ravetta, descendante de Francesco Ravetta qui quitta Bogno (Val Colla) avec son frère en 1863. Francesco se mariera

---

70 Martinelli affirme: «Vous savez comment sont les gens; tant d'années en Amérique, sans rien faire, rentrer sans argent [...], je ne sais pas, je le vois comme un peu étrange. Moi, j'aimerais quand même le faire. Surtout, j'aimerais revoir mes parents et rester un peu avec eux.» La voix off de Dario Bertoni: «Notre enquête, une mission. Martinelli trouvera solidarité et aide auprès des Suisses de Bogotà.» Riuniti per Natale (voir note 55), 8'10"–8'30".

71 Bertoni/Locatelli/Regusci (voir note 26), p. 2. On ne peut pas ne pas remarquer l'aspect genré de cette demande avancée par les organisateurs.

avec une Japonaise. Felice, son fils, restera au Japon et se mariera à son tour avec une Japonaise. Toute la famille restera suisse, malgré les difficultés que cela comportait pendant la Seconde Guerre mondiale. Les jeunes Ravetta, qui ont fréquenté une école internationale, ne connaissent pas la Suisse, mais Eulalia, selon le journaliste, «ne se sent pas Japonaise [...] elle dit se sentir Suisse, même si elle n'a jamais visité le pays». Pour la famille Ravetta, souligne le journaliste, le Tessin est celui du grand-père, celui de 1870 «dans les descriptions transmises oralement du grand-père au père Felice, qui ne retournera jamais dans sa patrie».[72]

On ne peut pas entrer dans l'analyse de la «suissitude» de la famille Ravetta (se sentir Suisse, signifie peut être se sentir, en général, occidental?); ce qui importe, c'est que cette loyauté envers le lointain pays d'origine est récompensée: «Le jury de ‹Riuniti per Natale› primait avec Eulalia Ravetta des vertus très rares: la constance de rester Suisse, la fidélité au pays d'origine, le patriotisme au-dessus et contre tout calcul d'opportunité, d'intérêt et de lucre.»[73]

Si, dans d'autres cas, les interviewés insistent sur leur volonté de rester Suisses, bourgeois même, pour les Ravetta, on arrive à montrer les passeports de la famille et le livret militaire du frère comme pièce à conviction. L'arrivée d'Eulalia dans le petit village de Bogno se transforme en une vraie fête, accompagnée par les discours des autorités et des panneaux de bienvenue, avec l'effet paradoxal d'une jeune femme très citadine qui arrive dans un petit village rural.[74]

En 1964 et 1965, le jury revient sur les aspects les plus dramatiques en insistant sur la rencontre de deux femmes tessinoises avec leurs pères. Le premier, émigrant, Angelo Giannuzzi, était parti en Argentine en 1918 «laissant au pays une fillette de neuf mois, fruit d'un mariage qui devait se conclure tragiquement. Ouvrier agricole [...], il épousa une très jeune paysanne indigène qui mourra de tuberculose en lui donnant le cinquième enfant, [...] actuellement à 67 ans, malade, il vit dans un taudis de boue et de vieilles tôles.» Le seconde, Joe Codi (Giuseppe Codiroli), émigrant en Californie depuis 1898, avait gardé d'étroits contacts avec sa fille, mais des problèmes de santé et des problèmes économiques ne leur avaient pas permis de se revoir depuis longtemps.[75] En 1966, c'est le tour de Dino De Grussa, mécanicien, qui vit modestement au Canada: «[...] en œuvrant dans les régions les

---

72 AARSI, 7.016015, Riuniti per Natale 1963, in: Bertoni/Locatelli/Regusci (voir note 15). Cette vision anachronique du Tessin est attestée par les journalistes qui se rappellent qu'une des premières choses que les émigrés leur montraient étaient les «toilettes à l'anglaise», c'est-à-dire la salle de bain aménagée, qui n'existaient pas encore dans les vallées quand la vieille émigration avait quitté la Suisse. Cf. Bergomi/Scossa (voir note 18), 27'19"–27'41".

73 Voix off de Dario Bertoni. Cf. AARSI, 7.016015, Riuniti per Natale 1963, in: Bertoni/Locatelli/Regusci (voir note 15), 22'00–22'40".

74 Cette partie sur la famille Ravetta est disponible aussi sur http://www.rsi.ch/moviola340/natale.htm# (version du 1. 12. 2012).

75 AARSI, 7.016015, Riuniti per Natale 1965, in: Bertoni/Locatelli/Regusci (voir note 15).

moins favorisées du pays d'adoption et en montrant les caractéristiques typiques de l'émigrant tessinois, il a démontré savoir s'intégrer parfaitement dans la réalité sociale et humaine d'un autre continent.»[76] En 1968, le prix va à l'infirmière Rachele Steingruber d'Ascona, «[pour] l'œuvre d'assistance et d'aide humanitaires qu'elle développe en tant qu'infirmière depuis 19 ans [...] parmi les indigènes du Mato Grosso et pour la très haute motivation énoncée avec des mots très simples».[77] En 1969, le choix tombera sur Beniamino Peverelli «65 ans, émigré en 1910, handicapé physiquement et qui, après une longue vie de travail intense et malchanceux, vit actuellement dans des conditions d'indigence sans pouvoir réaliser son vieux désir de revoir le Tessin».[78] En 1971, Flora Pellegrini Novati, émigrée en 1929, mère adoptive de deux enfants uruguayens, profitera du prix pour rentrer définitivement en Suisse avec eux.[79] Enfin, en 1973, Vincenzo Dorizzi, né en 1905 à Poschiavo, émigré comme mineur en 1920 à Broken Hill en Australie, pourra rentrer pour une visite en Suisse, car «on peut retrouver en lui les éléments caractéristiques de la condition de l'émigrant de la Suisse italienne: courage, ténacité, sens du travail et attachement indéfectible à son propre pays».[80]

Qu'est-ce qui réunit ces émigrants? Outre les difficultés économiques, qui justifient le prix, on est en présence, me paraît-il, du fameux émigrant idéal, recherché depuis les premiers contacts entre les journalistes et la population de la Suisse italienne. Ses caractéristiques ne sont pas exemptes d'éléments genrés. Les hommes sont primés pour le dévouement et la ténacité dans le travail, malgré l'adversité, ainsi que pour les liens identitaires forts, parfois citoyens, avec la Patrie, qu'ils ont quittée pour des raisons économiques. Ce faisant, ils ont pu mettre à disposition leur travail dans les régions d'accueil. Pour les femmes, c'est l'aspect de soin qui prime, que cela soit dans l'aide humanitaire ou maternelle.

Ces aspects, qui deviennent en quelque sorte constitutifs de l'émigrant type, sont renforcés par les motivations qui conduisent à ne pas distribuer de prix en 1970 et en 1974, dans les deux cas aux Etats-Unis, et cela n'a rien d'étonnant: la prospérité croissante, combinée à l'individualisme, ne permet pas de retrouver au moins un des deux éléments forts.[81] Mais surtout ne permet pas au téléspectateur d'y voir sa

---

76 [S. n.], Tornerà dal Canadà dopo trentotto anni d'assenza, in: Corriere del Ticino, 27. 12. 1966, p. 2.
77 AARSI, 06.3136, Riuniti per Natale, 24. 12. 1968, Inserto Giuria 1968.
78 [S. n.], Beniamino Peverelli rivedrà il Ticino dopo 60 anni di sfortunato lavoro in Sudamerica, in: Il Dovere, 27. 12. 1969, p. 9.
79 [S. n.], Assegnato a Flora Pellegrini-Novati il premio di Riuniti per Natale, in: Libera Stampa, 27. 12. 1971, p. 2.
80 [S. n.], Al poschiavino Dorizzi il premio Riuniti per Natale, in: Libera Stampa, 27. 12. 1973, p.2.
81 «L'individualisme et la prospérité générale de notre colonie exiguë au Brésil conditionnent le choix du gagnant du vol offert par Swissair.» AARSI, A239065, Riuniti per Natale 1968, Giuria 1968.

propre représentation de l'émigration: «Un cas typique de l'émigrant qui suscite une émotion particulière selon l'attente des citoyens restés dans leur patrie n'émerge pas de l'examen des cas proposés aux délégués de la télévision.»[82]
Cette explication est extraordinaire dans sa synthèse. Les études sur les migrations à la télévision montrent en effet que l'image du migrant doit être porteuse de drame, autrement elle perd en intensité et en intérêt.[83] Dans le cas de *Riuniti per Natale,* il en résulte un effet pervers, car ces émigrants en difficulté ne sont plus désormais exemplaires de leur groupe, mais à la suite du prix reçu ils disposent d'une place privilégiée dans les commentaires de la presse, ainsi que dans les actualités de la télévision. On peut donc supposer que cela ait pu avoir une influence dans la construction de la mémoire qui se fait autour de cette émission, dont les plus de 50 ans se souviennent encore maintenant comme extrêmement pathétique.

En guise de conclusion

Riuniti per Natale est une émission qui anticipe les quelques documentaires et reportages sur l'émigration qui débuteront sur les chaînes helvétiques dès les années 1980. Elle reste toutefois unique dans son dispositif, qui lui permet en outre d'être évoquée dans la presse locale pendant une bonne partie de l'année: tout d'abord, avec ses annonces; par la suite, avec le passage de l'émission à la télévision; enfin, avec les commentaires sur les résultats du concours.
Sa formule de «contact», en un jour symbolique comme Noël, souligne le rôle de médiatrice et de rassembleuse que la télévision du service public se donne en cette période: la famille se réunit le soir de Noël et peut ainsi embrasser symboliquement ses proches qui sont à l'autre bout du monde.[84] En effet, ce n'est pas que la famille la plus proche qui est concernée, mais toute la famille de la Suisse italienne qui participe à cette réunion. Une famille qui vit une période bouleversante, de forts changements sociaux, économiques et culturels et qui, peut-on supposer, à travers la télévision affirme et confirme les spécificités de son propre ensemble de représentations.[85]

---

82 Citation du verdict du jury, in: [S. n.], Per la prima volta non assegnato il premio di «Riuniti per Natale», in: Libera Stampa, 28. 12. 1970, p. 7.
83 Voir notamment Edouard Mills-Affif, Filmer les immigrés. Les représentations audiovisuelles de l'immigration à la télévision française 1960–1986, Bruxelles 2004.
84 «Pour la soirée la plus significative de la vie familiale, [grâce à l'écran de télévision] de nombreux Tessinois se retrouveront physiquement à côté de leurs proches, absents depuis des années, des petits-enfants jamais embrassés, des grands-parents jamais rencontrés, une belle-fille qui a une autre couleur de peau, un beau-fils d'une autre religion.» Informazione della RTSI, «Riuniti per Natale», Emissione concorso della TSI, in: Corriere del Ticino, 7. 6. 1963, p. 3.
85 Sur cet aspect, voir Giaccardi/Manzato/Simonelli (voir note 9), p. 16 ss.

En même temps, la télévision joue un rôle de passeuse. C'est dans le regard de l'autre, de l'émigré, que le téléspectateur s'aperçoit que le pays n'est plus celui que la mémoire de la vieille migration évoque, mais désormais un pays en voie de modernisation, transformé de terre d'émigrants en terre d'immigration.[86] Et c'est à ce moment même que la nécessité de la mémoire de l'émigration se met en place. Ce n'est pas un hasard si la destination de l'émission de 1973 sera organisée avec le support d'un historien et que les dernières émissions souligneront l'aspect historique.

C'est aussi autour du motif pathétique de l'émission que se bâtit l'identité communautaire. Le contact se fait à travers l'écran seulement si à la question «est-ce que vous vous souvenez de nous?» la réponse est affirmative; cette affirmation se traduit par la nostalgie explicitée du Pays (alternativement, ou cumulativement, le village, la région et la nation) et le maintien de certaines pratiques: on oublie l'italien, mais on parle encore le dialecte, on chante de très vieilles chansons, on garde la photo du général Guisan dans la salle à manger, on fête le 1er Août. En bref, on nourrit une vision du pays d'origine figée, immobile. Les interviews des documentaires sont à ce propos parlantes: c'est autour de la nostalgie, du souvenir, de la mémoire que se formulent les questions aux émigrés, ainsi que les commentaires en voix off, à tel point qu'au moment du passage générationnel évoqué précédemment, les journalistes essaient une fois de plus, une fois de trop peut-être, de susciter de la nostalgie, de retrouver des attachements au pays désormais flous, sinon inexistants, auprès de gens installés depuis des générations dans un autre pays, ou encore, auprès des jeunes émigrants temporaires.

La réponse du pays d'origine à ses enfants émigrés ne passe pas seulement à travers le soutien aux émigrés en difficulté, mais aussi et surtout par l'exaltation de «son» émigré comme courageux, infatigable, laborieux, tenace, qui sait s'intégrer dans le pays d'accueil sans oublier la Suisse et qui devient ainsi un motif d'orgueil pour la Confédération. Ces qualités dépassent le succès matériel éventuellement atteint et on les définit dans la presse comme les qualités de l'émigrant suisse ou suisse italien.[87] Elles ne sont donc pas applicables à n'importe quelle émigration,

---

86 «Le film nous a présenté un nouveau visage: non plus le pauvre Tessinois qui émigre à la recherche du pain, mais le jeune formé qui quitte le pays poussé par un certain sens de l'aventure, conscient qu'à n'importe quel moment il peut retourner au Tessin qui, désormais, de terre d'émigrants est devenu terre d'immigrés.» «Riuniti per Natale» premia un emigrato poschiavino, in: Popolo e Libertà, 27. 12. 1973, p. 5.

87 «Avec plaisir, [le jury] a constaté que les qualités des émigrants tessinois se sont traduites en un succès matériel qui peut être symbolisé par la figure et par l'œuvre du docteur Carlo Mariotti à Lima et qui aide au prestige de toute l'émigration tessinoise et helvétique en Amérique.» [S. n.], Ritroverà nel Ticino il fratello che non vede più da si decenni, in: Corriere del Ticino, 27. 12. 1969, p. 38.

surtout pas à celle qui, à la même période, vit un climat de xénophobie de plus en plus lourd dans la Confédération.

Tant dans son dispositif général que dans ses dynamiques internes *Riuniti per Natale* est donc un bel exemple de la façon dont la télévision des années 1960–1970 traduit les rapports entre deux communautés et leurs représentations respectives.[88]

---

[88] «Comme tout objet social, la télévision est une forme particulière de traduction des rapports sociaux en représentations culturelles.» Eric Macé, Qu'est-ce qu'une sociologie de la télévision? Esquisse d'une théorie des rapports sociaux médiatisés. 1. La configuration médiatique de la réalité, in: Réseaux 18/104 (2000), p. 245–288, citation p. 148, http://www.persee.fr/web/revues/home/prescript/article/reso_0751-7971_2000_num_18_104_2295.

Monika Götzö, Katrin Sontag

Ansätze für eine kulturanthropologische Untersuchung hochqualifizierter Migrantinnen und Migranten

Eine Bestandsaufnahme

Migration of the Highly Qualified. A Survey of Research Approaches from an Anthropological Perspective

The article discusses approaches to the study of migration of the highly qualified, which provide the background for our ongoing research project in Cultural Anthropology at the University of Basel.
"Highly qualified migrants", "expats" et cetera, have become buzzwords in the media and political discourses. In economics and political sciences they are sometimes conceptualized with regard to "brain drain" or "brain gain". Our project proposes to carefully examine these larger conceptualizations, as existing studies reveal a great diversity and heterogenity regarding this "group" as well as their forms and ways of migration and mobility. We consider theoretical concepts that allow for complexity, such as mobility, transmigration, multilocality, transnational social spaces. Finally, with regard to methods, we propose an approach of biographical case studies in order to reveal not only individual narratives, experiencing and shaping of daily life, but also ways in which people react to and deal with political and legal frameworks as well as societal discourses.

Hochqualifizierte[1] Migrantinnen und Migranten stehen aktuell immer häufiger im Fokus politischer und medialer Debatten, jedoch noch kaum im Fokus kulturwissenschaftlicher Forschungen. Unsere Forschungsgruppe untersucht seit Juni 2012

---

1 Unserem Ansatz liegt die Definition für hochqualifizierte Arbeitskräfte des *Manual on the Measurement of Human Resources Devoted to S & T*, des *Canberra Manual* der OECD zugrunde, die sowohl im formellen Bildungssystem als auch auf anderem Weg qualifizierte Menschen einschliesst: "a) successfully completed education at the third level in an S & T [science and technology] field of study; b) not formally qualified as above, but employed in a S & T occupation where the above qualifications are normally required." OECD, The Measurement of Scientific and Technological Activities. Manual on the Measurement of Human Resources Devoted to S & T. Canberra Manual, Brüssel 1995, S. 16.

WissenschaftlerInnen und UnternehmerInnen, die arbeitsbedingt zu Wohn- und Lebensortwechseln aufgefordert sind.[2] Wir fokussieren in biografischen Interviews auf das aktuelle Erleben und Gestalten des Alltags und rekonstruieren Vorstellungen, Lebensentwürfe sowie Selbst- und Fremdbilder, die in den Narrationen aufscheinen. In diesem Artikel stellen wir aktuelle theoretische Konzepte und Überlegungen vor, auf denen unsere Forschung aufbaut.

Aktuelle Ansätze und Konzeptionen

In der Schweiz sind knapp 60% aller Migrantinnen und Migranten hochqualifiziert.[3] Um die Hälfte aller an Schweizer Universitäten Doktorierenden und Habilitierten sind Ausländerinnen und Ausländer.[4] Von Medien und Politik werden hochqualifizierte Migrantinnen und Migranten als (notwendiges) Zeichen der Globalisierung rezipiert. Die schweizerische Migrationspolitik konzentriert sich seit dem Inkrafttreten des Freizügigkeitsabkommens mit der EU und der EFTA 2002 sowie des neuen Ausländergesetzes (AuG) 2008 auf hochqualifizierte Migrantinnen und Migranten aus Staaten der EU, der EFTA und der OECD.[5] Der Fokus der Migrationspolitik liegt dabei sowohl in der Schweiz wie auch der EU auf Migration als Arbeitsmigration.[6] Einzelne Kantone und Konzerne geben Studien in Auftrag, um das Potenzial und die Lebensbedingungen Hochqualifizierter besser zu verstehen.[7]

---

2 Die in diesem Artikel konzeptionell beschriebene, vom Schweizerischen Nationalfonds bis 2015 finanzierte Studie von Monika Götzö und Katrin Sontag, *Leben und Arbeiten an verschiedenen Orten: Biographie und Arbeitsmigration von Hochqualifizierten aus kulturanthropologischer Perspektive,* wird von Prof. Dr. Jaques Picard und Prof. Dr. Walter Leimgruber, Seminar für Kulturwissenschaft und Europäische Ethnologie der Universität Basel, betreut.
3 Thomas Liebig, Sebastian Kohls, Karolin Krause, The Labour Market Integration of Immigrants and their Children in Switzerland (OECD Social, Employment and Migration Working Paper 128), Paris 2012, http://www.oecd.org/switzerland/49654710.pdf (Version vom 10. 10. 2012).
4 Ganga Jey Aratnam, Hochqualifizierte mit Migrationshintergrund. Ressourcen und Hürden, in: Tangram 29/6 (2012), S. 93–96.
5 Gianni D'Amato, Historische und soziologische Übersicht über die Migration in der Schweiz, in: Schweizerisches Jahrbuch für Entwicklungspolitik 27/2 (2008), S. 177–195; Thomas Liebig, Alfonso Sousa-Poza, Taxation, Ethnic Ties and the Location Choice of Highly Skilled Immigrants, Paris 2005; Liebig et al. (wie Anm. 3).
6 Yvonne Riaño, Nadia Baghdadi, Unbekannte Migrantinnen in der Schweiz. Studie zu qualifizierten Frauen aus Lateinamerika, dem Nahen und Mittleren Osten und Südosteuropa, in: Widerspruch 51 (2006), S. 43–51; Jonathan Chaloff, Georges Lemaître, Managing Highly Skilled Labour Migration. A Comparative Analysis of Migration Policies and Challenges in OECD Countries (OECD Social, Employment and Migration Working Paper 79), OECD Publishing, http://dx.doi.org/10.1787/225505346577 (Version vom 11. 9. 2014).
7 Daniel Wiener, Marco Grossmann, Nachhaltige Entwicklung für Wirtschaft, Umwelt und Gesellschaft. Potenziale und Herausforderungen der Expats-Integration in der Region Basel, Basel 2011; Heidi Stutz, Lucien Gardiol, Thomas Oesch, Immigration 2030. Szenarien für die Zürcher Wirtschaft und Gesellschaft, Zürich 2010.

In der Wissenschaft dominieren zahlenmässig die Forschungen aus den Wirtschafts- und Politikwissenschaften, welche die Migration von Hochqualifizierten vorwiegend unter dem Aspekt des Brain-Drain problematisieren.[8] Vorwiegend quantitativ angelegte Studien vergleichen Migrationsbewegungen von *highly skilled* und kontextualisieren sie mit Einwanderungspolitiken oder beruflichen Möglichkeiten und Zukunftsoptionen jeweiliger Länder.[9] Andere Migrationstheorien ordnen Hochqualifizierte den Stichworten «Elitezirkulation», *brain circulation* oder *brain exchange* zu.[10]
Liebig und Souza-Poza untersuchen für die Schweiz im Auftrag der OECD Faktoren, welche hochqualifizierte Migrantinnen und Migranten veranlassen, sich in der Schweiz niederzulassen.[11] Diese Frage steht im Rahmen des zunehmenden Wettbewerbs zwischen OECD-Ländern um Hochqualifizierte für den nationalen Erwerbsmarkt. Liebig und Souza-Poza[12], früher Feld[13] sowie Feld und Kirchgässner[14] erforschen die Bedeutung der lokalen Steuerpolitik sowie die Rolle von ethnischen Netzwerken und kommen dabei zum Schluss, dass für die Hochqualifizierten weder der eine noch der andere Faktor von Bedeutung ist. Vielmehr erweisen sich diese Gruppe von Migranten und Migrantinnen sowie ihre Motive als äusserst heterogen. Zu einem ähnlichen Ergebnis kommen Tabin und Keller,[15] welche die Rolle der schweizerischen Wohlfahrtspolitik als anziehenden Faktor für die Migration Hochqualifizierter untersuchen. Sie stellen fest, dass weder die Ausgaben der Kantone für Migrantinnen und Migranten steigen noch wohlfahrtsstaatliche Massnahmen zur Migration motivieren. Stattdessen kommt familiären Beziehungen sowie Arbeitsmöglichkeiten eine zentrale Bedeutung zu. Diese quantitativ fundierten Forschungen bemängeln allesamt die eher ungenügend ausgereifte und wenig differenzierte Datenlage. Einerseits liegen die Unschärfen

---

8 Uwe Hunger, Brain drain oder brain gain. Migration und Entwicklung, in: Dietrich Tränhardt, Uwe Hunger (Hg.), Migration im Spannungsfeld von Globalisierung und Nationalstaat, Wiesbaden 2003, S. 58–75; Martin Wolburg, Brain Drain. A Danger for Germany? in: Henrik Egbert, Clemens Esser (Hg.), Migration and Labour Markets in the Social Sciences, Berlin 2007, S. 79–103.
9 Schmidtke am Beispiel von Kanada im Vergleich zu Deutschland: Oliver Schmidtke, Die Einwanderungspolitik Kanadas – beispielgebend für Deutschland? in: Dietrich Thränhardt (Hg.), Entwicklung und Migration, Berlin 2008, S. 51–78; Wolburg (wie Anm. 8), S. 90, zum Thema Zukunftsoptionen.
10 Thomas Straubhaar, International Mobility of the Highly Skilled. Brain Gain, Brain Drain or Brain Exchange (HWWA Working Paper 88), Hamburg 2000.
11 Liebig/Sousa-Poza (wie Anm. 5).
12 Ebd.
13 Lars P. Feld, Steuerwettbewerb und seine Auswirkungen auf Allokation und Distribution. Ein Überblick und eine empirische Analyse für die Schweiz, Tübingen 2000.
14 Lars P. Feld, Gebhard Kirchgässner, Income Tax Competition at the State and Local Level in Switzerland, in: Regional Science and Urban Economics 31/2–3 (2001), S. 181–213.
15 Jean-Pierre Tabin, Véronique Keller, Le tourisme social existe-t-il? Lausanne 2003.

in der Definition von Hochqualifizierten als Niedergelassenen mit einer Aufenthaltsdauer von mehr als einem Jahr, wodurch die Kurzaufenthalterinnen und -aufenthalter nicht berücksichtigt werden.[16] Kritisch eingeordnet werden muss aus theoretischer Sicht auch die starke Betonung von Push- und Pull-Faktoren, welche einer traditionellen Auffassung von Migration entspringt und die Perspektive der Akteurinnen und Akteure unterbeleuchtet lässt. Zudem liegt der Fokus vorwiegend auf einer Konzeption von Mobilität, die zum einen den politischen Gehalt der Migration wie zum Beispiel Anwerbestrategien von Staaten und Unternehmen, zum anderen die individuellen Handlungsstrategien und Bedeutungszusammenhänge unberücksichtigt lässt. Eine kulturwissenschaftliche Auseinandersetzung mit diesem Bereich der Migration könnte gerade aus der individuellen Perspektive ein anderes Licht auf gesellschaftliche Konstruktions- und Transformationsprozesse werfen. Unser Projekt setzt an den folgenden Überlegungen an.

Differenzierung der Gruppe der Hochqualifizierten

Global migrierende, gut ausgebildete Fachleute werden in wissenschaftlichen Forschungen und Theoriebeiträgen unterschiedlich konzipiert. Mit Fokus auf eine Weltkapitalismustheorie fasst Leslie Sklair die migrierenden Hochqualifizierten als «transnationale kapitalistische Klasse» zusammen.[17] Anja Weiss[18] vermutet in hochqualifizierten Migrantinnen und Migranten den «Kern einer transnationalen Mittelklasse», Rosabeth Kanter Moss sieht in ihnen gar eine «Weltklasse».[19] Ulf Hannerz bezeichnet freiwillig im Ausland Lebende als *expatriates,* denen eine Rückkehr prinzipiell offensteht und welche das Potenzial von «Kosmopoliten» aufweisen, ohne dies jedoch immer einzulösen.[20] Er grenzt sie gegen Flüchtlinge sowie gegen die globale Geschäftselite ab. Global agierende, von ihren Unternehmen ins Ausland geschickte Geschäftsleute werden in anderen Studien allerdings ebenfalls unter dem Begriff der *expatriates*[21] zusammengefasst. Auch Auslandsentsandte

---

16 Dominic Bentz, Ausländer auf dem Zürcher Arbeitsmarkt. Entwicklungen und Strukturen, Zürich 2005; Lenore Sauer, Andreas Ette, Auswanderung aus Deutschland. Stand der Forschung und erste Ergebnisse zur internationalen Migration deutscher Staatsbürger, Wiesbaden 2007.
17 Lesslie Sklair, The Transnational Capitalist Class, Oxford 2001.
18 Anja Weiss, Hoch qualifizierte MigrantInnen. Der Kern einer transnationalen Mittelklasse?, in: Florian Kreutzer, Silke Roth (Hg.), Transnationale Karrieren. Biografien, Lebensführung und Mobilität, Wiesbaden 2006, S. 283–300.
19 Rosabeth Kanter Moss, Weltklasse. Im globalen Wettbewerb lokal triumphieren, Wien 1996.
20 Ulf Hannerz, Kosmopoliten und Sesshafte in der Weltkultur, in: Peter-Ulrich Merz-Benz, Gerhard Wagner (Hg.), Der Fremde als sozialer Typus, Konstanz 2002, S. 139–161.
21 Florian Kreutzer, Becoming an expatriate. Die transnationale Karriere eines dual-career couple, in: Kreutzer/Roth (wie Anm. 18), S. 34–63; Sylke Piéch, Das Wissenspotenzial der Expatriates. Zur Prozessoptimierung von Auslandsentsendungen, Sternenfels 2009.

von Regierungen, NGOs oder religiösen Gemeinschaften werden zur Gruppe der *expatriates* gezählt.[22]

Gemeinsam ist den oben erwähnten Gruppen eine Migrationsform, welche in der Regel nicht von einem einmaligen Aufbruch und einer nachfolgenden Niederlassung geprägt ist, sondern von vorübergehenden Wanderungsbewegungen mit mehreren Ortswechseln bestimmt wird. Darüber hinaus erscheint es jedoch für eine genauere Untersuchung problematisch, die Hochqualifizierten als «gesellschaftliche Grossgruppe» zu konzipieren. Ingrid Kummels unterscheidet «Fachkräfte, die aus eigener Initiative innerhalb von Europa (free movers) umziehen, diejenigen, die sich innerhalb der Struktur multinationaler Konzerne bewegen (intracompany transferees), und Hochqualifizierte, die nicht ihrem Anforderungsprofil entsprechend Anstellung finden (deskilled migrants)».[23] Gleichzeitig sieht sie die Notwendigkeit, die Gruppe Hochqualifizierter breit und konzeptionell offen zu gestalten und Studierende während der Ausbildung wie auch beruflich Migrierende zu berücksichtigen, um die langjährigen Wanderbewegungen erfassen zu können.

Studien zur Migration von hochqualifizierten Frauen aus sogenannten Drittstaaten in die deutschsprachige Schweiz von Yvonne Riaño und Nadia Baghdadi[24] zeigen auf, dass das Potenzial dieser vorwiegend aus familiären Gründen in die Schweiz Eingewanderten trotz des europäischen Wettbewerbs um Hochqualifizierte wenig oder kaum genutzt wird: nur ein Viertel der untersuchten Frauen, die allesamt deutsch sprechen, erhält eine unbefristete Stelle, die ihren Qualifikationen entspricht. Die fehlende Anerkennung der Berufs- und Bildungsabschlüsse verbindet sich bei dieser Migrantinnengruppe mit gesellschaftlichen Normvorstellungen von Frauen als vorwiegend Hausfrauen und Mütter, die nur zur Ergänzung berufstätig sind. Riaño und Baghdadi stellen fest, dass die Migration für diese Gruppe Hochqualifizierter einen Statusverlust bedeutet. Generell ist zu erwarten, dass die Gruppe der Hochqualifizierten relativ heterogen ist und deren Mitglieder sich vorwiegend in Bezug auf das kulturelle Kapital[25] ähnlich sind.

---

22 Gertrud Hüwelmeier, Ordensfrauen im Jumbojet. Katholische Schwestern als Akteure im Prozess der Globalisierung, in: Kreutzer/Roth (wie Anm. 18), S. 64–82; Ulrike Niedner-Kalthoff, Rotation und Objektivität. Diplomaten als transnationale Migranten, in: Kreutzer/Roth (wie Anm. 18), S. 83–99.
23 Ingrid Kummels, Globale Ökonomie, heterogene Migration und städtisches Zusammenleben im 21. Jahrhundert. Politische Handlungsoptionen in den Global Cities mit Blick auf die verstärkte Zuwanderung temporärer, qualifizierter Migrant/innen, Referat gehalten an der Zürcher Migrationskonferenz, 21. 9. 2007, http://www.stadtzuerich.ch/content/dam/stzh/prd/Deutsch/Stadtentwicklung/Publikationen_und_Broschueren/Integrationsfoerderung/themen_a-z/Migrationskonferenz/MK-07-Referat-Kummels.pdf, S. 6 (Version vom 8. 10. 2012).
24 Riaño/Baghdadi (wie Anm. 6).
25 Vgl. Pierre Bourdieu, Die verborgenen Mechanismen der Macht (Schriften zu Politik und Kultur 1), Hamburg 2005.

Migrationsweisen

Die häufigen Ortswechsel von Menschen, welche beruflich bedingt migrieren, werden als Phänomen der Spätmoderne,[26] als mobile Berufspraxis oder als globales Nomadentum konzipiert,[27] wobei in Abgrenzung zum traditionellen, existenziell lebensnotwendigen Nomadentum die Bedeutung der privilegierten Stellung der globalen Nomaden herausgestrichen wird.[28] Im Zentrum der meisten Studien stehen Fragen des Lebens an verschiedenen Orten[29] beziehungsweise der Bedeutung eines Orts an sich.[30] Die Forschungen legen nahe, dass die Dauer des Aufenthalts, die Wohnlage (meist in der Nachbarschaft anderer hochqualifizierter Migrantinnen und Migranten) sowie die Familienform (allein lebend, mit oder ohne Kinder) und die Sprache des Umfelds eine bedeutende Rolle spielen, ob und wie sich die untersuchten Menschen auf ihre jeweilige lokale Umgebung einlassen. Besonders wichtig scheinen Netzwerke von Expatriates vor Ort zu sein sowie Relocation-Service-Dienstleister.[31]

Lenore Sauer und Andreas Ette[32] haben beispielhaft die Wege der internationalen Migration von Deutschen nachgezeichnet. Sie stellen fest, dass Alter, Geschlecht, Familienstand und regionale Herkunft bedeutende Unterschiede in der Motivation sowie in den Wanderungsbewegungen ausmachen. Einerseits bestimmen die beruflichen Möglichkeiten die Migration, sodass 40% der deutschen Migrantinnen und Migranten 25–40 Jahre alt sind. Ebenso beeinflussen geografische Gegebenheiten die Motivation. Die höchsten Auswanderungsraten finden sich in grenznahen Regionen, Städten und Kreisen, wobei sich die Wanderung in erster Linie auf die benachbarten Staaten konzentriert. Da 21% der Migrantinnen und Migranten aus Baden-Württemberg in die Schweiz migrieren, stellt sich hier unter anderem auch die Frage der transnationalen Migration. Der Wechsel zwischen den Ländern wird

---

26 Johanna Rolshoven, Multilokalität als Lebensweise der Spätmoderne, in: Schweizerisches Archiv für Volkskunde 103 (2007), S. 157–170.
27 Maresa Knaus, Globale Nomaden – Mobile Berufspraxen und privilegierte Lebenswelten, in: Schweizerisches Archiv für Volkskunde 107 (2011), S. 35–56.
28 Konrad Köstlin, Die Rede vom modernen Nomaden, in: Walter Deutsch, Maria Walcher (Hg.), Sommerakademie Volkskultur 1994. Weg und Raum, Wien 1995, S. 19–29.
29 Nicola Hilti, Nicht daheim und doch zuhause? Über das Phänomen der Multilokalität, in: Schweizerisches Archiv für Volkskunde 103 (2007), S. 181–199; Lars Meier, Den Ort spüren, Distanz erfahren – Irritationen des alltäglichen Handelns deutscher Finanzbeschäftigter in London, in: Kreutzer/Roth (wie Anm. 18), S. 224–239.
30 Magdalena Nowicka, Feste Beziehungen oder one-night-stand? Hochmobile und ihre Bindung zu Orten, in: Kreutzer/Roth (wie Anm. 18), S. 190–208; Asta Vonderau, Geographie sozialer Beziehungen. Ortserfahrungen in der mobilen Welt (Berliner Ethnographische Studien 4), Münster 2003; Janine Schiller, Wohnen als lokale Identifikationsstrategie, in: Schweizerisches Archiv für Volkskunde 103 (2007), S. 239–249.
31 Knaus (wie Anm. 27).
32 Sauer/Ette (wie Anm. 16).

als Norm erlebt, kulturelle und soziale Identitäten werden in und an der Verbindung zwischen verschiedenen Orten gestaltet. Die Orientierung richtet sich nicht mehr an nur einem Nationalstaat aus.

Konzepte wie «Heimat» oder «sich zu Hause fühlen» erscheinen wenig gehaltvoll, um die Spezifität der Migration Hochqualifizierter zu erfassen, auch wenn dies im Zusammenhang mit Fragen rund um die Integration diskutiert wird, beispielsweise als «Sozialkontakte zu Einheimischen.[33] Stattdessen erweisen sich Fragen nach den realen beruflichen und privaten sozialen Beziehungen, Netzwerken, Zugehörigkeiten und ihrer physischen beziehungsweise virtuellen Verortbarkeit als offener formuliert und geeigneter, die Vielfalt von Lebenswelten von hochqualifizierten Migrantinnen und Migranten empirisch zu erfassen. Die Orientierung an Nationalgrenzen und lokal eingegrenzter Zugehörigkeit verweist auf traditionelle Vorstellungen von Migration als einmaligem Aufbruch und fester Niederlassung mit der Terminologie der «Ein- und Auswanderer», der «Fremden» und «Einheimischen». Die Integration wird dabei als Abbruch der Beziehungen zum «Heimatland» gesehen beziehungsweise die Bindung an die Herkunft als Störfaktor für die Integration aufgefasst.[34]

Die vorliegenden Studien legen nahe, die Migration Hochqualifizierter nicht als einmalige Ortsverschiebung, sondern als Wanderbewegung mit mehreren kurz- oder langfristigen Aufenthalten sowie den auf diese Weise entstehenden sozialen und geografischen Räumen zu konzipieren.

Theoretische Konzepte

Die Erforschung der vielfältigen Migrationsformen und Lebenswirklichkeiten von Hochqualifizierten erfordern sensibilisierende Konzepte. Auf methodischer Ebene sollte dabei das Sample der Untersuchung im Sinn des *theoretical sampling* der Grounded Theory durch möglichst viele unterschiedliche Kontrastierungen strukturiert werden.[35]

Das Konzept der *motility*[36] sensibilisiert für die soziale und individuelle Ausgangslage im Sinn einer «Migrationsfähigkeit» und legt die Fragen nahe, ob und

---

33 Knaus (wie Anm. 27).
34 Anna Maria Riedi, Katharina Haab, Jugendliche aus dem Balkan. Migration und Integration als Herausforderung für die Jugendhilfe, Zürich 2007; Marco Dolfini, Integration der Jugendlichen aus dem Balkan in der Stadt Biel. Eine Bestandesaufnahme, Biel 2003.
35 Dazu ausführlich: Anselm Strauss, Grundlagen qualitativer Sozialforschung, München 1998; Anselm Strauss, Juliet Corbin, Grounded Theory. Grundlagen Qualitativer Sozialforschung, Weinheim 1999.
36 Ruth Limmer, Norbert F. Schneider, Studying Job-Related Spatial Mobility in Europe, in: Norbert F. Schneider, Gerardo Meil (Hg.), Mobile Living Across Europe, Bd. 1: Relevance and Diversity

wie Migrationsprozesse aktiv gestaltet und vorangetrieben werden und welche Faktoren auf welche Weise im Gesamtgefüge des Migrationsprozesses wirken. Zu diesen Faktoren zählen zum Beispiel Ressourcen, die durch die Migration optimiert, kompensiert oder eingebracht werden können. So beschreiben Huinink und Kley,[37] wie der Bildungsgrad Migrationsprozesse selektiv strukturiert. Zudem scheinen strukturelle Ungleichheitskategorien wie Geschlecht oder Ethnie auch für Hochqualifizierte eine entscheidende Rolle bei einer erfolgreichen beruflichen Allokation zu spielen.[38] Andere beschreiben, wie diese Ungleichheitsbedingungen zum Verbleib in einem «Arbeitsmarkt unspezifischer Qualifikationen»[39] oder zu Arbeitslosigkeit führen.[40]

Der Begriff der *Transmigration*[41] betont das mehrfache Weiterwandern im Gegensatz zur traditionellen Auffassung von Migration als einmaliger Bewegung im Sinn einer «Ein- oder Auswanderung». Migration kommt dadurch als Prozess in den Blick, der durch komplexe biografische, alltagsweltliche und berufliche Dynamiken geformt und strukturiert wird.

Ebenso lenken *transnational* ausgerichtete Studien den Fokus auf Synchronität und *Multilokalität* der Migration und zeigen Nationalgrenzen überspannende, transnationale, soziale Handlungs- und Beziehungsfelder auf.[42] Dieser Ansatz

---

of Job-Related Spatial Mobility in Six European Countries, Opladen 2008, S. 13–45, hier 26, 29.

37 Johannes Huinink, Stefanie Kley, Regionaler Kontext und Migrationsentscheidungen im Lebensverlauf, in: Frank Kalter (Hg.), Migration und Integration. Kölner Zeitschrift für Soziologie und Sozialpsychologie, Sonderheft 48 (2008), S. 162–184.

38 Arnd-Michael Nohl, Bildung und Migration. Empirische Rekonstruktionen zu bildungserfolgreichen Jugendlichen aus türkischen Einwanderungsfamilien, in: Frank Gesemann (Hg.), Migration und Integration in Berlin. Wissenschaftliche Analysen und politische Perspektiven, Opladen 2001, S. 293–312; Riaño/Baghdadi (wie Anm. 6).

39 Niki von Hausen, Teufelskreis im Ankunftsland. Zur Verstetigung hoch qualifizierter Zuwanderer im Arbeitsmarkt für unspezifische Qualifikationen (Cultural Capital During Migration Research Paper 6), 2008, http://www.cultural-capital.net/images/stories/publications/working_paper6.pdf (Version vom 1. 7. 2011); Natalia Hefele, Margarete Menz, Wer integriert die Hochqualifizierten? Ergebnisse einer Expertise zur beruflichen Integration russischsprachiger AkademikerInnen in den deutschen Arbeitsmarkt, in: Migration und Soziale Arbeit 28/3–4 (2006), S. 302–309.

40 Anwar Hadeed, Sehr gut ausgebildet und doch arbeitslos. Zur Lage höher qualifizierter Flüchtlinge in Niedersachsen, Oldenburg 2004.

41 Thomas Faist, International Migration and Transnational Social Spaces. Their Evolution, Significance and Future Prospects, Bremen 1998; Daniela Hammerschmidt, Transnationalität, Transmigration und transnationale Biographien, München 2008; Ludger Pries, Transnationale Migration (Soziale Welt, Sonderband 12), Baden-Baden 1997.

42 Thomas Faist, Transnationalization in International Migration. Implication for the Study of Citizenship and Culture, in: Ethnic and Racial Studies 23/2 (2000), S. 189–222; Peggy Levitt, Nina Glick Schiller, Conceptualizing Simultaneity. A Transnational Social Field Perspective on Society, in: International Migration Review 38/3 (2004), S. 1002–1039; Steffen Mau, Social Transnationalism. Lifeworlds Beyond the Nation-State, London 2010.

fordert dazu auf, Interaktionsfelder nicht nur örtlich zu untersuchen, Migration nicht als ein Entweder-oder, ein Integrieren an einem Ort und Loslösen am anderen zu konstruieren. Stattdessen werden soziale Bezüge als Netzwerke aufgefasst, welche über konkrete Lokalitäten hinausgehen, sich zwischen zwei oder mehr Lokalitäten entfalten und durch regelmässige Kommunikation, durch Reisen, Pendeln oder Leben an mehreren Orten gleichzeitig gestaltet werden. Migranten und Migrantinnen werden auf diese Weise als lokale wie als translokale Akteure und Akteurinnen sichtbar.

Methoden

Methodisch bieten sich Einzelfallstudien an, die detailliert Lebensformen, Lebensweisen und biografische Sinnkonstruktionen in ihren jeweiligen Bedingungsgefügen darstellen. Auf diese Weise lassen sich Verschiedenheiten individueller Strategien hervorheben.[43] Ebenso stellt die Berücksichtigung des nahen Umfelds ein Forschungsdesiderat dar, das bislang kaum eingelöst worden ist.[44] Um der Vielfalt der relevanten Kontexte und des jeweiligen Bedingungsgefüges gerecht zu werden, liegt ein biografischer Zugang als methodische Herangehensweise nahe.

Der Zugang über Lebenserzählungen ermöglicht es, Personen als handelnde Akteurinnen und Akteure zu begreifen, die sowohl ihre Berufsbiografien aktiv erschaffen (Biografizität) als auch in einem Kontext stehen (struktur- und ereignisgebundene beziehungsweise lebensweltliche Biografisierung). Dieser Kontext kann zum einen aus Deutungsmustern und Normen respektive «Normalbiografien» bestehen, die in verschiedenen intranationalen Studien als zugrundeliegende Bewertungsmassstäbe identifiziert werden.[45] Hier stellt sich die Frage, inwiefern dieser Ansatz lokal oder regional fokussiert ist beziehungsweise ob und welche Bewertungsmassstäbe die Personen ihren Lebenserzählungen zugrunde legen. Zum anderen stehen die Personen im Kontext aktueller öffentlicher und privater Diskurse (zum Beispiel um das «unternehmerische Selbst»)[46] und Ereignisse (Wirtschaftskrise, Verlagerung des Arbeitsplatzes).

Die Erforschung von Lebensgeschichten unter einem Akteur-zentrierten Ansatz begreift die geschilderten Geschehnisse und Handlungen in ihrer *narrativen*

---

43 Johanna Rolshoven, Multilokalität als Lebensweise der Spätmoderne, in: Schweizerisches Archiv für Volkskunde 103 (2007), S. 157–170.
44 Knaus (wie Anm. 27), S. 52.
45 Enno Neumann, Mechthild Oechsle, Bruch und Kontinuität in einer Berufsbiographie, in: Hanns-Georg Brose (Hg.), Berufsbiographien im Wandel, Opladen 1986, S. 220–235.
46 Ulrich Bröckling, Das unternehmerische Selbst. Soziologie einer Subjektivierungsform, Frankfurt a. M. 2007.

Vermittlung. Biografien als kommunikativer Akt des erinnernden Erzählens, als kreatives *meaning-making*,[47] geraten damit als Form des sozialen Handelns in den Blick.[48]
In Biografien werden so Konzeptionen der Selbstgestaltung, beruflichen Gestaltung, Entscheidungsfindung und Alltagsführung als Handlungsspielräumen zugänglich, die in Relation zu aktuellen Erzählkontexten entwickelt und repräsentiert werden.[49]

Schluss

In diesem Beitrag haben wir mögliche Problematiken, Besonderheiten und Annäherungsweisen für eine kulturwissenschaftliche Auseinandersetzung mit dem Feld der Migration Hochqualifizierter umrissen. Migrationsbewegungen Hochqualifizierter prägen schon jetzt die Gesellschaft in der Schweiz. Sie werden es zunehmend tun und tragen so zu gesellschaftlichen Transformationsprozessen bei, deren Potenzial es noch besser zu verstehen gilt. In Medien und politischen Diskursen wird teilweise suggeriert, dass es sich um eine neue Kategorie der «hochqualifizierten Migrierenden» oder «Expats» handelt, dabei werden jedoch gleichsam «alte» Dichotomien (hochqualifiziert/ niedrig qualifiziert, hier/dort, Einwanderung/Auswanderung) reproduziert. Der Beitrag aus kulturwissenschaftlicher Perspektive kann dafür sensibilisieren, statt eine neue und vermeintlich trennscharfe Kategorie von Mobilen oder Migrierenden zu beschreiben, aktuelle Migrationsbewegungen als komplex, vielschichtig und theoretisch uneindeutig zu denken. Die von uns hier vorgestellten Studien laden dazu ein, diese Lebenswirklichkeiten mithilfe unterschiedlicher sensibilisierender Konzepte zu untersuchen. In diesem Text haben wir hierfür vier Dimensionen aufgezeigt:
1. Die grosse Heterogenität und Differenziertheit der hochqualifizierten Migrierenden legen eine Einteilung in sehr kleine Segmente nahe. Man kann nicht von einer Grossgruppe sprechen.
2. Die Vielfalt der Migrationsweisen geht über Migration als einmalige Ortsverschiebung und ein Leben «entweder hier oder dort» hinaus. Stattdessen erscheinen Fragen der individuellen Gestaltung von Migration, der beruflichen und privaten sozialen Beziehungen, der Netzwerke, Zugehörigkeiten und von deren physischer beziehungsweise virtuellen Ausgestaltung relevant.

---

47 Catherine Riessman Kohler, Narrative Analysis, Newsbury Park 1993, S. 4.
48 Vgl. Hayden White, Metahistory. Die historische Einbildungskraft im 19. Jahrhundert in Europa, Frankfurt a. M. 1991.
49 Elfriede Hermann, Birgitt Röttger-Rössler, Lebenswege im Spannungsfeld lokaler und globaler Prozesse. Personen, Selbst und Emotion in der ethnologischen Biographieforschung, Münster 2003.

3. Die Einbettung in sensibilisierende theoretische Konzepte, wie etwa Motilität, Multilokalität, Transmigration und transnationale soziale Räume, unterstützt die Samplebildung möglichst vieldimensional.
4. Die Fokussierung auf Einzelfälle eröffnet Hinweise sowohl in Bezug auf die komplexe Lebensgestaltung und -erfahrung von Einzelpersonen als auch auf die Einbindung in politische und wirtschaftliche Rahmenbedingungen und gesellschaftliche Diskurse.

Autorinnen und Autoren
Auteures et auteurs

Stefania Bianchi. Curator of the Historical Archives in Mendrisio, teacher at the Cantonal Highschool, and a researcher at the Laboratory of the History of the Alps (USI). Her special interest goes to the historical ways the inhabitants of the Prealps in Ticino organised their living and work conditions at home and abroad.
steffi.bianchi@bluewin.ch

Bettina Boss. Honorary Senior Lecturer, School of Humanities and Languages at the University of New South Wales, Sydney 2052, Australien. Forschungsschwerpunkt: Geschichte der Schweizerkolonie in New South Wales
b.boss@unsw.edu.au

Daniela Luigia Caglioti ist Professorin für die Geschichte der Neuzeit an der Università di Napoli «Federico II».
danielaluigia.caglioti@unina.it

Monika Götzö ist Professorin an der FH St. Gallen, daneben lehrt und forscht sie am Seminar für Kulturwissenschaft und Europäische Ethnologie der Universität Basel. Ihre Forschungsschwerpunkte liegen in der Migrations- und Transformationsforschung, Biografieforschung sowie der rekonstruktiven Sozialarbeit.
monika.goetzoe@fhsg.ch

Benjamin Hitz ist Assistent am Lehrstuhl für Spätmittelalter und Renaissance an der Universität Basel. Seine Forschungsschwerpunkte: eidgenössischer Solddienst und Pensionenwesen, städtische Wirtschafts- und Sozialgeschichte des Spätmittelalters.
benjamin.hitz@unibas.ch

Philippe Hebeisen prépare actuellement une thèse en cotutelle (UniNE et Paris IV-Sorbonne) consacrée à *La construction des polices d'Etat en Suisse occidentale.*

Acteurs, pratiques et images de la gendarmerie et de la police de sûreté dans le canton de Neuchâtel (1848–1914). Il est également le responsable du Centre jurassien d'archives et de recherches économiques (CEJARE) et du *Dictionnaire du Jura* (www.diju.ch).
philippe.hebeisen@unine.ch

Mathieu Humbert est assistant diplômé à l'Université de Lausanne. Il poursuit actuellement ses recherches doctorales sur les relations économiques entre la Suisse et le Ghana aux XIXe et XXe siècle. Cette étude intègre également des points comparatifs avec les cas du Cameroun et de la République de Congo.
mathieu.humbert@unil.ch

Dagmar Konrad ist Lehrbeauftragte und seit Mai 2010 wissenschaftliche Mitarbeiterin am Seminar für Kulturwissenschaft und Europäische Ethnologie der Universität Basel in einem Forschungsprojekt des Schweizerischen Nationalfonds zum Thema: Missionskinder des 19. Jahrhunderts. Ihre Forschungsschwerpunkte: Alltags-, Frauen- und Frömmigkeitsgeschichte, Kleidungsforschung, Migrationsforschung, Geschlechtergeschichte im Kontext Mission.
dagmar.konrad@unibas.ch

Georg Kreis, Jahrgang 1943, war bis 2008 Professor für Neuere Allgemeine und Schweizer Geschichte, bis 2011 Direktor des interdisziplinären Europainstituts der Universität Basel, bis 2011 Hauptredaktor der *Schweizerischen Zeitschrift für Geschichte.*
georg.kreis@unibas.ch

Stéphanie Leu, agrégée et docteure en histoire, professeure en classes préparatoires aux grandes écoles de commerce, est spécialiste de l'immigration suisse en France et plus généralement des relations bilatérales franco-suisses aux XIXe et XXe siècles.
stephanieleu52@gmail.com

Marco Rovinello ist Lehrbeauftragter an der Università della Calabria, Italien.
marco.rovinello@unical.it

Paul-André Rosental est Professeur des Universités à Sciences Po et chercheur associé à l'Institut National d'Etudes Démographiques (INED). Ses thèmes de recherche: Histoire sociale et politique des populations, Politiques démographiques, sociales et sanitaires, histoire de l'expertise, familles et migration, santé au travail.
rosental@sciencespo.fr

Franziska Ruchti, lic. phil., studierte in Bern und Stockholm. Von 2008 bis 2009 war sie Assistentin am Historischen Institut der Universität Bern. Seit Juli 2009 ist sie wissenschaftliche Mitarbeiterin bei den *Diplomatischen Dokumenten der Schweiz.*
franziska.ruchti@dodis.ch

Raphaëlle Ruppen Coutaz est doctorante à la section d'histoire de l'Université de Lausanne avec une thèse sur la Société suisse de radiodiffusion et son rôle dans le développement des relations internationales de la Suisse à travers l'étude de la mise en place du Service des ondes courtes, aïeul de Radio suisse internationale/ swissinfo (1932–1953).
raphaelle.ruppencoutaz@unil.ch

Leo Schelbert ist Bürger von Steinen (SZ), und wohnt in Evanston (IL). Er promovierte im Jahr 1966 an der Columbia Universität in New York und lehrte von 1971 bis 2003 amerikanische Geschichte mit Schwerpunkt Einwanderung an der Universität von Illinois in Chicago. Er zählt zu den renommiertesten Historikern der Schweizer Auswanderung.
lschelbe@uic.edu

Marco Schnyder, né à Fribourg en 1977, a obtenu la licence ès lettres à l'Université de Genève en 2002 et le titre de docteur en histoire à l'Institut Universitaire Européen de Florence en 2008. Dès 2005, il enseigne l'histoire moderne et suisse à l'Université de Genève. En congé scientifique depuis 2013, il est à présent chercheur post-doc FNS à l'Université de Warwick (GB). Ses domaines de recherche: le pouvoir, les élites, la famille; l'usage et la construction des identités; les migrations et la mobilité dans l'Europe moderne.
marco.schnyder@unige.ch

Katrin Sontag ist Doktorandin an der Universität Basel am Seminar für Kulturwissenschaft und Europäische Ethnologie. Ihre Forschungsschwerpunkte liegen in den Bereichen: Migrationsforschung, Biographieforschung und Organisationsethnologie.
katrin.sontag@unibas.ch

Nelly Valsangiacomo est professeure d'histoire contemporaine à l'Université de Lausanne. Ses champs de recherche touchent à l'histoire audiovisuelle du contemporain, avec un intérêt particulier pour les questions migratoires et le travail, l'histoire des intellectuel-le-s et l'italianité.
Page personnelle: http://www.unil.ch/hist/page96650.html

Roberto Zaugg ist Postdoktorand und Dozent für die Geschichte der Frühen Neuzeit bei Sciences Po, Paris.
roberto.zaugg@sciencespo.fr

Herausgeberinnen und Herausgeber / Editrices et éditeurs

Caroline Arni ist Professorin für Allgemeine Geschichte des 19. und 20. Jahrhunderts am Departement Geschichte der Universität Basel.
caroline.arni@unibas.ch

Walter Leimgruber ist Professor am Seminar für Kulturwissenschaft und Europäische Ethnologie der Universität Basel.
walter.leimgruber@unibas.ch

Jon Mathieu ist Professor für Geschichte der Neuzeit am Historischen Seminar der Universität Luzern.
jon.mathieu@unilu.ch

Brigitte Studer ist Professorin für Schweizer und Neueste Allgemeine Geschichte am Historischen Institut der Universität Bern.
brigitte.studer@hist.unibe.ch

Laurent Tissot est professeur d'histoire économique à l'Institut d'histoire de l'Université de Neuchâtel.
Laurent.Tissot@unine.ch